高等职业技术教育“十二五”规划教材——土木工程类

铁路工程施工组织与概（预）算

主　编　王军龙

副主编　杨　琳　魏连峰

主　审　刘兴文

西南交通大学出版社

·成　都·

内 容 简 介

本书主要根据目前最新的铁路工程标准、规范以及相关的规程编写而成，它将企业的岗位标准和学生的专业能力有机地结合在一起，主要方向为各铁路工程局和运输局等相关行业。本书系统地介绍了铁路工程施工组织设计、铁路工务大中修施工组织设计及概预算编制方法等。其主要内容包括铁路工程项目建设与管理、网络计划技术、流水施工作业技术、铁路各单项工程的施工组织设计以及铁路大中修等铁路概预算定额和工程量清单计价等。另外，本书还融入了高速铁路施工组织设计和概预算等内容。全书力求简明扼要，重点突出，尽量做到校企结合紧密、行业特色明显等优点。

本书可作为高职高专院校土木工程类相关专业方向，如铁道工程技术、高速铁道工程技术、城市轨道交通工程及相近专业的教材，也适用于在职职工的岗位培训，同时，还可以作为广大铁路工程技术人员的自学参考书。

图书在版编目（CIP）数据

铁路工程施工组织与概（预）算 / 王军龙主编. —成都：西南交通大学出版社，2012.3（2017.1 重印）
高等职业技术教育“十二五”规划教材. 土木工程类
ISBN 978-7-5643-1692-1

Ⅰ. ①铁… Ⅱ. ①王… Ⅲ. ①铁路工程－工程施工－施工组织－高等职业教育－教材②铁路工程－工程施工－预算定额－高等职业教育－教材③铁路工程－工程施工－概算定额－高等职业教育－教材 Ⅳ. ①U215.1

中国版本图书馆 CIP 数据核字（2012）第 035027 号

高等职业技术教育“十二五”规划教材——土木工程类

铁路工程施工组织与概（预）算

主编　王军龙

*

责任编辑　杨　勇
特邀编辑　胡晗欣
封面设计　墨创文化
西南交通大学出版社出版发行
四川省成都市二环路北一段 111 号西南交通大学创新大厦 21 楼
邮政编码：610031　发行部电话：028-87600564
http: //www.xnjdcbs.com
成都蜀通印务有限责任公司印刷

*

成品尺寸：185 mm × 260 mm　　印张：26
字数：649 千字
2012 年 3 月第 1 版　　2017 年 1 月第 2 次印刷
ISBN 978-7-5643-1692-1
定价：49.50 元

前　言

根据高职高专院校土木工程专业指导委员会编制的教学大纲以及 21 世纪高等职业技术教育规划教材的编写要求，结合新的设计规范及编写人员多年的教学经验，在以必须、够用为原则的情况下，确定了本书的结构和内容，目的是为学员提供铁路施工和维护等方面的基本知识和实用技能，同时满足工程建设对应用型人才的需求。本书充分汲取了高职高专院校在探索和培养技术应用型人才方面的成功经验，并将实用型和创新型结合在一起，体现了高职高专教育的应用特色和能力定位，突出人才创新素质和创新能力的培养。

为了适应铁路的快速发展，本书结合高职高专学员的自身特点，以普通铁路为基础，并将高速铁路的相关内容融入其中，全面系统地介绍了铁路工程项目建设与管理等知识，重点对铁路施工组织和概预算的应用进行了较为详细的分析，使学员能够做到对本书好理解、能接受、会应用的程度。书中各章都附有大量的设计和应用实例，每章还给出了思考题和习题，内容丰富，实用性较强，便于学员自我考核和练习。另外，建议教师在授课时，应根据学员的具体情况，结合不同的专业特点选择讲授重点和自学章节。

本书由西安铁路职业技术学院王军龙担任主编，西安铁路职业技术学院杨琳、南京铁道职业技术学院魏连峰任副主编。全书共分为 9 章。第 1 章由南京铁道职业技术学院魏连峰编写，第 2 章由西安铁路职业技术学院李晋编写，第 3、5 章由西安铁路职业技术学院林楠编写，第 4、8 章以及附录由杨琳编写，第 6、9 章由王军龙编写，第 7 章由西安铁路职业技术学院冷鑫编写，全书由西安铁路职业技术学院刘兴文担任主审。此书的编写，得到了铁路第一勘测设计院刘建利、铁路第三勘测设计院赵爱军及中交集团二公司总工程师黄少华的大力支持，在此作者一并表示衷心的感谢。

本书适用于各类开设高职高专课程教育的院校，也可供专业培训人员参考。本书编写过程中引用了参考文献中所列的相关资料和部分内容，谨此向作者表示衷心的感谢，同时也对参编者所在院校的领导及组织者的关心和支持、出版社的编辑和校对付出的大量工作表示深切的感激。

由于作者水平有限，书中难免有疏漏和不妥之处，敬请读者和专家批评指正，并提出宝贵的意见和建议，以便再版时及时更正。

编　者

2011 年 10月

目　录

1 铁路工程建设与项目管理

1.1 铁路工程建设概述

1.1.1 铁路工程基本建设的概念、作用及特点

1. 铁路工程基本建设的概念

铁路工程基本建设是铁路企业为了扩大再生产而进行增加（包括新建、改建、扩建、恢复以及添置等）固定资产以及与之相关的建设工程，它通常由以下几方面组成：

（1）建设铁路所需要进行的全部建筑工程，主要包括与铁路建设直接相关的各种永久性、临时性的建（构）筑物以及其他设备基础等。

（2）铁路各种大型设备的安装工程，主要包括为生产、运输、试验、安全与防护等项目提供所需的各种机械设备的安装、维护及调试等。

（3）在铁路建设项目内的各种材料，设备和工、器具的购置等。

（4）铁路建设项目的申请、规划、立项及勘测设计等工作。

（5）与铁路建设相关的其他附属工程的建设工作。如铁路企业人员的培训，征用土地以及相关机构的设置等。

铁路基本建设资产按照其管理方式的不同，可以分为固定资产和非固定资产两大类，固定资产与非固定资产是相对而言的。固定资产是在生产活动过程中长期发挥作用的劳动资料和在非生产活动中长期使用的物质资料，固定资产在生产过程中保持其原有的实物形态，直至磨损陈旧而报废。非固定资产（又称流动资产）是指可以在一年或者超过一年的一个营业周期内转变形态或耗用的资产，如银行存款、短期投资、辅助材料等，它在一个生产周期中就会全部消耗，并将价值转移到产品中去，而其原有的形态也不复存在。因此，固定资产在长期生产过程中是不断变化的，即固定资产可以转化为非固定资产，但非固定资产不能转化为固定资产。

固定资产根据其生产性质又可以分为生产性固定资产和非生产性固定资产。确定一个物品是否属于固定资产，除了要看它是否在生产过程中长期发挥作用，是否保持原来的实物状态，还要同时满足以下规定：

（1）使用期限在 1 年以上。

（2）单位价值在国家或各个主管部门规定的限额以上。

因此，作为铁路固定资产，必须同时具备以上两个条件，否则可以定义为低值易耗品。但国家财政部门规定，其他大中小型工业企业的固定价值标准各不相同。铁路固定资产的形成

过程，是在铁路许多物质部门、生产部门的共同参与下完成的，它是铁路基本建设的成果，也是铁路建设不可或缺的一个重要部分。

2. 铁路工程基本建设的作用

铁路工程基本建设是国家基本建设的一个重要组成部分，是建立和扩大铁路固定资产再生产的重要手段。它对改变铁路网结构、扩大铁路运力、促进国民经济的发展都有着十分重要的作用。

（1）它为铁路各个部门建立固定资产，提供生产能力，扩大再生产，促进国民经济的快速发展。

（2）提高国民经济技术装备水平。

（3）有计划地调整旧的部门结构，建立新的生产部门。

（4）基本建设是合理分布生产力的重要途径。

（5）产业规模逐步扩大，产业地位进一步提高。

（6）产业组织结构充分得到优化，产业素质不断得到提高。

（7）改善和提高了人民的物质文化生活，并创造出了丰富的物质条件等。

3. 铁路工程基本建设的特点

铁路基本建设是一项综合性的经济活动，具有广泛的社会性，它不仅涉及生产和非生产建设等各个部门的相关利益，同时也涉及资源、财政、工农业生产、交通运输、环境保护等外部因素。所以，在铁路建设中必须按照国家规划和发展要求，从实际出发，正确处理好经济与发展、技术与进步等各种因素之间的关系。

铁路工程基本建设的特点如下：

（1）建设周期长，物资消耗大。一个铁路建设项目从规划到审批、从施工到竣工、从交工到运营，往往要经过几年的时间才能完成。

（2）涉及面很广，必须协调各方面的关系，取得各方面的配合和协作，做到综合平衡。

（3）建设产品的固定性。任何一条铁路的建设都具有固定性（不可移动性），因此，在规划时必须要进行方案比选，以最低的代价获得最大的经济和社会效益。

（4）建设过程必须要有连续性。每一条铁路的建设，从开工到完成，一定要保持一定的连续性，尽量节省社会资源。

（5）建设产品的单件性。铁路建设项目都有各自不同的目的和用途，所以，通常情况下只能单独设计，不能批量生产。

（6）产品生产的流动性。产品生产的流动性即生产者和生产工具会经常随着工程的流动而发生转移。

1.1.2 铁路工程基本建设的分类

工程项目是指在一定的约束条件下（限定的资源、限定的时间、限定指标及限定的质量）具有特定明确目标的一次性任务（事业）。铁路工程基本建设项目是指在一个总体设计或初步设计范围之内，由一个或若干个单项工程所组成，经济上实行统一核算，行政上实行统一管理的基本建设单位。如一座隧道、一座大桥、一个标段的铁路建设等。

铁路基本建设所包括的内容非常广泛，可以从以下几个不同的角度来划分：

1. 按项目的性质划分

（1）新建项目，是指铁路企业为扩大项目生产或再生产所要进行的各项建设工作。一个项目从无到有，从立项到实施以及扩大建设规模超过原固定资产的 3 倍以上，都统称为新建项目。

（2）扩建项目，是指原有生产企业为了扩大原有产品的生产能力或效益而新建的工程项目。如为增加原有铁路枢纽的能力而新建的联络线、编组站及复线等。

（3）改建项目，是指铁路企业为了提高生产效益、改进产品质量等而对原有设备或工程技术进行改造的活动。

（4）恢复项目，是指由于自然因素或人为因素而使得铁路固定资产受到损坏或报废，以后又按铁路基本建设投资规模重新恢复建设的项目。

（5）迁建项目，是指现有铁路企业由于国家整体规划、改变铁路布局或环保、安全等特殊原因需要迁移到他处的建设项目。

值得注意的是，在以上 5 类性质划分过程中，一个建设项目只能定义为一种性质，而且在项目按照总体设计全部建成之前，其建设性质始终是不变的。新建项目在完成原总体设计之后，再进行改建或扩建，则应另作为一个改建或扩建项目。

2. 按项目的用途划分

（1）生产性建设，是指直接用于物资生产或直接为物质生产服务的建设活动。它主要包括工业建设、农田水利建设、交通及邮电建设、商业及物资供应建设以及地质资源建设等项目。

（2）非生产性建设，是指直接用于人民物质文化生活以及社会福利需要的建设活动。它主要包括住宅建设、文教卫生建设、公用生活服务事业的建设以及其他相关建设等。

3. 按项目的投资主体划分

铁路工程项目按照投资的主体可以划分为国家投资建设项目、地方政府投资建设项目、企业投资建设项目以及“三资”（中外合资企业、中外合作企业和外商独资企业）企业投资建设项目等三类。

4. 按照项目建设规模的大小划分

按照建设规模的大小，工业建设项目一般可划分为大、中、小型等三种，非工业建设一般可分为大中型项目和小型项目两类。具体划分的依据可以参照国家《基本建设项目大中小型划分标准》。如铁路大中型项目是指新建的干线、支线、地下铁道及原有干线、枢纽的重大技术改造投资在 1 500 万元以上的，地方铁路 100 km 以上的，货运量在 50 万吨/年以上的。

5. 按项目投资的构成划分

投资构成是反映铁路建设投资用于不同类型的项目，并反映铁路建设部门与国民经济其他部门之间的联系。按照铁路基本建设的投资构成划分可以分为建筑工程、安装工程、设备工、器具购置及其他费用。

6. 按工程管理及造价的需要划分

铁路项目按工程管理及造价需要划分可以划分为建设项目、单项工程、单位工程、分部工程以及分项工程等五个层次。

（1）建设项目，是指具体计划任务书和总体设计，经济上实行独立核算，行政上具有独立组织形式的基本建设单位。一个建设项目中，可以有几个单项工程，也可能有只有一个单项工程。

（2）单项工程，又称工程项目，是建设项目的组成部分，是指具有独立的设计文件，竣工后可以独立发挥生产能力或使用效益的工程。

（3）单位工程，是单项工程的组成部分，是指具有单独设计，可以独立组织施工的工程。通常单项工程包括不同性质的工作内容，可以根据其是否能够独立施工的要求，可以将其划分为若干个单位工程。如铁路建筑中的一个车间，某段铁路中的一段路基、一座桥涵等。

（4）分部工程，是单位工程的组成部分，一般主要是按照建筑物的主要结构、主要部位以及安装工程的种类来划分的。

（5）分项工程，是分部工程的组成部分，是通过较为简单的施工过程就能生产出来，并可以用适当的计量单位来计算的建筑或设备安装工程产品。

1.1.3 铁路工程基本建设的程序

1. 概　念

铁路基本建设程序是指铁路建设项目从构想、选择、评估、决策、设计、施工、竣工验收、投入整个生产建设过程中，各项工作所必须遵循的先后次序法则，严禁各项目建设程序混乱。另外，为了提高铁路基本建设工程质量，应贯彻“以质量为中心，标准化计量为基础”的方针，完善项目法人责任制、工程招投标制、工程监理制、质量监督制及合同管理制等。设计单位对业主负责，从设计任务书开始，一直到完成施工图设计，确定建设工程投资额或工程造价。施工单位通过投标向业主承包工程，根据设计文件完成工程施工。

2. 铁路工程基本建设程序

铁路大中型工程建设应在项目决策阶段开展预可行性和可行性研究，在实际施工阶段应开展初步设计和施工图设计。小型建设项目可以进行适当的简化。

（1）立项决策阶段。依据铁路建设规划，对拟建项目进行预可行性研究，编制项目建议书；根据铁道部批准的铁路中长期规划或项目建议书，在初测的基础上进行可行性研究，编制可行性研究报告。项目建议书和可行性研究报告应按照国家规定进行报批。工程简易的项目，也可以直接进行可行性研究，编制可行性研究报告。

（2）设计阶段。可根据批准的可行性研究报告，在定测的基础上开展初步设计。初步设计经过审查批准后，才可以进行施工图设计。工程简易的项目，可以根据批准的可行性研究报告，直接进行施工图设计。

初步设计文件是确定建设规模和投资的主要依据，根据批准的可行性研究报告开展定测、现场调查，通过局部方案比选和比较详细的设计，提出工程数量、主要设备、材料数量、拆迁数量、用地总量与分类及补偿费用、施工组织设计及工程总投资估算的编制等。初步设计文件应满足主要设备采购、征地拆迁和施工图设计的需要。初步设计概算静态投资一般不应大于已批复的可行性研究报告的静态投资。

施工图文件是工程实施和验收的依据，根据审批的初步设计文件进行编制，为工程建设提供施工图、表、设计说明和工程投资检算等。

（3）工程实施阶段。在初步设计文件审查批准后，成立组织建设单位，组织工程招投标，择优选择施工单位，编制开工报告。开工报告批准后，依据批准的建设规模、技术标准、建设工期和投资，按照施工图和施工组织设计文件组织建设。

铁路工程建设项目在实施之前应做好各项准备工作，其主要内容包括征地拆迁、“三通一平”（即通水、通电、通路及施工场地平整）、工程地质勘察、组织设备、材料订货以及其他准备，如必要的施工图纸、文件等。

（4）竣工验收阶段。铁路建设项目按照批准的设计文件全部竣工或分期、分段完成后，按规定组织竣工验收，办理资产移交。铁路建设项目由验收机构组织验收，验收机构按照国家规定设立。验收内容包括初验、正式验收和固定资产移交。限额以下项目或小型项目也可以一次性验收。

工程验收后，项目承包企业应按照合同责任制的要求，对工程进行用后服务与保修，提供技术咨询，进行工程回访，负责必要的维修工作。工程施工承包企业应对保修范围和保修期限内发生的质量问题，按规定实施保修义务，并对造成的损失承担赔偿责任。

3. 建设管理单位的设立

铁路建设管理单位是建设项目的组织实施机构，是实现建设目标的直接责任者，所以，铁路建设管理单位必须是依法设立、从事铁路建设业务的企业或具有独立法人资格的事业单位，且必须满足下列条件：

（1）具有管理同类建设项目的工作业绩，其负责建设的工程项目质量合格，投资控制良好，经运营检验，没有质量隐患。

（2）具有与建设项目相适应、专业齐全的技术、经济管理人员。其中单位负责人、技术负责人、财务负责人必须具有较高学历，熟悉国家和铁路管理部门有关铁路建设的方针、政策、法规和规定，有较高的管理和决策水平。

4. 建设管理单位的主要职责

（1）贯彻国家和铁路主管部门的有关工程建设方针、政策、法规和规定，按照批准的建设规模、技术标准、建设工期和投资标准，组织铁路工程项目建设，针对工程质量、安全、工期、投资等全过程对委托方负责。

（2）组织勘测设计招标，组织实施勘测设计、工程地质勘察监理和设计咨询工作等。

（3）组织施工、监理、物资设备采购招标，与中标企业签订合同。

（4）办理工程质量监理手续。

（5）负责项目的征地、拆迁工作，负责审批建设项目中单项工程开工（复工）报告。

（6）组织编制工程项目施工组织设计。

（7）负责审核施工图，供应设计文件，组织工程设计现场技术交底。

（8）编制工程项目年度建设计划及建设资金预算的建议等。

（9）组织、协调工程建设中出现的问题，负责统计、报告工程进度。

（10）按照规定办理工程变更设计。

（11）按照规定组织或参与对工程质量、人身伤亡和行车安全等事故的调查和处理。

（12）负责工程项目的财务管理工作，按规定使用建设资金，办理与工程项目有关的各种结算业务等。

（13）负责验工计价，并及时办理工程价款等资金的拨付与结算。

（14）负责工程竣工验收前期工作，组织编制工程竣工文件和竣工决算，组织编写工程总结。

（15）组织归档各类竣工资料、文件及项目总报告汇总等。

1.2 铁路工程项目管理

1.2.1 工程项目

1. 项　目

工程项目是指特定的一次性的任务，它具有一次性（单件性）、明确性和整体性三个特征，且三个特征缺一不可。按照项目的最终成果划分，项目的种类通常有科研开发项目、基本建设项目、航空航天项目以及大型维修项目等。

2. 项目管理

项目管理是为使项目取得成功（实现所要求的质量、所规定的时限和费用）所进行的全过程、全方位的规划、组织控制与协调。项目管理的职能等同于所有的管理职能。项目管理与其他管理活动相比有以下显著特征：

（1）项目管理实行的是项目经理个人全面负责制。

（2）项目管理对象是一次性的。

（3）项目经理是项目管理的核心。

3. 项目管理的基本职能

项目管理的基本职能主要包括计划、组织、控制与激励等。

1.2.2 工程项目管理

1. 工程项目管理的任务

工程项目管理的目标是在确保承包合同规定的工期和质量要求的前提下，降低工程成本。项目管理的基本任务是合理地组织项目的施工过程，充分利用人力，有效使用时间和空间，保证综合协调施工，按期、保质并以较低的成本完成工程任务。

2. 工程项目管理的内容

项目管理的目标确定了其内容，主要包括进度控制、质量控制、费用控制、合同管理、信息管理和组织协调，以及与上述“三控”相适应的配套管理工作。广义的工程项目管理包括从规划、立项到交付使用之后评价的全过程管理，而狭义的工程项目管理是指工程项目实施阶段的管理。

3. 工程项目施工管理的工作内容

（1）施工准备阶段。主要工作包括建立施工的技术条件，建立施工的物质条件，组织施工的力量，做好项目管理的基础工作以及施工现场的场地准备工作等。

（2）施工阶段。施工阶段的管理工作主要包括按计划组织综合施工以及对施工过程进行全面控制等。其中，施工过程中的全面控制主要包括工程进度控制、工程质量控制、工程成本管理、安全控制以及施工总平面图控制（总图管理）。

（3）工程竣工验收。工程竣工验收主要包括竣工验收准备、竣工验收工作、技术总结和建立技术档案等内容。

1.2.3 铁路工程项目管理的特点

1. 铁路工程项目的界定

铁路工程项目（铁路基本建设项目）一般是指在一个总体设计或初步设计范围内，由一个或若干个相互有内在联系的单项工程组成，实行统一核算、统一管理的建设单位。属于一个总体设计中的主体工程和相应的附属配套工程、综合利用工程、环境保护工程等，只能作为一个单项工程，如通信设施、安全设施、线路标志、声屏障等设施，它附属于主体工程，不能作为一个工程项目。同时也不能把不属于一个总体设计内的分别核算项目作为一个建设项目。构成工程项目的主要条件及其特点如下：

（1）按是否属于一个总体设计或初步设计范围，是否统一核算、统一管理作为划分工程项目的依据。

（2）工程项目有明确的目标和任务。① 主要包括建设工期目标；② 按质量标准和设计要求完成项目，并达到交付验收的标准；③ 投资控制目标，即项目必须在预算投资控制范围内完成。

（3）必须是兴工动料的施工活动。

（4）工程项目是按照任务，而不是按照职能组织起来的，且任务是一次性的。
（5）尽管工程项目类型繁多，但项目的建设程序是一致的。

2. 铁路工程施工企业生产经营的特征

（1）生产计划的依附性。
（2）生产经营的综合性。
（3）生产对象和条件的非固定性。
（4）工程施工的标准性。
（5）既有线改造工程施工的特殊性。

3. 铁路工程施工项目管理的特征

（1）施工项目的一次性。
（2）组织机构的临时性。
（3）以项目经理为管理核心。
（4）经济核算的对象性。

1.2.4 铁路工程变更设计管理

1. 铁路变更设计的原则

所谓铁路工程变更设计，是指对已经审定铁路项目的设计文件进行变更、增减等活动。一般情况下，无论是铁路任何项目，当其工程设计文件一旦鉴定批准成立，任何单位和个人就不得擅自变更，确实需要变更的，须办理相关的变更设计手续。办理铁路工程变更设计应遵守以下原则：

（1）原设计不合理，包括水文、地形、地质情况与设计文件有较大的差异；或因为施工条件所限；或材料的规格、品种、质量与设计要求不相符合的。

（2）不降低原技术标准，而能节省材料；或少占用耕地便利施工，或缩短工期而导致节省投资的。

（3）能提高技术标准，减少工程病害，能提高工程使用年限，或提高服务等级而不增加投资的。

（4）坚持“先批准，后变更；先设计，后施工”的原则。

2. 铁路变更设计的分类

通常情况下，铁路变更设计可分为Ⅰ类和Ⅱ类两大类。

（1）符合下列条件之一者为Ⅰ类变更设计：

① 变更建设规模、主要技术标准、重大方案的；
② 变更初步设计主要批复意见的；
③ 变更涉及运输能力、运输质量以及运输安全的；
④ 变更重点设计工点的设计原则；

⑤ 变更设计一次增减投资 300 万元（含 300 万元）以上的。

（2）对于施工图的其他变更（即除了以上Ⅰ类变更设计之外的变更）称为Ⅱ类变更设计。

3. 铁路工程变更设计项目划分的原则

（1）同一工点或同一病害引起的不可分割的一次性变更，为一项变更设计。

（2）同一工点中的不同变更内容、同一病害类型的不同工点、同一变更内容的不同段落应划分为不同的变更设计项目（初步设计批准单位批准者除外）。

特别值得注意的是变更设计必须按照以上原则来执行，严禁将变更设计项目进行合并或拆分。

4. 铁路工程变更设计的程序和分工

（1）Ⅰ类变更设计，由提议单位提出变更理由和技术经济比较资料报建设单位，建设单位组织有关单位进行分析、研究，提出处理意见，勘测设计单位按照处理意见完成变更设计。

（2）Ⅱ类变更设计，由提议单位提出变更理由和技术经济比较资料报建设单位，建设单位组织勘测设计、监理、施工单位及有关方面分析、研究，确定变更设计原因、责任单位、技术方案、费用及费用处理，由勘测设计单位进行变更设计。

铁路变更设计工作应满足建设需要，建设单位应及时对变更设计意见组织研究、委托勘测设计、组织审批或报批，初步设计批准单位应及时审查Ⅰ类变更设计。铁道部投资铁路项目的Ⅰ类变更设计，由建设单位审查后报铁道部工程设计鉴定中心，并抄送发展计划司及建设与管理司等相关部门，并由铁道部工程设计鉴定中心组织审查。铁道部与其他投资方合资的铁路大中型建设项目的Ⅰ类变更设计，应由建设单位报初步设计单位批准。

1.3 铁路工程项目招投标技巧

1.3.1 工程项目招标投标简介

在实行市场经济体制的国家，采购招标的最初起因就是政府和公共部门的采购开支主要来源于法人、公民的税赋和捐赠。所以，就必须以一种特别的采购方式来促进采购能最大限度地节约开支、提高效率，同时增加采购过程的透明度和公开性。

政府采购制度起源于 18 世纪的欧洲，到了 20 世纪后期，随着世贸组织的建立，政府的采购制度也出现了较大的变化和发展，并促使各国政府的采购方式更具有开放性、透明性和国际性。在 1782 年，英国政府首先成立了文具公用局，即日后发展成为物资供应部，专门负责采购政府各部门所需的物资。该机构的成立，标志着国际供应商之间竞争的开始，可以说最早的招标方式就是伴随着这种公开采购和集中采购的形式而出现的，它为国际公开招标的形成和发展奠定了一个良好的基础。

1861 年，美国通过了一项联邦法案，规定超过一定数量和金额的联邦政府采购，都必须使用公开招标的方式，以杜绝不良资产的私下交易行为。1945 年，美国向联合国经社理事会提议召开世界贸易与就业会议，倡议成立国际贸易组织（International Trade Organization，ITO）。随后在 1946 年 2 月，联合国经社理事会接受建议，成立了筹备委员会，着手筹建国际贸易组织。1947 年 10 月，美、英、中、法等 23 个国家在哈瓦那举行的联合国贸易和就业会议上，审议并通过了《哈瓦那宪章》（又称《国际贸易组织宪章》）。到了 20 世纪 70 年代，国际工程招标投标的采购方式在国际工程贸易中的比例迅速上升，国际工程招标与投标制度已经成为国际工程市场上的一项国际惯例，并形成了一整套较为系统的、完善的，并能够为各国政府和企业所共同遵循的国际准则，同时各国政府也加强和完善了本国相应的法律制度和规范体系，这对促进国家之间的经贸合作发挥了极其重要的作用。

1.3.2 铁路工程项目招标

铁路工程项目招标主要是针对具有一定能力、资历和财力参与工程项目建设的施工单位，并按照国家政府的规定和国际惯例对建设项目进行的招标活动。工程项目招标必须按照国家规定或各方都能接受的条件，来共同完成项目的建设任务。

1. 铁路工程项目招标的特征

铁路工程招标作为一种综合性的、较高级的交易方式，它与传统的贸易方式相比，有着非常鲜明的特征。

（1）铁路工程项目招标具有严密的组织性。

铁路工程项目招标有固定的招标组织机构或法定个人，有固定的投标、开标、询标场所以及固定的时间等。同时，招标过程经过了近百年的发展，具有相对固定的操作程序和交易条件，招标的决策也是整个评标委员会的群体决策过程。相比之下，传统的谈判贸易方式就要随意的多，买卖双方通常是个体行为，交易时间、地点和条件等在谈判过程中经常变化，在交易额比较大和交易对象比较复杂的情况下，其风险也相对较大。

（2）铁路工程项目招标具有公开、公平、公正和择优的特征。

铁路工程招标是通过在全国（或世界）范围内公开发布招标公告，公开邀请投标人，公开招标条件，公开宣布投标人的报价、工期等手段，对拟建设的工程内容进行全面、详细的介绍，以确保招标的公平性和公正性，从而也使得合格的投标商之间有均等的机会进行投标。开标过程公开而且程序严谨，评标过程则综合了买方、招标人和专家评标委员会力量，从中选出最佳的投标人选。同时，铁路工程项目招标的公正性和择优性也是招标这种交易方式能被广泛推行的主要原因之一。

（3）铁路工程项目招标报价具有一次性的特征。

铁路工程项目招标是诸多投标人在同一时间一次性报价，其投标文件递交后，一般不得撤回或修改。所以，投标报价后能否成交，完全取决于投标的质量和策略，在整个招标过程中，投标人没有讨价还价的权利，这样就迫使投标人对报价的确定比一般的贸易报价要求更精确、更谨慎，而且还可以使招标人在招标过程中赢得更大的主动权，投标人在竞标过程中与招标人就某些条件进行的商谈，其商谈的项目、范围和时间等都取决于招标人，这与传统的贸易方式有着本质的区别。

（4）铁路工程项目招标的目标是优化工程建设。

铁路工程项目招标的根本目的不仅仅是简单地追求价格的低廉，招标过程往往是一个具有资本、技术、劳务和成套设备相结合的综合属性。因此，评价招标成功与否的关键并不局限于是否达成交易，而且还在于资源是否实现优化配置，以及资源配置的效益和效率是否达到最佳的统一，具体表现为时间、资金、劳动力的节约，或人力、物力及机械台班等的合理配置，而各要素组合最佳具体是指工期短、成本低、质量高，工程寿命周期长及效益最高等。

2. 铁路工程项目招标的主要方式

铁路工程项目的多样性和复杂性，导致了工程招标的多样性和多元化。目前，通用的招标方式有4种，即国际公开招标（亦称国际竞争性招标）、国际有限招标、两阶段招标以及议标（亦称邀请协商标）。

（1）国际公开招标。

对于一些大型的铁路工程建设项目（如我国的高速铁路建设等），国际公开招标是一种在国际范围内进行的无限制竞争招标，它是指在国际范围内，采用公平、公正和公开的竞争方式，按照事先约定好的原则或惯例，对所有具备要求资格的投标商一视同仁，并根据其投标报价以及评标的所有依据，如工期要求，可兑换外汇比例（指按照可兑换和不可兑换两种货币付款的工程项目），投标商的人力、物力和财力等因素，进行较为准确的评标和定标。采用这种方式可以最大限度地引起竞争，形成买方市场，使得招标人有最充分的挑选余地，同时获得该项目最有利的成交条件。

① 国际公开招标的类型和适用范围。

按资金来源划分，主要包括由世界银行及其附属组织国际开发协会和国际金融公司提供优惠贷款的工程项目；联合国多边援助机构和国际开发组织地区性金融机构如亚洲开发银行提供援助性贷款的工程项目；国家财团或多家金融机构投资的工程项目；两国或多国合资的工程项目；某些国家的基金会如科威特基金会和一些政府如日本等国提供资助的工程项目；发包国拥有足够的自有资金自己无力实施的工程项目等；以实物偿付（如石油、矿石或其他实物）的工程项目；需要承包商提供资金即带资承包或延期付款的工程项目等。

② 国际公开招标的优缺点。

国际公开招标的优点主要体现在以下几个方面。第一，由于国际投标竞争的复杂性和激烈性，一般能以对买方有利的价格采购到需要的设备或工程。第二，可以引进先进的设备、技术和管理经验。第三，可以保证所有合格的投标人都有参加投标的机会。由于国际公开招标对货物、设备和工程有客观的衡量标准，可以有效地促进发展中国家的制造业水平和质量的提高，从而也相应地增强了其国际竞争力。第四，能够保证采购工作按照预定的程序和标准客观进行，这样就可以有效地减少采购中的不良作弊行为。

另外，国际公开招标也存在着一些缺点。第一，国际公开招标所用的时间较长，国际公开招标有一套比较完整而紧密地程序，从招标公告、投标人准备、评标和最终合同的签订，一般都需要半年到一年以上的时间。第二，国际公开招标所需要的文件较多，合同和条款也不尽相同，从而增加了招标的工作量。第三，在中标的承包商和供应商中，发展中国家所占的份额非常小，在世界银行用于采购的贷款总金额中，国际公开招标约占60%，其中发达国家如美国、德国和日本的中标额就占到了约80%。

（2）国际有限招标。

国际有限招标是一种有限制或有附加条件的国际竞争性招标。与国际公开招标相比，它有其明显的局限性。国际有限招标通常包括两种招标方式，即一般限制性招标和特邀招标。一般限制性招标是在国际公开招标的基础上，附加一些限制条件和范围，主要是强调投标人的资信。而特邀招标也是国际公开招标的一种修改方式，这种方式通常适用于以下情况。

① 工程量不大，投标商数目有限或其他不宜国际竞争性招标的正当理由，如对工程技术、质量等有特殊要求的项目。

② 对于某些较大而且专业技术复杂的工程项目，如高速铁路项目等。这类工程可能的投标商本来就很少，准备招标的成本又高。因此，为了节省时间和费用，招标可以限制在少数几家合格企业的范围之内，以使每家企业都有争取合同的机会。

③ 由于工程性质特殊，要求有专门经验的技术队伍和熟练的技工以及专门技术设备，只有少数承包商能够胜任。

④ 工程规模太大，中小型公司不能胜任，只好邀请若干家大公司投标。

⑤ 工程项目招标通知发出后无人投标，或投标商数目不足法定人数（至少 3 家），招标人可再邀请少数公司投标。

另外，在世界银行进行的国际有限招标还规定，借款人应从足够广泛的可能参加投标的承包商名单中征求投标，以保证价格具有竞争性。在标书评审中，不能实行国内或地区性的优惠政策，而国际公开招标则可以有一定的优惠。

（3）两阶段招标。

两阶段招标实际上是将公开招标和协商招标结合起来的一种招标方式。世界银行的两阶段招标和法国的指定招标都采用这种方式。两阶段招标方式通常适用于以下几种情况。

① 招标工程内容属高新技术，需在第一阶段招标中博采众议，进行评价，选出最新最优设计方案，然后在第二阶段中再邀请选中方案的投标人进行详细的报价。

② 在某些新型的项目承包之前，招标人对此项目的建造方案尚未最后确定，这时可以在第一阶段招标中向投标人提出要求，就其最擅长的建造方案进行报价，或者按其建造方案报价，经过评选，选出其中最佳方案的投标人再进行第二阶段的按其具体方案的详细报价。

③ 若一次招标不成功，即所有投标报价超出标底 20% 以上，只好在现有基础上邀请若干家较低报价者再次报价。

（4）议标。

议标也称邀请协商标。严格来讲，议标不能算作一种正规的招标方式，只能算是一种谈判合同。议标能给承包商带来较多的好处。第一，承包商不用出具投标保函，也无需在一定的期限内对其报价负责。第二，议标毕竟竞争性小，竞争对手不多，因而缔约的可能性较大。第三，议标对于发包单位也不无好处，发包单位不受任何约束，可以按其要求选择合作对象，尤其是发包单位同时与多家议标时，可以充分利用议标承包的弱点，以达到理想的成交目的。当然，议标毕竟不是招标，竞争对手少，有些工程由于专业性过强，议标的承包商往往是“只此一家，别无分号”，自然无法获得有竞争力的报价。然而，我们不能不充分注意到议标常常是获取巨额合同的主要手段。纵观近十年来国际承包市场的成交情况，国际上 225 家大承包商公司中的承包公司每年的成交额约占世界总发包额的 40%，而他们的合同竟有 90% 是通过议标取得的，由此可见议标在国际承包工程中所占的重要地位。

采用议标形式，发包单位同样应采取各种可能的措施，运用各种特殊手段，挑起多家可能实施合同项目的承包商之间的竞争，而这种竞争并不像其他招标方式那样必不可少或完全依照竞争法规。议标通常是在以下情况中采用。

① 以特殊名义（如执行政府协议）签订承包合同。

② 按临时签约且在业主监督下执行的合同。

③ 由于技术的需要或重大投资原因只能委托给特定的承包商或制造商实施的合同，这类项目在谈判之前，一般都事先征求技术或经济援助合同双方的意见。近年来，凡是提供经济援助的国家资助的建设项目大多采取议标形式，由受援国有关部门委托给供援国的承包公司实施。这种情况下的议标一般是单向议标，且以政府协议为基础。

④ 属于研究，试验或实验以及有待完善的项目承包合同。

⑤ 项目已付诸招标，但没有中标者或没有理想的承包商。这种情况下，业主通过议标，另行委托承包商实施工程。

⑥ 出于紧急情况或急迫需求的项目。

⑦ 秘密工程。

⑧ 属于国防需要的工程。

⑨ 已为业主承担过项目且已取得业主满意的承包商重新承担基本技术相同的工程项目等。

适用于按议标方式的合同基本如上所列，但这并不意味着上述项目不适用于其他招标方式。在世界银行的贷款项目、政府项目和私营项目的采购活动中，都有采用邀请招标的情况。一些国家政府习惯于采用这种招标方式，如伊拉克、英国等，邀请招标可以节省时间，减少招标与投标费用。但这种招标方式也存在着一定的问题，例如可能遗漏掉一些合格的、有竞争力的承包商，在评标时也可能歧视某些投标人等。

目前世界各地的主要招标惯例和方式可以归纳为以下四种，即世界银行推行的做法、英联邦地区的做法、法语地区的做法以及俄罗斯联邦成员等国的做法。

1.3.3 铁路工程项目投标

1. 铁路工程项目投标的工作程序

铁路工程项目投标（主要是指施工投标）的工作程序大体上可以分为五个过程，即工程项目的投标决策，投标前的准备工作，选择咨询单位和代理人，计算工程报价和投标文件的编制和发送。

（1）工程项目的投标决策。

影响铁路工程项目投标决策的因素较多，但综合起来主要有以下三个方面。

① 业主方面的因素。主要考虑工程项目的背景条件，如业主的信誉和工程项目的资金来源，招标条件的公平合理性等。

② 工程方面的因素。主要包括工程项目的性质和规模，施工的复杂性，工程现场的条件，工程预备期和工期，材料和设备的供应条件等。

③ 承包商方面的因素。根据本身的经历和施工能力，在技术上能否承担此工程，能否满足业主提出的付款条件和其他附加条件，本身的固定资金垫付能力，对投标对手的了解和分析等。

（2）铁路工程项目投标准备。

当承包商经过分析研究并决定对某项工程准备投标后，应进行大量的准备工作。主要包括组建投标班子、参加资格预审、购买投标文件、施工现场及市场调查、办理投标保函、选择咨询单位和雇佣代理人等。这些情况具体可以概括为以下几个方面：

① 了解工程所在地的政治、经济、地理、法律和法规等基本情况。

② 全面了解业主的资金来源和支付的可靠性。

③ 了解潜在对手的基本情况。

④ 了解工程项目的具体要求等。

（3）选择咨询单位和代理人。

在铁路工程项目投标时，承包商可以考虑选择一个咨询机构。在国际市场经济的激烈竞争下，一些专门的咨询服务公司或机构便应运而生，它们拥有经济、技术、法律和管理等各方面的专家，经常搜集、积累各种信息和资料，因而能够比较迅速全面地为投标者提供进行决策所需要的资料。特别是投标人到一个新的地方去投标时，如能选择到一个理想的咨询机构为其提供情报、出谋划策以至协助编制投标书等，这将会大大地提高中标的几率，这种咨询公司并不一定要是招标工程所在地的公司。

雇用代理人，即在工程所在地找一个代表投标人的利益并能开展某些工作的人，一个理想的代理人应该在当地，特别是在工商界有一定的社会活动能力，有较好的声誉，熟悉代理业务。一般代理人均为当地人。

（4）投标报价计算。

工程报价是投标文件的核心内容，承包商在严格按照招标文件的要求编制投标文件时，应按照招标工程项目的具体内容和范围，并结合自身的综合投标能力和工程承包市场的竞争状况，详细地计算招标工程的各项单价和总价汇总，其中考虑包括一定的利润、税金和风险系数，然后正式提出报价，这一部分是铁路工程项目投标的关键内容。

（5）投标文件的编制和发送。

投标文件应完全按照招标文件的编制要求编制。目前在工程投标中，多采用规定的表格填写，这些表格的形式在招标文件中已给出，投标单位只需将规定的内容、计算结果按照要求填入表格即可，投标文件中的主要内容包括投标保证书，工程报价表，施工规划及施工进度，施工组织机构和主要管理人员的情况，其他必要的附件和资料等。当投标书的全部内容全部完成时，即可将其封装，按照招标文件的指定时间和地点报送。

2. 铁路工程项目投标应注意的事项

在铁路工程项目投标中，由于受到各种因素和条件的限制，所以，必须对可能发生的费用和事件进行综合全面地考虑，其中最主要包括以下几个方面的因素。

（1）参加工程投标应办理与本工程相关的全部手续。主要包括经济担保（保函），如投标保证书、履约保证书以及预付款保证书。

（2）保险，通常包括以下几种：

① 工程保险。按照全部承包价投保，中国人民保险公司按照工程造价的 2%～4% 的保险

费率计取保险费。

② 第三方责任险。投标文件中规定有投保额，一般与工程险合并投保。

③ 施工机械损坏险。投重置价值投保，年费率一般为 15‰ ~ 25‰。

④ 人身意外险。中国人民保险公司对工人规定投保额为 2 万元，技术人员较高，年费率皆为 1%。

⑤ 货物运输险。分为平安险、水渍险、战争险和一切险等，中国人民保险公司规定投保额为 110% 的利率货价（C. I. F.），一般以一揽子险（即一切险 + 战争险）投保，取费率为 5‰。

（3）代理费。

在投标后能否中标，除了依靠施工企业自身的实力和标价的优势（前三名左右）外，还得要一些好的代理人去活动和争取，一旦中标，就得付标价的 2% ~ 4%作为代理费。

（4）不得随意修改投标文件中原有的工程量清单和投标书的格式。

（5）计算数字要求准确无误，否则会在中标后造成很大的损失。

（6）所有投标文件必须装订整体，较小的工程可以装订成一册，大、中型工程可以按照业主的要求或分为以下几部分装封：① 有关投标人的资历及相关资料等文件。如投标委任书，证明投标人资历、能力和财力的文件，投标保函，投标人在项目所在国注册证明，投标附加说明等。② 与报价有关的技术规范文件。如施工规划、施工机械设备表、施工进度表、劳动力计划表等。③ 报价表。包括工程量、单价、总价等。④ 建议方案的设计图纸及有关说明。⑤ 备忘录。

另外，递交投标文件不宜太早，一般在招标文件规定的截止日期前 1 ~ 2 天内密封送交到指定的地点。总之，要避免因为细节的疏忽和技术上的缺陷而使投标书无效。

复习思考题

1. 什么是固定资产？构成铁路固定资产需要哪些条件？
2. 铁路工程变更设计的原则有哪些？
3. 铁路工程变更设计如何分类？划分其分类的原则有哪些？
4. 铁路工程招标的主要方式有哪些？
5. 简述铁路工程投标的工作程序。

2 网络计划技术

2.1 网络计划概述

网络计划技术是指用于工程项目的计划与控制的管理技术。它是20世纪50年代末发展起来的，依其起源有关键路径法（CPM）与计划评审法（PERT）之分。1956年，美国杜邦公司在制订企业不同业务部门的系统规划时，制订了第一套网络计划。这种计划借助于网络表示各项工作与所需要的时间以及各项工作的相互关系。通过网络分析研究工程费用与工期的相互关系，并找出在编制计划及计划执行过程中的关键路线。

网络计划技术主要包含以下几部分内容：① 网络图，指网络计划技术的图解模型，反映整个工程任务的分解和合成，绘制网络图是网络计划技术的基础工作；② 时间参数，各项工作的作业时间、开工与完工的时间、工作之间的衔接时间、完成任务的机动时间及工程范围和总工期等；③ 关键线路，关键路线上的作业称为关键作业，这些作业完成的快慢直接影响着整个计划的工期，计划执行过程中关键线路上的作业是管理的重点，而关键线路的确定又依赖于时间参数的计算；④ 网络优化，通过时间差不断改善网络计划的初始方案，在满足一定的约束条件下，寻求管理目标达到最优化的计划方案，也是网络计划技术优越性的一种体现。

2.2 双代号网络图

2.2.1 双代号网络图的组成

双代号网络计划是以箭线及两端节点表示工作的网络计划。在双代号网络计划中，一项工序的开始和结束由矢箭和两个节点表示。

1. 工作（活动，工序，施工过程，施工项目）

双代号网络图中工作用矢箭表示。箭尾表示工作的开始，箭头表示工作的完成。箭头的方向表示工作前进的方向（从左向右），工作的名称和内容写在矢箭头的上方，工作持续时间写在矢箭头的下方，如图2.1所示。

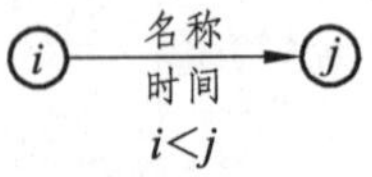

(i) —名称/时间→ (j)

$i<j$

图 2.1 双代号网络图中工作的表示方法

双代号网络图中根据时间与资源消耗的不同将

工作分为三种类型：

第一种，既要消耗时间，又要消耗资源，如支模板，浇混凝土，绑扎钢筋。

第二种，只需要消耗时间，不需要消耗资源，如混凝土的养护等技术上的间歇。

第三种，既不消耗时间也不消耗资源的工作，即虚工作。虚工作只表示工作与相邻前后工作之间的逻辑关系，如图 2.2 所示。

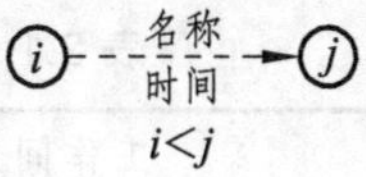

工作包含的范围可大可小，可以是立模板、绑钢筋、浇混凝土、拆模板，也可以是路基工程、路面工程、轨道的铺设、沿线的电气化等工程的整个施工过程。

名称

时间

$i<j$

图 2.2　双代号网络图中虚工序的表示方法

2. 节点（事件）

节点又称事件，指工作开始和结束的时间点，通常用圆圈来表示。表示工作之间的联结点，在时间上既表示指向某节点的工作全结束，也表示该节点后面工作的开始。

节点用圆圈表示，圆圈中标上整数号码，称为事件编号。对于一项具体的工作来说，紧接在其箭尾节点前面的工作叫紧前工作，紧接在其箭尾节点后面的工作是紧后工作，和他同时进行的工作称为平行工作。

网络图中的第一个节点称为起点节点，表示一项任务的开始；网络图中的最后一个节点称为终点节点，表示一项任务的完成；其余节点均称为中间节点。

所有节点都应统一编号，编号时应注意箭尾节点的号码小于箭头节点的号码。一条箭线先后两个代码所表示的就是该项工作的代码。

3. 线　路

网络图中从起点节点出发，沿着箭头方向通过一系列箭线和节点，直至到达终点节点的通道，即称为线路。网络图中的线路有很多条，一条线路上持续工作时间之和称为该线路的长度。在各条线路中，所有工作持续时间之和最长的线路称为关键线路，除关键线路外其他都叫做非关键线路。

2.2.2　双代号网络图的绘制

1. 逻辑关系

绘制一张正确的双代号网络计划图，首先要明确各工序之间的逻辑关系，所谓逻辑关系是指工作之间相互制约或依赖的关系，也就是前后顺序关系，进而需要掌握该种逻辑关系的正确表示方法。一些逻辑关系是由工艺技术决定的，还有些是由工序决定的，例如现浇混凝土柱的施工，必须在绑扎完柱子钢筋并且支好模板后，才能浇筑混凝土。

搞清楚各项工作之间的逻辑关系，具体对每个工序来说就要搞清楚以下三个问题：

第一，该工作必须在哪些工作之前进行？

第二，该工作必须在哪些工作之后进行？

第三，该工作可以与哪些工作平行进行？

对于某一个特定的工作 *i—j* 来说，必须紧排在他前面的工序称为工作 *i—j* 的紧前工作，必须排到其后面的工作称为工作 *i—j* 的紧后工作，可以与其平行进行的工作称为工作 *i—j* 的平行工作。

逻辑关系的表达对于双代号网络图来说是非常重要的，下面用图表的形式说明了双代号网络图的几种逻辑关系的表达形式。

表 2.1　双代号网络图逻辑关系的种类与表达形式表

序号	工作间逻辑关系	表示方法
1	*A*、*B*、*C* 均无紧前工作，即 *A*、*B*、*C* 均为计划的第一项工作，且平行进行	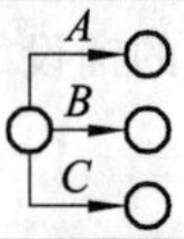
2	*A* 完成后，*B*、*C*、*D* 才能开始进行	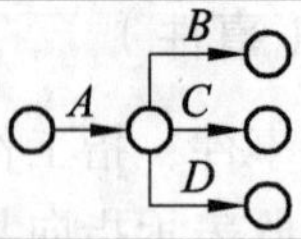
3	*A*、*B*、*C* 均完成后，*D* 才能开始进行	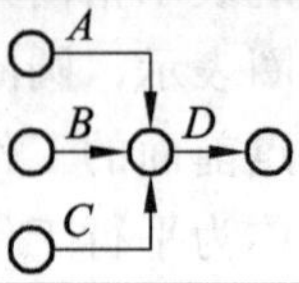
4	*A*、*B* 均完成后，*C*、*D* 才能开始	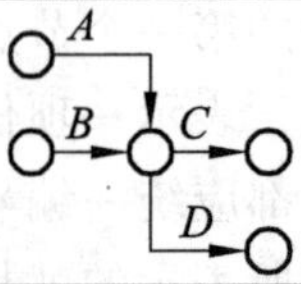
5	*A* 完成后，*D* 才能开始；*A*、*B* 均完成后，*E* 才能开始；*A*、*B*、*C* 均完成后，*F* 才能开始	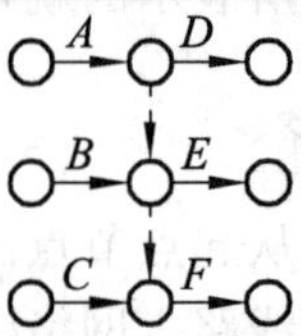
6	*A*、*D* 同时开始，*B* 为 *A* 的紧后工作，*C* 为 *B*、*D* 的紧后工作	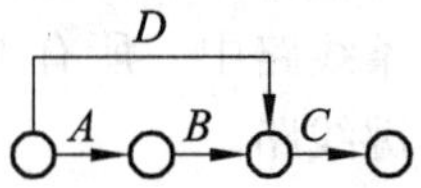
7	*A*、*B* 均完成后，*D* 才开始；*A*、*B*、*C* 均完成后，*E* 才开始；*D*、*E* 均完成后，*F* 才开始	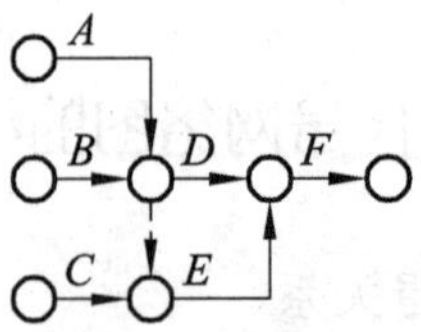
8	*A* 完成后，*B*、*C*、*D* 才开始；*B*、*C*、*D* 完成后，*E* 才开始	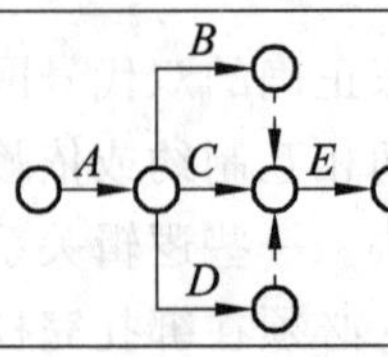
9	*A*、*B* 完成后，*D* 才能开始；*B*、*C* 完成后，*E* 才能开始	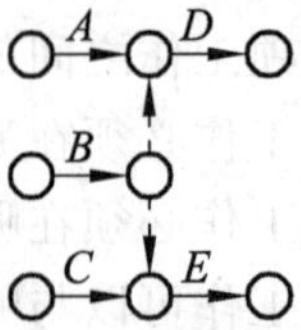

在双代号网络图的绘制过程中要特别注意虚工序的作用，虚工序在网络图的绘制过程中主要起联系、区分和断开这三个作用。

联系作用主要是指应用虚工作连接工作之间的工艺联系和组织联系，如图 2.3 所示。

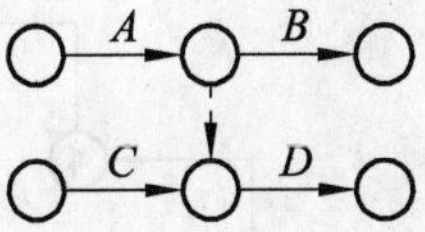

图 2.3 双代号网络图中虚工作的联系作用

区分作用是指当两项工作之间的开始节点和结束节点相同时，应用虚工序加以区分，如图 2.4 所示。

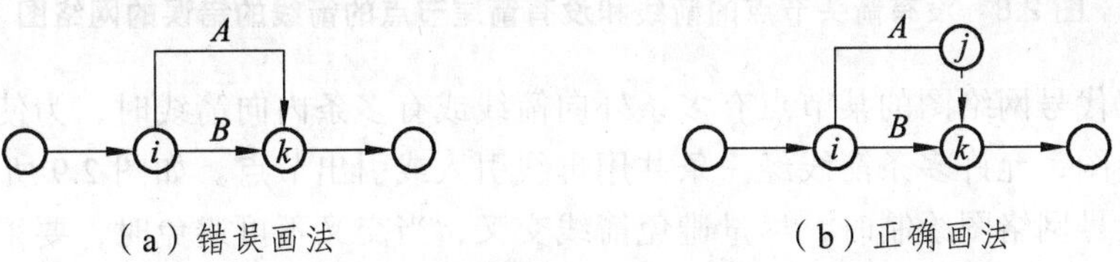

图 2.4 双代号网络图中虚工作的区分作用

断开作用是指当网络图中的中间节点有逻辑错误，把本来没有逻辑关系的工作联系起来时，需要用虚工作断开无逻辑关系的工作联系，如图 2.5 所示。

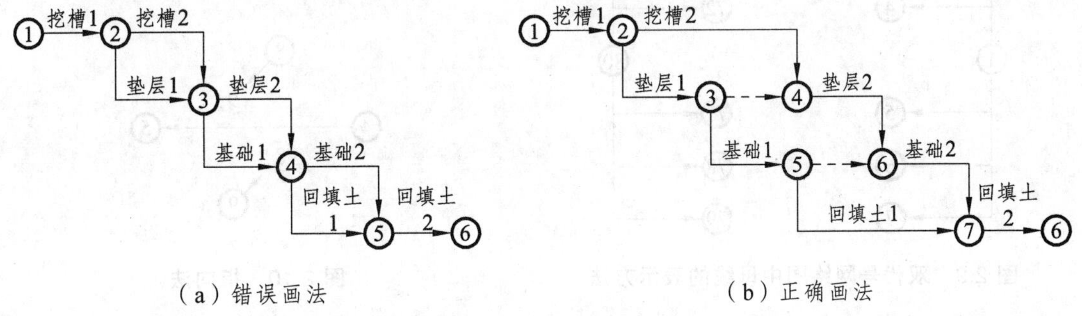

图 2.5 双代号网络图中虚工作的断开作用

2. 绘图规则

要想准确地表达出各工序间的逻辑关系，在绘制双代号网络图时必须遵循一定的规则：

（1）双代号网络图必须表达已定的工作间的逻辑关系。

（2）双代号网络图严禁出现循环回路。

双代号网络图中，从一个节点出发沿着某条线路又回到原出发点的线路叫循环回路。图 2.6 中 C、F、E 和 D、G、E 分别形成了闭合回路，其表示的逻辑关系是错误的。

（3）双代号网络图中严禁出现无箭头箭线和双箭头箭线。错误画法如图 2.7 所示。

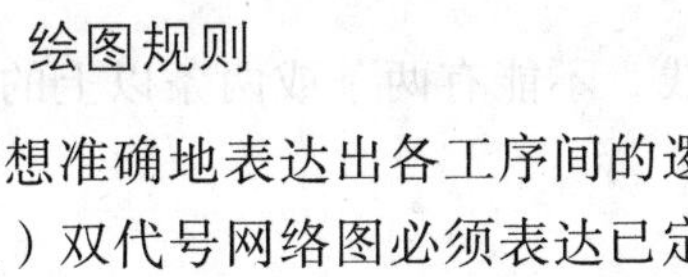

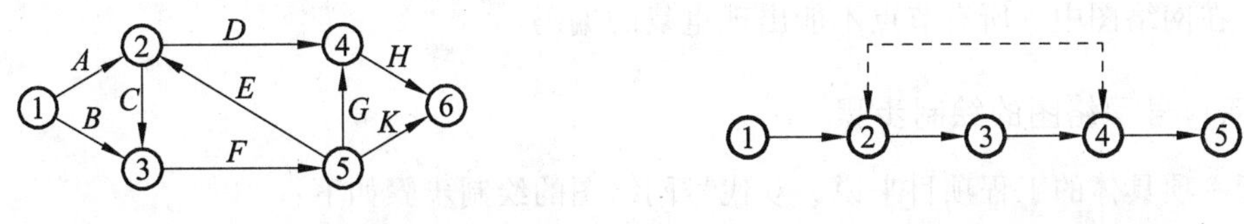

图 2.6 循环回路示意图

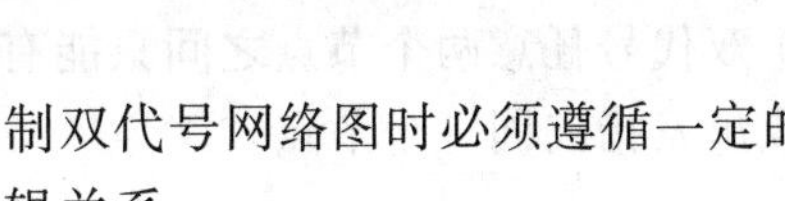

图 2.7 错误的箭线画法

（4）双代号网络图中严禁出现没有箭头节点的箭线或没有箭尾节点的箭线。错误画法如

图 2.8 所示。

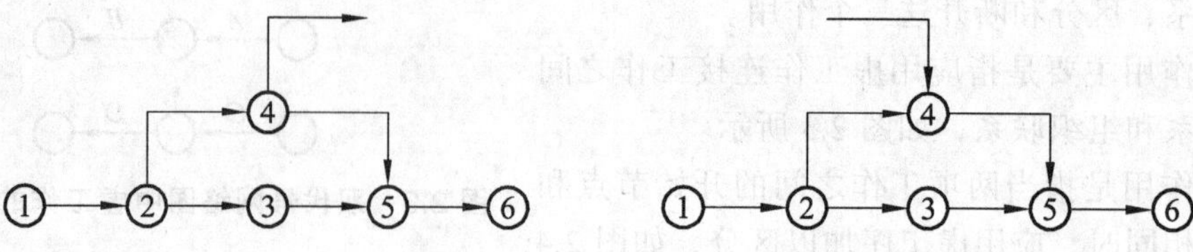

（a）没有箭头结点的错误的网络图　　（b）没有箭尾节点的错误的网络图

图 2.8　没有箭头节点的箭线和没有箭尾节点的箭线的错误的网络图

（5）当双代号网络图的某节点有多条外向箭线或有多条内向箭线时，为使绘图简洁，可采用母线法绘图，允许多条箭线经一条共用母线引入或引出节点。如图 2.9 所示。

（6）双代号网络图绘制时，尽量避免箭线交叉，当交叉不可避免时，要采用过桥法或指向法，如图 2.10 所示为指向法。

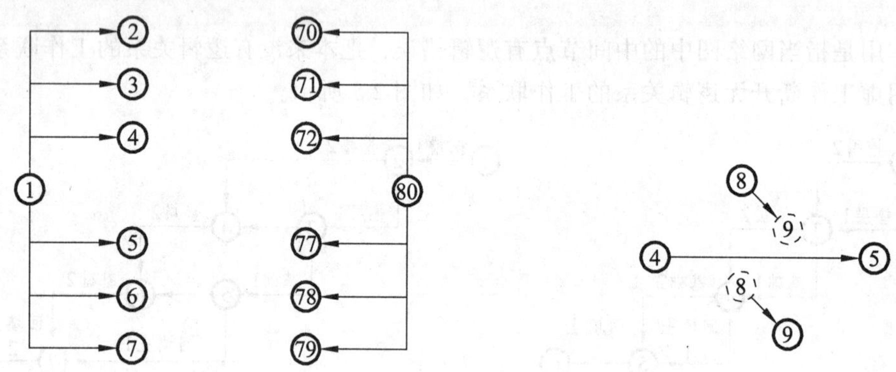

图 2.9　双代号网络图中母线的表示方法　　**图 2.10　指向法**

（7）双代号网络图中只能有一个起点节点，在不分期完成任务的网络图中也应该只有一个终点节点，其他所有节点都是中间节点。

（8）双代号任意两个节点之间只能有一条唯一的箭线，不能有两条或两条以上的箭线从一个节点出发指向同一个节点。

3. 双代号网络图的节点编号

通过对节点进行编号，将网络图中的每一项工作赋予唯一的代码，为后期时间参数的计算做好准备。在对接点进行编号时应当注意以下几点：

（1）箭尾节点的号编码应小于箭头节点。

（2）在网络图中，所有节点不能出现重复的编码。

4. 双代号网络图的绘制步骤

对于一项具体的工程项目来说，双代号网络图的绘制步骤如下：

（1）明确任务，划分施工工作，制订完成任务的全部工作结构分解表。

（2）理清全部工作的逻辑关系，绘制工作逻辑关系表，对于逻辑关系比较复杂的任务，可以绘制工作逻辑关系矩阵表。

（3）确定每一工作的持续时间，制订最终的工程分析表。

（4）根据工程分析表绘制并修改网络图。

在绘图的过程中注意把握好以下三点：

① 遵循绘图的基本规则。

② 遵循工作之间的工艺顺序。

③ 遵循工作之间的组织顺序。

5. 双代号网路图绘图举例

【例 2.1】 某高速铁路工程路基工程的施工，分为 *A*、*B*、*C* 三个施工段，按软基处理、路基填筑和基床表层级配碎石填筑进行搭接施工，施工持续时间见表 2.2。

表 2.2 各施工过程持续时间

施工过程名称	持续时间/天		
	A	*B*	*C*
软基处理	4	3	4
路基填筑	3	2	3
表层碎石填筑	2	1	2

（1）绘制工艺网络图，如图 2.11 所示。

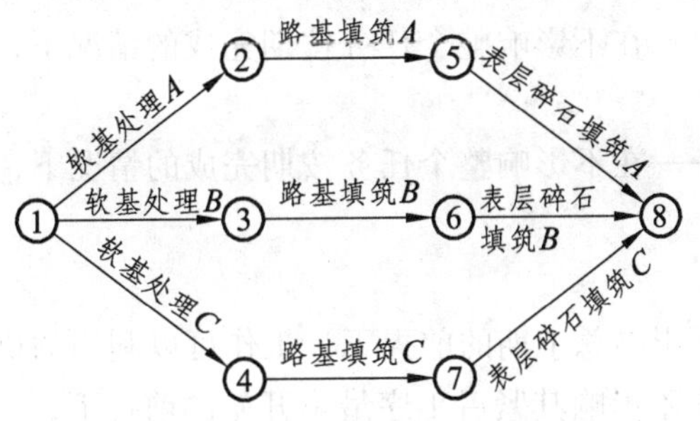

图 2.11 工艺网络图

（2）表达出组织顺序逻辑关系，如图 2.12 所示。

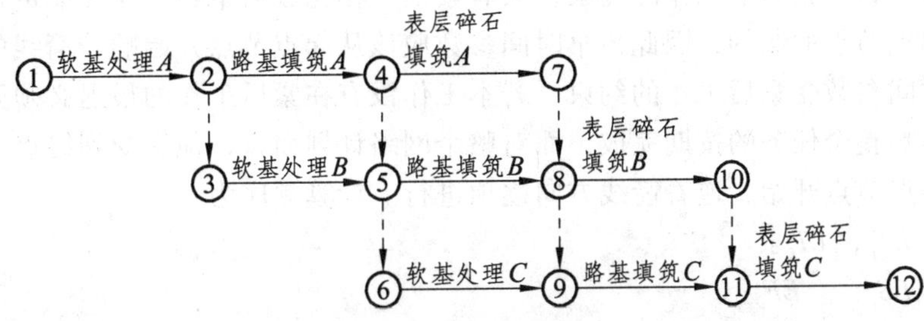

图 2.12 组织顺序逻辑关系

2.2.3 双代号网络图的时间参数及其计算方法

1. 时间参数的概念和符号

（1）工作持续时间 D_{i-j}。

工作持续时间是指一项工作从开始到完成的时间，用 D_{i-j} 表示。可采用定额计算法或三时估算法再进行确定。

（2）工期 T。

完成任务所需要的时间，用 T 表示。三种工期的概念如下：

① 计算工期：由时间参数计算确定的工期以及关键线路各项工作的总持续时间，用 T_c 表示。

② 要求工期：主管部门或合同条款要求的工期，用 T_r 表示。

③ 计划工期：根据计算工期和要求工期确定的工期，用 T_p 表示。

三种工期的相互关系是：

$$T_c \leqslant T_p \leqslant T_r$$

（3）节点时间参数。

节点最早开始时间 ET_i——在各紧前工作全部完成后，节点有可能开始的最早时刻。

节点最晚开始时间 LT_i——不影响后续工作进行的节点有可能开始的最晚时刻。

（4）工作参数。

最早开始时间 ES_{i-j}——在各紧前工作 i—j 全部完成后，工作有可能开始的最早时刻。

最早完成时间 EF_{i-j}——在各紧前工作全部完成之后，工作 i—j 有可能完成的最早时刻。

最迟开始时间 LS_{i-j}——在不影响整个任务按期完成的情况下，工作 i—j 必须开始的最晚时刻。

最迟完成时间 LF_{i-j}——在不影响整个任务按期完成的情况下，工作 i—j 必须完成的最迟时刻。

（5）时差。

总时差 TF_{i-j}——在不影响总工期的前提下，工作可以利用的机动时间。

自由时差 FF_{i-j}——在不影响其紧后工序最早开始的前提下，工作可以利用的机动时间。

2. 时间参数的计算顺序和步骤

最早时间参数受到紧前工作的约束，只有紧前工作完成后本项工作才能进行，从总体上来说又受到起点节点的制约，因此最早时间参数应该从起点节点开始顺着箭线的方向逐项进行。而最迟时间参数受紧后工作的约束，若本工作没有在紧后工作的最迟必须开始时间之前完成，就会影响整个任务的按期完成，而对整个网络计划而言，他又受到终点节点的制约，因此应当从终点节点开始，逆着箭线方向逐项进行。计算顺序为：

（1）计算 ET_i，LT_i。

（2）计算 ES_{i-j}，EF_{i-j}。

（3）计算 T_c。

（4）计算 LS_{i-j}，LF_{i-j}。

（5）计算 TF_{i-j}。

（6）计算 FF_{i-j}。

3. 时间参数的计算方法

（1）节点最早开始时间 ET_i。

节点最早时间的计算应从网络计划的起点节点开始，顺着箭线方向依次进行。

网络计划起点节点，未规定最早开始时间，其值为0。

$$ET_1 = 0$$

其他节点的计算方法为

$$ET_j = \max\{ET_i + D_{i-j}\}$$

式中 ET_j——工作 i—j 的完成节点 j 的最早时间；

ET_i——工作 i—j 的开始节点 i 的最早时间；

D_{i-j}——工作 i—j 的持续时间。

（2）节点的最迟时间。

网络计划终点节点的最迟时间等于网络计划的计划工期，即

$$LT_n = T_p$$

式中 LT_n——网络计划终点节点 n 的最迟时间；

T_p——网络计划的计划工期。

其他节点的最迟时间

$$LT_i = \min\{LT_j - D_{i-j}\}$$

式中 LT_i——工作 i—j 的开始节点 i 的最迟时间；

LT_j——工作 i—j 的完成节点 j 的最迟时间；

D_{i-j}——工作 i—j 的持续时间。

（3）工作最早开始时间 ES 和工作最早完成时间 EF。

工作最早开始时间 ES_{i-j} 应从网络计划的起点节点开始，顺着箭线方向开始，具体计算方法为

$$EF_{i-j} = ES_{i-j} + D_{i-j}$$

（4）网络图计划工期的计算。

指向终点节点所有工序最早完成时间的最大值即为网络计划的计算工期 T_c。

$$T_c = \max\{EF_{m-n}\}$$

当项目规定要求工期时，$T_p \leqslant T_r$；

而当项目未规定计划工期时，可令计划工期等于计算工期 $T_p = T_c$。

（5）工作最迟开始时间 LS 和工作最迟完成时间 LF。

$$LS_{i-j}=LF_{i-j}-D_{i-j}$$

（6）工作总时差 TF。

工作总时差是指在不影响后续工作按照最迟必须开始时间开工的前提下，允许该工作推迟其最早可能开始时间或延长其持续时间的幅度。

$$TF_{i-j}=LS_{i-j}-ES_{i-j}$$

（7）自由时差 FF。

自由时差是指不影响后续工作按照最早可能开工时间开工的前提下，推迟该工作最早可能开工时间或延长其持续时间的幅度。

$$FF_{i-j}=ES_{j-k}-EF_{i-j}$$

【例 2.2】 已知某项目的有关资料如表 2.3 所示，绘制双代号网络图，并计算各工作的时间参数。

表 2.3 某项目有关资料

工作名称	A	B	C	D	E	F	H	I
紧前工作	—	—	A	A	B，C	B，C	D，E	D，E，F
持续时间	1	5	3	2	6	5	5	3

【解】 双代号网络图如图 2.13 所示。

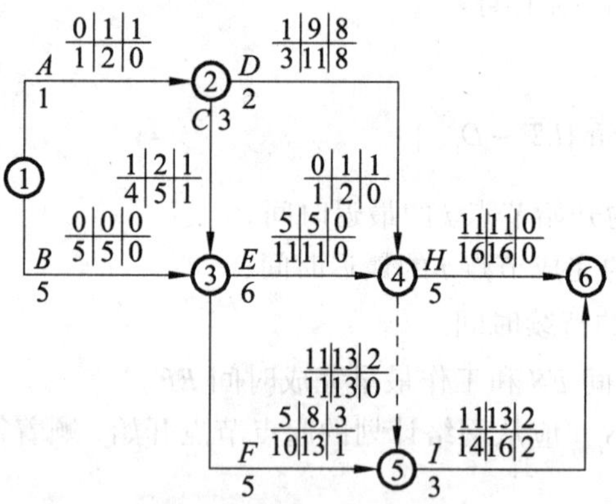

图 2.13 双代号网络图以及各工作时间参数

4．关键线路的确定

所谓关键线路就是指由总时差为 0 的工作所组成的，各工作总的持续时间最长的线路。

当网络图绘制好后，计算各工作的总时差，将那些总时差为零的工作连接起来，就组成关键线路。

关键线路作为网络图中一条特殊的线路有其自身的特点：

（1）关键线路上的工作，各类时差均为零。

（2）关键线路是从网络计划的开始点到结束点之间持续时间最长的线路。

（3）关键线路在网络计划中不一定只有一条，有时候存在两条以上。

（4）关键线路以外的工作均称为非关键工作，若使用了总时差，则称为关键工作。

（5）如果非关键线路延长的时间超过了他的总时差，非关键线路就变成关键线路。

（6）关键线路决定着完成计划的总工期，在工程管理过程中应该把关键工作作为工作重点来抓，确保各项计划的如期完成，挖掘非关键工作的潜力，节省费用。

2.3 单代号网络图

单代号网络图就是采用一个圆圈代表一项活动，并将活动的名称写在圆圈内，使用箭线表示相关工作之间的顺序的一种网络图，如图 2.14 所示。单代号网络图中一个节点就表示一项工作，节点的号码也表示该节点的这一项工作。

与双代号网络图相比，单代号网络图作图简便，图面简洁，没有虚箭线，产生逻辑错误的可能性较小。单代号网络图更适合用计算机进行绘制、计算、优化和调整，最新发展起来的几种网络计划形式，如决策网络、图式评审技术、前导网络等，都采用单代号网络图形式。

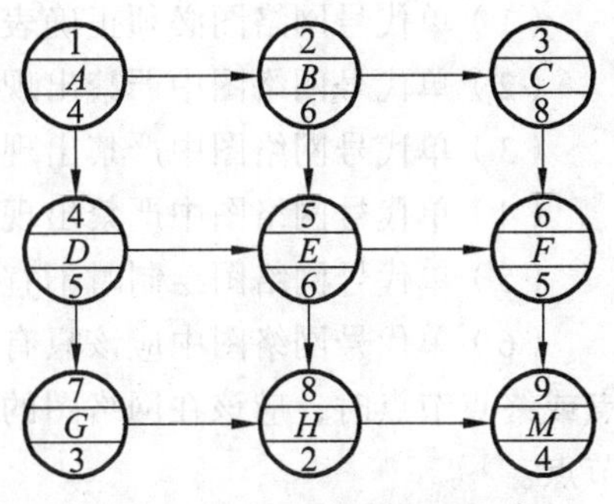

图 2.14　单代号网络图

2.3.1 单代号网络图的组成

单代号网络图由三部分组成：节点、箭线、线路。

1. 节　点

单代号网络图中节点的形式有圆圈和方框两种，节点及其编号代表一项工作，在圆圈或方框内标注节点所表示的工作的序号、名称、持续时间，如图 2.15 所示。在进行节点编号时应注意箭头节点编号大于箭尾节点的编号。

图 2.15　单代号网络图节点的表示方法

2. 箭　线

单代号网络图中箭线只表示工作间的逻辑关系，不占用时间也不消耗资源，而且在单代号网络图中不会使用虚线表达工序间的逻辑关系。箭线应该画成水平直线、折线或斜线。箭线的箭头表示工作的前进方向，箭尾节点工作为箭头节点工作的紧前工作。如图 2.16 所示工

作 i 是工作 j 的紧前工作。

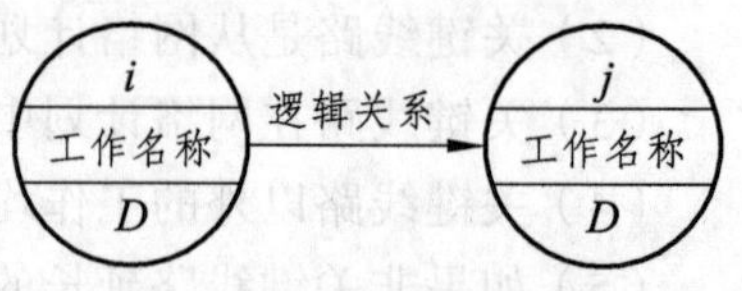

图 2.16　箭线的作用

3. 线　路

单代号网络图中，从起点节点出发，沿着箭头方向通过一系列箭线和节点，直至最终到达节点的通路称为线路。单代号网络图的各条线路中，所有工作持续时间最长的线路称为关键线路，除关键线路之外的线路均称为非关键线路，位于关键线路上的工作称为关键工作，除关键工作之外的工作均称为非关键工作，关键工作用粗箭线或者双箭线表示。

2.3.2　单代号网络图的绘制

（1）单代号网络图必须正确表述已定的逻辑关系。

（2）单代号网络图中严禁出现循环回路。

（3）单代号网络图中严禁出现双箭头箭线和无箭头箭线。

（4）单代号网络图中严禁出现没有箭头节点和没有箭尾节点的箭线。

（5）单代号网络图绘制时不宜交叉，必须交叉时采用过桥法或指向法绘制。

（6）单代号网络图中应该只有一个起点节点和一个终点节点，当网络图中有多项起点节点或终点节点时，应该在网络图的两端分别设置一项虚工作作为该网络图的起点节点和终点节点。

2.3.3　单代号网络图的时间参数及其计算方法

根据节点形状的不同可以分为两种形式，如图 2.17（a）、（b）所示。

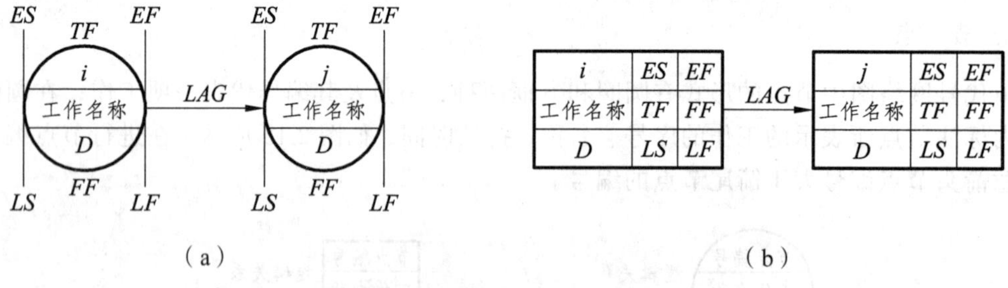

图 2.17　单代号网络图的时间参数

1. 计算顺序

单代号网络图时间参数计算与双代号网络图时间参数计算顺序区别在于增加了一步时间间隔 LAG 的计算。具体计算顺序如下：

（1）计算工作 i 的最早开始时间 ES_i 和最早完成时间 EF_i。

（2）确定网络计划的计算工期 T_c。

（3）计算工作 i 与其紧后工作 j 的时间间隔 LAG_{i-j}。

（4）计算工作 i 的自由时差 FF_i。

（5）计算工作 i 的总时差 TF_i。

（6）计算工作 i 的最迟开始时间 LS_i 和最迟完成时间 LF_i。

2. 计算方法

（1）最早时间参数的计算。

工作 i 的最早开始时间应当从起点节点开始，顺着箭线的方向逐项计算，具体的计算公式如下：

$$ES_1 = 0$$
$$ES_j = \max\{ES_i + D_i\}$$
$$EF_j = \max\{ES_j + D_j\}$$

（2）计算工期 T_c 的计算。

指向终点节点所有工序最早完成时间的最大值即为网络计划的计算工期 T_c。

$$T_c = \max\{EF_{m-n}\}$$

当项目规定要求工期时，则

$$T_p \leqslant T_r$$

而当项目未规定计划工期时，可令计划工期等于计算工期，$T_p = T_c$。

（3）相邻两项紧前、紧后工作时间间隔的计算。

工作 i 的最早完成时间 EF_i，与其紧后工作 j 的最早开始时间 ES_i 的时间间隔 LAG_{i-j}，等于工作 j 的最早开始时间 ES_i 与工作 i 的最早完成时间 EF_i 的差，具体表达如下：

$$LAG_{i-j} = ES_j - EF_i$$

当终点节点为虚拟节点时，其紧前工作 m 与虚拟工作 n 的时间间隔为

$$LAG_{m,n} = T_P - EF_m$$

（4）自由时差的计算。

由自由时差的定义得，当工作 i 有紧后工作 j 时，自由时差的计算如下：

$$FF_i = \max\{LAG_{i-j}\}$$

终点 n 所代表工作的自由时差计算方法如下：

$$FF_n = T_p - EF_n$$

（5）总时差的计算。

工作总时差的制订应当从终点节点开始，逆着箭线的方向一次逐项进行。

终点 n 所代表工作的总时差 TF_n 的计算如下：

$$TF_n = T_p - EF_n$$

其他工作的总时差 TF_i 的计算如下：

$$TF_i = \min\{TF_j + LAG_{i,j}\}$$

（6）计算工作最迟开始时间和工作最迟必须完成时间。

终点节点 n 所代表的工作的最迟完成时间 LF_n 应按网络计划的计划工期 T_p 确定，即

$$LF_n = T_p$$

其他工作 i 的最迟完成时间 LF_i 应为

$$LF_i = EF_i + TF_i$$

【例 2.3】 高速铁路某标段边坡防护采用干砌片石防护，分为 3 个施工阶段，施工过程及其延续时间为：拆搭跳板 12 天，挂线和找平 15 天，选修片石 9 天，安砌及填缝 12 天。拟组织 4 个专业组进行施工，试绘制单代号网络图，并计算时间参数，找出关键线路。

【解】（1）使用圆圈表示工作的画法，如图 2.18 所示。

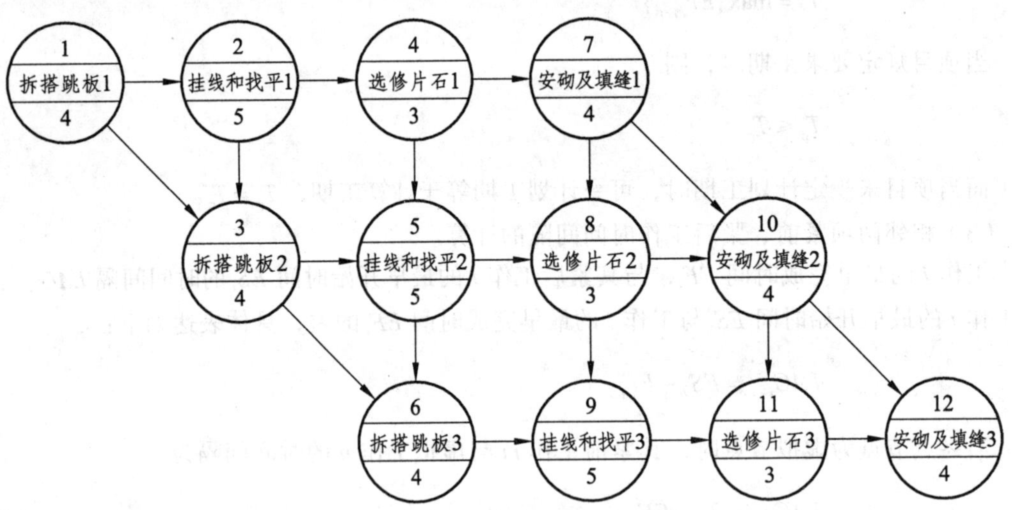

图 2.18 使用圆圈表示工作的画法

（2）使用方框表示工作的画法，如图 2.19 所示。

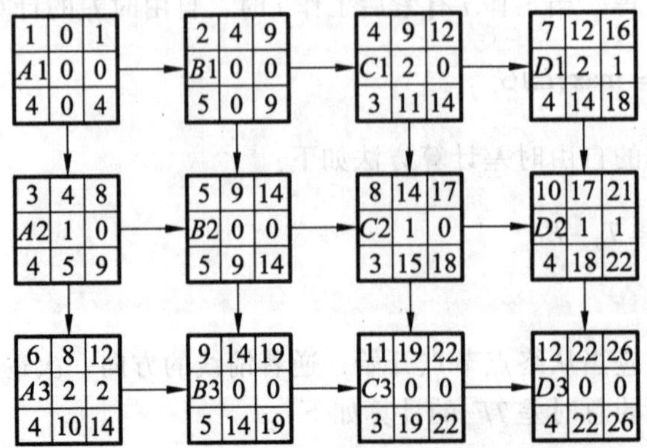

i	ES	EF
工作	TF	FF
D	LS	LF

图 2.19 使用方框表示工作的画法

A、*B*、*C*、*D* 分别代表工序拆搭跳板、挂线和找平、选修片石、安砌及填缝。

2.4 网络计划的优化

网络计划的优化主要包含三个内容：工期的优化、费用的优化和资源的优化。

2.4.1 工期优化

工期优化是指网络计划的计算工期不满足要求工期时，通过压缩关键工序的持续时间达到满足工期目标的过程。

在通过压缩关键工序缩短工期的过程中要注意不能改变各项工作之间的逻辑关系，同时应该注意不能将关键工序压缩成非关键工序，若出现多条关键线路时，应注意将各条关键线路的总持续时间压缩成相同的值。

1. 工期优化的方法

（1）采用技术措施，缩短关键工序的作业时间。

（2）采取组织措施平行交叉施工。

（3）利用非关键工序的总时差。

（4）最小成本赶工。

2. 工期优化的具体步骤

（1）确定初始网络计划的计算工期和关键线路。

（2）计算应压缩的时间 $\Delta T = T_c - T_r$。

（3）选择应缩短持续时间的关键工作。

关键工作在选择时应注意：缩短持续时间对安全和质量影响不大的工作、资源充足的工作以及所需费用最少的工作。

（4）将所需选定关键工作的持续时间压缩至最短，并重新计算工期和关键线路。

（5）当计算工期仍超过要求工期时，重复上述（2）~（4），直至计算工期满足要求工期或计算工期不能再缩短为止。

2.4.2 费用优化

费用优化又称工期成本优化，是指寻求工程总成本最低时的工期安排，或按要求工期寻求最低成本的计划安排。

由图 2.20 和图 2.21 可看出工作持续时间的缩短与所造成的直接费的增加存在一定的直线关系，即

$$\Delta C_{i-j}=\frac{CC_{i-j}-CN_{i-j}}{DN_{i-j}-DC_{i-j}}$$

ΔC_{i-j} 称为直接费用率。

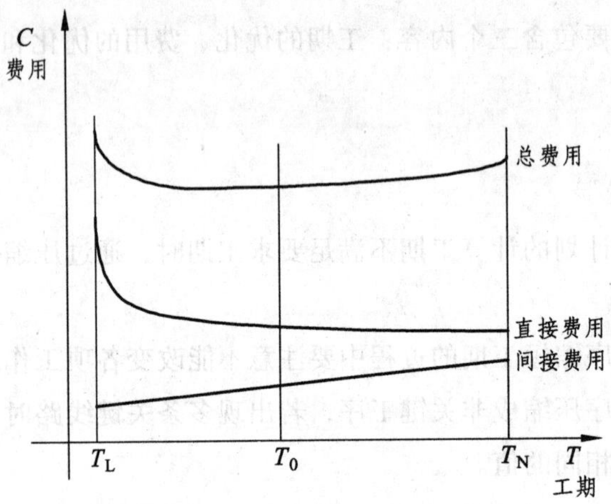

图 2.20 费用-工期曲线

T_L —最短工期；T_0 —最优工期；T_N —正常工期

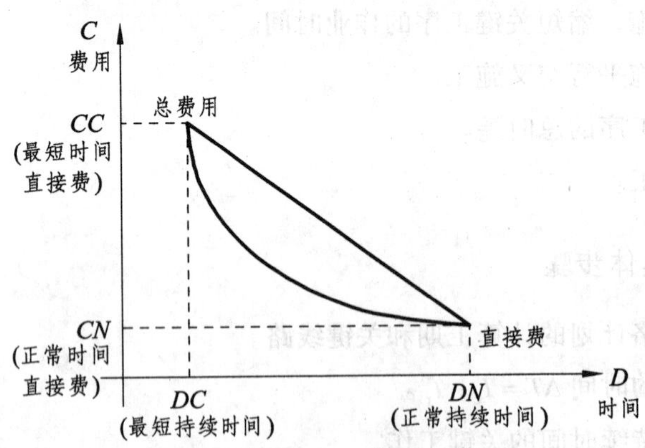

图 2.21 工作持续时间与直接费的关系

为了压缩工期而压缩关键工作的持续时间时，应将直接费用率最小的关键工作作为压缩对象。

费用优化的步骤如下：

（1）按 DN 确定计算工期和关键线路。

（2）计算各项工作的直接费用率。

（3）找出直接费用率（组合直接费用率）最小的关键工作。

（4）比较直接费用率（或组合直接费用率）a 与工程间接费用率 b 的大小。

① 当 $a>b$ 时，压缩关键工作的持续时间会使工程总费用增加，此前方案即为最优方案；

② 当 $a=b$ 时，压缩关键工作的持续时间不会使工程总费用增加，应压缩关键工作持续时间。

③ 当 $a<b$ 时，压缩关键工作的持续时间会使工程总费用减少，应当压缩关键工作的持续时间。

（5）计算关键持续时间缩短后相应增加的总费用。

（6）持续（3）~（5），直至计算工期满足要求或压缩对象的直接费用率或组合费用率大于工程间接费用率为止。

（7）计算优化后的工程费用。

在缩短关键工序的持续时间时应注意以下两点：① 缩短后工作的持续时间不能小于其最短持续时间；② 缩短持续时间的工作不能变成非关键工作。

2.4.3 资源优化

资源优化是通过改变工作的开始时间，使资源按时间的分布符合优化目标，毕竟完成一项工程项目所需的资源量基本上是不变的。资源优化是指在有限资源的情况下，如何使工期最短，或当工期一定时，如何使资源均衡，这就是资源优化的两个不同问题，下面分别进行介绍。

1. 资源有限，工期最短问题

若所需资源仅为某一项工作使用，重新计算工作的持续时间和工期（调整在时差内不影响工期，关键工作影响工期）；若所缺资源为同时施工的多项项目工作使用，后移某项工作，但应注意工期延长最短。

优化步骤：

（1）计算每天资源需要量。

（2）从开始日期起逐日检查资源数量：

未超限额——方案可行，编制完成；

超出限额——方案需要进行调整。

（3）调整资源冲突：

① 找出资源冲突时段的工作；

② 调整工作的次序。

在调整时应注意先调整使工期延长时间最小的工作过程。

例如，有两项工作资源 $i—j$ 和 $m—n$ 发生冲突，如图 2.22 所示。

工期延长值：$\Delta T_{m-n,i-j}=EF_{m-n}-LS_{i-j}$

方案一：将 $i—j$ 排到 $m—n$ 之后，$\Delta T_{m-n,i-j}=EF_{m-n}-LS_{i-j}=15-14=1$；

方案二：将 $m—n$ 排到 $i—j$ 之后，$\Delta T_{i-j,m-n}=EF_{i-j}-LS_{m-n}=17-10=7$。

故选择方案一，将 $i—j$ 排到 $m—n$ 之后。

$\Delta T_{m-n,i-j}$ 为 0 或负值对工期没有影响，故应取该值最小的方案。

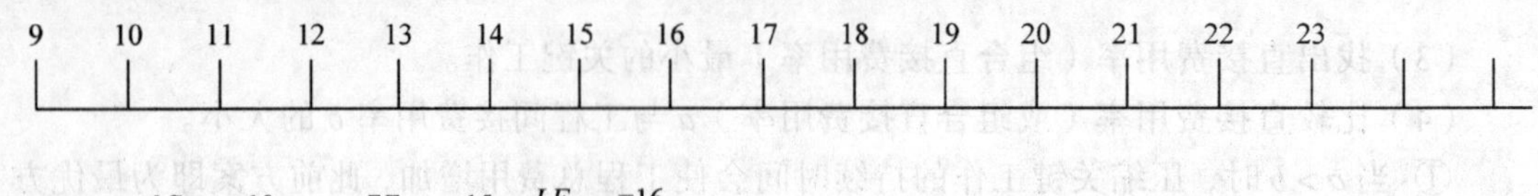

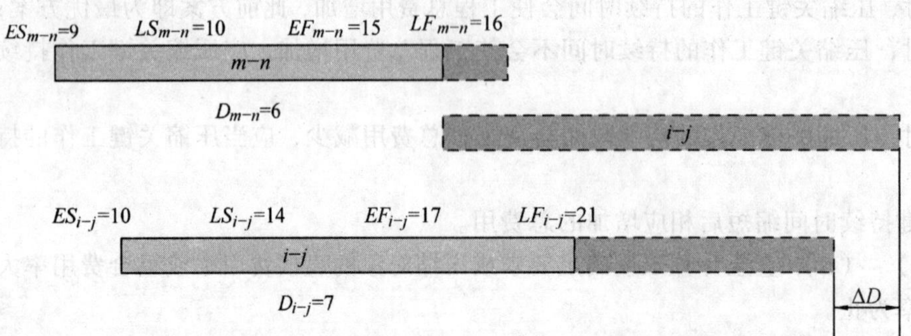

图 2.22　工作资源 *i*—*j* 和 *m*—*n* 的冲突示意图

（4）绘制调整后的网络图，重复（1）~（4）的步骤，直到满足要求。

2. 工期固定，均衡问题

资源需求的不均衡量可以用方差 σ^2 来衡量，σ^2 越小说明资源需求越均衡。

设工期为 T，每天资源需要量为 $R(t)$，平均每天需要量为 R_m，得

$$\sigma^2 = \frac{1}{T}\sum_{t=1}^{T}[R(t)-R_m]^2 = \frac{1}{T}\sum_{t=1}^{T}R^2(t)-R_m^2$$

若要使 σ^2 最小，就要使 $\sum_{t=1}^{T}R^2(t)$ 最小即可。

（1）方差最小法的基本思路。

在满足关键工期不变的情况下，通过利用非关键工作的时差，调整工作的开始结束时间，是资源需求在工期范围内尽可能的均衡。

例，设工作 i—j 在第 k 天开始，第 l 天结束，若该工作右移 1 天，则从第 $k+1$ 天开始，第 $l+1$ 天结束，则有：

$$R'_k = R_k - r_{i-j}$$
$$R'_{l+1} = R_{l+1} + r_{i-j}$$

进而得

$$\Delta\sum R^2(t) = [(R_{l+1}+r_{i-j})^2 - R_{l+1}^2] - [R_k^2 - (R_k - r_{i-j})^2]$$
$$= 2r_{i-j}[R_{l+1} - (R_k - r_{i-j})]$$

另　　$V_1 = R_{l+1} - (R_k - r_{i-j})$

计算若 $V_1 < 0$，则工作 i—j 右移 1 天可使 $\sum R^2(t)$ 减小，有利于资源均衡，故可将工作右移一天。

若 $V_1 \leqslant 0$，则工作 i—j 不能右移 1 天，可考虑右移 2 天，计算 $V_2 = R_{l+2} - (R_{k+1} - r_{i-j})$。

若 $V_1 + V_2 < 0$，则工作可右移两天，反之不行，以此类推。

（2）优化的步骤。

① 按最早开始时间绘制时标网络计划，并计算每天资源需要量。

② 确定工作及调整工作（也就是非关键工作）。从网络计划的终点节点开始，按工作完成节点的编号值，依次从大到小的顺序逐个筛选，同一完成节点有多个可调整工作时，开始时间较迟的先进行调整。

③ 判断调整效果。

利用判断公式 $R_{l+1}+r_{i-1}<R_i$，判断所选工作后移一天后对资源均衡性的影响，如能改善则后移一天，并判断再后移一天，如此重复，直到不能后移或工作总时差用完。

④ 选定新的调整工作并进行调整，重复②～③的步骤，直到所有可调整的工作都调整完毕。

⑤ 再次调整。为使资源均衡最优，调整完成后，再从左到右进行一次调整，如此反复。该种计算方法的缺点显而易见，工作的计算量比较大，工序每移动一次都需要对网络计划的工序进行调整，重新计算资源量，作图的工作量也比较大。

复习思考题

1. 双代号网络图和单代号网络图在表达上有什么不同？
2. 试述网络图的绘图原则。
3. 网络计划有哪些时间参数？含义分别是什么？
4. 关键工作和关键线路有什么特征？
5. 什么叫网络计划的优化？网络计划优化的目标有哪几种？

3 流水作业施工技术

流水作业是铁路施工过程中经常运用的一种科学有效的组织方法，该方法是建立在分工协作基础上的最佳作业方式，可以使施工单位的生产能力得到充分的发挥，劳动力得到合理的安排和使用，物质资源得到均衡的使用，从而带来较好的经济效益。由于铁路工程施工的产品是路线工程结构物，其流水施工与工业企业中采用的流水线生产极为相似，同时高速铁路线路流水施工的概念、组织方式和效果也具有其自身的特点。不同点在于工业生产中各个工件在流水线上从前一个工序向后一个工序流动，生产者是固定的；而在高速铁路施工活动中各个施工对象是固定的，专业施工队伍则由前一个施工段向后一施工段流动，即生产者是移动的，因而它的组织与管理也更为复杂。

3.1 流水施工的基本方法及控制参数

流水施工作业技术作为工程项目组织实施的一种管理形式，就是由固定组织的工人在若干个工作性质相同的施工环境中依次连续地工作的一种施工组织方法。具体来讲，就是由一定量的人工所组成的工作队，区域班、组，操纵一定量的机具，在相关工程的各个施工阶段上，依次连续完成自己的工作，像流水生产一样。组织流水作业的目的在于保持施工的连续性，流水施工可以充分地利用工作时间和操作空间，减少非生产性劳动消耗，提高劳动生产率，保证工程施工连续、均衡、有节奏地进行，从而对提高工程质量、降低工程造价以及缩短工期等都有着显著的效果。

流水作业是指所有的施工过程经一定的时间间隔依次投入施工,各个施工过程陆续开工，陆续竣工，使同一施工过程的施工班组保持连续、均衡，不同施工过程尽可能平行搭接施工的组织方式。进行流水作业组织的基本方法如下：

第一，把一个劳动对象尽可能划分为劳动量大致相等的若干施工段，施工段可按自然形成或人为地进行划分，如以桥涵等结构物为界划分，或将铁路路线工程进行人为的划分。第二，将劳动对象的施工过程划分为若干个工序或操作过程，每个工序或操作分别由按工艺原则建立的专业队组来完成，原则上讲，有多少道工序，就设立多少个专业队组。第三，各个作业班组按照一定的施工顺序，携带必要的工具，由一个施工段转移到另一个施工段，反复完成同类工作。第四，不同工种或同种作业班组完成的时间尽可能地相互衔接起来，以缩短工期，降低成本，提高经济效益。

3.1.1 施工组织的基本方式

施工组织按照工作过程及管理方式的不同，可以分为单段多工序施工和多段多工序施工两大类。单段多工序型是指施工任务不需要或不能划分为若干施工段，即只有一个施工段，而在该施工段需要实施若干个工序，其施工组织较为简单，只需解决各个工序的衔接问题，但其总工期较长。多段多工序型是指施工任务可以划分为多个施工段，而每个施工段又包含多个工序，其施工组织相对复杂。通常在施工作业中，主要的施工组织方式有顺序作业法、平行作业法及流水作业法三种方式。

1. 顺序作业法

顺序作业法（也称依次作业法）是指有若干任务时，先完成一个任务，接着再完成另一个任务，依次按照顺序进行，直到完成全部任务的作业方法。其特点是劳动力需要量少，资源利用比较均衡，但各作业单位是间歇不连续作业，总工期一般较长，且单位时间内投入的资源量比较少，施工现场的组织及管理都比较简单。

顺序作业法的总工期通常用下列公式进行计算：

$$T = mnt_i$$

式中 T——总工期；

m——工程对象数；

n——每个工程的施工过程数。

【例 3.1】 某工程队承担 DK118 + 90—DK119 + 00 区段内 3 座工程量近似的石砌区段内拱涵，其施工过程有挖土方、砌基础、砌边墙、砌拱圈等工作，每个施工过程的施工天数均为 4 天，其中挖土方由 6 人组成，砌基础由 10 人组成，砌边墙由 16 人组成，砌拱圈由 16 人组成。按照顺序作业法组织施工建造完工。

【解】 总工期为

$$T = mnt_i = 3\times4\times4 = 48\ (\text{d})$$

顺序作业法施工进度计划图及劳动力动态曲线图如图 3.1 所示。

2. 平行作业法

平行作业法是指当有若干个施工任务时，各个任务同时开工，平行生产，同完成各自作业的一种做法，它的特点是完成任务的总工期短（与顺序作业法比较），但所需的作业班组较多，劳动力需要量特别集中，各作业单位之间也是间歇作业，同样也会造成一定的资源浪费。平行作业法施工进度计划图及劳动力动态曲线图如图 3.1 所示。

3. 流水作业法

流水作业法是指当有若干个施工任务时，其各个任务相隔一定的时间依次投入生产，相同的工序依次进行，不同的工序则平行进行的一种作业方法。流水作业法与其他两种相比，能充分提高劳动生产率，缩短工期，降低成本，提高工程质量，有利于资源供应。因此，它是目前工程应用最为广泛的一种施工组织作业方式。流水作业法的施工进度计划图及劳动力动态曲线图如图 3.1 所示。

工程编号	分项工程名称	工作队人数	施工天数	施工进度/d																					
				48												16				24					
				4	8	12	16	20	24	28	32	36	40	44	48	4	8	12	16	4	8	12	16	20	24
1	挖土方	6	4																						
	砌基础	10	4																						
	砌边墙	16	4																						
	砌拱顶	16	4																						
2	挖土方	6	4																						
	砌基础	10	4																						
	砌边墙	16	4																						
	砌拱顶	16	4																						
3	挖土方	6	4																						
	砌基础	10	4																						
	砌边墙	16	4																						
	砌拱顶	16	4																						
劳动力动态图				6	10	16	16	6	10	16	16	6	10	16	16	18	30	48	48	6	16	32	42	32	16
施工组织方式				顺序施工												平行施工				流水施工					

图 3.1　三种不同施工作业组织方式示意图

此外，除了以上三种基本作业之外，还有将平行作业法和流水作业法结合起来的平行流水作业法，它综合了平行作业法和流水作业法的优点，在铁路工程和其他土木工程中更具普遍性。当所有工程对象按一组进行流水作业，其总工期比规定工期要长时，可将全部工程对象根据工程类型、工程数量分为几个组进行施工，每个组内的工程对象采用流水作业法施工，而组与组之间则采用平行作业法施工。

总之，流水施工作业技术是实现施工管理科学化的重要组成内容，是与建筑设计标准化、施工机械化等现代施工内容紧密联系、相互促进的，是实现企业进步的重要手段。

3.1.2　流水施工的表达方式

流水施工的表达方式除了网络图之外，还有横道图和垂直图（斜线图）两种。在工程实践中，一般采用图表的方式来表达工程流水施工过程中各施工过程的工艺顺序、相互制约关系以及它们在时间、空间上的展开情况。

1. 横道图

流水施工横道图又称水平图，它起源于 19 世纪美国人亨利・甘特（H. Gantt）发明的甘特图进度表，故又称之为甘特图。其表达方式如图 3.2 所示。图中的横坐标表示流水施工的持续时间；纵坐标表示施工过程或者专业工作队的名称或编号；*n* 条带有编号的水平线段表示 *n* 个施工过程或专业工作队在该施工段上的工作持续时间，线段的起点表示工作的开始时刻，线段的重点表示工作的结束时刻；编号①、②、③……表示不同的施工段及投入施工的先后顺序。

施工过程	施工进度/d						
	2	4	6	8	10	12	14
Ⅰ	①	②	③	④			
Ⅱ		①	②	③	④		
Ⅲ			①	②	③	④	
Ⅳ				①	②	③	④
	流水施工总工期						

图 3.2　横道图施工进度计划表

横道图的特点是绘制简单，施工过程中的工艺顺序和施工段的组织顺序表达清晰，流水施工在时间和空间上的展开情况形象直观，便于绘制资源需求曲线，使用方便，因而被广泛用来表达施工进度计划。

2. 垂直图

流水施工垂直指示图表又称斜线图，其表达方式如图 3.3 所示。图中的横坐标表示流水施工的持续时间；纵坐标表示流水施工所处的空间位置，即施工段的编号。*n* 条斜线表示 *n* 个施工过程或专业工作队的施工进度。

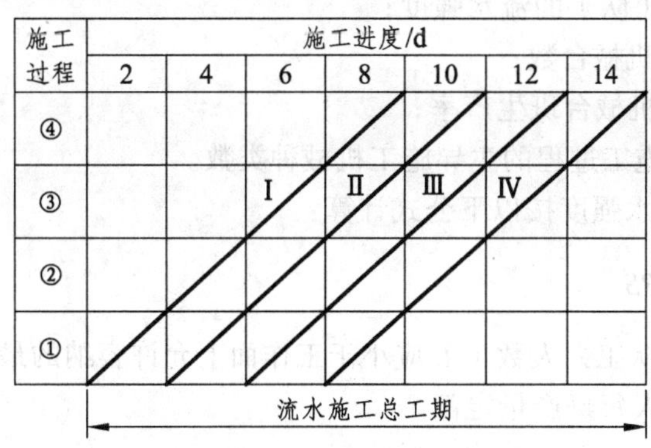

图 3.3　垂直图施工进度计划表

垂直图施工过程的工艺顺序和施工段的组织顺序表达清楚，流水施工在时间和空间上的展开情况形象直观，其斜线段的斜率可以直观地反映出各施工过程的进展速度。但编制实际工程进度计划时不如横道图方便。

3.1.3　流水施工参数

组织流水施工，主要是对各施工过程在时间和空间上的开展情况及相互依存关系进行组织安排。为了说明组织流水施工时各施工过程在时间和空间上的展开情况及相互制约关系，必须引入一些描述流水施工的工艺流程、空间布置和时间安排等方面的特征和各种数量关系的状态参数，这些参数称为流水施工参数。流水施工参数主要包括工艺参数、空间参数和时间参数。

1. 工艺参数

工艺参数主要是指在组织流水施工时，用以表达流水施工在施工工艺方面进展状况的参数，通常包括施工过程和流水强度两个参数。

（1）施工过程。

在组织工程建设流水施工时，通常应根据施工组织计划的安排需要而将计划任务划分成的子项称为施工过程，施工过程的数目以 n 表示。施工过程的粗细程度由实际需要而定，当编制控制性施工进度计划时，组织流水施工的施工过程可以划分得粗一些，施工过程可以是单位过程，也可以是分部过程。而当编制实施性施工进度计划时，对应的施工过程可以划分得细一些，施工过程可以是分项工程，甚至是将分项工程按照专业工种的不同划分为不同的施工工序。施工过程的数目通常以 n 表示。

（2）流水强度。

流水强度是每一个施工过程（或专业工作队）在单位时间内所完成的工程量，也称为流水能力或生产能力。

流水强度可以按以下公式计算：

$$V=\sum_{i=1}^{x}R_iS_i$$

式中 V——施工过程（队）的流水强度；

R_i——某种施工机械台数；

S_i——该种施工机械台班生产率；

x——用于同一施工过程的主导施工机械种类数。

手工操作过程的流水强度按以下公式计算：

$$V=RS$$

式中 R——每一工作队工人人数（R 应小于工作面上允许容纳的最多人数）；

S——每一个工人每班产量定额。

2. 空间参数

空间参数是指在组织流水施工时，用以表达流水施工在空间布置上开展状态的参数。通常包括工作面和施工段。

（1）工作面。

工作面是指供某专业工种的工人或某种施工机械进行施工的活动空间。工作面的大小，表明能安排施工人数或机械台数的多少。每个作业的工人或每台施工机械所需工作面的大小，取决于单位时间内其完成的工程量和安全施工的要求。工作面确定的合理与否，直接影响专业工作队的生产效率。因此，必须合理确定工作面。

（2）施工段。

为了有效地组织流水施工，通常把拟建工程在平面或空间上划分若干个劳动量大致相等的施工段落，称为施工段或流水段，其数目用 m 来表示。

① 施工段划分目的。

一般情况下，一个施工段内只安排一个施工过程的专业工作队进行施工。在一个施工段上，只有前一个施工过程的工作队提供足够的工作面，后一个施工过程的专业工作队才能进入该段从事下一个施工过程的施工。划分施工段是组织流水施工的基础，其目的是为了组织流水施工。

由于铁路工程体形庞大，可将其划分成若干个施工段，从而为组织流水施工提供足够的空间。在保证工程质量的前提下，为专业工作队确定合理的空间范围，使其按流水施工的原理，集中人力、物力，迅速地、依次地、连续地完成各段施工任务，为相邻专业工作队尽早提供工作面，达到缩短工期的目的。

② 施工段划分原则。

施工段数划分要适当，过多了，势必要减少工人数而延长工期；过少了，又会造成资源供应过分集中，不利于组织流水施工。因此，为使施工段划分得更科学、更合理，通常应遵循以下原则：

专业工作队在各个施工段上的劳动量要大致相等，其相差的幅度不宜超过 10%～15%；为了充分发挥工人、主导机械的效率，每个施工段要有足够的工作面，使其所容纳的劳动力人数或机械台数，能满足合理劳动组织的要求；施工段的数目，要满足合理流水施工组织的要求，即 $m \geqslant n$；施工段的分界线应尽可能与自然界限（如沉降缝、伸缩缝等）相一致。

3. 时间参数

时间参数是指在组织流水施工时，用以表达流水施工在时间安排上所处状态的参数，主要包括流水节拍、流水步距和流水施工工期等。

（1）流水节拍。

流水节拍是指在组织流水施工时，某个专业工作队在一个施工段上的施工时间。第 j 个专业工作队在第 i 个施工段的流水节拍一般用 $t_{j,i}$ 来表示（$j=1, 2, \cdots, n$；$i=1, 2, \cdots, m$）。

流水节拍的大小，可以反映出流水施工速度的快慢、节奏感的强弱和资源消耗量的多少。影响流水节拍数值大小的因素主要有：施工时所采取的施工方案、各施工段投入的劳动力人数或机械台数、工作班次以及该施工段工程量的多少。

流水节拍可按以下方法确定：

① 定额计算法。按下式确定流水节拍：

$$t_{j,i}=\frac{Q_{j,i}}{S_j R_j N_j}=\frac{R_{j,i}}{R_j N_j}$$

或

$$t_{j,i}=\frac{Q_{j,i} H_j}{R_j N_j}=\frac{P_{j,i}}{R_j N_j}$$

式中 $t_{j,i}$——第 j 个专业工作队在第 i 施工段的流水节拍；

$Q_{j,i}$——第 j 个专业工作队在第 i 施工段要完成的工程量；

S_j——第 j 个专业工作队的计划产量定额；

H_j——第 j 个专施工段需要的劳动量或机械台班数；

$P_{j,i}$——第 j 个专业工作队投入的工作人数或机械台数；

N_j——第 j 个专业工作队的工作班次。

② 经验估算法。

在实际施工中，往往采用新工艺、新方法和新材料等尚无定额可循的工程，此时可用经验估算法来求出流水节拍。其计算式是指所有的施工过程按一定的时间间隔依次投入施工，各个施工过程陆续开工，陆续竣工，使同一施工过程的施工班组保持连续、均衡，不同施工过程尽可能平行搭接施工的组织方式。进行流水作业组织的基本方法计算如下：

$$t_i = \frac{a+4c+b}{6}$$

式中 t_i——某施工过程在某施工段上的流水节拍；

a——某施工过程在某施工段上的最短估算时间；

b——某施工过程在某施工段上的最长估算时间；

c——某施工过程在某施工段上的正常估算时间。

流水节拍是流水施工的主要参数之一，它表明流水施工的速度和节奏性。流水节拍的大小决定着单位时间投入的劳动力、机械和材料等资源量的多少，同时，也是区别流水施工组织方式的特征参数。因此，流水节拍的确定具有很重要的意义。

确定流水节拍还应考虑以下因素：

① 流水节拍应当取适当整数，也可取 0.5 或 0.5 天的倍数；

② 流水节拍的取值，尽量不改变原有的劳动组织形式，但又应满足专业工作队对工作面的要求，确保施工操作安全和充分发挥劳动效率；

③ 应先确定主导施工过程的流水节拍，据此再确定其他施工过程的流水节拍，并应尽可能使其有节奏，以便组织有节奏的流水施工；

④ 流水节拍的确定，还要综合考虑劳动力、材料、机具设备的供应情况和施工进度、施工技术、施工工艺的限制和特殊要求；

⑤ 根据工期要求确定流水节拍时，必须检查劳动力、材料和机械供应的可能性，以及工作面是否足够等。

（2）流水步距。

在组织流水施工时，将相邻两个专业工作队先后在同一施工段开始施工的时间间隔，称为流水步距，用 $K_{j,j+1}$ 表示，其中 j（$j=1$，2，…，$n-1$）为专业工作队或施工过程的编号，它是流水施工的主要参数之一。

流水步距的数目取决于参加流水的施工过程数，如果施工过程数为 n，则流水步距的总数为 $n-1$ 个。

流水步距的大小，反映着流水作业的紧凑程度，对工期起较大影响。当施工段确定后，流水步距的大小就直接影响着工期的长短。如果施工段不变，流水步距越大，则工期越长；反之，流水步距越小，则工期就越短。此外，流水步距在施工段不变的情况下，它随流水节拍的增大而增大，随流水节拍的缩小而缩小。

流水步距的确定原则如下：

① 流水步距要满足相邻两个专业工作队在施工顺序上的相互制约关系；
② 流水步距要保证各专业队都能连续作业；
③ 流水步距要保证相邻两个专业工作队在开工时间上最大限度地、合理地搭接；
④ 流水步距的确定要保证工程质量，满足安全生产要求。

（3）流水施工工期。

流水施工工期是指从第一个专业工作队投入流水施工开始，到最后一个专业工作队完成流水施工为止的整个持续时间。由于一项建设工程往往包含有许多流水组，故流水施工工期一般均不是整个工程的总工期。

3.1.4　流水施工的基本组织方式

在流水施工中，流水节拍的规律不同，流水步距、流水工期的计算方法等也不同，甚至影响到各个施工过程的专业施工队数目。因此，有必要按照流水节拍的特征将流水施工进行分类。

根据流水节拍的不同特征，流水施工分类如图 3.4 所示。

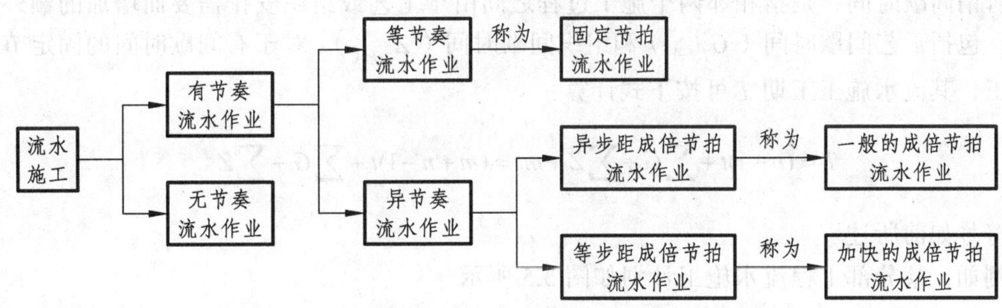

图 3.4　根据流水节拍的不同特征流水施工分类图

3.1.5　流水作业法施工组织要点

根据以上流水参数的概念，可以把流水施工的组织要点归纳如下：

（1）将拟建工程的全部施工活动，划分组合为若干个施工过程，每一施工过程交给按专业分工组成的施工队组或混合队组来完成。施工队组组成的人数应考虑每个工人所需的最小工作面和流水施工组织的需要。

（2）将拟建工程在平面上划分为若干个施工段，每一施工段在同一时间内，只供一个施工队组开展作业。

（3）确定各施工队组在每段的作业时间，并使其连续均衡作业。

（4）按照各施工过程的先后顺序排列，确定相邻施工过程（或施工队组）之间的流水步距，并使其在连续作业的条件下，最大限度地搭接起来，形成分部工程施工的专业流水组。

（5）搭接各分部工程的流水组；组成单位工程流水施工。

（6）绘制流水施工指示图表。

3.2 有节奏流水作业

3.2.1 固定节拍流水施工

1. 固定节拍流水施工的特点

固定节拍流水施工是一种最理想的流水施工方式，其特点如下：

（1）所有施工过程在各个施工段上的流水节拍均相等。

（2）相邻施工过程的流水步距相等，且等于流水节拍。

（3）专业工作队数等于施工过程数，即每一个施工过程成立一个专业工作队，由该队完成相应施工过程所有施工段上的任务。

（4）各个专业工作队在各施工段上能够连续作业，施工段之间没有空闲时间。

2. 固定节拍流水施工工期

（1）有间歇时间的固定节拍流水施工。

所谓间歇时间，是指相邻两个施工过程之间由于工艺或组织安排需要而增加的额外等待时间，包括工艺间歇时间（ $G_{j,j+1}$ ）和组织间歇时间（ $Z_{j,j+1}$ ）。对于有间歇时间的固定节拍流水施工，其流水施工工期 T 可按下式计算：

$$T=(n-1)t+\sum G+\sum Z+mt=(m+n-1)t+\sum G+\sum Z$$

式中符号如前所述。

例如，某分部工程流水施工计划如图 3.5 所示。

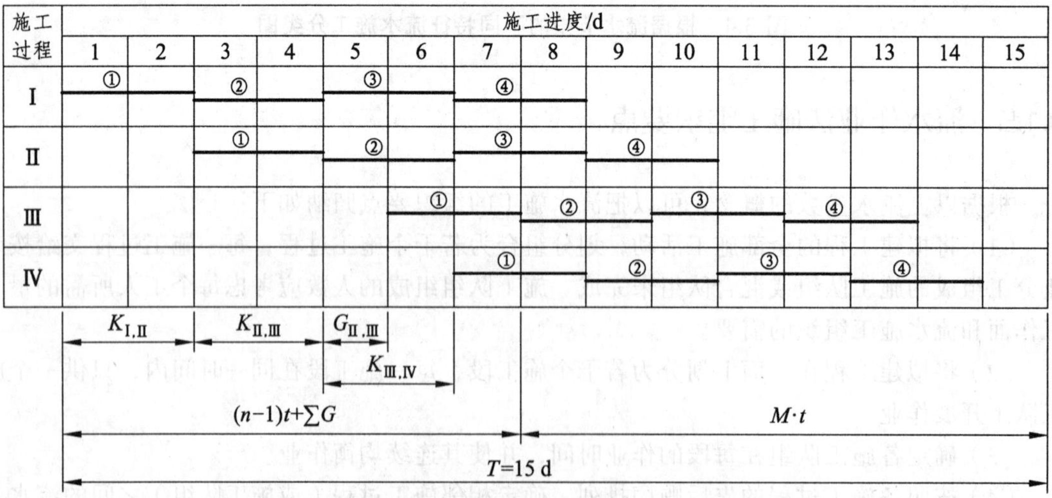

施工过程	施工进度/d														
	1	2	3	4	5	6	7	8	9	10	11	12	13	14	15
Ⅰ	①		②		③		④								
Ⅱ			①		②		③		④						
Ⅲ						①		②		③		④			
Ⅳ							①		②		③		④		

$K_{Ⅰ,Ⅱ}$　$K_{Ⅱ,Ⅲ}$　$G_{Ⅱ,Ⅲ}$　$K_{Ⅲ,Ⅳ}$

$(n-1)t+\sum G$　　$M\cdot t$

T=15 d

图 3.5 有间歇时间的固定节拍流水施工进度计划图

在该计划中，施工过程数目，$n=4$；施工段数目 $m=4$；流水节拍 $t=2$；流水步距 $K_{Ⅰ,Ⅱ}=K_{Ⅲ,Ⅳ}=K_{Ⅲ,Ⅳ}=t=2$；组织间歇 $Z_{Ⅰ,Ⅱ}=Z_{Ⅱ,Ⅲ}=Z_{Ⅲ,Ⅳ}=0$；工艺间歇 $G_{Ⅰ,Ⅱ}=G_{Ⅲ,Ⅳ}=0$； $G_{Ⅱ,Ⅲ}=1$。

因此，其流水施工工期为

$$T=(n-1)t+\sum G+\sum Z+mt=(4-1)\times 2+1+0+4\times 2=15\ (\mathrm{d})$$

（2）有提前插入时间的固定节拍流水施工。

所谓提前插入时间，是指相邻两个专业工作队在同一施工段上共同作业的时间。在工作面允许和资源有保证的前提下，专业工作队提前插入施工，可以缩短流水施工工期。对于有提前插入时间的固定节拍流水施工，其流水施工工期可按下式计算：

$$T=(n-1)t+\sum G+\sum Z-\sum C+mt=(m+n-1)t+\sum G+\sum Z-\sum C$$

式中符号如前所述。

例如，某分部工程流水施工计划如图 3.6 所示。

施工过程	施工进度/d													
	1	2	3	4	5	6	7	8	9	10	11	12	13	14
Ⅰ		①			②			③						
Ⅱ				①			②			③				
Ⅲ						①			②			③		
Ⅳ							①			②			③	

$C_{Ⅰ,Ⅱ}$ $C_{Ⅱ,Ⅲ}$ $C_{Ⅲ,Ⅳ}$

$K_{Ⅰ,Ⅱ}$ $K_{Ⅱ,Ⅲ}$ $K_{Ⅲ,Ⅳ}$

$(n-1)t+\sum G$　$m\cdot t$

$T=14$ d

图 3.6　有提前插入时间的固定节拍流水施工进度计划图

在该计划中，施工过程数目，$n=4$；施工段数目 $m=3$；流水节拍 $t=3$；流水步距 $K_{Ⅰ,Ⅱ}=K_{Ⅱ,Ⅲ}=K_{Ⅲ,Ⅳ}=t=3$；组织间歇 $Z_{Ⅰ,Ⅱ}=Z_{Ⅱ,Ⅲ}=Z_{Ⅲ,Ⅳ}=0$；工艺间歇 $G_{Ⅰ,Ⅱ}=G_{Ⅱ,Ⅲ}=G_{Ⅲ,Ⅳ}=0$；提前插入时间 $C_{Ⅰ,Ⅱ}=C_{Ⅱ,Ⅲ}=1$，$C_{Ⅲ,Ⅳ}=2$。因此，其流水施工工期为

$$T=(n-1)t+\sum G+\sum Z-\sum C+mt=(4-1)\times 3+0+0-(1+1+2)+3\times 3=14\ (\mathrm{d})$$

3.2.2 成倍节拍流水施工

在通常情况下，组织固定节拍的流水施工是比较困难的。因为在任一施工段上，不同的施工过程，其复杂程度不同，影响流水节拍的因素也各不相同，很难使得各个施工过程的流水节拍都彼此相等。但是，如果施工段划分得合适，保持同一施工过程各施工段的流水节拍相等是不难实现的。

成倍节拍流水指相同工序在不同施工段上的流水节拍相等，但不同工序的流水节拍不同

等，存在最大公约数。由于流水节拍不相等，所以如完全按照全等节拍流水进行组织施工，会使得各作业队间歇作业，造成劳动力闲置，因此应采取一定的方法步骤，使得各作业队能够连续、均衡地施工。成倍节拍流水施工包括一般的成倍节拍流水施工和加快的成倍节拍流水施工。为了缩短流水施工工期，一般均采用加快的成倍节拍流水施工方式。

1. 加快的成倍节拍流水施工的特点

（1）同一施工过程在其各个施工段上的流水节拍均相等；不同施工过程的流水节拍不等，但其值为倍数关系。

（2）相邻施工过程的流水步距相等，且等于流水节拍的最大公约数（K）。

（3）专业工作队数大于施工过程数，即有的施工过程只成立一个专业工作队，而对于流水节拍大的施工过程，可按其倍数增加相应的专业工作队数目。

（4）各个专业工作队在施工段上能够连续作业，施工段之间没有空闲时间。

2. 加快的成倍节拍流水施工工期

加快的成倍节拍流水施工工期可按下式计算：

$$T=(n'-1)K+\sum G+\sum Z-\sum C+mK=(m+n'-1)K+\sum G+\sum Z-\sum C$$

式中，n'为专业工作队数目，其余符号如前所述。

例如，某分部工程流水施工计划如图 3.7 所示。

在该计划中，施工过程数目 $n=3$；专业工作队数目 $n=6$；施工段数目 $m=6$；流水步距 $K=1$；组织间歇 $Z=0$；工艺间歇 $G=0$；提前插入时间 $C=0$。因此，其流水施工工期为

$$T=(m+n'-1)K+\sum G+\sum Z-\sum C=(6+6-1)\times 1+0+0-0=11\ (\text{d})$$

施工过程	专业工作队编号	施工进度/d										
		1	2	3	4	5	6	7	8	9	10	11
Ⅰ	$Ⅰ_1$		①			④						
	$Ⅰ_2$			②			⑤					
	$Ⅰ_3$				③			⑥				
Ⅱ	$Ⅱ_1$				①		③		⑤			
	$Ⅱ_2$					②		④		⑥		
Ⅲ	Ⅲ						①	②	③	④	⑤	⑥

K　K　K　K　K

$(n'-1)K$　　$m\cdot K$

T=11 d

图 3.7　加快的成倍节拍流水施工进度计划

【例 3.2】 某工程施工过程划分为 4 项，其一般的成倍节拍流水施工进度计划如图 3.8 所示。

施工过程	5	10	15	20	25	30	35	40	45	50	55	60
	①	②	③	④								
Ⅰ		①		②		③		④				
				①		②		③		④		
Ⅱ									①	②	③	④

$K_{Ⅰ,Ⅱ}$　$K_{Ⅱ,Ⅲ}$　$K_{Ⅲ,Ⅳ}$

$\sum K=5+10+25=40$　$m \cdot t=4 \cdot 5=20$

图 3.8 某工程一般的成倍节拍流水施工计划

【解】 由图 3.8 可知，如果按 4 个施工过程成立 4 个专业工作队组织流水施工，其总工期为

$$T_0 = (5+10+25)+4\times5 = 60（周）$$

为加快施工进度，增加专业工作队，组织加快的成倍节拍流水施工。

（1）计算流水步距。

流水步距等于流水节拍的最大公约数，即

$$K = \min\{5,10,10,5\} - 5$$

（2）确定专业工作队数目。

每个施工过程成立的专业工作队数目可按下式计算：

$$b_j = \frac{t_j}{K}$$

式中 b_j——第 j 个施工过程的专业工作队数目；

t_j——第 j 个施工过程的流水节拍；

K——流水步距。

各施工过程的专业工作队数目分别为

Ⅰ：$b_{Ⅰ} = t_{Ⅰ}/K = 5/5 = 1$

Ⅱ：$b_{Ⅱ} = t_{Ⅱ}/K = 10/5 = 2$

Ⅲ：$b_{Ⅲ} = t_{Ⅲ}/K = 10/5 = 2$

Ⅳ：$b_{Ⅳ} = t_{Ⅳ}/K = 5/5 = 1$

于是，参与该工程流水施工的专业工作队总数 n' 为

$$n = \sum b_i = 1+2+2+1 = 6$$

（3）绘制加快的成倍节拍流水施工进度计划图。

在加快的成倍节拍流水施工进度计划图中，除表明施工过程的编号或名称外，还应表明专业工作队的编号。在表明各施工段的编号时，一定要注意有多个专业工作队的施工过程。各专业工作队连续作业的施工段编号不应该是连续的，否则，无法组织合理的流水施工。

根据图 3.8 所示进度计划编制的加快的成倍节拍流水施工进度计划如图 3.9 所示。

（4）确定流水施工工期。

由图 3.9 可知，本计划中没有组织间歇、工艺间歇及提前插入，故流水施工工期为

$$T=(m+n'-1)K=(4+6-1)\times 5=45\text{（周）}$$

施工过程	专业工作队编号	施工进度/d								
		5	10	15	20	25	30	35	40	45
Ⅰ	Ⅰ	①	②	③						
Ⅱ	$Ⅱ_1$		①		③					
	$Ⅱ_2$			②		④				
Ⅲ	$Ⅲ_1$				①		③			
	$Ⅲ_2$					②		④		
Ⅳ	Ⅳ						①	②	③	④

K　K　K　K　K

(n−1)K=(6−1)·5　　m·K=4·5=20

图 3.9　某工程加快的成倍节拍流水施工计划

与一般的成倍节拍流水施工进度计划比较，该工程组织加快的成倍节拍流水施工使得总工期缩短了 15 周。

【例 3.3】 某施工部门负责 A、B、C、D 四个施工过程，$m=6$，流水节拍分别为 $t_A=2\text{ d}$，$t_B=6\text{ d}$，$t_C=4\text{ d}$，$t_D=2\text{ d}$，试组织成倍节拍流水施工。

【解】 因为 $K=2\text{ d}$，则有 $b_A=\dfrac{t_A}{K}=\dfrac{2}{2}=1$ 个；$b_B=\dfrac{t_B}{K}=\dfrac{6}{2}=3$ 个；$b_C=\dfrac{t_C}{K}=\dfrac{4}{2}=2$ 个；$b_D=\dfrac{t_D}{K}=\dfrac{2}{2}=1$ 个。

专业工作队总数为

$$n'=\sum_{i=1}^{4}b_i=1+3+2+1=7\text{ (d)}$$

流水施工工期为

$$T=(m+n'-1)K=(6+7-1)\times 2=24\text{ (d)}$$

根据计算的流水参数绘制施工进度计划表，如图 3.10 所示。

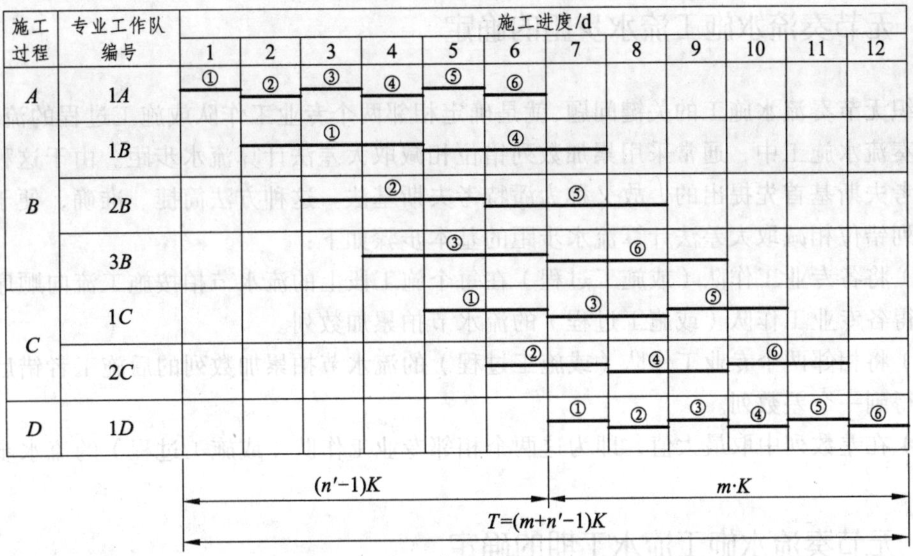

施工过程	专业工作队编号	施工进度/d											
		1	2	3	4	5	6	7	8	9	10	11	12
A	1*A*	①	②	③	④	⑤	⑥						
B	1*B*			①			④						
	2*B*				②			⑤					
	3*B*					③			⑥				
C	1*C*						①		③		⑤		
	2*C*							②		④		⑥	
D	1*D*							①	②	③	④	⑤	⑥

$(n'-1)K$　　$m \cdot K$

$T=(m+n'-1)K$

图 3.10　成倍节拍流水施工计划横线图

3.3　无节奏流水作业

由于各种原因，导致各施工过程的流水节拍随施工段的不同而不同，而且不同施工过程之间的流水节拍又有很大的差异。这是工程实践中最常见的情况。这时，流水节拍虽然无任何规律，但仍然可以利用流水施工原理组织流水施工，使得各专业工作队能连续施工。这种无节奏流水施工方式是高速铁路工程流水施工的普遍方式。

在组织流水施工时，经常由于工程结构形式、施工条件不同等原因，使得各施工过程在各施工段上的工程量有较大差异，或因专业工作队的生产效率相差较大，导致各施工过程的流水节拍随施工段的不同而不同，且不同施工过程之间的流水节拍又有很大差异。这时，流水节拍虽无任何规律，但仍可利用流水施工原理组织流水施工，使各专业工作队在满足连续施工的条件下，实现最大搭接。这种非节奏流水施工方式是流水施工的普遍方式。

无节奏流水作业是指同类工序的流水节拍在各施工段上不完全相同，而不同类工序的流水节拍相互也不完全相等。高速铁路工程沿线工程量并非均匀分布，如大、中型桥梁建设施工，或路基的高填、深挖等集中型工程。在实际工程中，各施工专业队在机具和劳动力固定的条件下，流水作业速度不可能总保持一致。所以有节奏流水作业很少出现，大多施工属于无节奏流水作业。

3.3.1　非节奏流水施工的特点

（1）各施工过程在各施工段的流水节拍不全相等。

（2）相邻施工过程的流水步距不尽相等。

（3）专业工作队数等于施工过程数。

（4）各专业工作队能够在各施工段上连续作业，但有的施工段可能有被闲置的时间。

3.3.2 无节奏流水施工流水步距的确定

组织无节奏流水施工的关键问题，就是确定相邻两个专业工作队或施工过程的流水步距。在无节奏流水施工中，通常采用累加数列错位相减取大差法计算流水步距。由于这种方法是由潘特考夫斯基首先提出的，故又称为潘特考夫斯基法。这种方法简捷、准确，便于掌握。累加数列错位相减取大差法计算流水步距的基本步骤如下：

（1）将各专业工作队（或施工过程）在每个施工段上的流水节拍按施工流向顺序依次累加，求得各专业工作队（或施工过程）的流水节拍累加数列。

（2）将相邻两个专业工作队（或施工过程）的流水节拍累加数列的后施工者错后一位，相减后得到一个差数列。

（3）在差数列中取最大值，即为这两个相邻专业工作队（或施工过程）的流水步距。

3.3.3 无节奏流水施工流水工期的确定

确定无节奏流水作业的施工总工期时，一般采用作图法确定。但是，为了求得最短的总工期，首先必须对施工段的施工次序进行排序，然后才能以作图法确定其最短总工期。可按下式计算：

$$T=\sum K+\sum t_n+\sum G+\sum Z-\sum C$$

式中 T——流水施工工期；

$\sum K$——各施工过程流水步距之和；

$\sum t_n$——最后一个施工过程在各施工段上的流水节拍之和；

$\sum G$——工艺间歇时间之和；

$\sum Z$——组织间歇时间之和；

$\sum C$——提前插入时间之和。

3.3.4 无节奏流水施工组织示例

【例 3.4】 某工程由 4 个施工过程组成，他们分别由Ⅰ、Ⅱ、Ⅲ、Ⅳ专业工作队完成，该工程在平面上划分 A、B、C、D 四个施工段，每个专业工作队在各施工段上的流水节拍如表 3.1 所示，试按分别流水法组织施工。

【解】（1）确定施工流向：$A\to B\to C\to D$。

（2）确定各专业工作队的累加数列：

将Ⅰ工作队的 $t_{\text{Ⅰ}}$ 依次累计叠加，可得数列：4 6 11 14。

将Ⅱ工作队的 $t_{\text{Ⅱ}}$ 依次累计叠加，可得数列：5 8 12 16。

同理，可以确定Ⅲ、Ⅳ工作队的累加数列：

Ⅲ： 4 8 11 16

Ⅳ： 3 8 9 13

表 3.1 各专业工作队在施工段上的流水节拍

工序 \ 施工段	A	B	C	D
Ⅰ	4	2	5	3
Ⅱ	5	3	4	4
Ⅲ	4	4	3	5
Ⅳ	3	5	1	4

（3）采用“累加数列错位相减取大差法”求施工段上各最小流水步距。将后一工作队的数列向右错一位，两数列相减。

Ⅰ与Ⅱ：

$$\begin{array}{rrrrr} & 4 & 6 & 11 & 14 \\ - & 5 & 8 & 12 & 16 \\ \hline 4 & 1 & 3 & 2 & -16 \end{array}$$

所得数列中的最大正数为 4，故专业工作队Ⅰ、Ⅱ的流水步距 $K_{Ⅰ、Ⅱ}=4$。

Ⅱ与Ⅲ：

$$\begin{array}{rrrrr} & 5 & 8 & 12 & 16 \\ - & 4 & 8 & 11 & 16 \\ \hline 5 & 4 & 4 & 5 & -16 \end{array}$$

所得数列中的最大正数为 5，故专业工作队Ⅱ、Ⅲ的流水步距 $K_{Ⅱ、Ⅲ}=5$。

Ⅲ与Ⅳ：

$$\begin{array}{rrrrr} & 4 & 8 & 11 & 16 \\ - & 3 & 8 & 9 & 13 \\ \hline 4 & 5 & 3 & 7 & -1 \end{array}$$

所得数列中的最大正数为 7，故专业工作队Ⅱ、Ⅲ的流水步距 $K_{Ⅱ、Ⅲ}=7$。

（4）计算流水施工工期。

$$T=\sum K+\sum t_n=(4+5+7)+(3+5+1+4)=29\ (\mathrm{d})$$

（5）绘制流水施工作业图。

根据求得的最小流水步距和流水节拍表，绘制流水作业图，如图 3.11 所示。

工作队 \ 进度	施工进度																												
	1	2	3	4	5	6	7	8	9	10	11	12	13	14	15	16	17	18	19	20	21	22	23	24	25	26	27	28	29
Ⅰ																													
Ⅱ																													
Ⅲ																													
Ⅳ																													

图 3.11 最小流水步距流水作业进度图

复习思考题

1. 试述高速铁路工程流水施工基本方法的特点。
2. 流水施工使用的各项参数的概念。

3. 织流水施工的主要过程。

4. 流水施工的种类。

5. 试述非节奏流水施工的特点。

6. 试述非节奏流水施工的组织方式和建立步骤。

7. 设某分部工程有 *A*、*B*、*C* 三个施工过程，流水节拍分别为 2 天，4 天，3 天，分为 4 个施工段。试分别计算依次施工、平行施工、流水施工的工期，并绘出各自的施工进度计划表。（要求：组织流水施工时，各施工班组连续施工。）

8. 某铁路路基工程由 *A*、*B* 和 *C* 三个施工过程组成，每个施工过程在施工段上的延续时间均为 5 天，划分为 3 个施工段，则总工期为多少天？

9. 某铁路工程需在某一路段修建 4 个结构形式与规模完全相同的涵洞，施工过程包括基础开挖、预制涵管、安装涵管和回填压实。如果合同规定，工期不超过 50 天，则组织全等节拍流水施工时，流水工期为多少天？

10. 已知某工程有 3 个施工过程，各施工过程的流水节拍分别为 1 天、3 天、1 天，划分为 3 个施工段。

（1）若无工艺间歇，试计算流水施工工期并绘制流水施工横道图。

（2）若 2、3 施工过程之间工艺间歇 2 天，试计算流水施工工期并绘制流水施工横道图。

11. 某项目经理部拟承建一工程，该工程有Ⅰ、Ⅱ、Ⅲ、Ⅳ、Ⅴ等 5 个施工过程，各施工过程的流水节拍及施工段见表 3.2。

规定：施工过程Ⅱ完成后相应施工段至少养护 2 天；施工过程Ⅳ完成后其相应施工过程要有一天准备时间。为了尽早完工，允许施工过程Ⅰ和Ⅱ之间搭接施工 1 天，试计算流水步距、工期，并作施工进度表。

表 3.2 各施工过程的流水节拍及施工段

施工段 / 施工过程	①	②	③	④	⑤
Ⅰ	3	2	2	4	3
Ⅱ	1	3	5	3	1
Ⅲ	2	1	3	5	2
Ⅳ	4	2	3	3	1
Ⅴ	3	4	2	1	2

12. 某分部工程流水节拍见表 3.3，试计算流水步距和工期，并作施工进度表。

表 3.3 某分部工程流水节拍

施工段 / 工序	*A*	*B*	*C*	*D*
Ⅰ	5	2	4	3
Ⅱ	3	3	2	4
Ⅲ	5	2	5	5
Ⅳ	4	4	2	3

4 铁路工程施工组织设计

4.1 铁路施工组织设计概述

施工组织设计主要是针对于施工安装过程中的复杂性和特殊性等，对拟建工程的各个阶段、各个环节以及所需要的各种资源进行合理安排和优化的计划管理行为。因此，如何根据不同工程的特点编制相应的施工组织则成为施工组织设计的一个重要环节。

铁路施工组织设计的主要目的是通过科学、经济、合理的规划安排，充分利用人力、物力和财力，以达到建设项目能够连续、均衡、协调地进行施工，同时满足建设项目对工期、质量及投资方面等的要求。

4.1.1 铁路施工组织的特点

1. 施工组织的概念

施工组织设计是对建筑工程产品（包括建设项目或其单项单位工程、分部分项工程等）施工过程中各要素之间的合理组织，即根据拟建工程项目的特点，从人力、资金、材料、机械和施工方法等多方面进行科学合理的安排，使之在一定的时间和空间内，得以有效实施的有组织、有计划、能均衡的施工，使整个项目在施工中达到技术先进、经济合理、质量优良的目的，并根据施工安装过程的复杂性和具体施工项目的特殊性，尽量保持施工生产的连续性、均衡性和协调性，以实现生产活动的最佳经济效益。因而施工组织文件是指导工程设计、招标、投标、施工准备和正常施工的基本技术经济文件。

施工组织设计除了计划安排和指导施工之外，又是体现设计意图、督促检查工作及编制概（预）算的依据。因此，施工组织设计必须具备下列特征：

（1）合理性。要满足确定的原则和事项既符合当前施工队伍的技术水平和装备能力，又具备一定的先进性，并且通过合理的组织完全可以实现的任务。

（2）实践性。施工组织编制的原则和依据不是一成不变的，应贯彻从实际出发，认真调查研究的工作方法。施工组织设计应随着工人熟练程度及劳动生产率的提高，施工方法的改善，新工具、新设备的出现而不断改变，它与长期不变的结构设计是不同的。

（3）严肃性。任何一项铁路施工组织设计一经鉴定或审批成立，即具有法定效力，必须严格执行，不得任意违背，如遇特殊情况必须变更时，需提出理由报请原批准单位审查批准。

2. 施工组织的任务

施工组织设计的基本任务是根据业主对建设项目的各项具体要求，选择最经济、合理、有效的施工方案；确定最优可行的施工进度；拟定有效的技术组织措施；采用最佳的劳动组织，确定施工中劳动力、材料、机械设备等需求量；合理布置施工现场的空间，按照连续生产、均衡生产和协调生产的要求组织，以确保全面高效地完成最终建筑产品。具体体现在以下几个方面：

（1）在具体的工程项目施工中，应按照招标文件的实质性要求和条件，执行国家的法令和政策，遵守施工的有关规程、规范和细则。

（2）从施工的全局出发，全面规划，选定施工方案，合理安排施工程序，做好施工计划，确定施工进度，选择施工机具，使各环节、各工序互相衔接，协调配合。

（3）合理地、科学地计算各项物资、资源和劳动力的需要量，安排好使用的先后次序，以便有效组织保证和及时供应。

（4）对施工项目必备的材料厂、砂石场、轨排场、桥梁场等进行合理地分布和布置，以适应施工作业的需要。

（5）切实、有效地做好施工技术组织措施以及开工前的各项准备工作。

（6）对重点、难点、控制工期的工程以及施工中可能遇到的问题，分析、排队、构想对策，做到心中有数。

（7）严格制定防护措施，充分做好施工的安全保护、环境保护以及相关的安全防护工作。

3. 施工组织的作用

铁路施工组织设计在不同阶段、不同进程、不同部门都有不同作用，主要是规划、组织、协调、指导作用及作为概（预）算编制依据，具体表现在以下几个方面：

（1）指导工程各项施工准备工作。

（2）实现业主需求，进一步验证设计方案的合理性与可行性。

（3）统一规划并协调复杂的施工活动。

（4）对拟建工程实施全方位、全过程的科学管理和监控。

（5）通过编制施工组织设计，可充分考虑施工中可能遇到的困难与障碍，主动调整施工中的薄弱环节，事先予以解决或排除，从而提高对施工风险的预见性，减少施工的盲目性。铁路施工组织是各阶段进行投资测算的依据，它对施工企业的施工计划起决定性和控制性的作用，也是统筹安排施工企业生产的投入与产出过程的关键和依据。

4.1.2 铁路施工组织设计的分类

施工组织设计是一个总的概念，因为建设项目的类别、工程规模、编制阶段、编制对象和范围各不相同，因而使得施工组织设计在编制的深度和广度上也有所不同，另外，国家也没有制定统一的标准。因此，对于铁路施工组织设计，应结合本行业的特点和惯例进行分类。

1. 按编制单位的不同分类

（1）设计单位的施工组织设计。

（2）招标单位的施工组织设计。

（3）施工单位的施工组织设计。

（4）监理单位的施工组织设计。

2. 按编制对象范围的不同分类

（1）施工组织总设计。

施工组织总设计是以某地区中标的某一个标段或同时中标的多个标段、一个建筑群或一个建设项目为编制对象，用以指导其施工全过程各项活动的技术、经济等综合性文件。它是整个编制单元所有项目施工的战略部署文件，其涉及范围较广，内容比较概括，是单位工程施工组织设计的编制依据。

（2）单位工程施工组织设计。

单位工程施工组织设计是以一个单位工程为编制对象，用以指导其施工全过程的各项施工活动的综合性技术经济文件。它是施工单位编制季度、月份和分部分项工程作业设计的依据。对于同时承担几个施工项目，且工程量较小时，可以合编一个施工组织设计，以有利于综合组织人力、物力的投入和使用。对于单项施工项目，如工期较短，且无系统特殊要求或配合时，也可以采取“技术交底书”的形式，以简化施工组织编制的程序和内容。

（3）分部分项工程施工组织设计。

分部分项工程施工组织设计是以分部（分项）工程为编制对象，用以具体实施其分部（分项）工程施工全过程的各项施工活动的技术、经济和组织的综合性文件。通常以施工难度较大或技术较复杂的分部、分项工程（如地质情况复杂的基础工程、特大构件的吊装工程、大量土石方的平整场地工程等）为编制对象，用来指导其施工活动的技术、经济文件。它结合施工单位的月、旬作业计划，把单位工程施工组织设计进一步具体化，它是专项工程的具体施工文件。

施工组织总设计、单位工程施工组织设计和分部分项工程施工组织设计，是同一建设项目，不同广度、深度和作用的三个层次。

3. 按施工组织深度不同分类

（1）指导性施工组织设计。

通常情况下，所有的标前施工组织设计（包括设计单位、招标单位及施工单位的投标施工组织设计）均为方案性施工组织设计，即指导性施工组织设计。另外，习惯上常将上级单位下达给基层单位的施工组织设计统称为指导性施工组织设计。

（2）实施性施工组织设计。

工程招标完成后，由中标施工单位编制的施工组织设计，尤其是项目基层编制的施工组织设计均应视为实施性施工组织设计。另外，由于基层单位编制的施工组织往往以施工难度较大或技术较复杂的单项或单位甚至分部、分项工程为编制对象，所以常将施工单位编制的单位工程施工组织设计或分部分项工程施工组织设计视为实施性施工组织设计。

4. 按项目实施阶段不同分类

施工组织设计既是指导施工的战略性部署文件，也是测算概（预）算费用的基础，因此，工程项目进行的每一个阶段都应该有相应的施工组织设计，只是编制时的侧重点不同而已，目前，工程上常用的做法见表 4.1。

表 4.1　施工组织设计分类表

项目阶段		施工组织关系
决策阶段	预可行性研究	概略施工组织方案意见
	可行性研究	施工组织方案意见
设计阶段	初步设计	施工组织设计意见
	施工图设计	施工组织实施意见
招标阶段		指导性施工组织设计
投标阶段		投标施工组织设计
施工阶段（实施性施工组织）		施工组织总设计
		单项或单位工程施工组织设计
		分部或分项工程施工组织设计
		附属工程施工组织设计

对于跨年度的建设项目，因投资或施工环境及所需的人力、物力的变化，为适应建设单位和施工生产的需求，有时还应编制年度施工组织设计。

4.1.3　铁路施工组织设计的内容

1. 施工组织作业的工作内容

铁路基本建设作业的工作内容，主要包括整个建设项目施工过程中的所有环节，其总的作业内容是由准备工作、辅助工作以及基本作业三部分组成的。它们之间既有联系，又有区别，因此，一定要将工作内容把握准确，不能混淆。

（1）准备作业。

准备作业是指线路施工必要的准备工作，即通常所说的施工准备，是指施工前为了保证整个工程能按计划顺利实施，在事先必须做好的各项必要的准备工作，它是施工程序中重要的环节，应保证其在基本作业施工之前全部完成。

准备作业的基本任务是调查研究各种相关工程施工的原始资料、施工条件以及业主要求等，全面合理地部署施工力量，从计划、技术、物资、资金、人力、设备、组织、现场以及外部施工环境等方面，为拟建工程的顺利施工建立一切必要的条件，并对施工中可能发生的各种变化做好应变准备。因此，不管是整个的建设项目或单项工程，或者是其中的任何一个单位工程，甚至单位工程中的分部、分项工程，在开工之前，都必须进行施工准备。施工准备工作是施工阶段的一个重要环节，也是施工管理的重要内容。

准备作业的分类按照工程规模的范围划分，可以分为施工总准备、单位工程施工条件准备和分部（分项）工程作业条件准备三大类；按照施工阶段划的不同可以划分为项目开工前施工准备及各分部分项工程施工前的准备两大类。

施工准备的工作内容通常包括技术准备、物资准备、劳动组织准备、施工现场准备、临时工程、辅助企业等。根据工程施工对象的性质、规模不同，施工准备工作的内容和组成也不尽相同。施工准备工作的基本内容主要有两个方面：一是抓规划，编制施工组织设计；二是在施工组织设计的指导下，抓施工条件的落实。一般工程必需的准备工作主要包括组织准备、技术准备、物质准备及现场准备（主要是做好“三通一平”工作，即通水、通电、通路及平整场地）四项主要内容。准备作业的实施工作主要包括编制计划、明确责任以及适时检查等。

（2）辅助作业。

辅助作业主要是为铁路建设施工而修建的临时工程，辅助作业的一部分应于基本作业开工前完成，而另一部分则可与基本作业同时进行。在施工前应进行现场调查，现场调查工作完毕后，再整理好资料，并由调查组负责写出施工调查报告。由于全部辅助作业所占投资比重较大，因此，在保证基本作业施工的同时，应合理安排辅助作业，尽量减少其种类和数量。

铁路工程辅助作业的主要内容，按其使用性质可分为大型临时设施和过渡工程、临时房屋及小型临时设施两大类。临时工程的修建主要包括以下几类：

① 临时房屋。临时房屋通常由生产房屋和生活房屋两部分组成。生产房屋主要包括机械电力房、工作车间、材料库房、车辆棚等；生活房屋主要包括办公用房、职工宿舍、文化福利建筑等。临时房屋的建筑面积可以根据工程的实际情况，参考铁路相关文件（指标）进行建设。

② 临时道路。临时道路包括公路干线和支线，干线和通往重点工程的支线属于大临范畴，通往非重点工程及生产、生活居地的支线则属于小临范畴。

③ 铁路便线、岔线。铁路便线与岔线可分为临时通车便线、临时运料便线和临时岔线。修建时标准不需很高，但必须确保行车安全。便线的最大坡度为15‰（困难地段18‰），坡段最小长度200 m（困难地段100 m），最小曲线半径300 m（困难地段200 m），竖曲线半径5 000 m，土质路基宽度4.9 m，轨道标准尽量与既有铁路相同。

④ 临时给水。临时工程给水用量包括生活用水、生产用水和消防用水。水的来源主要来自地表水和地下水两种。工程用水量的计算可参照国家相关规定。

⑤ 临时供电。临时供电负荷的计算有综合用电指标法和综合系数法。工程用电及费用可参照国家规定。

（3）基本作业。

凡是为构成铁路工程本身建筑物（构筑物）的施工作业，亦即建成后作为固定资产移交的项目均为基本作业。铁路工程由于其管理的特殊性，所以，它的基本作业大体可分为两大类：一类为相互关联者，即必须按一定顺序或交叉进行施工，如修筑路基、桥梁、隧道、铺砟及路基加固等；另一类为彼此不互相关联或关联较少者，如房屋建筑、给水、通信设备的修建等。我们把前者称为站前工程，后者称为站后工程。具体的组成和划分如下：

① 站前工程。站前工程主要包括路基（及其支挡结构），桥梁，涵洞，隧道及明洞，轨道，站场建筑设备等。

② 站后工程。站后工程主要包括通信及信号，电力，电力牵引供电，房屋，运营生产设备及建筑物等。

2. 铁路施工组织设计的主要内容

（1）施工组织设计的组成。

铁路施工组织设计一般由三部分组成。① 必要的文字说明，如编制依据、工程概况、现场施工组织及进度、主要项目施工方法、重点项目施工方法、创优规划、各项保证措施（质量保证措施、技术保证措施、冬雨季施工保证措施、工期保证措施、安全保证措施、环境保护措施、廉政保证措施）等。② 必要的图纸，如包括施工平面布置图、施工进度示意图、辅助工程的辅助设施设计图、现场组织机构图、网络计划图等。③ 相关计划表，如临时用地计划表、临时用电计划表、主要施工机械表、试验及检测设备表、主要材料计划表、进度计划表等。

不同的施工组织设计有不同的内容，具体取决于它的任务和作用，因此，必须根据不同的工程项目特点和要求以及现有的施工条件等，从实际出发，决定各种生产要素的结合方式。所以，每个施工组织设计的具体内容，都会因工程项目的不同而有所差异。

（2）决策单位的施工组织设计。

决策单位的施工组织设计主要包括预可行性研究、可行性研究以及施工组织设计方案比选等内容。通常情况下，为了简化设计时间，一般工程会将可行性研究、可行性研究合并在一起进行。

预可行性研究主要是制订施工组织的方案意见等内容。主要包括施工总工期，分段、分期施工安排的意见；施工区段（标段）划分意见；征地拆迁和移民安置意见；主要工程（指重点土石方地段、特大桥、高桥、长隧道、铺轨、铺砟等）和控制工程的施工方法、顺序、进度、工期及施工关键问题的措施意见；改建铁路解决施工与行车相互干扰的措施意见，包括改变运输组织的意见（如调整运行图、货物分流等）及安全措施；材料供应计划及运输方案；大型临时设施和过渡工程的设置意见及规模、标准和数量；主要工程数量，主要人工、材料、施工机械台班数量等。

施工组织方案比选的内容主要包括施工总工期，分段、分期施工安排的意见；铺轨及控制工程的施工进度与措施；改建铁路解决施工与行车相互干扰的过渡方案；材料供应计划及运输方案；大型临时设施的设置，工程数量及费用；分年度完成的主要工程数量及投资划分；分年度主要人工、材料（三大材、轨料、梁）等。

（3）设计单位的施工组织设计。

随着招投标制度的不断完善，设计单位的施工组织设计主要集中在初步设计阶段编制较为详细的施工组织设计或施工组织计划。在施工图阶段，进行施工图预算或进行投资检算时，往往采用施工组织计划的相关成果，只对部分需要进行更改的内容进行局部调理，而不另行编制完整的施工组织设计，当然，也可以将修改部分纳入施工组织设计而形成新的施工组织设计或施工组织计划。其编制的主要内容如下：

① 施工总工期，分期、分段、分区间施工安排（包括施工顺序及进度）。

② 施工区段（标段）划分意见。

③ 征地拆迁和移民安置意见。

④ 控制工程和施工条件困难与特别复杂的工程所采取的措施。

⑤ 主要工程的施工方法、顺序、进度、工期及措施（包括土石方调配意见、重点土石方施工方法及重点取土场地点的选择）；施工准备工作（施工准备、砂石备料、临时设施等）与主要工程配合的措施及收尾配套工程的安排意见。

⑥ 材料供应计划及运输方法。

a. 外来材料（厂发料、直发料）来源、运输方法及供应范围。

b. 当地料的来源、生产规模、计划产量、运输方法及供应范围。

⑦ 大型临时设施和过渡工程。

a. 铁路便线、便桥、岔线等的修建地点，标准及工程数量。

b. 大型临时辅助设施（包括材料厂、成品厂、轨节拼装场、存梁场、制梁场、路基填料集中拌和场、混凝土拌和站、换装站、施工单位自采砂石场等）的设置地点、进度、规模及工程数量。

c. 临时电力、临时给水、临时通信、运输便道（包括渡口、码头、浮桥等）的修建方案，修建地点，标准及工程数量（实地调查和进行必要的设计）。

d. 正式工程和临时工程的结合意见。

e. 改建铁路解决施工与行车相互干扰和维持通过能力的各项过渡措施意见，过渡工程的修建规模、标准及数量。

f. 影响通航、公路交通等的工程，解决施工干扰的过渡措施意见，过渡工程的修建规模、标准及数量。

⑧ 主要工程数量和主要人工、材料、施工机械台班数量。

⑨ 分年度施工的主要工程数量及所需主要人工、材料、施工机械台班数量，分年度投资划分。

⑩ 单项工程施工组织设计主要内容包括施工场地的布置，材料供应方案，分部工程的施工顺序、进度、施工方法、措施意见以及有关注意事项等。

（4）施工单位的施工组织设计。

① 施工单位施工组织的特点。

施工单位各阶段编制的施工组织设计与设计单位、招标单位编制的施工组织设计的最大不同点是实施性，即使在投标施工组织设计中所提出的方案，也需考虑中标后付诸实施。另外，此阶段编制施工组织设计时各种外界因素（如图纸、工期、施工资源、征地拆迁等）已基本确定。因此，施工单位的施工组织设计的特点可以用“现实、具体、深入、可行”来描述。

② 编制分工与审批权限。

a. 投标施工组织设计由各级经营计划部门（投标小组）来编制，经主管经营的领导、决策人审批后，作为技标标书的主要内容之一。

b. 施工组织总设计，由总承包单位总经理或总工程师组织有关部门编制与审查，批准成立后，上报下达，并指导中标工程总体施工。

c. 单项单位工程施工组织设计，由总经理部、项目经理部或项目工程队分管生产的项目经理或总工程师组织有关部门编制与审查，经批准成立后，上报下达，并指导本项工程施工。

d. 当工程大或复杂，涉及几个单位施工时，由上一级领导负责指定编制单位和参加编制单位，经负责编制单位组织会审，工程项目负责人批准成立后，上报下达，作为施工指导文件。分部分项工程施工组织设计由项目工程队编制，报上一级经理部门审批。

e. 路外工程或由经理部独立投标取得的工程，由承揽单位自行编制，重大工程的施工组织经主管经理或总工程师审查批准后，报上级单位备案。

f. 凡通过邀标、议标承揽的工程项目的施工组织设计，在本单位批准决定成立的同时，还应根据招标文件要求提交甲方或监理批准。

③ 实施与修正。

a. 施工组织设计一经审查批准成立，各执行单位，应维护施工组织的严肃性，保证其顺利实施，各执行单位要分年度向上级报告执行情况、存在的问题等。编制单位要对实施情况进行定期检查。

b. 如因投资、劳力、材料、设备及其他原因，情况发生变化，无法继续执行原施工组织设计时，可由编制单位调整修改。当国家或业主计划改变，对工期、投资有较大变动时，由编制单位全面调整，分管生产的领导审查批准后，上报下达有关单位执行。

c. 施工组织设计是编制月旬作业计划的依据。在实施过程中，如有变化，可通过作业计划调整，但当基本条件有原则变化时，应由编制单位全面调整修改，经上级领导审查后执行。

d. 由两个以上单位配合施工的工程，其中一个单位要求调整修改施工组织设计时，仍由原编制单位主持修改，有关单位应积极配合。修改施组按审批程序成立后，上报下达有关单位执行。

施工组织设计虽然有不同的种类，不同的施工组织设计功能也有较大的差异，但其内容组成却极为相似，只是在编制时根据不同的需要，其侧重点不同，深浅程度不一，所描述的对象不同。施工单位的施工组织设计文件主要内容见表 4.2。

表 4.2　施工单位施工组织设计文件组成内容表

编　号	主要内容	施工组织设计类别			
		投　标	指导性（总体设计）	实施性	单项或单位
一	编制依据与编制范围	√	√	√	
1	编制依据	√	√	√	√
2	编制范围	√	√	√	
二	工程概况	√	√	√	
1	线路概况（附地理位置图）	√	√	√	
2	主要技术标准	√	√	√	
3	主要工程项目及数量	√	√	√	√
4	自然特征（地形地貌、地质、水温、气象等）	√	√	√	
5	施工条件（交通、水、电、建材等）	√	√	√	√
6	工程特点	√	√	√	√
7	其他（民风民俗等）		√	√	
三	总体施工组织安排	√	√	√	
1	建设总体目标（工期、质量、安全、环保等）	√	√	√	√
2	建设组织机构和任务划分	√	√		
3	施工组织机构、队伍部署和任务划分			√	
4	总体铺架方案	√	√	√	
5	控制工程	√	√	√	
6	征地拆迁和建设协调方案		√		
7	总平面布置图和线路纵断面缩图	√	√	√	
四	临时工程和过渡工程	√	√	√	
1	临时工程	√	√	√	
（1）	铺轨基地（存砟场）	√	√	√	
（2）	制（存）梁场	√	√	√	
（3）	轨道板（双块式轨枕）预制场	√	√	√	
（4）	铁路岔线、便线、便桥	√	√	√	

续表 4.2

编 号	主要内容	施工组织设计类别			
		投 标	指导性（总体设计）	实施性	单项或单位
（5）	临时渡口、码头、栈桥	√	√	√	
（6）	混凝土集中拌和站	√	√	√	
（7）	路基填料拌和站	√	√	√	
（8）	汽车运输便道	√	√	√	
（9）	临时电力、给水、通信	√	√	√	
（10）	大型材料厂	√	√	√	
（11）	钢梁拼装厂	√	√	√	
（12）	其他	√	√	√	
2	过渡工程	√	√	√	
五	工程进度计划安排	√	√	√	√
1	开竣工日期及总工期	√	√	√	√
2	施工进度计划安排依据、原则	√	√	√	√
3	主要阶段工程	√	√	√	√
4	各专业工程施工工期	√	√		
5	分项工程施工进度计划			√	√
6	工程形象进度图、横道图及控制网络图	√	√	√	√
六	施工方案	√	√	√	√
1	路基工程				
2	桥涵工程				
3	隧道工程				
4	枢纽和站场工程				
5	轨道工程				
6	通信工程				
7	信号工程				
8	信息工程				
9	电气工程				
10	电气化工程				
11	房屋工程				
12	其他站后工程				
13	改移道路工程				
14	其他（高性能混凝土等）				
15	联调联试				
16	试运行				
七	控制工程和重难点工程（包括高风险工程）施工方案	√	√	√	√

续表 4.2

编　号	主要内容	施工组织设计类别			
		投　标	指导性（总体设计）	实施性	单项或单位
1	×××重点土石方				
2	×××桥梁				
3	×××隧道				
八	资源配置方案	√	√	√	√
1	主要工程材料设备采购供应方案	√	√	√	
2	分年度主要材料设备计划	√	√	√	
3	关键施工装备的数量及进场计划	√	√	√	
4	劳动力计划	√	√	√	
5	投资计划		√	√	
6	临时用地与施工用电计划			√	
九	建设与施工管理措施	√	√	√	
1	施工组织设计与施工方案管理措施				
2	质量管理措施				
3	安全管理措施				
4	工期控制措施				
5	投资控制措施				
6	环境保护措施				
7	水土保持措施				
8	文物保护措施				
9	文明施工措施				
10	节约用地措施				
11	冬季施工措施				
12	雨季施工措施				
13	路基、桥梁沉降控制及观测措施				
14	预警机制和应急预案				
15	其他措施				
十	引用的设计文件与施工规范		√	√	
1	设计文件				
2	施工规范				
十一	进一步研究解决的问题及建议			√	√
十二	施工组织图表	√	√	√	√
1	附　表	√	√	√	√
2	附　图	√	√	√	√
3	附　件		√		

除了以上表中所列的主要内容之外，也可以附加下列一些特殊的施工组织内容：

（1）新技术、新工艺、新材料和新设备应用。含“四新”技术名称和简介、应用部位和范围、注意事项及采取措施、社会效益和经济效益等。

（2）成本控制。含成本控制目标、降低成本的措施。

（3）施工风险防范。含项目施工风险、风险管理重点、风险防范措施、风险管理责任。

（4）总承包管理与协调。含总承包管理工作内容、管理计划、对各分包单位的管理措施与协调配合措施。

（5）工程创优计划及保障措施。含工程创优计划、创优组织机构、创优保证措施等。

4.2 铁路工程施工组织设计的编制方法

4.2.1 施工组织设计编制概述

1. 施工组织设计的编制依据

不同的施工组织设计有着不同的编制依据，但其共同点是必须尽可能地详细拥有编制时的所有文件与资料，主要包括建设要求文件，设计文件，建设地区的资料调查，国家或业主对工程工期的要求，上级批准施工组织设计及鉴定意见，现行的有关定额、指标以及施工总结等资料，施工单位的生产能力，有关技术标准，施工规范、操作规程等资料，相关协议、决定、合同、纪要以及上级文件等资料。

2. 施工组织设计的编制原则

随着铁路工程管理理论的不断发展及管理水平的不断提高，施工组织设计的内容、内涵及外延的涉及范围越来越广，涉及内容也越来越多，相应地对编制者的专业水平、文字水平、计算机水平甚至美学水平的要求也越来越高。同时，现在我国的建设工程投资规模也越来越大，结构也越来越复杂。这更增加了施工组织设计的编制难度，但进行施工组织设计一般应遵守以下原则：即严格执行基本建设程序；科学安排施工顺序；厉行节约、降低成本；尽量采用先进的施工方法和施工工艺，积极而慎重地采用新技术、新结构、新材料、新设备；采用网络计划技术组织连续、均衡而有节奏的施工，保证人力、物力充分发挥作用；大力推行工厂、机械法施工；落实季节性施工措施，实现常年不间断施工；深入实际、深入群众，认真调查研究，做好施工方案比选；因地制宜，就地取材；支援工农业生产，节约用地，注意水土保持与环境保护。

3. 施工组织设计的核心内容

施工方案、进度计划、资源需求以及平面布置是施工组织的核心内容，而其表现形式通常是通过“三图两表”来表达。其中“三图”即施工平面布置图、施工进度计划图和网络计划图，主要表达平面布置和进度计划；“两表”则是指材料计划表、机械设备配备表，主要表达资源需求计划与安排。因此，必须高度重视施工组织设计核心内容的编写，以确保施工组织设计文件质量。

（1）施工方案。施工方案是指工、料、机等生产要素的有效结合方式。确定一个合理的结合方式，也就是从若干方案中选择出一个切实可行的施工方案来，它是编制施工组织设计首先要确定的问题，也是决定其他内容的基础。施工方案的优劣，在很大程度上决定了施工组织设计的质量和施工任务完成的好坏。

（2）施工进度计划。施工进度计划是施工组织设计在时间上的体现。进度计划是组织与控制整个工程进展的依据，是施工组织设计中关键的内容。因此，施工进度计划的编制要采用先进的组织方法（如立体交叉流水施工）、计划理论（如网络计划、横道图计划等）以及计算方法（如各项参数、资源量、评价指标计算等），综合平衡进度计划，规定施工的步骤和时间，以期达到各项资源在时间、空间上的合理利用，并满足既定的目标。施工进度计划包括划分施工过程、计算工程量、计算劳动量、确定工作天数和工人人数或机械台班数，编排进度计划表及检查与调整等项工作。另外，为了确保进度计划的实现，还必须编制与其适应的各项资源需要量计划。

（3）施工现场平面布置。施工现场平面布置是根据拟建项目各类工程的分布情况，对项目施工全过程所投入的各项资源（材料、构件、机械、运输、劳力等）和工人的生产、生活活动场地做出统筹安排。通过施工现场平面布置图或总布置图的形式表达出来，它是施工组织设计在空间上的体现。因为施工场地是施工生产的必要条件，合理安排施工现场，绘制施工现场平面布置图应遵循方便、经济、高效、安全的原则进行，以确保施工顺利进行。

（4）资源需要量及其供应。资源需要量是指项目施工过程中所必要消耗的各类资源的计划用量，它包括劳动力、建筑材料、机械设备以及施工用水、电、动力、运输、仓储设施等的需要量。各类资源是施工生产的物质基础，所以，必须根据施工进度计划，按质量、品种，工种、型号等有条不紊地准备和供应。

4. 施工组织设计的主要环节

施工组织设计的环节根据工程类型的不同而有所差异，但其主要环节基本都包括以下几个方面：

（1）计算工程量，拟定工程量清单。

（2）选定重点或难点工程，确定施工方案。

（3）计算资源需求，排定施工进度。

（4）进行平面设计，平衡劳动力。

5. 施工组织设计的程序与方法

不同的施工组织设计因其编制对象不同、深浅度不同，其编制程序也略有不同，但不论何种施工组织设计，在具体的编制过程中是没有严格的程序可遵循的，也不可能通过某一固定程序完成施工组织设计，所以就需要在编制时互为条件、互为补充、互相对比、互相完善，它是一个较为复杂的系统过程。

（1）概略施工组织方案意见的编制方法。

根据沿线自然条件、经济状况、近期及远期发展规划和国家有关政策，参考类似建设项目情况，结合全线工程量分布和踏勘资料进行编制。

（2）施工组织方案意见的编制步骤与方法。

根据初测阶段施工组织调查资料，按国家或业主的修建计划、工期要求、投资安排，结合建设项目的特点，从技术可行性和经济合理性等方面进行全面研究、分析，均衡分配劳动力、物资、机械设备的投入，拟定最佳施工组织方案。

（3）施工组织计划编制方法。

参照可行性研究阶段编制施工组织方案意见的方法，在批准的施工组织方案意见基础上，依据定测施工组织调查资料，优化、细化施工组织方案，对施工总工期进行必要调整，主要侧重以下内容：

① 施工区段的划分，应考虑地形、工程量分布、控制工程的位置等因素后合理确定。

② 控制工程、施工条件困难和特别复杂的工程，应提出切实可行的措施和意见。

③ 主要工程应按路基、桥涵、隧道（包括明洞、棚洞）、铺架（包括铺轨、铺砟、架梁）、房屋、通信、信号、电力、电力牵引供电和其他运营生产设备及建筑物，逐项提出施工方法、顺序、进度、工期及措施。

④ 材料供应计划，主要确定材料来源、运输方法及供应范围。

⑤ 大型临时设施和过渡工程。

⑥ 根据分年度安排的工程数量，计算分年度人工、材料、施工机械台班数量以及分年度投资划分。

⑦ 施工组织进度示意图和施工总平面布置示意图，应根据定测资料和初步设计有关数据绘制。对单项工程施工组织设计工点，应绘制单项工程施工组织进度示意图。

6. 实施性施工组织设计编制方法

施工单位的各种实施性施工组织设计，与设计单位施工组织计划的编制方法相类似，只是此时各种不可知因素均已明确，因而编制依据更为翔实，针对性更强，故施工组织设计更为现实，更为具体，更为深入，强调的是实施性和可行性。

4.2.2 施工总体部署

施工总体部署包括的内容很多，但概括起来主要包括以下几项内容：

（1）施工方案的比选。

（2）施工方法的确定。

（3）施工机具的选择。

（4）施工顺序的安排。

（5）施工任务（管段）的划分。

其中，前 3 项属于施工方案中的技术问题，后 2 项属于施工方案中的组织问题，不过，机械的选择中也含有组织问题，如机械的配套等；在施工方法中也有顺序问题，它是技术要求不可易变的顺序，而施工顺序则专指可以灵活安排的施工顺序。技术方面是施工方案的基础，但它同时又必须满足组织方面的要求，施工的组织影响施工的技术，同时也会将整个的施工方案同进度计划联系起来，从而反映进度计划对于施工方案的指导作用，这两方面是互相联系而又互相制约着的。另外，为把各项内容的关系更好地协调起来，使之更趋完善，为其实现并创造更好的条件，施工技术组织措施也就成为施工方案各项内容的必不可少的延续和补充，也成为施工方案的有机组成部分。

1. 施工方案的选择

施工方案的选择是施工组织设计中最重要的环节之一，它是决定整个工程全局的关键。因为施工方案一经决定，则整个工程施工的进程、人力、机械的需要和布置、工程质量及施工安全、工程成本、现场的状况等也就随之被规定下来。施工组织的各个方面都无一不因与施工方案发生联系而受到重大影响。施工方案的优劣，在很大程度上决定了施工组织设计的质量和施工任务完成的好坏。

施工方案的基本要求是切实可行，满足工期，确保质量与安全，施工费用最低。

2. 施工方法的确定

各个施工过程均可以采用各种不同的方法进行施工，而每一种方法都有其各自的优点和缺点，因此，确定施工方法的主要任务就是在于从多个能够实施的施工方法中，选择适合于本工程的最先进、最合理、最经济的施工方法，从而达到降低工程成本和提高劳动生产率的效果。

施工方法的确定取决于工程特点、工期要求、施工条件等因素，所以，各种不同类型工程的施工方法有很大差异。对于同一种工程，其施工作业方法也有多种可供选择，所以，必须进行多种方案比选。

（1）方案比选应遵守的主要原则。

① 统筹兼顾，全面安排，突出重点，照顾一般，解决需要与可能的矛盾；

② 合理利用顺序、平行、流水作业的优点，运用网络计划进行方案优化；

③ 合理调配劳动力、材料及机具设备，做到综合平衡，均衡生产；

④ 集中力量打歼灭战，做到修一段、通一段、用一段；

⑤ 采用有效措施，做到常年不间断施工，避免因劳动力大上、大下、停工、窝工等而造成的损失。

（2）方案比选的内容，不必包括铁路的全部工程，而只需对路基土石方、桥隧建筑物、铁路正线铺轨和铺砟等主要工程作为对象进行方案比选即可。方案比选一般应包括以下内容：

① 施工总期限及分期、分段施工安排的期限；

② 重点工程及控制工期工程的施工进度与措施；

③ 改建工程中，解决施工与行车相互干扰的方案；

④ 大型临时设施或过渡工程数量和费用；

⑤ 材料供应运输方案及运输费用；

⑥ 所需劳动力、材料、成品、施工机具的数量；

⑦ 工程造价是否经济合理和技术上是否可行的意见等。

3. 施工机具的选择

施工方法一经确定，其机具的选择就应以满足它的需求为基本依据。但是，在现代化的施工条件下，许多时候是以选择施工机具为主而来确定施工方法的，所以施工机具的选择往往成为主要的问题。因此，在选择施工机具时，应注意以下几点：

（1）只能在现有的或可能获得的机械中进行选择。

（2）所选择的机具必须满足施工的需要，但又要避免大机小用。

（3）选择机具时，要考虑互相配套，充分发挥主机的作用。

（4）在选择施工机具时，必须从全局出发，不仅要考虑到在本工程或某分部工程施工中使用，还要考虑到同一现场上其他工程或其他分部分项工程是否也可以使用。

4. 施工顺序的安排

施工顺序通常多种多样，但它也有一定的规律可循，我们要紧紧抓住决定施工顺序的基本因素，仔细分析各种不同施工顺序的前提条件和实施效果，作出最佳的施工顺序安排。

（1）安排施工顺序的原则。

① 必须符合工艺的要求；

② 必须使施工顺序与施工方法、施工机具相协调；

③ 必须考虑施工的质量要求；

④ 必须考虑水文、地质、气候等的影响；

⑤ 必须考虑影响全局关键工程的合理施工顺序；

⑥ 必须遵从合理组织施工过程的基本原则；

⑦ 必须考虑安全生产的要求；

⑧ 应能使工期最短。

（2）一般施工顺序原则要求。

在安排施工顺序时，先要考虑施工队伍劳动力及主要机具、设备的转用、均衡生产、分期投资等因素。因此，应在总工期许可的范围内，分期分批施工。首先对重点工程（重点土石方、特大桥，复杂大桥、高桥、长隧道等）安排好施工顺序，然后再考虑一般工程。凡控制全线总工期的重点工程应先开工，必要时提前准备，提前开工，铁路邻近铺轨起点的工程也应首先开工，以保证铺轨循序向前推进。

① 施工准备。是为施工创造条件，争取早日开展施工的一项重要工作，应从思想上、组织上、技术上、物资上、现场上全面规划，配备足够的力量，留有足够的时间与基本工程配合分批进行。施工准备应做到运输道路、电力、通信线路尽快贯通。临时房屋、施工供水及工作场地等修建齐备，起到密切配合施工需要的作用，施工准备的时间一般为 2～4 个月。

② 路基工程。包括路基、路堤及与其有关的附属、加固、挡土墙等工程。每一施工区段准备工作完成后即可开工，亦可与小桥、涵洞同时开工，但竣工应落后于桥涵工程，并在铺轨前 10～15 天完成，以便复核水平、复测定线、整修路基面及边坡以及正线上铺底砟等工作。土石方工程与各项工程的施工都有关联，因此，必须相互配合、相互利用、减少干扰、降低费用，以保证施工质量。如路基填方，除应充分利用路堑挖方移挖作填外尚应尽量利用隧道弃砟，改河、改沟、改移道路、修建运输道路等弃方，桥涵等基础的大量挖方回填后有剩余者，也应考虑利用。同时路基的大量弃方，亦可利用作便线、便道、桥涵缺口、岔线等工程的填料。一般在隧道口的路堑应尽量提前施工，为隧道施工提前进洞创造有利条件，路堤配合隧道施工，最好与隧道统一管理。在桥群地段土石方，如爆破开挖，对建筑物有影响者，最好提前施工。站场范围内的土石方工程如数量过大，需火车运土，采用大型机械施工，对工程列车或临时运营没有影响时，亦可考虑于铺轨后完成。

③ 桥涵工程。在土石方开竣工期限确定的基础上，根据基础类型、洪水季节以及机具转用、材料运输等问题，安排桥梁工程的开竣工期限及流水作业。一般应在路基土石方完工前 0.5～1.5 个月完工，以便有充分的时间，做好锥体护坡填土、桥头填土及涵洞顶部填土等工

作。同时考虑混凝土及砌筑圬工的强度达到能承受上部荷载所需要的时间，特殊情况尚需具体计算后确定。小桥涵的开工一般应安排在路基土石方之前，也可同时开工，必须在洪水期施工的桥梁工程，应采取一定措施保证施工安全顺利的开展。

桥、隧相连地段，应结合具体情况研究路基、桥梁、隧道施工顺序，注意石方爆破、隧道弃砟的干扰、石方的利用、施工场地安排等因素。一般可先安排桥，待其挖基且圬工砌出地面后再进行路基施工。砌好的墩台，应避开爆破的影响，必要时可覆盖防护。有时因地形陡峻，施工场地布置困难，桥头、洞口的路基先施工，以便堆置料具及开辟施工场地。但路堑弃砟应避免堆置于桥墩台基础附近，避免影响基础施工，导流堤应在可能被水淹没地带的路堤填筑前修建或同时修建。

④ 隧道工程。长大隧道或隧道群地段，应提前施工并与隧道口的桥涵工程密切配合。一般应在桥基或涵洞完工后开工，在铺轨前 2～3 个月完工。以便有充分的时间进行检查整修、整体道床施工、场地清理等工作。一端洞口地形险陡，便道引入困难，另一端路基填土借土困难，在工期允许的条件下，可以考虑单口施工一端出砟。短隧道有时为了配合长隧道的出砟和解决路基的填料问题，可以考虑提前打通，利用作为运输通道，解决施工困难。

⑤ 轨道工程。应在土石方完工后半个月开始铺轨。一般正、站线铺轨可分别进行，但在正线铺轨时尚应考虑包括站线的一股道及两副道岔，以便铺轨及运料列车的利用，而其他站线则可利用架桥间隙铺设。

⑥ 铺砟工程。应事先落实砟源及运输方案。若控制工期，则需采取措施，优先安排铺砟进度线，然后再考虑铺轨方案。铺第一层道砟后，必须通过充分的碾压后才能铺设第二层道砟，一般必须通过 50 对列车的碾压。

⑦ 铁路站后工程。站后工程施工安排，应配合通车需要或铺轨进度逐步完成，并在交付使用前 1～2 个月全部完成。

⑧ 结束工作。结束工作主要是指最后一层面砟铺完到正式交付使用的收尾工作，包括线路沉落整修、交接验收工作等，一般应有 1～2 个月时间。

（3）铁路铺轨方案。

① 铺轨方案与各类工程施工的关系。

铺轨必须控制在总工期内进行。全线铺通后，要预留一段时间，作为站后配套工程施工和进行验收交接工作。一次建成的电气化铁路工程，应安排集中时间进行电气化工程施工。确定铺轨时，首先要考虑控制工期的工程和关键，要集中人力、物力和机械，以确保工程按期完工。在不能连续铺轨时，可先铺轨到关键工程附近，待完成关键工程后再继续铺轨。也可采取便线绕行，待关键工程完工后，再转入正线铺轨。在一般路基、桥涵、隧道，应在铺轨前完工。房建、给排水以及电气化预埋构件等部分站后程，可与线下工程同时施工。

② 铺轨方案的确定。

对于新建铁路干线，因线路较长，多采用分期施工，分段铺轨。铺轨的起始点，要考虑铺架基地和接轨站的位置，而终点一般安排在编组站或区段站，便于机车作业。如果由接轨站向终点站单向铺架时，既要考虑满足总工期和分段工期的要求，又要考虑铺架基地的位置和规模。另外，当两端均与既有线接轨或在线路中间有现有线接轨时，可采用从两端或多头铺轨的方法，但应考虑轨料供应、储存及轨节拼装场等各方面的条件。

5. 管段（标段）划分

（1）划分的范围。

对于设计单位施工组织设计，应着重施工期限、施工进度、流水作业的需要适当划分施工段落外，不必进行较细的区段划分，但需按业主要求提出“标段”划分建议，对于招标单位施工组织设计，则必须对标段进行明确划分或对既定的标段进行均衡检算；而施工单位的施工组织设计，因标段已定，主要是内部不同项目施工队之间区段或管段的划分。

标段划分，不仅是概算编制单元的主要依据，同时也涉及招标投标的系列工作、区段或管段划分，涉及施工单位的施工计划与任务的安排。因此，施工区段（标段）划分必须审慎、全面地进行调查研究和分析。

（2）划分的原则。

① 根据沿线工程分布、工程量大小，结合施工单位劳动力、机具配备情况来考虑。

② 最好与地方行政区划分相结合，考虑省、市、自治区、县所辖范围。

③ 控制工期的重点工程及地段可单独划为一个区段。

④ 从全线及总工期全面考虑，各标（区）段的工作任务要平衡，工程量饱满。

⑤ 考虑不同地区工资的划分，便于概算的编制与调整、成本分析、指标统计。

（3）划分时应注意的事项。

① 应考虑土石方调配中利用和取弃土位置以及隧道出砟的利用。

② 对长大干线和既有线技术改造，应考虑铁路局的管辖范围。

③ 在线路展线中还应考虑相互之间施工干扰的因素。

④ 一般不应在桥隧建筑物中间、车站内、高填方中间及曲线上分界，最好在直线地段填挖交界处划分。

⑤ 通常以独立施工的单位工程为界。

⑥ 具体划分时，应考虑各项目作业队伍的工作平衡、施工中的总体性、管理上的合理性等因素，不可硬性划分。

4.2.3 施工进度安排

1. 施工进度计划的作用

施工进度计划是根据施工部署，对整个工地上的各项工程做出时间上的安排，是控制工程施工进度和工程竣工期限等各项施工活动的依据，施工组织工作中的其他有关问题都要服从进度计划的要求，如计划部门提出月、旬作业计划，平衡劳动力计划；材料部门调配材料、构件；设备部门安排施工机具的调度；财务部门的用款计划等均需以施工进度为基础。

施工进度计划不仅反映了工程从施工准备工作开始，直到工程竣工为止的全部施工过程，同时也反映了工程建筑与安装的配合关系，分部工程及工序之间的衔接关系。所以，施工进度计划有助于管理部门抓住关键，统筹全局，合理布置人力、物力，正确指导施工生产活动的顺利进行；有利于工人群众明确目标，更好地发挥主动精神；有利于施工企业内部及时配合，协同作战。

2. 施工进度图的形式

施工进度图通常是以图表的形式来表示的，其主要形式有横道图法、垂直图（斜线图）法和网络图法等三种。

（1）横道图。

横道图（见图 3.2）主要是由两大部分组成，其左面是项目内容，右面是进度指示图表，用横向线条形象地表示子项目的施工进度，线的长短表示施工期限；线的位置表示施工过程。这种表示方法比较简单、直观、易懂，容易编制，但有以下缺点：各子项目的相互关系不明确；施工日期和施工地点无法表示，只能用文字说明；工程数量实际分布情况不具体；仅反映出平均施工强度。它适用于绘制集中性工程进度图、材料供应计划图或作为辅助性的图示附在说明书内用来向施工单位下达任务。

（2）垂直图。

垂直（斜线）图（见图 3.3）的表示特点是以纵坐标表示施工日期，以横坐标表示里程或工程位置。而各分部分项工程的施工进度则相应地以不同的斜线表示。工程量在图表上方相应地表示，施工组织平面示意图可在图表的下方相应地表示，资源平衡可在图表右侧以曲线表示。垂直（斜线）图的优点是弥补了横道图的不足之处，工程项目的相互关系、施工的紧凑程度和施工速度都十分清楚，工程的分布情况和施工日期一目了然，从图中可以直接找出任何一天各施工队的施工地点和应完成的工程数量，特别适用于铁路这种线型工程。但其仍有一些不足之处，即反映不出某项工作提前（或推迟）完成对整个计划的影响程度；反映不出哪些工程是主要的，不能明确表达出哪些是关键工作；计划安排的优劣程度很难评价；不能使用电子计算机，因而绘制和修改进度图的工作量很大。

（3）网络图。

用网络图来表示施工进度，不但能反映施工进度，而且更能清楚地反映出各个工序、各施工项目之间错综复杂的相互联系、相互制约的生产和协作关系。不论是集中性工程，还是线型工程，都可以用网络图表示工程进度，因此，这是一种比较先进的工程进度图的表示形式，施工现场已大力推广使用。

3. 进度计划的编制步骤

施工进度计划通常是根据工程的全部施工图纸及有关资料、上级或合同规定的开竣工日期、主要工程的施工方案、劳动定额和机械使用定额、劳动力及机械设备供应情况等编制。其具体编制程序如下：

（1）划分施工项目，确定施工方法。

在编制单位工程施工进度计划时，首先要划分施工项目的细目，即划分为若干种工序、操作，并填入相应的栏内。划分时应注意：

① 划分施工项目应与施工方法相一致，使进度计划能够完全符合施工实际进展情况，真正起到指导施工的作用。

② 划分施工项目的粗细程度一般要按施工定额（施工图阶段按预算定额）的细目和子目来填列，这样既简明清晰，又便于查定额计算。

③ 施工项目在进度计划表内填写时，应按工程的施工顺序排列（指横道图），而且应首先安排好主导工程。

④ 施工项目的划分一定要结合工程结构特点仔细分项填列，切不可漏填，以免影响进度计划的准确性。

选择施工方法首先要考虑工程的特点和机具的性能，其次要考虑施工单位所具有的机具条件和技术状况，最后还要考虑技术操作上的合理性。另外，确定施工方法后，还应根据具体条件选择最先进的合理的施工组织方法。

（2）计算工程量与劳动量。

根据编制对象的全部项目内容拟定工程数量清单，或核算已有工程量清单的工程量。子项目划分的粗细，应根据施工组织的种类来决定，一般较施工组织设计对象深，但不宜太深太细，可按确定的工程项目的开展程序排列，应突出主要项目，一些附属、辅助工程、小型工程及临时建筑物可以合并。计算各子项目工程量的目的是为了正确选择施工方案和主要的施工、运输、安装机械；计算各项资源的需要量。因此工程量计算只需粗略计算，可按初步（或扩大初步）设计图纸并根据各种定额手册进行计算。常用的定额、资料有以下几种：

① 概算指标和扩大结构定额。这两种定额分别按建筑物的结构类型、跨度、层数、高度等分类，给出相应的劳动力和主要材料消耗指标。

② 万元、十万元投资工程量、劳动力及材料消耗扩大指标。这种定额规定了某一种结构类型建筑、每万元或十万元投资中劳动力、主要材料等消耗数量。

③ 标准设计或已建的同类型建筑物、构筑物的资料。在缺乏上述几种定额手册的情况下，可采用标准设计或已建成的类似工程实际所消耗的劳动力及材料，加以类推，按比例估算。但是，由于和在建工程完全相同的已建工程是没有的，因此在采用已建工程资料时，一般都要进行换算调整。这种消耗指标都是各单位多年积累的经验数字，实际工作中常用这种方法估算。

（3）确定各建筑物或构筑物的施工期限。

建筑物或构筑物的施工期限，应根据合同工期、施工单位的施工技术力量、管理水平、施工项目的建筑结构特征、建筑面积或体积大小、现场施工条件、资金与材料供应等情况综合确定。确定时，还应参考工期定额。工期定额是根据我国各部门多年来的施工经验，在调查统计的基础上，经分析对比后制定的。

① 确定各建筑物或构筑物的开竣工时间和相互衔接关系。

在施工部署中已确定了总的施工期限、总的展开程序，再通过上面对各建筑物或构筑物施工期限（即工期）进行分析确定后，就可以进一步安排各建筑物或构筑物的开竣工时间和相互搭接关系及时间。在安排各项工程搭接施工时间和开竣工时间时，应考虑下列因素：

a. 同一时间进行的项目不宜过多，以避免人力物力分散。

b. 安排施工进度时，应尽量使各工种施工人员、施工机械在全工地内连续施工，尽量组织流水施工，从而实现人力、材料和施工机械的综合平衡。

c. 要考虑冬雨等季节影响，以减少施工措施费。如一般大规模土方和深基础施工应避开雨季；水中桥墩要避开洪水季节，大批量的现浇混凝土工程应避开冬季。

d. 结合网络图和进度垂直图进行，以使施工连续均衡。

② 安排施工进度。

施工总进度计划可以用横道图表达，也可以用网络图表达。由于施工总进度计划只是起控制性作用，因此不应过细。若把计划编得过细，由于在实施过程中情况复杂多变，调整计划反而不便。当用横道图表达总进度计划时，项目的排列可按施工总体方案所确定的工程开展程序排列。横道图上应表达出各施工项目的开竣工时间及其施工持续时间。施工总进度计划表绘制完后，应对其进行检查。

（4）施工进度图的绘制。

在绘制施工进度示意图时要特别注意以下几个问题：

① 严格遵守施工期限，合理安排，留有余地；

② 分清工程主次，统筹兼顾，保证主体工程和关键工程按期完成，其他工程要为关键工程创造有利条件，并同步完成；

③ 按施工方案确定的施工顺序，均衡地安排好辅助工程的施工时间，做到人力、物力、财力合理利用，求取最大经济效益；

④ 重视各项准备工作，使施工进度建立在可行的基础上；

⑤ 尽可能使各项工程在有利的条件下进行，避免冬季、雨季、夏季产生的不利于施工的影响因素，并采取措施全天作业。

4.2.4 资源需求计算

准确的资源需求计算，是高水平施工组织设计的基本要求，因为它是使施工方案和进度计划合理和恰当的依据，一般应满足下列原则：

（1）资源估测要最大限度地接近企业当时当地承揽工程的实际需要。

（2）可通过网络计划进行资源分配与平衡。

（3）要考虑本企业当时既有的机械化程度。

（4）参照企业历年的工作效率水平、工人的基本素质和最大可能发挥的操作水平。

（5）考虑工程自身的难易程度、工期要求、工程特点等。

（6）注重主要工程、关键工序，确保重点，兼顾一般。

（7）准确计算主要资源，合理估测一般资源。

（8）尽可能采用企业定额，尤其是企业施工定额。

1. 劳动力计算

劳动力数量，是安排施工、绘制施工进度图、计算出工人数、估算临时房屋、检算施工组织安排合理性的关键。因此，要正确计算劳动力数量，须从下列三个方面来考虑。

（1）现场施工人员的组成。

我国基建工程正推行项目法管理，而项目法管理又有许多模式，如项目总承包、施工总承包、单项或阶段性项目管理，不同的管理模式，其现场人员不仅组成不一样，而且所占比例也各不相同。但施工总承包单位通常由生产工人、管理人员、服务人员、其他（如病、事假）人员、临时劳动力等组成。

（2）定额手册劳动定额包含的内容。

劳动定额也可以称为人工定额、工时定额或工日定额，它反映了建筑安装工人劳动生产率的平均先进水平，不仅体现了劳动与产品之间的相互关系，而且还体现了劳动配备与组织之间的关系，它是计算完成单位合格产品或单位工程量所需人工的依据。但它仅指直接从事建安工程施工（包括附属企业）的生产工人，而不包括材料采购及保障人员、材料到达工地以前的搬运及装卸工人、驾驶施工机械及运输工人、由管理费支付工资的人员等。

（3）正确处理定额的水平。

定额水平是对定额的高低、松紧程度的描述，它是一个部门或一个企业在一定时期内，在一定的物质技术条件下，对管理水平、生产技术水平、劳动生产率水平和职工的思想觉悟水平的综合反映。要正确估测劳动力需求，就要正确处理定额水平的高低。因此，在使用定额时应注意下列问题：

① 定额不同，水平不一；

② 时间不同，水平不同；

③ 单位不同，水平有别。

（4）劳动力计算。

通过以上分析，在计算劳动力时，我们所依据的依然是定额，但要对所计算的结果进行校正、分析和处理，而最基本的是先计算各分部分项工程的基本劳动力。

① 求算分部分项工程劳动力。

分部分项工程劳动力是完成基本工程所需的劳动力（包括工地小搬运及备料、运输等劳动力），除备料运输劳动力需另行计算外，其余均可根据定额计算，无论当时当地采用何种定额，都能较为准确地计算出劳动力，但应注意正确处理相关系数。

人力施工劳动力的需要量可按下式计算：

$$P=\frac{W_{\mathrm{r}}\times q}{T_{\mathrm{z}}}\times S_1\times S_2\times S_3\times S_4 \quad（人）$$

式中 P——相关工程劳动力；

W_{r}——工程数量；

q——工程劳动定额；

S_1——不同定额之间的幅度差；

S_2——不同时间的定额幅度差；

S_3——企业定额与统一定额的幅度差；

S_4——不可预见因素的修正系数；

T_{z}——日历施工期内的实际工作天数（按 8 小时计），它等于日历天数 T_{e} 乘以工作日系数 0.6[除去工作日和国家法定假日，即 $(365-104-10(29))/12\times30=0.7(0.6)$]，再乘以气候影响系数 K、出勤率 c 及作业班次 n，即得

$$T_{\mathrm{z}}=T_{\mathrm{e}}\times0.7(0.6)\times K\times c\times n$$

② 求算定额未包括人员。

定额未包括人员主要有材料采购及保管人员；材料到达工地以前的搬运、装卸工人等人员；驾驶施工机械、运输工具的司机及养护维修人员等；由管理费支付工资的人员。另外，由于项目法管理的推行以及施工队伍向知识密集型发展，其相关人员的计算可简化，具体方法如下：

a. 施工干扰增加劳动力。根据有干扰的工程及不同行车对数的劳动定额增加百分比，分别计算；可以把增加的劳动定额放到单项定额内，也可以使用统一定额计算后，另计增加部分。

b. 机械台班中的劳动力。该项劳动力及司机人数，随着机械化程度而变，可按各类机械台班总量乘以台班劳动定额求得，也可以按机械配备数量，根据各种机械特点，配备司机人数。根据以往经验资料，该项劳动力占基本劳动力的 4%～7%。

c. 备料、运输劳动力。此项劳动力，随着圬工数量的多少而变化，并随着机械化、工厂化水平不断发展而减小。为了简化计算工作，各企业应自己统计历史约占基本工程劳动力百分比（如 20%～30%），或根据项目特点，对外发包。

d. 管理及服务人员。由项目经理统一组织，也可按项目定员估算，一般可按基本劳动力的 15%～25%，项目越大，比例越小。

（5）绘制时标网络计划，统计劳动力数量。

当分部分项工程劳动力求出后，便对其分析统计，得出相应单位或单项工程的劳动力数量，进而再分析统计为工程项目所需劳动力数量。方法是根据施工组织设计所拟订的方案绘制时标网络计划，并按工期一定、资源均衡的原则进行优化与调整。即在工期不变的情况下，使劳动力分配尽量均衡，力求每天的劳动力需求量基本接近平均值。只有按这种方法对劳动力进行配备，才不会造成现场的劳动力短缺，也不会形成窝工现象。

（6）综合估算。

直接参加施工的劳动力工天数（包括施工单位开采砂、石，工地预制成品、半成品所需的劳动力和临时工程所用的劳动力），可按定额或综合指标估算。编制施工组织总设计，由于时间紧或要求不高时，也可采用劳动力指标进行估算，劳动力指标可在平时的施工组织设计中自行总结积累，也可根据定额计算后综合扩大，再结合本企业实践进行编写。

2. 主要材料计算

（1）内容。

它包括各类工程（施工准备、基本工程、辅助工程等）的主要材料、成品、半成品等。

（2）计算方法。

① 主要材料和特种材料。

材料的计算可用定额估算，部分材料也可直接通过图纸进行统计，显然，计算工程所需材料，最准确的方法就是用设计图纸逐项进行计算，所以施工组织设计中有条件用设计图纸时，尽量通过图纸计算，至少三种主要材料（钢材、水泥、砂石料）和特种材料（如防水剂、铁路道砟等）不宜用定额估算，需要通过图纸计算得出，方法如下：

a. 钢材：数量大，单价高，是材料计算的重点，可根据设计图纸所提供的数据逐项分类进行统计，至分类总数量得出后，再根据损耗定额计算损耗量。净用量加损耗量即为所需数量。

b. 水泥：可先按不同圬工统计圬工量，再按基本定额计算水泥用量。

c. 砂石料：一方面将已统计的圬工方中所需砂石算出，再统计非圬工方所用砂石数量，二者相加即为所求。

d. 特种材料：据设计图统计或计算相加即得。

e. 工地成品厂预制的成品、半成品，应计列原材料数量。价购的成品、半成品，则仅统计其不同品种的数量。

f. 利用本建设项目拆除或开挖出来的材料，另行列表，注明来源、数量。

g. 大型临时设施和过渡工程的用料，应考虑周转倒用等情况计列数量，并加以说明。

② 一般通用材料。

当无法按图计算材料时，或对于资源计算中一般通用性材料（如木材、火工品、工具用料等）的计算，只能根据定额或综合指标计算，分别汇总。另外，因材料项目繁多，不必逐一计列，仅列其主要者即可。但应注意下列各点：

a. 工地成品厂预制的成品、半成品，应计列原材料数量，并注明预制品的品名、数量。价购的成品、半成品，则仅统计其品名、数量即可。

b. 利用本建设项目内拆除或开挖出来的材料，另行列表，并注明来源及数量。

c. 周转料（如脚手架、模型板等），按定额计算。

d. 大型临时辅助建筑物和过渡工程的用料，应考虑周转调用、折旧等情况计列数量，并应加注说明。

e. 临时房屋及小型临时设施，可按临时房屋及小型临时设施的概算总额以“万元三材指标”计算。

f. 采用定额时，同样要考虑不周定额、不同时间、不同企业的幅度差问题，方法与劳动力计算相似。

3. 施工机具数量计算

在施工组织设计中，机具数量的计算许多人往往依赖于定额，而实践证明，运用定额计算施工机械远较计算劳动力困难，因为工程机械并不都是处于满负荷工作状态，其用途也很专一。同时，机械的工作效率还取决于操作人员，因此，主要施工机具需要量的计算可由下列几种方法综合完成。

（1）按项目法管理定作业队。

现在的工程施工，大多以项目法施工为主，而机械设备的管理往往以作业队为单位的配备，不同工种的作业队有其不同的配备，同样作业队因其任务不同，配备也有不间，在具体计算时，可按流水作业线的安排相应作业队并计算其队数，然后对各种作业队的各项目进行机械配备。

（2）以工程项目定机械种类。

当作业队及各作业队所承担的工程项目确定之后，便可根据工程项目确定相应的机械类型，这时的机械配备还只是进行种类的配备，例如路基土石方需要推土机、挖掘机、自卸汽车、铲运机等；桥涵施工需要拌和机、捣固机、抽水机、卷扬机、电焊机等；隧道施工需要空压机、锻钎机、装砟机、电瓶车等。这些机械设备的配备由施工方案确定，但配备情况反过来又制约施工方案，因为机械的配备除考虑工程需要外，还要考虑与本单位既有情况，即尽可能用既有机械解决工程问题，确实需要时才考虑新购。

（3）以工程数量定机械数量。

机械数量的确定一般通过下列两种方法完成，但施工机具全、线汇总后，为了考虑专业队间的相互调拨、拆装、运转等因素，一般可考虑增加10%以上的备用量。

① 按使用需要配备：有的施工机械按定额计算需要量很少，但施工工艺要求或局部工点需要。

② 可用定额计算的机械（如路基土石方作业机械、混凝土机械等），用定额计算数量。

4. 资源的表达方式

当资源需求计算完成后，需要通过适当的方式在施工组织设计中表达，以便阅读。通常人工数量可通过文字叙述、列表明确或在进度图的劳动力曲线中表达，而机械设备表及材料表是施工组织设计“三图两表”中的主要内容，要求按照不同的用途、不同的型号、不同的来源列表表达清楚。

4.2.5 平面图设计与绘制

1. 绘制目的及作用

施工平面图设计是施工过程空间组织的具体成果，亦即根据施工过程空间组织的原则，对施工过程所需的工艺路线、施工设备、原材料堆放、动力供应、场内运输、半成品生产、仓库、料场、生活设施等进行空间的特别是平面的科学规划与设计，并以平面图的形式加以表达。这项工作就叫做施工平面图设计。

施工平面布置图将线路通过地区或工点附近范围内的施工现场情况及研究确定的主要施工布置反映在图纸上，便于了解线路地区内的工程分布、材料产地、交通运输情况，拟修建便道、便线、施工基地、厂矿企业位置，供水、供电方案以及施工区段、行政区段划分等情况，并为施工组织设计、材料供应计划提供资料，便于企业领导及相关工程技术人员有效地安排和指导施工。

2. 绘制依据、原则和步骤

（1）施工平面图设计的依据。

① 工程平面图。

② 施工进度计划和主要施工方案。

③ 各种材料、半成品的供应计划和运输方式。

④ 各类临时设施的性质、形式、面积和尺寸。

⑤ 各加工车间、场地规模和设备数量。

⑥ 水源、电源资料。

⑦ 其他有关的设计资料。

（2）施工平面图规划设计原则。

施工平面布置是一项综合性的规划工程，很大程度上决定于施工现场的具体条件。它涉及的因素很广，不可能轻易获得令人满意的结果，所以，必须通过方案的比较和必要的计算与分析才能决定。一般施工平面图规划设计应遵循下列原则：

① 保证施工顺利的前提下，少占农田并考虑洪水、风向等自然因素的影响，所有临时性建筑和运输线路的布置，必须便于为基本工作服务，并不得妨碍地面和地下建筑物的施工。

② 求材料直达工地，减少二次搬运和场内的搬运距离，并将笨重的和大型的预制件或材料设置在使用点附近，所有货物的运输量和起重量必须减至最小。

③ 工等附属企业基地应尽可能设在原料产地或运输集汇点（如车站、码头）。

④ 属企业内部的布置应以生产工艺流程为依据，并有利于生产的连续性。

⑤ 符合保安和消防的要求，要慎重考虑避免自然灾害（如洪水、泥石流、山崩）的措施。

⑥ 工管理机构的位置必须有利于全面指挥，生活设施要考虑工人的休息和文化生活。

⑦ 地布置应与施工进度、施工方法、工艺流程和机械设备相适应。

⑧ 地准备工作的投资最经济。

⑨ 制之前，根据线路走向和地区交通网，先在一个总的轮廓布置，使图表位置安排均匀适当。

⑩ 图幅大小随线路长度及包括内容而定。以清晰匀称为度，一般长度不宜超过 1.0 m。

（3）施工平面图的设计步骤

① 分析有关调查资料。

② 合理确定起重、吊装及运输机械的布置（它直接影响仓库料场半成品制备场的位置和水、电线路以及道路的布置）。

③ 确定混凝土、沥青混凝土搅拌站的位置。

④ 考虑各种材料、半成品的合理堆放。

⑤ 布置水、电线路。

⑥ 确定各临时设施的布置和尺寸。

⑦ 决定临时道路位置、长度和标准。

3. 绘制类型及主要内容

（1）施工总平面图。

施工总平面图是以整个工程为对象的施工平面布置方案，通常应包括以下内容：

① 原有河流、居民点、交通路线（公路、铁路、大车道等）、车站、码头、通信、运输点等及工地附近与施工有关的建筑物。拟修便线、便道、便桥等的位置，及各种交通线路。

② 线路平面缩图及主要城镇位置（包括指北针）。

③ 施工用地范围和重点工程位置及其中心里程、长度、孔跨以及重点取、弃土现场的位置；车站位置及其中心里程；公路沿路线里程的大中桥、隧道、渡口、交叉口、集中土石方等的位置；道班房、加油站等运输管理服务建筑物位置。

④ 将施工组织设计的成果，如采料场、附属工厂和基地、仓库、临时动力站（如抽水站、发电所、供热站等）、电源线路、变压器位置以及大型机械设备的停放、维修场直接标在图上。

⑤ 其他与施工有关的内容，如地质不良地段、国家测量标志、气象台、水文站、防洪、防风、防火、安全设施等需要表示的内容。

⑥ 施工区段划分及施工管理机构，如工程局、工程处、施工队及工程指挥系统的驻地。

⑦ 省、县界位置。

⑧ 既有实现技术改造和增建第二线的项目，应标明设计线与既有线的关系。

⑨ 复杂的展线地段及站场改建，可附放大的平面示意图。

⑩ 图例、附注等。

（2）单项工程、分部分项工程施工平面图。

该类平面图的布置有两种情况，一种是在施工总平面图的控制下进行布置；一种是以施工总平面图为依据，即基本上按照施工总平面有关内容进行布置，但不论哪一种都应比施工总平面图更加深入、更加具体。

① 重点工程施工场地布置图。一般说来，大桥、隧道、立交枢纽等都是重点工程，其施工场地布置图应在有等高线的地形图上按比例绘制。图上应详细给出施工现场、辅助生产、生活等区域的布置情况，给出原有地物情况。

② 其他单项局部平面布置图。对于大型项目，因施工周期长，管理工作量大，附属、辅助企业多，必要时应绘制其他的平面布置图。这类图主要有以下几种：

a. 沿线砂石料场平面布置图；

b. 大型附属企业如沥青混合料拌和厂、预制构件厂、主要材料加工厂（木工厂、机修厂）等平面布置图；

c. 临时供水、供电、供热基地及管线分布平面图；

d. 主要施工管理机构的平面布置图等。

4.3 铁路主要单项工程施工组织设计及管理

4.3.1 主要单项工程施工组织设计

1. 路基工程施工组织设计

路基是以土石材料为主建造的一种建筑物，它与桥涵、隧道、轨道或路面等组成铁路的整体。在铁路工程建设中，路基土石方工程所占比重较大，必须合理组织。主要做好如下工作：

（1）合理确定工期。

路基工程施工的工期，应按照全线指导性施组及承发包合同规定的工期完成，以便在铺轨前给路基填土留有一个自然沉落的过程。

（2）精心安排土石方调配。

铁路设计规范规定：“路基土石方调配，应移挖作填，减少施工方，节约用地”。具体的调配原则包括施工方最少、节约用地、保护环境、技术经济保障等。

（3）计算施工机械用量及有关人员数量。

根据施工地点的实际情况，确定净工作日，即施工工期内要除去法定节假日、预计雨雪天和严寒季节影响的天数。

（4）路基附属工程的施工安排。

天沟要在路堑开挖之前施工。路肩挡墙，要配合土石方工程的进度平行作业，路堑支挡工程视地质条件而定，地质条件好的可安排在土石方工程基本完工后施工，地质条件差的要避开雨季，随挖随砌。属抗滑桩建筑物，要安排在土石方工程之前施工。侧沟安排在土石方工程完成后施工。植树种草安排在土石方工程完工后，适时种植。

（5）土石方工程的排水。

填方地段，应先作正式排水工程施工，如时间紧迫来不及修正式排水工程时，可以考虑作临时排水工程过渡。挖方地段，属路基工程应先作天沟、半路堤半路堑工程或借

土填方，应统筹兼顾，合理布置。站场路基工程中的小桥涵，应提前施工，并考虑临时排水措施。

2. 桥涵工程施工组织设计

（1）桥涵工程施工的特点。

① 桥涵工程类型多。从桥跨上说，有简支梁桥、连续梁桥、斜腿刚构桥、斜拉桥、框架桥、拱桥、悬桥、组合体系桥等。桥跨结构又分钢筋混凝土梁、预应力钢筋混凝土梁、钢板梁、钢桁梁、系杆拱、石砌拱等。桥梁基础有明挖、挖井、挖孔桩、钻孔桩、沉井、管柱基础等。涵渠有明渠、圆涵、盖板涵、矩形涵、拱涵、渡槽、倒虹吸等。随着科技的进步，机械化程度的提高，将不断设计出新的桥梁、涵渠。不同类型的桥涵，施工方法各不相同。

② 施工技术复杂。一方面由于桥涵类型多，另一方面由于桥涵工程属野外施工，受地形、地质、水文、气候的制约，使施工复杂、难度大，特别是深水桥基础的施工，常会遇到不良地质，给施工带来很大困难。另外架梁采用悬拼、悬浇、顶推等新方法，施工技术都是比较复杂的。

③ 施工人员和机械集中，工作面狭小。桥涵工程（特别是大桥、特大桥、高桥和大型涵渠），从基础开始到工程全部完工，需要各种各类人员参与施工，专业多、工种多、工序更多，而且相互交叉，立体作业。因施工场地受限峡谷、水流以及高空作业等条件，在狭小施工场地上要聚集相当数量的劳力、建材和机具设备，更需要精心组织和合理设置。

（2）桥涵工程施工顺序安排应注意的事项。

① 首先要研究确定桥涵工程总体施工方案，才能具体安排各分部分项工程施工顺序。

② 应结合季节、气候、水文条件安排施工顺序。

③ 要遵守施工程序和操作工艺的客观规律，这种客观规律是结构本身所必需的，是不能随意改变的。

④ 要根据施工方法和采用的机械设备确定施工顺序。

⑤ 施工顺序的安排要确保施工安全和工程质量。

⑥ 合理选择工作面。

⑦ 桥涵工程施工时间和施工顺序的安排应考虑桥涵附近其他建筑物施工的协调配合。

3. 隧道工程施工组织设计

隧道工程施工特点如下：

（1）由于隧道是深埋地层之下的建筑物，工程集中，受地质和水文地质条件的制约，因而施工环境差、难度大、技术复杂、要求高。

（2）隧道工程是一种多工序、多工程联合的地下作业，工作面狭窄，出砟，进料运输量多，施工干扰大，为加快施工进度，需以横洞、斜井、竖井、平行导坑增加工作面，施工复杂而艰巨。因此，必须全面规划，科学地组织施工，编制切实可行的实施性施工组织设计。

（3）隧道工程大部分地处深山峻岭之中，场地狭小，要使用多种机械设备，需要相当数量的洞外设施来保证洞内施工，而洞外往往受地形限制，场地布置比较困难。

（4）由于工作环境差，劳动条件的恶劣，常发生明塌、涌水、瓦斯等诸多不安全因素，因此，要制订出切实可行的安全技术组织措施。

（5）由于地质、水文地质以及围岩压力复杂多变，在施工过程中往往需要改变施工方法，同时也要求隧道施工必须不间断连续进行。

（6）开工前，隧道本身及其辅助导坑中线和高程无法预先贯通，永久结构又要紧跟开挖工序及时灌注，因此要求测量工作万无一失。

（7）长大隧道和桥隧相连地段以及复杂地区，往往工作量大，工期紧，难度也大，临时工程多，需周密安排、合理部署等。

4. 既有线改建工程施工组织设计

铁路既有线改建工程的内容比较广泛，包括增建第二线，原线增建双线插入段，改建、扩建站场，改建桥涵，既有线改建电气化铁路，改造轨道等工程。

（1）既有线改建工程施工组织设计的特点。

① 既有线改建工程的施工作业，是在正常运营的条件下进行的，运营对施工作业有干扰，施工则影响着运输能力以及行车安全。

② 在施工方案和施工顺序的安排上，必须会同设计部门和运营部门的运输、工务、电务、机务、车站、水电等单位，其设计、运营、施工三方共同协商研究。

③ 编制各类既有线改建工程施工组织设计，无论是按区段、按站场及单位工程，在编制程序、编制方法、编制内容上，都与新建铁路工程施工组织设计基本相同，所不同之处在于既有线改建工程施工必须充分考虑运营行车和施工的关系，要统筹兼顾，综合安排。因此，既有线改建工程施工组织设计编制后，在报送上级审批的同时，还应报送有关铁路局。

（2）既有线改建工程施工组织设计的原则。

① 在确保运输安全的前提下，优先安排可以迅速提高区段和站场通过能力的改建工程。

② 优先安排有助于提高运输能力的区段、区间及站场改建工程，站场内应先安排道岔咽喉区，后安排股道，区间内应先安排桥涵，后安排土石方，先安排与行车有关的工程，后安排其他附属工程。

③ 站场工程完工交付的同时，工务、电务、生活等站前站后有关工程和设施，必须配套同时完成。

④ 制订施工方案时，应尽量减少过渡工程，缩短过渡时间，减少对运营行车的干扰，并尽早恢复和提高运输能力。

⑤ 充分利用既有线的运输优势，为工程运输提供条件，减少公路与其他方式的运输，以节省时间、降低成本。

⑥ 车站过渡施工时，要求按运营要求确保必要的股道数量，至少有三股道确保三交会。

（3）既有线各类改建工程施工组织设计的重点要求。

① 增建第二线工程施工组织设计的铺轨方案根据铺轨里程长短和换边的位置，选择便于作业和运输的轨排场及轨料堆放场地；采用机械铺轨时，为尽量减少对既有线行车的干扰，应该避免换边或减少换边次数，增建第二线工程铺轨作业，为了保证既有线的正常停车，零星改道应分期、分步骤安排，利用列车间隔和少量“天窗”时间进行。

② 既有线站场改建工程。站场改建工程施工，应满足运营部门对列车进路、客货运业务、行车安全的要求；实行过渡方案时，应充分利用既有线的有关设备和新增线路设备，也可安排一些对既有站场干扰不大的工程，代替既有设备，以便对既有设备的改建施工；对于局部、

小量的改进工程施工，应零星要点开天窗进行施工，必要时短时间封闭既有设备；对于改建工程量大、工程复杂且需中断运营方能进行改建施工的既有线，以上级主管部门会同运营主管部门协商决定，一经同意，施工单位必须严格组织，精心部署，集中优势，抓紧一切有效时间，突击施工；加强与工务、电务单位的配合，共同研制过渡方案，尽量减少过渡方案的废弃工程，站场改建工程量大，工程材料需用量多时，在不妨碍站场作业的条件下，应为施工单位修建临时站线以便卸料。

③ 既有线桥涵改建工程。既有线桥涵改建工程，施工比较复杂，并制定确保原有建筑物安全和行车安全的施工方案；既有线桥涵改建施工组织设计应明确工程结构的特征、施工方法、施工程序、施工时间，对正常运输干扰程度、保证行车安全措施，施工防护办法等，并要经运输部门同意；在既有线正常行车条件下施工，可采取限速运行、开天窗封锁线路等施工方法，必要时也可限载限高、复线改为单线行车；利用便线、便桥临时通车。

4.3.2 铁路施工组织设计管理

1. 编制施工组织设计注意事项

随着我国建设事业的发展和经验总结，施工组织设计已得到各建设有关部门和单位的普遍重视。为了使施工组织设计更好地起到组织和指导施工的作用，在编制施工组织设计时要注意以下几个问题：

（1）编制时，必须对施工有关的技术经济条件进行广泛和充分的调查研究、收集各方面的原始资料，必须广泛地征求有关单位群众的意见。

（2）施工单位中标后，必须编制实施性的施工组织设计。

（3）对结构复杂、施工难度大以及采用新工艺和新技术的工程项目，要进行专业性的研究，必要时组织专门会议，邀请有经验的专业工程技术人员参加，挖掘群众的智慧，以便为施工组织设计的编制和实施打下坚实的群众基础。

（4）在施工组织设计编制过程中，要充分发挥各职能部门的作用，吸收他们参加编制和审定；充分利用施工企业的技术力量和管理能力，统筹安排、扬长避短，发挥施工企业的优势和水平，合理安排各工序间的立体交叉配合施工顺序。

（5）当施工组织设计的初稿完成后，要组织参加编制的人员及单位进行讨论，经逐项逐条地研究修改，最终形成正式文件，送有关部门审批。

2. 施工组织设计的贯彻、检查和调整

（1）施工组织设计的贯彻。

编制施工组织设计，是为了给实施过程提供一个指导性文件，但如何将此纸上的施工意图变为客观实践，并且施工组织设计的经济效果如何，也必须通过实践验证。为了更好地指导施工实践活动，必须重视施工组织设计的贯彻与执行。在贯彻中要做好以下几个方面的工作：

① 做好施工组织设计的技术交底；

② 制定各项管理制度；

③ 实行技术经济承包责任制；

④ 搞好施工的统筹安排和综合平衡，组织连续施工；

⑤ 切实做好施工准备工作。

（2）施工组织设计的检查。

施工组织设计的检查主要包括对以下三方面的检查：

① 任务落实及准备情况；

② 完成各项主要指标情况；

③ 施工现场布置合理性检查；

④ 安全、环保等措施及相关制度执行检查等。

（3）施工组织设计的调整。

施工组织设计的调整就是针对检查中发现的问题及时进行调整和处理，通过分析其原因，拟定改进措施和修订方案，对于实际进度偏离计划进度的情况，在分析其影响工期和后续工作的基础上，调整原计划以保证工期；对施工平面图中不合理的地方进行修正。通过调整和检查，使施工组织设计更切合实际，从而实现在新的施工条件下，达到施工组织设计的最优化目标。

复习思考题

1. 简述施工准备主要包括哪些内容。
2. 什么是基本作业？它主要包括哪些内容？
3. 施工组织设计的主要任务和作业有哪些？
4. 铁路施工组织设计主要包括哪些内容？
5. 施工组织总设计的主要内容有哪些？
6. 施工进度计划的主要作用有哪些？
7. 确定施工进度需要考虑哪些因素？施工项目划分要注意哪些问题？
8. 铁路施工组织的核心内容有哪些？其主要表达方式包括哪些？

5 铁路工务施工组织设计

5.1 线路设备修理工作内容

线路设备修理分为线路设备大修和维修。

线路设备大修的基本任务是根据运输需要及线路设备损耗规律，有计划地、周期性地对线路设备进行更新和修理，恢复和提高线路设备强度，增强轨道承载能力。

线路设备大修应有大修施工和设计专业队伍，装备必要的施工机械和运输车辆，安排与施工项目相适应的施工天窗。

线路设备维修的基本任务是保持线路设备完整和质量均衡，使列车能以规定速度安全、平稳和不间断地运行，并尽量延长线路设备使用寿命。

线路设备维修应实行天窗维修制度，并逐步实行检修分开的管理体制。

线路设备修理应实行科学管理，建立和健全责任制，提高机械化施工作业程度，采用新技术、新设备、新材料、新工艺。改进施工作业方法，优化劳动组织，充分利用信息化手段，提高劳动生产率和施工作业质量，降低成本，改善检测手段。严格执行检查验收制度。

5.1.1 线路设备维修工作分类

1. 线路设备大修分类

（1）线路大修。线路上的钢轨疲劳伤损，轨型不符舍要求，不能满足当前或近期铁路运输需要时，必须进行线路大修。

线路大修分为普通线路换轨大修和无缝线路换轨大修，无缝线路换轨大修按施工阶段可分为铺设无缝线路前期工程和铺设无缝线路。

（2）成段更换再用轨（整修轨）。

（3）成组更换道岔和岔枕。

（4）成段更换混凝土枕。

（5）道口大修。

（6）隔离栅栏大修。

（7）其他大修

（8）线路中修。

在线路大修周期内，道床严重板结或脏污，其弹性不能满足铁路运输需要时，应进行线路中修。对石灰岩道砟地段，应结合中修有计划地更换为一级道砟。

在无路基病害、一级道砟、道床污染较轻、使用大型养路机械接周期进行修理的区段，通过有计划地进行边坡清筛，可取消线路中修。

2. 线路设备维修分类

（1）综合维修。

综合维修指根据线路变化规律和特点，以全面改善轨道弹性、调整轨道几何尺寸和更换、整修失散零部件为重点，以大型养路机械为主要作业手段，按周期、有计划地对线路进行的综合性维修，以恢复线路完好技术状态。

（2）经常保养。

经济保养指根据线路变化情况，以中小型养路机械为主要作业手段，对全线进行有计划、有重点的经常性养护，以保持线路质量处于均衡状态。

（3）临时补修。

临时补修指以小型养路机械为主要作业手段，及时对线路几何尺寸超过临时补修容许偏差管理值及其他不良处所进行的临时性整修，以保证行车安全和平稳。

5.1.2 线路设备修理工作内容

1. 普通线路换轨大修主要内容

（1）清筛道床，补充道砟，改善道床断面，整治基床翻浆冒泥和超过 15 mm 的冻害。

（2）校正、改善线路纵断面和平面。

（3）更换Ⅰ型混凝土枕、失效轨枕和严重伤损混凝土枕，补足轨枕配置根数，有计划地将木枕成段更换为混凝土枕（另列件名）。

（4）全面更换新钢轨、桥上钢轨伸缩调节器、联结零件、绝缘接头及钢轨接续线，更换不符合规定的护轨。

（5）成组更换新道岔和新岔枕（另列件名）。

（6）安装轨道加强设备。

（7）整修路肩、路基面排水坡，清理侧沟，清除路堑边坡弃土。

（8）整修道口及其排水设备。

（9）抬高因线路换轨大修需要抬高的道岔、桥梁，加高挡砟墙。

（10）补充、修理并刷新由工务管理的各种线路标志、信号标志、位移观测桩及备用轨架。

（11）回收旧料，清理场地，设置常备材料。

2. 铺设无缝线路前期工程主要内容

（1）清筛道床，补充道砟，改善道床断面，整治基床翻浆冒泥和超过 15 mm 的冻害。

（2）校正、改善线路纵断面和平面。

（3）更换Ⅰ型混凝土枕、失效轨枕、严重伤损混凝土枕，补足轨枕配置根数，有计划地将木枕成段更换为混凝土枕（另列件名）。

（4）抽换轻伤有发展的钢轨，更换失效的联结零件。

（5）均匀轨缝，螺栓涂油，锁定线路。

（6）整修路肩、路基面排水坡，清理侧沟，清除路堑边坡弃土。

（7）整修道口及其排水设备。

（8）抬高因线路换轨大修需要抬高的遭岔、桥梁，加高挡砟墙。

（9）补充、修理并刷新由工务管理的各种线路标志、信号标志、位移观测桩及备用轨架。

（10）回收旧料清理场地，设置常备材料。

3. 铺设无缝线路主要内容

（1）焊接、铺设新钢轨，更换联结零件、桥上钢轨伸缩调节器及不符合规定的护轨，铺设胶接绝缘钢轨（接头），并按设计锁定轨温锁定线路，埋设位移观测桩。

（2）整修线路，安装轨道加强设备。

（3）整修道口。

（4）回收旧料，清理场地，设置常备材料。

4. 成段更换再用轨主要内容

（1）更换再用轨普通线路。

① 更换再用轨、联结零件、绝缘接及钢制轨接续线，更换不符合规定的护轨。

② 更换失效轨枕。

③ 整修线路，安装轨道加强设备。

④ 整修道口及其排水设备。

⑤ 回收旧料，清理场地，设置常备材料。

（2）更换再用轨无缝线路。

① 清筛道床，补充道砟，改善道床断面，整治基床翻浆冒泥。

② 校正、改善线路纵断面和平面。

③ 更换失效轨枕、严重伤损混凝土枕，补足轨枕配置根数，有计划地将木枕更换为混凝土枕。

④ 焊接、铺设再用轨，更换联结零件，更换不符合规定的护轨，铺设胶结绝缘钢轨（接头）并按设计锁定轨温锁定线路，埋设位移观测桩。

⑤ 整修线路，安装轨道加强设备。

⑥ 整修路肩、路基面排水坡，清理侧沟，清除路堑边坡弃土。

⑦ 整修道口及其排水设备。

⑧ 补充、修理并刷新由工务管理的各种线路标志、信号标志及备用轨架。

⑨ 回收旧料，清理场地，设置常备材料。

5. 线路中修主要内容

（1）清筛道床，补充道砟，改善道床断面，整治基床翻浆冒泥。

（2）校正、改善线路纵断面和平面。

（3）更换失效轨枕。

（4）普通线路（含无缝线路缓冲区）抽换轻伤有发展的钢轨，更换失效的联结零件。

（5）均匀轨缝，螺栓涂油，整修补充防爬设备，对无缝线路进行应力放散或调整，按设计锁定轨温锁定线路。

（6）整修路肩、路基面排水坡，清理侧沟，清除路堑边坡弃土。

（7）整修道口及其排水设备。

（8）补充、修理并刷新由工务管理的各种线路标志、信号标志、位移观测桩及备用轨架。

（9）回收旧料，清理场地，设置常备材料。

6. 成组更换道岔和岔枕主要内容

（1）铺设新道岔和岔枕；铺设无缝道岔时含焊接钢轨、铺设胶结绝缘钢轨（接头）并按设计锁定轨温锁定道岔，埋设位移观测桩。

（2）更换道砟。

（3）整修道岔及其前后线路，做好排水工作。

（4）回收旧料，清理场地。

7. 成段更换混凝土枕主要内容

（1）全面更换混凝土枕及扣件，螺栓涂油，整修再用枕螺旋道钉。

（2）清筛道床，补充道砟，整治基床翻浆冒泥和超过 15 mm 的冻害。

（3）整修线路，安装轨道加强设备。

（4）整修路肩、道口及其排水设备。

（5）封闭宽枕间的缝隙。

（6）回收旧料，清理场地，设置常备材料。

8. 道口大修主要内容

（1）整修道口平台。

（2）更换道口铺面、护轨。

（3）改善防护设备。

（4）清筛道床，更换失效轨枕、严重伤损混凝土轨枕，整修线路及排水设备。

（5）回收旧料，清理场地。

9. 隔离栅栏大修主要内容

（1）更换隔离栅栏网。

（2）更换或整修隔离栅栏立柱。

（3）回收旧料，清理场地。

10. 线路、道岔综合维修基本内容

（1）根据线路、道岔状态起道、拨道和改道，全面捣固。混凝土枕地段，捣固前撤除所有调高垫板；混凝土宽枕地段，垫砟与垫板相结合。

（2）调整线路、道岔各部尺寸，拨正曲线。

（3）清筛枕盒不洁道床和边坡，整治道床翻浆冒泥，补充道砟，整理道床。

（4）更换、方正和修理轨枕。

（5）调整轨缝，整修、更换和补充轨道加强设备，整治线路爬行，锁定线路、道岔。

（6）矫直、焊补、打磨钢轨，综合整治接头病害。

（7）整修、更换和补充联结零件，并有计划地涂油。

（8）整修路肩，疏通排水设备，清除道床杂草和路肩大草。

（9）修理、补充和刷新线路标志，整修道口及其排水设备，收集旧料。

（10）有计划地对钢轨、道岔进行预防性打磨。

（11）其他病害的预防和整治。

11. 线路、道岔经常保养基本内容

（1）根据轨道几何尺寸超过经常保养容许偏差管理值的状态，成段整修线路。

（2）整治道床翻浆冒泥，均匀道砟，整理道床。

（3）更换和修理轨枕。

（4）调整轨缝，锁定线路。

（5）焊补、打磨钢轨，整治接头病害。

（6）有计划地成段整修扣件，螺栓涂油。

（7）无缝线路应力放散或调整。

（8）更换伤损钢轨，断轨焊复。

（9）整修防沙、防雪设备，整治冻害。

（10）整修道口，疏通排水设备，清除道床杂草和路肩大草。

（11）季节性工作、周期短于综合维修的其他单项工作。

12. 线路、道岔临时补修的主要内容

（1）整修轨道几何尺寸超过临时补修容许偏差管理值的处所。

（2）更换（或处理）折断、重伤钢轨及桥上、隧道内轻伤钢轨。

（3）更换伤损夹板，更换折断的接头螺栓、道岔护轨螺栓、可动心轨凸缘与接头铁连接螺栓、可动心轨咽喉和叉后间隔铁螺栓、长心轨与短心轨的联结螺栓、钢枕立柱螺栓等。

（4）调整严重不良轨缝。

（5）疏通严重淤塞的排水设备，处理严重冲刷的路肩和道床。

（6）整修严重不良的道口设备。

（7）其他需要临时补修的工作。

5.2 施工调查

5.2.1 线路维修的施工调查

线路设备状态调查是线路维修的基础工作，它是获得线路设备状态信息，掌握线路设备变化规律，编制维修作业计划和分析设备病害的主要依据。只有认真、细致、真实地进行调查，才能反映出设备的实际状态，计划任务才能准确，做到有的放矢。

线路设备状态调查分为静态检查和动态检查。

1. 线路设备静态检查

（1）检查周期。

设有线路设备专业检查车间的工务段，应由线路设备专业检查车间有计划地对工务段管辖线路设备进行月度周期性检查，线路车间负责线路设备专业检查车间检查内容以外的检查和巡视工作。

未设线路设备专业检查车间的工务段，应由线路车间组织线路设备专业检查工区有计划地对线路车间管辖线路设备进行月度周期性检查，组织线路工区进行线路设备专业检查工区检查内容以外的检查和巡视工作。

（2）检查内容。

① 线线路和道岔，每月应检查 2 次（当月有轨检车检查的线路可减少 1 次）；其他线路和道岔，每月应检查 1 次。检查时轨距、水平、三角坑应全面检查、记录，轨向、高低及设备其他状态应全面查看，重点记录，对伤损钢轨、夹板和焊缝应同时检查。

② 线正矢，每季应结合线路检查至少全面检查 1 次并填写记录。同时应对线路高低和直线轨向用弦线重点检查，重点记录。

③ 无缝线路轨条位移，每月应观测 1 次，并填写记录，发现固定区累计位移量大于 10 mm 时，应及时上报工务段查明原因，采取相应措施。对普通线路爬行情况，每季应检查 1 次，爬行量大于 20 mm 时，应及时整正。

④ 钢轨焊接接头的表面质量及平直度，每半年应检查 1 次。

⑤ 重线路病害地段和薄弱处所，应经常检查。

工务段长、副段长、指导主任、检查监控车间主任、线路车间主任和线路工长应定期检查线路、道岔和其他线路设备，并重点检查薄弱处所，具体办法由铁路局规定。

2. 线路设备动态检查

线路设备动态检查是指通过轨道检查车的检查，了解和掌握线路局部不平顺（峰值管理）和线路区段整体不平顺（均值管理）的动态质量，指导线路养护维修工作。

（1）检测周期。

检测周期根据运量和线路状态确定。

① 铁道部轨道检查车，应根据铁道部运输局安排，对容许速度大于 120 km/h 的线路及其他主要繁忙干线进行定期检查。

② 铁路局轨道检查车，对容许速度大于 120 km/h 的线路每月检查不少于 2 遍（含铁道部轨道检查车检查），对年通过总重不小于 80 Mt 的正线 15 ~ 30 d 检查 1 遍，对年通过总重为 25 Mt ~ 80 Mt 以内的正线每月检查 1 遍，对年通过总重小于 25 Mt 的正线每季检查 1 遍，对状态较差的线路，可适当增加检查遍数。

（2）轨检车对线路局部不平顺（峰值管理）检查评定标准。

① 各项偏差等级扣分标准：Ⅰ级每处扣 1 分；Ⅱ级每处扣 5 分；Ⅲ级每处扣 100 分；Ⅳ

级每处扣 301 分。

② 线路动态评定标准。线路动态评定以千米为单位；每千米扣分总数为各级、各项偏差扣分总和；每千米线路动态评定标准：

优良——扣分总数在 50 分及以内；

合格——扣分总数在 51 ~ 300 分；

失格——扣分总数在 300 分以上。

（3）检测报告。

① 铁道部轨道检查车检测中发现的问题，应及时通知有关单位，检查后及时将检测报告提交有关单位，每月末向铁道部提报月度（或年度）检测、分析报告（含轨检车线路评分统计报告表）。

② 铁路局轨道检查车检测中发现的问题，应立即通知工务段，检查后向有关单位通报检查结果，每月上旬向铁道部提报上月（或上年度）检查、分析报告（含轨检车线路评分统计报告表）。

（4）检测问题的处理。

① 工务段或施工单位对轨检车查出的Ⅲ级超限处所应及时处理，对查出Ⅳ级超限处所应立即限制行车速度，并及时封锁处理。

② 应重视以下轨道不平顺的判别，并及时处理。

a. 周期性连续三波及多波的轨道不平顺中：幅值为 10 mm 的轨向不平顺，12 mm 的水平不平顺，14 mm 的高低不平顺。

b. 对于 50 m 范围内有 3 处大于以下幅值的轨道不平顺：12 mm 的轨向不平顺，12 mm 的水平不平顺，16 mm 的高低不平顺。

c. 轨向、水平逆向复合不平顺。

d. 速度大于 160 km/h 区段，高低、轨向的波长在 30 m 以上的长波不平顺，当轨道检查车检查其高低幅值达到 11 mm 或轨向幅值达到 8 mm 时。

工务段段长（或副段长）、线路车间主任对管内正线每月应用添乘仪至少检查 1 遍。发现超限处所和不良地段，应及时通知线路车间或工区进行整修，并在段添乘检查记录簿上登记。

5.2.2 线路设备大修施工调查

线路设备大修施工调查的关键在于认真地进行实地勘查。勘查的目的不仅是摸清现场情况，正确编制计划，而且还应该注意设计有无错误，能于事先得到纠正。

调查的内容主要有道床厚度、坡度衔接、起道量与桥面坡度和道口坡度的配合，对电务信号设备、行车设备、机务设备和旅客设备等的影响及解决办法，道口、桥隧及绝缘接头位置等轨道构造状态，路基断面及排水情况，道岔类型及轨道与道岔的连接形式，起落道量对路基断面及站场排水的影响，曲线轨道拨道量对路基的影响，石料的来源、数量和运距，以及施工时占用车站股道、宿营地的确定、车辆停站条件和职工生活条件等。

通过施工调查，掌握情况，明确工作量，摸清用料量，并对可能发生的问题预先给予关注并提出处置措施，在此基础上审核预算，以期圆满地完成生产任务。

基于外业调查资料直接影响大修设计的质量，故在此择其要点分述如下。

1. 钢轨调查

钢轨调查主要是正确鉴定损伤钢轨及其数量。损伤钢轨按其损伤程度分为轻伤和重伤两类。轻伤钢轨是仍具有足够的强度和抗弯性能，尚能继续正常使用的钢轨；重伤钢轨是因伤损而强度减弱，不宜继续使用的钢轨。伤损标准主要看钢轨是否具有轨头下颚透锈、波浪形磨耗、核伤等特征。在调查时应严格按规定的标准，正确鉴定伤损钢轨及其数量，并记录其里程、轨型、轨号、左右股、长度及根数。

2. 轨枕调查

调查时，失效的木枕和混凝土枕要分开记录。混凝土枕又需根据枕型、扣件类型分别统计，以免混铺混用，并且同时调查严重伤损的混凝土枕。

轨枕的配置和失效、严重伤损的标准均按《铁路线路修理规则》（以下简称《修规》）规定。对混凝土枕主要是考虑轨枕是否断透，是否能固定螺旋道钉，是否影响保持轨距和水平；对木枕主要是考虑能否承压、持钉，是否失去保持轨距和水平的能力。

3. 联结零件调查

主要调查钢轨扣件的类型、规格、位置及延长，螺旋道钉锚固种类、位置及延长，失效状态及数量等。对大（小）胶垫的失效数，每千米至少调查 2 处，每处连续查 100 ~ 200 m，计算失效百分率。

4. 轨道加强设备调查

对防爬器、防爬支撑、轨距杆、轨撑要全面调查，并按规格、现有数、补充数、失效数分别统计。

5. 道床调查

通过横断面测量可以了解道床横断面的现有尺寸。每千米选有代表性的处所 1 ~ 2 处，在轨枕间靠近轨底开挖道床，左右股交错挖至轨枕底下 50 cm 或路基面，挖取道砟试样不少于 0.04 m^3。然后对道床进行实际筛分（筛径 20 mm），根据筛分重量比确定道床脏污百分率。

6. 标志和常备轨调查

全面调查所有线路标志和信号标志，以便抽换、补充、修理和油漆刷新。全面调查沿线常备轨和钢轨架的现状，以便更换补充。

7. 其他调查

站场调查仅调查与正线大修有关的技术资料。成组更换新道岔和新岔枕列入单项大修。此外还有路基及排水调查、道口调查、桥隧涵调查、其他项目调查等。以上调查结果应分别填写在相应的调查表格中供设计使用。

5.3 工务施工作业程序及方法

5.3.1 线路设备维修的基本作业

线路维修基本作业是养路工作中最重要的环节，作业的质量不仅直接影响设备质量，而且涉及劳动生产效率和行车安全。线路作业是由许多单项作业组成的，只有做好这些单项作业，才能保证整体作业的质量。

线路作业一定要认真贯彻作业标准化，养路工作一日作业标准化如下。

1. 养路工作一日作业标准化

（1）出工前。

① 工作预报：按日计划在作业牌上公布作业项目和分工，准备好机具、备品和材料，出库机具材料及时做好登记。

② 列队点名：布置当日工作计划（地点、项目、工作量）、质量要求以及安全措施和注意事项。

③ 根据作业的内容，按规定办理登记签认手续，联系有关单位配合施工。按规定办理乘车或列队行走去施工地点，施工负责人在前，安全员（安全值日）在队后，推起道机必须有2人，1人负责瞭望，按规定设置防护信号。

（2）作业中。

① 听从工班长统一指挥，按岗位责任制和操作规则及时上道作业，做到不简化、不留病害，按规定工料定额完成任务。

② 随时注意瞭望列车，听从防护员、安全员指挥，带好工具及时按规定下道避车。

③ 严格执行规章制度，实行安全生产，杜绝违章作业。中间休息，人员机具必须撤离轨道。

④ 复线地段作业时，应面向来车方向。复线及站场内作业，邻线来车本线也应下道。

⑤ 执行作业首件检查和随时抽查，保证质量，杜绝无效劳动。

⑥ 按半日清和当日清的作业要求，结束施工。认真执行回检制度，不合质量要求，应返工重做。

（3）作业后。

① 撤除防护，按规定乘车办法或列队行走返回。

② 整理机具材料入库，对号定位，堆码整齐。

③ 根据当日完成数量、质量核算工料消耗，填写日计划完成情况。

④ 分析当日安全、质量、数量、纪律等情况，进行评比记分；编制次日工作计划并组织安全预想。

单项作业的标准化，应按铁路局的有关规定执行。

线路作业一定要加强施工领导，实行记名修，避免无效劳动，消灭有害劳动。车间主任、工长应按规定参加有关线路作业。涉及下列工作时工长必须亲自参加：

① 封锁、慢行的各项施工作业。

② 更换钢轨、夹板、辙叉、尖轨和基本轨。

③ 使用轻轨车、吊轨车和运送材料的单轨车。

④ 装卸钢轨、轨枕、道砟及笨重材料机具。

⑤ 使用直轨机、轨缝调整器等有碍行车机具。

⑥ 无缝线路的应力放散作业。

⑦ 电务配合施工的有关作业项目。

2. 起道、捣固、垫砟和垫板作业

（1）起道作业。

为了捣固作业的需要，将钢轨连同轨枕抬起一定的高度称起道作业。其目的是找平轨面，消灭或减少轨道下沉的残余变形，改善道床弹性。起道分重起和全起两种，是养路工作中技术要求较高的作业。

重点起道简称重起，即将轨道坑洼处抬平，凸包处顺坡的起道方法。全面抬高轨道的方法简称为全起，即根据线路的实际情况，维修作业性质的要求，将轨面普遍抬起一定的水平高度。无论是重起还是全起，每次起道长度应根据作业条件、列车间隔时间的长短加以确定，要求在列车未到前能够完成起道地段捣固的顺撬工作。

① 作业范围。

a. 整正线路水平、三角坑及高低超限。

b. 整治线路坑洼、线路爬底，增加道床厚度。

c. 调整线路纵断面、局部或全面起道。

② 作业条件。

a. 根据起道量大小，办理封锁慢行施工作业手续，同时按规定指定专人担任施工作业负责人。

b. 利用列车间隔时间进行起道作业时，起道负责人要切实掌握好列车时间，尽量做到在一次间隔时间内完成，减少重复作业，认真执行《铁路工务安全规则》（以下简称《安规》）放行列车条件的规定。

c. 无缝线路的起道作业，应按《修规》作业的作业轨温条件执行。

d. 起道地段要有足够的道砟。全面起道，起道量普遍超过 40 mm 时，一般应用仪器测量并设置起道标桩，按标桩起道。

③ 作业程序。

a. 核对量具。起道作业前，由起道负责人对当日使用的各种量具进行检查核对，保持量具准确。由起道器手检查起道器状态是否完好。

b. 调查划撬。调查和确定标准股，直线以左股为标准股，曲线以下股为标准股，每隔 20 m 或 25 m 为一点，将计划起道量标记在钢轨上。

c. 调整垫板。先撤除找平用的垫板，如重点起道作业，对捣固结合处所，则按计划撤除或保留垫板，然后压打道钉，调整胶垫和拧紧扣件。

d. 指挥起道。全面起道时。由起道负责人按各点标记的起道量，先将标准股上各点起够，各点之间用目测起平。将标准股起出一段后，返回起好对面股水平。根据列车间隔时间或封锁时间。掌握起道长度，在列车通过前做完顺坡。

e. 起标准股。起道器手要按照起道负责人的气势，扒好起道器窝，放置起道器于适当位置，直线和曲线下股放在钢轨里口，曲线上股放在外口，混凝土枕地段和无缝线路应放在接缝、铝热焊缝以外不少于一个轨枕孔内。

f. 起对面股。由起道负责人掌握，当标准股起出一段线路，视列车密度情，一般起完 2～4 撬后，立即返回找对面股水平，来车前做好顺坡。

④ 作业要求。

a. 起道时除经测量设计调整纵断面外，应保持既有坡度、坡度变更点位置和竖曲线半径，同时应考虑按规定不侵入建筑接近限界和不超过与相邻线规定的最大高度差。

b. 从事调查划撬工作，当全面起道时，要准确划好每撬的撬头、撬尾、坑底的位置，同时将钢轨低头、拱腰、死坑、吊板等划上增减镐标记。用标桩全面起道时，量取记录轨面与标桩的高度差，标记各点起道量；如重点起道时，直线以水平高的一股为标准股，曲线以下股为标准股，划好坑洼头尾和钢轨低接头、拱腰、空吊板等轻、重捣符号。

c. 指挥起道，重点起道时，先起标准股，起道负责人俯身在标准股钢轨上，一般距起道器不少于 20 m 看道，目测钢轨外侧下颚高低情况，用手势指挥起道。起对面股时，轨距尺放在靠近起道器已起完的一端，起完一段水平后，如有高低不平情况，先在标准股目测补撬，后找对面股水平高低。

d. 起标准股，当全面起道时，在接头处起一次，混凝土枕每隔 6 根，木枕每隔 6～8 根起一次。重点起道时，一般在坑底起一次，漫坑按长度增加次数。打塞时用道镐在钢轨外口枕下串实，接缝处在接缝两侧轨枕下打塞，如起过量时，应用镐尖透塞。

e. 起对面股，找准水平后，起道负责人要俯在钢轨上回看轨道纵平，根据高低不平情况进行补撬，把对面股前后轨平找好。

f. 起道组对打塞处不方正的轨枕应同时予以方正。起道负责人要与捣固组保持密切联系。对加重或减轻捣固处所要随时监督指导，防止由于捣固不良影响起道质量，造成反撬。

⑤ 技术要求。

a. 水平状态良好，无明显小坑。轨道纵向长平，目视平顺，无漫坑漫包。检查水平、高低误差符合《修规》的容许规定。

b. 由线路起道引起的有关项目，应符合各单项技术作业标准。

（2）线路捣固找小坑作业。

为了消除轨道下沉及坍砟，将轨枕下的石砟打实或者抬高后打实称为捣固作业。手工捣固作业采用大头镐，机械作业采用电动或液压捣固机。

① 作业范围。

a. 找平线路轨道水平、三角坑及高低超限。

b. 线路有暗坑、吊板，需安排捣固整修。

② 作业条件。

a. 利用列车间隔时间进行线路找小坑作业，由工班长或由段批准，经过考试合格的人员负责，两端用做业标防护。

b. 线路找小坑作业应做到一撬一清，封好道床。

c. 无缝线路地段遵守有关作业注意事项，起道器放置位置距铝热焊接缝不少于一个轨枕孔。

③ 作业程序。

a. 调查划撬。结合量水平和穿看纵平，划出撬长，据划撬处所按轨号作出记录，安排整修。

b. 扒道床。依照事先划好的撬印，按扒道床作业标准要求扒好镐窝。

c. 方正轨枕。按方正轨枕作业标准要求，方正轨枕。

d. 起道。作业前对轨距尺进行校对，对起道器状态进行检查，根据起道负责人指挥穿平前后高低。起好标准股，找好对面股。

e. 捣固。根据坑头、坑尾划好的撬印，由坑头、尾向坑底捣固，并逐渐增加捣固镐数。捣固作业分别按木枕、混凝土枕捣固要求进行。

f. 回检。捣固后线路左右水平、前后高低、枕木空吊板率，均应符合《修规》有关规定。

g. 打紧防爬设备。对因方正轨枕及起道捣固造成的防爬器不靠和支撑松动现象，应及时打紧。

h. 回填整理道床。捣固完毕经检查确认线路质量符合验收标准后，及时回填道砟，做到一撬一清，使道床符合各类型轨枕要求，并整理拍平。

④ 作业要求。

a. 调查划撬时，当两股钢轨出现相对坑洼，则在撬头、撬尾的道心轨枕上划出找撬范围，如一股钢轨坑洼或两股钢轨坑洼不对称时，分别偏向该股划出找撬范围，遇有暗坑、吊板时，应在每根轨枕头里口划下符号。

b. 起道作业要结合水平、前后高低，起平坑洼。根据线路病害情况，划出增减镐数，打好撬塞，先串后砸。

c. 捣固时每个轨枕头打四面镐，捣够长度和镐数。认真执行排镐顺序和捣固姿势要领。捣固低接头和小坑时，应从坑的两端开始分别捣向坑底和轨缝。加强坑底和接头捣固。遇有暗坑、吊板，则不起道硬砸。吊板应先打浮起道钉或拧紧扣件螺栓。

⑤ 技术要求。

a. 手工捣固时扒镐窝必须彻底。捣固长度应为钢轨两侧木枕各 400 mm，混凝土枕各 450 mm。混凝土枕外口扒至枕端，深度基本与枕底平，轨底石砟清理彻底，不致影响打斜镐。

b. 每个轨枕头打四面镐，捣够长度，打够镐数，捣固坚实。

c. 水平、三角坑、高低和空吊板率的容许误差，作业地段符合《修规》的具体规定。

（3）线路垫砟找小坑作业。

① 作业范围。

a. 混凝土枕地段，找平线路轨道水平、三角坑及高低超限。

b. 线路有暗坑、吊板，在经常保养和临时补修中，可采取垫砟与垫板相结合的方法安排整修。

c. 混凝土宽枕线路起道作业，采用枕下加垫砟和枕上垫板相结合的方法进行养护维修。

② 作业条件。

a. 利用列车间隔时间进行线路垫砟找小坑作业，用作业标防护，专人瞭望列车，按要求指定专人担任施工负责人。

b. 线路垫砟找小坑作业应做到一撬一清，封好道床。

c. 无缝线路地段遵守有关作业注意事项，起道器放置位置距铝热焊缝不少于一个轨枕孔。

d. 垫砟起道应具备的设备条件：混凝土枕、混凝土宽枕线路和混凝土岔枕道岔；路基稳定，无翻浆；道床较稳定，局部下沉量较小；当轨下调高垫板厚度超过 10 mm，或连续 3 根及以上轨枕调高垫板厚度达到 8 ~ 10 mm，使用调高扣件时调高垫板厚度超过 25 mm。

e. 垫砟使用的道砟，应采用火成岩材料，粒径为 8 ~ 20 mm。

③ 作业程序。

a. 调查划撬。结合量水平和纵平，划出撬长，测定垫砟量，据划撬处所按轨号作出记录，安排整修。

b. 准备作业。按计划准备工具，搬运用砟，清除道床表面污物，整正配件状态。

c. 扒道床。依照事先划好的撬印，按扒道床作业标准扒好道床。

d. 方正轨枕。按方正轨枕作业标准，方正轨枕。

e. 起道。作业前对轨距尺进行校对，对起道器状态进行检查，按起道负责人指挥穿平前后高低，起好标准股，找好对面股。

f. 垫砟。根据坑头、坑尾划好的撬印，由坑头、尾向坑底垫砟。逐根轨枕达到要求后撤除起道器。

g. 回检。垫砟后线路左右水平、前后高低、轨枕空吊板率，均应符合《修规》有关规定。

h. 回填整理。垫砟完毕，经检查确认线路质量符合验收标准后，可回填道砟，整理和夯拍道床，整理防爬等设备。

④ 作业要求。

a. 垫砟作业除混凝土宽枕外，一律采用横向垫砟。

b. 垫砟起道时，一次垫入的厚度不得超过 20 mm，抬起高度不得超过 50 mm，两台起道器要同起同落。

c. 无缝线路地段垫砟作业的轨温条件，直线或半径不小于 600 m 的曲线为实际锁定轨温 – 15 °C ~ 10 °C，半径小于 600 m 的曲线为实际锁定轨温 5 °C ~ 10 °C。在日常轨温高于实际锁定轨温 25 °C 的季节，不宜进行垫砟作业。

d. 垫砟作业每撬长度不得超过 6 根轨枕，并随垫随填，夯实遭床。

e. 作业中来车前一撬垫不完时，应迅速用垫板顺坡，在延长 18 m 范围内，不得同时有两组进行垫砟。

f. 采取垫砟和垫板相结合方法找小坑作业，使用调高垫板规格尺寸应符合规定，长度为 185 mm，宽度比轨底窄 2 mm，厚度分为 2、3、4、7、10、11 mm 6 种。

g. 调高垫板应垫在轨底与橡胶垫板之间，每处调高垫板不得超过 2 块，总厚度不得超过 10 mm。使用调高扣件的混凝土枕、混凝土宽枕和整体道床，每处调高垫板不得超过 3 块，总厚度不得超过 25 mm（大调高量扣件除外）。

h. 工人的垫砟技术、使用的垫砟工具和垫砟材质，必须经段指派人员检查和鉴定确属合格。起道器操作手经过考试合格方准垫砟。

⑤ 技术要求。

a. 采用垫砟找小坑时，应在钢轨两侧各 450 mm 范围内均匀垫平道床，靠近垫砟范围的枕下道床，应填充饱满。

b. 水平、三角坑、高低和空吊板率的容许误差，应符合《修规》的有关规定。

（4）道床捣固作业。

① 作业范围。

a. 捣实线路轨道水平、三角坑及纵向高低超限处所道床。

b. 整治线路暗坑、吊板和低接头等病害。

c. 抬高线路、破底清筛道床和进行线路综合维修捣实枕底道床。

d. 更换轨枕、拨道量超过 40 mm、方正轨枕超过 50 mm 以及进行其他影响轨枕底道床坚实的作业。

② 作业条件。

a. 配合起道时，按起道作业条件设置防护。一般消灭空吊板时，由工班长或由段批准、经过考试合格的人员负责，区间设置作业标防护。

b. 混凝土枕无缝线路扒道床作业，应按照《修规》规定的作业轨温条件，掌握扒开道床的长度。

c. 普通线路 25 m 钢轨地段，轨温超过 30 °C 时，每次连续扒开道床不得超过 50 m。

③ 作业程序。

a. 调查划撬。一般消灭空吊板时，划好捣固撬和轻重捣固符号。符合重点起道时，按起道作业调查划清符号。

b. 起出防爬支撑。起出影响捣固作业的防爬支撑。

c. 扒右手镐窝。先按孔扒好外口，再扒里口，投好轨底，将投至外口的道砟进行清理，据起道高度保持适当留砟量。

d. 压打道钉和拧紧扣件。先按计划撤除找平用的垫板，后压打道钉，再调整胶垫和拧紧扣件。配合起道时，在起道前应做好这项工作。

e. 右手镐捣固。配合起道后，两人一组，在钢轨两侧打对面镐，如两股钢轨均需捣固，则两组同捣一根轨枕，同起同落。捣固时打排镐，先由轨底处向外排镐，再由外排向轨底，落镐点应在枕底面 10 ~ 20 mm 以下。

f. 左手镐扒窝捣固。比照扒右手镐窝的做法，扒好左手镐窝，同时埋好右手镐窝。比照打右手镐的做法，打左手镐。

g. 回检找细。在打完右手镐以后，对水平、高低和空吊板情况，要进行一次中间检查，进行必要的找细整修。捣固结束后，要全面检查水平、高低和空吊板情况，全面进行找细整修。

h. 回填整理道床。安装防爬支撑后，凹填左手镐窝，全面整理道床，夯拍坚实。

④ 作业要求。

a. 按要求扒好捣固镐窝，镐窝长度 400 ~ 450 mm，宽度距轨枕侧面不小于 100 mm 镐窝深度，不起道时至枕底面下 10 ~ 20 mm，起道量不超过 10 mm 时与枕底面平，起道量超过 10 mm 时，枕底面以上预留道砟厚度为起道量的 2 倍。

b. 如起到量较大或轨枕盒内道砟较少，在既保证镐窝标准，又保证按规定堆砟不侵入限界的条件下，可采取将左、右手镐窝同时一次扒好的做法。

c. 道镐捣固的操作要领，前脚放在捣固的轨枕上，脚尖不得伸出轨枕边缘，后脚在轨枕盒内，脚尖不要深入轨底。镐要举正，举镐时前手必须向镐把中央移动，举起后挺胸直立，落镐应目视落镐点，用力打下，握紧镐把，用力向后带镐，将石砟闷住。举镐高度，左手略与下颚齐，右手自然上伸，镐的中心不超过头顶。

d. 镐数与镐序。起道量小于 5 mm 时打 16 镐，起道量 6 ~ 14 mm 时打 18 镐，起道量 15 ~ 20 mm 时，打 20 镐，起道量超过 20 mm 时打 22 镐。坑头、坑尾、小腰处适当减镐，坑底、接头和空吊板处要适当加镐，起道量过大时应先串镐或塞锹。打镐速度不宜过快，以每分钟 24 ~ 26 镐为宜。图 5.1 为镐序示意图。（a）为木枕排镐，（b）为混凝土枕排镐。

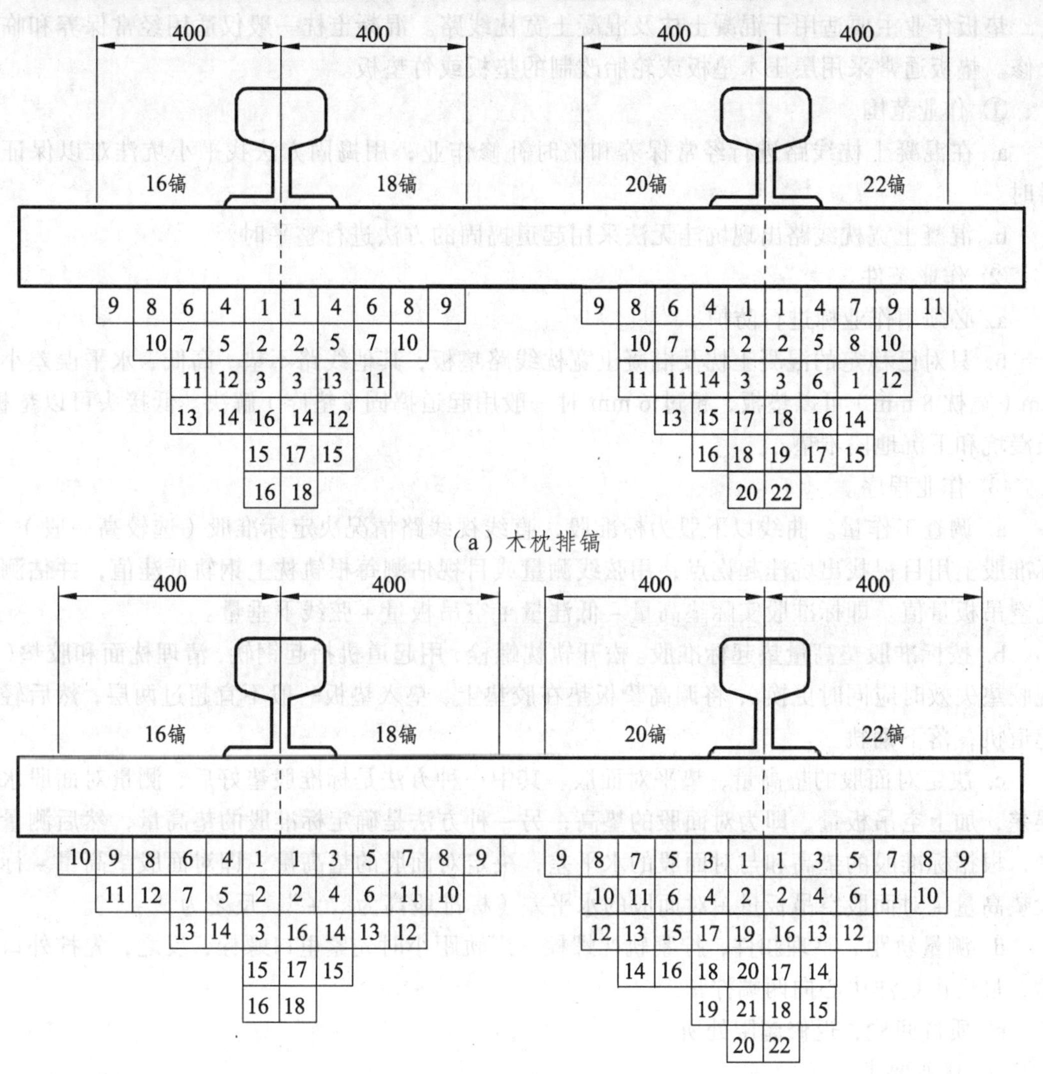

（b）混凝土枕排镐

图 5.1　镐序示意图（单位：mm）

e. 在起道量较大，轨枕下没有清砟而起道量又少，有暗坑吊板，轨枕方正量大，或在换入的新轨枕等处及在混凝土枕地段捣固时，捣固前应适应串镐，一般地段均不串镐。

f. 道镐捣固时，注意防止打伤轨枕、扣件、导接线和捆扎木枕的铁线等。混凝土枕地段落镐应较木枕捣固稍远，以防打坏枕底边棱。第一排镐应距枕底边 20 mm，镐与轨枕侧面夹角均为 40°。第二排镐适当拨些石砟，镐头还应低于枕底 20 ~ 30 mm，落镐高度约为 45°。

⑤ 技术要求。

a. 每个轨枕头打四面镐，每面捣固长度：木枕各不小于 400 mm；混凝土枕为 450 mm。

b. 枕下道床捣固密实，各轨枕间强度均匀。捣固后水平、三角坑、高低、空吊板率均符合《修规》的有关规定，不超过容许限度。

c. 道床回填平整，做到均匀、坚实、整齐，边坡一致，砟肩符合规定要求。

（5）垫板作业。

垫板作业主要适用于混凝土枕及混凝土宽枕线路。混凝土枕一般仅适用经常保养和临时补修。垫板通常采用层压木垫板或轮胎改制的垫板或竹垫板。

① 作业范围。

a. 在混凝土枕线路进行经常保养和临时补修作业，用捣固方法找平小坑洼难以保证质量时。

b. 混凝土宽枕线路出现坑洼无法采用起道捣固的方法进行整平时。

② 作业条件。

a. 必须用作业标进行防护。

b. 只对已稳定的混凝土枕及混凝土宽枕线路垫板，其他线路不垫。高低、水平误差小于6 m（宽枕 8 mm）可以垫板，超过 6 mm 时一般用起道捣固（垫砟）解决。低接头可以垫板，长漫坑和下沉地段不垫。

③ 作业程序。

a. 调查工作量。曲线以下股为标准股，直线视线路情况决定标准股（选较高一股）。在标准股上用目视找出坑洼起讫点，用弦线测量或目视估测每根轨枕上钢轨低洼值，并估测轨枕空吊板量值。即标准股实际垫高量 – 低洼量 + 空吊板量 + 弦线下垂量。

b. 按标准股垫高量垫起标准股。松开轨枕螺栓，用起道机抬起钢轨，清理枕面和胶垫（发现胶垫失效时应同时更换），将调高挚板垫在胶垫上，垫入垫板一般不宜超过两层，然后轻放起道机，落下钢轨。

c. 决定对面股的垫高量，垫平对面股。其中一种方法是标准股垫好后，测量对面股水平误差，加上空吊板量，即为对面股的垫高；另一种方法是确定标准股的垫高量，然后测量水平，根据标准股的垫高和与对面股的水平差，决定对面股的垫高量，即对面股垫高量 – 标准股垫高量 + 对面股空吊板量 ± 对面股的水平差（标准股高为“+”，反之为“–”）。

d. 测量轨距，整理扣件，拧紧轨枕螺栓。当轨距小时先紧里口螺栓，反之，先拧外口螺栓，最后由坑洼中心向两端拧紧。

e. 质量回检，返修超限处所。

④ 作业要求。

a. 一次连续松开轨枕螺栓不应超过 5 个，如设专人防护而两端视线又较好时，可以不超过 7 个。来车时，应每隔一根轨枕上紧轨枕螺栓。

b. 收工前，应对当天垫板处所的轨枕螺栓全面拧紧一遍。

c. 使用垫板调整轨平时，注意做到“三垫、三不垫”：

已稳定的混凝土枕及混凝土宽枕线路可垫，木枕线路不垫；

高低、水平误差小于 6 mm（宽枕为 8 mm）可以垫，超过误差不垫；

低接头可以垫，长漫洼和下沉地段不垫。

d. 垫板作业时要做到“三结合”：一结合更换和整正大小胶垫；二结合改正轨距；三结合矫正轨枕螺栓扭力矩。

e. 使用垫板作业整治接头病害时，对接头处两根轨枕上尽可能垫两层新胶垫，以增加弹性，减小振动。整治低接头时，应注意做好两端顺坡，以防止产生高小腰。

f. 每千米垫入的垫板，不宜超过全数的 1/4，否则应抽板进行捣固。

⑤ 技术要求。

a. 调高垫板应垫在轨枕与轨下胶垫之间，一般情况下，每处调高垫板不得超过 2 块，总厚度不得超过 10 mm。使用调高扣件的混凝土枕、混凝土宽枕和整体道床，每处调高垫板不得超过 3 块，总厚度不得超过 25 mm（大调高量扣件除外）。

b. 垫板位置正确。无偏斜，无串动。

c. 轨枕扣件无“三不密”现象。轨枕螺栓扭矩要求扣板（弹片）扣件为 80 ~ 140 N · m，弹条扣件为 80 ~ 150 N · m。

3. 拨道作业

校正线路平面位置时，将轨枕和钢轨一起横向移动至准确位置的作业称为拨道。在线路维修和大中修整理作业中，在直线地段拨直线路轨向，曲线地段按计算出的拨道量拨顺曲线轨向。

（1）直线拨道作业。

① 作业范围。

a. 在线路养护维修中，有计划地调整线路平面时直线部分的拨动。

b. 根据季节特点和线路变化情况，进行春季全面拨道。

c. 直线方向超限处所，进行临时补修时重点拨道。

② 作业条件。

a. 根据拨道量大小（线路拨道，一次拨道量超过 100 mm），办理封锁慢行施工作业手续，同时按规定指定专人担任施工作业负责人。

b. 利用列车间隔时间作业，一次拨道量不超过 40 mm 时，工班长负责，区间设置作业标防护。

c. 无缝线路的拨道作业，应按《修规》规定的作业轨温条件执行。

③ 作业程序。

a. 调查准备。

对要拨正的线路应事先做好调查，确定拨道量，按照《修规》规定，根据拨道量确定防护办法。根据拨道量大小确定拨正步骤，以方向较好的一股为标准股，两股方向大致相同时，以左股为标准股。确定每次列车间隔内的拨道量和长度，拨道量大于 20 mm 时，应先粗拨，捣固后再细拨。

b. 扒松道床。

拨道前根据需要将枕端道床扒开或刨松，拨动量大或道床坚硬时，应扒开拨道量所需的间隙，拆除影响拨道的防爬设备。在防爬支撑处，要把拨动方向前面的石砟扒开，同时压打道钉和拧紧扣件。

c. 粗拨道。

拨道负责人跨立在标准股上看道指挥，远处大方向看轨面光带，近处小方向看钢轨里口，向不动点目测穿直。拨道负责人用手势指挥拨道。使用撬棍时，两股人力大致相等，使用拨道器时，不少于前股两台、后股一台。拨道时在标准股上点撬。

d. 细拨道。

细拨道时与粗拨道程序相同。根据需要预留钢轨回弹量。

e. 整平夯实。

拨道后进行重点捣固，安装防爬设备，将扒出的石砟整平，将拨后离缝的一侧枕头石砟埋实夯好，将防爬支撑附近石砟整平，以保持拨后质量。由于拨道引起的其他作业，应整修到标准。

f. 回检验收。

拨道作业完成后进行回检，及时整修，对有关作业按技术标准要求进行验收。

④ 作业要求。

a. 持撬棍。作业小组每人拿一根撬棍，分为两组，分别在两股钢轨上进行拨道。握撬棍准备插入道床时，上手握在撬棍嘴一端，下手握在邻近重心处。

b. 插撬棍。插入撬根时。上身稍往前倾，将撬棍斜插至钢轨底下道床内，插入深度不少于 20 cm，撬棍插好后要轻试一下，看是否插牢。撬棍插入位置，应根据钢轨的弯曲情况决定，拨小弯时撬棍要插正集中，防止插偏或撬位过长，造成反撬。拨大弯时要一撬接一撬向前倒，每撬中间可隔 3 ~ 4 根轨枕孔。遇接头必须插撬，遇钢轨有特殊毛病时，要采取撬棍两拧紧的方法，用少数人在对面侧一端用撬棍迎着拨。

c. 拨道指挥。拨道负责人距拨道人员距离，当拨大甩弯时应在 100 m 左右，小拨时应在 50 m 左右，双腿跨在方向较好的钢轨上进行指挥。指挥者手势要及时、快速、准确。

拨接头时两手握拳，高举头顶相碰；拨大腰时两手高举头卜，食指与拇指张开，比成大圆弧状；拨小腰时两手放在胸前，两臂微曲，食指与拇指张开，比成小圆弧状；交叉拨拧反弯时，两臂在腹部交叉；一撬拨好，两臂平伸；进后退，单臂高举，手心向外作推动状为前进，手心向内做招呼状为返回；向左或向右拨动时，手臂向拨动方向一侧平伸，拨动大时挥动大，拨动小时挥动小；全部拨完或休息，右臂伸展画圆圈。

d. 拨动线路。拨道人员上手握住撬棍的一端，另一端相距 200 ~ 300 mm 握住撬棍，腰部挺直，前膝弯曲，身体略向拨道方向倾斜，眼看拨道负责人听口号，按照指示方向拨动。在拨道负责人这股钢轨最前面拿撬棍的人员，要负责在钢轨上点撬，当往回倒撬时，前面第一人将撬棍担在钢轨上轻轻拖着走，代替点撬。拨动时，指定一人负责喊口号，大家接号，以求用力一致。易拨时喊短号，难拨时喊长号，防止拨多反撬。拨正大方向应利用阴天或晴天的早晚时间，背向阳光指挥拨道。

e. 用液压拨道器拨道时，拨道器不少于 3 台，前 2 后 1，呈三角形排列。

⑤ 技术要求。

a. 直线拨正后线路方向目视顺直，无甩弯。

b. 用 10 m 弦测量直线地段轨向容许误差，符合《修规》具体规定。

c. 由于拨道引起的有关项目变化，必须及时整修，达到各单项技术作业标准的要求。

（2）曲线拨道作业。

① 作业范围。

a. 在线路养护维修中，有计划地调整线路平面时曲线部分的拨动。

b. 根据季节特点和线路变化情况，进行春秋季全面拨正曲线方向。

c. 曲线方向超限处所，进行临时补修时重点拨道。

② 作业条件。

a. 根据拨道量大小，按规定办理封锁慢行施工作业手续，同时按规定指定专人担任施工作业负责人。

b. 利用列车间隔时间作业，一次拨道量不超过 40 mm 时，可由工班长负责，区间设置作业标防护。

c. 无缝线路的拨道作业，应按《修规》规定的作业轨温条件执行。

d. 拨道量较大时，应事先检算轨缝。轨温较高时，道床应充足。

③ 作业程序。

a. 调查准备。将两端直线方向先行拨正，消除曲线头尾的反弯或“鹅头”。视曲线方向明显不良时，应进行粗拨道，由曲线头尾往圆曲线挑压，达到目视基本圆顺。

明确测点位置，以直缓、缓直或直圆、圆直点为起点，沿外股钢轨用钢尺丈量或校核，每 10 m 为一个测点。直缓点前直线上的邻点定为测点 0 号，起点定为测点 1 号，以后顺序编号。曲线头尾位置不清时，可以任意点为起点设置测点。

b. 量取现场正矢。在无风天或风力较小时，用小钢板尺在钢轨踏面下 16 mm 处（有飞边时为飞边处）量取各测点现场正矢，每个曲线一般要测量 3 次，取平均值。

c. 拨道计算。用已测得的现场正矢进行拨道计算，算出各测点的拨道量。两曲线间直线段较短时与两曲线同时计算拨正。

d. 拨道前准备。先在曲线外侧打临时拨道桩。确定每次列车间隔时间内的拨道量和长度，拨道量大于 20 mm 时，应先粗拨，捣固后再细拨。根据需要，将枕端道床扒开或刨松，拆除影响拨道的防爬设备，压打道钉和拧紧扣件。

e. 拨道。设专人在拨道桩外用尺控制拨道量。拨道负责人站在 40 ~ 50 m 以外曲线外侧道床上，目测各测点及各测点间方向，用手势指挥拨道。使用撬棍时，两股钢轨人力大致相等，使用拨道器时，不少于前股 2 台、后股 1 台，呈三角形排列。

f. 整平夯实。拨道后进行重点捣固，安装防爬设备，将扒出的石砟整平，将拨后离缝一侧的枕头石砟埋好夯实，整平防爬支撑附近石砟。由于拨道引起的其他作业，应整修到标准。

g. 回检验收。拨道作业完成后进行回检，及时整修，按各项作业技术标准要求进行验收。

④ 作业要求。

a. 看道。以曲线上股为基本股，拨道负责人可站在上股外侧指挥，指定专人用尺测量拨道量，以拨道桩处拨道量为控制点进行顺撬。拨道量大时，应分次拨道，先粗拨，后细拨，并据经验预留回弹量。指挥手势一般是：

远离去，右臂屈举于右肩前，手掌向前，然后右臂平伸向前推去。

靠近来，右臂向前平伸，手掌向上，然后屈臂向后招来。

拨接头，屈举两臂，两手握拳于头上相碰。

拨大腰，两臂微曲，两手张开，在头上比成大圆形。

拨小腰，两臂弯曲，两手张开，在胸前比成小圆形。

向左拨，左臂向左平伸。

向右拨，右臂向右平伸。

交叉拨，两臂在体前交叉。

用力拨，两臂下垂，在体前向拨动方向快速摆动。

停止拨道，两臂左右平伸。

拨道结束，右臂划大圆圈。

b. 持撬棍。作业小组每人拿一根撬棍，分为两组，分别在两股钢轨上进行拨道。握撬棍准备插入道床时，上手握在撬棍嘴一端，下手握在邻近重心处。

c. 插撬棍。插入撬棍时，上身稍往前倾，将撬棍斜插到钢轨底下道床内，插入深度不少于 20 cm，撬棍插好后要轻试一下，看是否插牢。撬棍插入位置，应根据钢轨的弯曲情况而定，一般可间隔 3 ~ 4 根轨枕孔。遇接头必须插撬，遇钢轨有特殊毛病时，要采取撬棍两拧紧的方法进行拨正。

d. 拨动线路，同直线拨道。

e. 现场正矢与计划正矢的闭合差很大，达不到技术要求的规定时，一般应按头尾位置不清的曲线进行调整计算。拨道计算时，可用调整计划正矢法、调整正矢差累计法或调整半拨量法。三种方法原理一致，计算结果相同后可算出拨道量和拨后正矢。计算时，宜为减少拨道量而大量调整计划正矢，现场正矢合计应与曲线履历表中正矢合计基本相等，两者之差一般应不超过$2\sqrt{m}$（m为测点数）。

f. 曲线局部方向不良时，可利用拉绳简易计算法进行个别调整，但调整后需复查拨动点与前后邻点的正矢。

g. 用液压拨道器拨道时，拨道器不少于 3 台，前 2 后 1，呈三角形排列。

⑤ 技术要求。

a. 用 20 m 测量正矢，其误差不得超过《修规》线路轨道几何尺寸容许偏差管理值的规定。

b. 为保证拨后曲线圆顺，在进行拨道计算时，计划的拨后正矢，一般不得超过拨后正矢误差限度的 1/3。

c. 在复曲线大小半径连接处，现场正矢与计算正矢的容许差，按大半径曲线规定办理。缓和曲线与直线连接处不得有反弯或“鹅头”。

d. 由于拨道引起的有关项目变化，必须及时整修，达到各单项技术作业标准的要求。

4. 改道作业

直线以左股为标准股，也可任选一股为标准股，曲线以上股为标准股。按规定的轨距值改动另一股钢轨位置的作业称为改道。

（1）木枕改道及打道钉。

① 作业范围。

a. 木枕地段改正超限或接近超限的轨距及其变化率。

b. 改正轨道上出现的小方向。

c. 消除浮离不良道钉，使用垫板整治冻害以及其他起拔道钉作业。

② 作业条件。

a. 木枕改道及打道钉作业由工班长或由段、队批准经过考试合格的人员负责，区间设置作业标防护士。

b. 瞭望条件不良及大站场改道时，应设专人防护。

③ 作业程序。

a. 计划准备。改道负责人要校正轨距尺，确定标准股与划撬，直线以方向好的一股为标准股，改正对面股，曲线以上股为标准股，改正下股。同时改正小方向时，先改正标准股。标准股确定以后，量轨距，在需改动处所划好撬。清扫砂石泥土，削平影响改道的枕面，清除木屑。

b. 起拔道钉。利用撬棍和起钉垫，将道钉垂直拔出，放在枕面上，先起铁垫板与本枕的联结道钉，后起钢轨里外口的道钉。

c. 整修钉孔。对不直不正的道钉孔应用整孔凿子修整，整孔深度约 100 mm，如有折断的钉梗，用打入器打下。

d. 整直道钉。用直钉器整直弯曲的道钉，将直钉器顺着木枕盒放在平整的道床上，弯钉凸面向上，钉帽对着直钉人，用打闷钉的方法直钉。

e. 改正轨距。拨撬同时量轨距，整正铁垫板，并使其外棱靠贴轨底，插入道钉孔木片，钉孔持钉力不足或改道量超过 5 mm 时，应用经过防腐处理的木塞，每边比道钉大 1 ~ 2 mm，打入旧孔，重新钻孔。

f. 打道钉。钢轨里外口道钉的钉尖离开轨底 8 mm，垂直栽钉，然后垂直打入。改完一撬后，复查轨距，补打铁垫板与木枕的联结道钉。通过列车后，复打道钉。

④ 作业要求。

a. 起道钉时要用三起三垫的方法，弯曲道钉要用直钉器打直，磨耗严重的道钉要更换，钉孔要插入钉孔木片。

b. 歪斜钉孔要用钉孔凿子修整，钉孔前俯时，刀刃直面要靠在钉孔内侧，后仰时靠在钉孔外侧。

c. 改动轨距前，栽钉前要使用改道器拉动钢轨，不得用锤镐归打，或用撬棍逼钉或移动钢轨。

d. 注意打钉质量，举锤落锤姿势要符合要求，第一锤要轻，中间几锤要重，打稳打准，最后一锤闷打，防止打离道钉和打伤轨底。发现道钉不良，或轨距不合要求时，要拔出道钉重打。

⑤ 技术要求。

a. 正线到发线、其他站线的轨距、轨距变化率、轨向容许误差，应符合《修规》的有关具体规定。

b. 持钉力强，无严重磨耗、弯曲和伤损的道钉，大于 2 mm 的浮离道钉符合《修规》的具体规定。

c. 按照钉道钉的规定，钉足应打的道钉，铁垫板与木枕的联结道钉必须钉足，半径 800 m 及以下的曲线连同缓和曲线上钉足 5 个道钉。

（2）混凝土枕改道及组装扣件。

① 作业范围。

a. 混凝土枕地段改正超限或接近超限的轨距及变化率。

b. 改正轨道上出现的小方向。

c. 消除“三不密”扣件，用垫片整正线路水平、高低，整修扣件，以及其他有关松卸与组装扣件作业。

② 作业条件。

a. 混凝土枕改道及组装扣件作业间设置作业标防护由工班长或由段、队批准经过考试合格的人员负责。

b. 瞭望条件不良及大站场改道时应设专人防护。

③ 作业程序。

a. 调查划撬。用轨距尺详细检查轨距，一般每隔 4 ~ 5 根轨枕检查一处，对轨距超限和变化率不良处所，在轨底内侧用符号划出撬长，按轨号记录工作量。

b. 调换扣板或轨距挡板。调换标准股扣板或轨距挡板，调整或同时更换大小胶垫，使各有关部分互相靠贴，调换时防止挤动钢轨。

c. 改正对面股。卸掉改道范围内里外口螺帽，调换扣板或轨距挡板，按先外口后里口的顺序将轨距改好，使各有关部分互相靠贴。

d. 拧紧螺栓帽。安装垫圈螺帽，先用扭矩扳手试拧，用力在 80 ~ 140 N · m 范围，各人对照出用力程度，然后各自掌握。改道处所的扣件螺栓，当天下班前应进行一次复紧。

e. 回检找细。检查轨距与扣件状态，复拧螺栓，使扭力矩达 80 ~ 140 N · m，弹条扣件前端下须与轨距挡板靠贴，缝隙不超过 2 mm。对当天改道处所，收工前按标准进行回检找细。

④ 作业要求。

a. 调查划撬时，先确定标准股，直线以方向较好的一股为标准股，改正对面股；曲线以外股为标准股，改正里股。同时改正小方向时，先改正标准股。

b. 如轨枕中心位置不对，应先安排串动轨枕。如有轨枕扣板号码无法调整时，也可串动轨枕。

c. 改道负责人应距一根钢轨左右查看划擒处所的方向，最后确定基本股、改道方向和改道范围。如基本股有少量碎弯时，应首先改好基本股。

d. 改道负责人穿顺方向后改道，用改道器拉动钢轨，量好轨距，调整非改动方向侧的扣板，调好后拆下改道器。

e. 结合改道作业，应更换整正伤损歪斜的小胶垫。不得盲目提高扣件扭力矩。

f. 不得以道钉锤敲打扣板，不得以螺栓为支点撬动钢轨，不得以挡肩为支点挤动螺栓。

g. 应抽样检查轨距挡板的几何尺寸，防止使用不合标准的扣板。

h. 改道作业前，应检查校正量具，不得使用误差超过标准的轨距尺。

⑤ 技术要求。

a. 作业后线路轨距、轨距变化率、轨向容许误差、轨枕螺栓、扣件扭力矩应符合《修规》的有关具体规定。

b. 各种型号的扣件不得混杂使用，接头、中间和加宽的扣件应正确使用。

c. 扣件位置正确，大小胶垫无缺损，扣件或轨距挡板与轨底、扣件与铁座、铁座与小胶垫互相靠贴。调整垫片应使用规定的铁垫片，位置正确。

5. 手工成段更换钢轨

（1）作业范围。

① 对钢轨磨耗超限，成段擦伤，轻老杂轨状态不良有计划地成段更换和线路上同类型或不同类型的钢轨。

② 成段倒换直线与曲线，隧道内与隧道外钢轨。

③ 由于其他原因需成段更换钢轨。

（2）作业条件。

① 根据成段更换钢轨一次更换数量，办理封锁施工作业手续，同时根据《安规》规定指

定专人担任施工作业负责人。

② 不限速放行列车时，每个接头至少上紧4个螺栓，每端2个，每根木枕包括桥枕上钢轨里外口各钉好一个道钉，混凝土枕上拧紧扣件。

③ 减速放行列车时，每个接头至少上紧4个螺栓。除半径小于800 m曲线地段和接头2根轨枕包括桥枕上应钉齐或上齐外，准许每隔一根钉一根或每隔两根上紧一根。允许拆除影响施工的一段护轨。

④ 成段更换每根长度为25 m的标准钢轨，在准备作业联结钢轨和基本作业更换钢轨时，作业轨温的限制范围按《修规》规定办理。

（3）作业程序。

① 丈量钢轨长度。用钢尺丈量换轨地段的总长度，逐根丈量准备换入的钢轨长度，将长度公差数标记在一端腹部，并检查钢轨有无伤损或病害。对再用轨还应检查轨端断面情况，高度差与磨耗量较大者应标记差数，以便统一安排。

② 整治钢轨病害、矫直钢轨硬弯及整治其他钢轨病害，未经整治者应剔出不上道。

③ 计算配轨。根据旧轨总长确定使用新轨根数，算出设置轨缝和轨缝总量，按照新轨正负误差，进行上下股配对编号，分股累计出新轨实际总长度，计算合龙轨长度。同时计算出所需曲线缩短轨根数及布置位置，如为错接接头，则计算出插入短轨长度。

④ 散布钢轨。按事先计划的配对编号顺序，装运钢轨散布在轨道两侧道床肩上，同时考虑散布常备轨，散布联结配件。计划曲线钢轨时，按曲线半径、长度适当划分联轨轨组，计算出各轨组间的空头和搭头。

⑤ 连接钢轨。连接钢轨时，先将散置钢轨抬至应摆放位置，用撬棍纵向拨动钢轨，同时用轨缝尺或硬木模插入轨缝，使其达到计算轨缝值。然后安装夹板，上齐螺栓，并同时对螺栓涂油。曲线里股或其他插入短轨，应先锯断、钻孔，并联结在轨组上。联结好的钢轨组，两端应安装木梭头，并内外口各打一个道钉固定，中间适当打钉固定。

⑥ 清理枕面。清除枕面上冰、雪、砂土等杂物，木枕地段更换不同类型钢轨和换入新垫板时应事先削平。对新旧轨长度再丈量一次，并用方尺核对接轨点的新轨是否相对。

⑦ 松卸配件。在计划拆开接头处，卸下第2、5位螺栓，对其余螺栓每次卸下一个加垫垫圈然后再重新拧紧，同时涂油、更换不良螺栓和垫圈。将拆下的防爬器和轨距杆放置适当地点。每个木枕头上内外口各松动一个道钉再打紧，其余道钉应起掉，混凝土枕地段的扣件，应全部涂油再上紧。遇有道口等有碍换轨作业的设备时，应临时拆除。

⑧ 拆开接头。确认承认的封锁时间，按规定设置停车信号防护后，将次换轨两端接轨点接头及曲线下股需要拆开的接头螺栓、夹板全部卸掉。

⑨ 起冒道钉。更换同类型钢轨时，如准备换入的钢轨放在轨道外侧，则起下外口道钉，冒起里口道钉混凝土枕地段，根据扣件类型，卸下或松开转动扣件。更换不同类型钢轨时，起下全部道钉下全部扣件。

⑩ 拨出原来的钢轨至轨道外侧。在混凝土枕线路上拨出钢轨以前应逐段用起道器将钢轨起高垫以木枕头，或戴上塑料套，以免碰伤轨枕螺栓，然后将轨拨出。

⑪ 撤除与安设铁垫板。更换不同类型钢轨时，撤除原来的铁垫板，用经过防腐处理的方木塞将道钉孔堵死换入的铁垫板。

⑫ 拨进待换入钢轨。将待换入的新轨或再用轨拨至旧轨处应有位置。

⑬ 安装夹板。安装夹板，用螺栓把尖部将螺栓孔串正对齐，穿入和拧紧 4 个螺栓。

⑭ 钉道。木枕地段先穿好方向，摆正铁垫板，钉好基本股，将轨靠紧冒起的道钉杆，打下冒起的道钉，钉好钢轨另一侧道钉，然后用道尺量轨距钉好对面股。混凝土枕地段，同时上好两股扣件。开通线路慢行时，除接头及半径 800 m 以下曲线外，准许每隔一根钉一根或每隔两根上紧一根。

⑮ 补齐配件。确认线路具备开通条件，撤除停车防护信号，通知车站开通线路，如限速时按规定设置减速信号防护。将接头螺栓补齐拧紧，不良零件应进行更换。拨正不良方向，改正不良轨距，在恢复正常速度前，安装轨撑，补齐钢轨里外口各一个道钉，上齐扣件。补齐其他道钉，逐个起出原冒起的道钉，插道钉孔木片，将道钉钉好。将防爬器及轨距杆安装好，损坏缺少的，应更换补充。

⑯ 回检整理。列车通过后，检查轨道整修不良处所，复打道钉，复拧接头螺栓和扣件螺栓。方正接头轨枕，全面捣固接头，对方正的轨枕 2 ~ 5 天内应安排一次捣固。

线路恢复到正常状态以后，按计划撤除减速信号。整理换下的材料，零散材料当日收回，旧轨拆卸后运到存放地点。

（4）作业要求。

① 在曲线上换轨时应分组联结，摆放位置要有空头和搭头。

② 联结钢轨后，对接轨点两端轨缝进行调查，必要时应进行调整以防拆开接头后钢轨胀缩影响接轨。

③ 在轨道电路或电气化地段换轨时，应通知有关部门配合完成相关作业。

④ 测量轨温与计算轨缝，每日在联结钢轨作业过程中如作业时间较长或轨温变化较大，应增加测量轨温与计算轨缝次数，按实测轨温设置轨缝。

⑤ 钢轨组要放置稳定，不得侵入机车车辆限界，符合《安规》规定的放置要求。

⑥ 如准备换入的钢轨放在轨道外侧时，则将换出的钢轨由准备换入的钢轨上拨出去。

⑦ 严禁用氧乙炔焰切割钢轨和吹烧螺栓孔，不得在未锯断钢轨前将钢轨摔断或打断。

⑧ 联结钢轨时必须按实测轨温设置轨缝，不准在轨缝内插入木片。联结钢轨的接头螺栓不宜拧紧，使每根钢轨能比较自由地伸缩，避免轨组长度发生较大变化。在更换钢轨前，再将接头螺栓拧紧。

⑨ 更换不同类型钢轨时，在木枕地段可根据需要在标准股上设置方向钉，以控制换入钢轨的方向，确定标准股时，在直线与曲线上应为同一股钢轨，避免曲线头尾方向不良。

⑩ 异型接头处须做好顺坡，并加强捣固消灭空吊板，异型接头不得设在曲线上。

⑪ 钢轨组应在接近更换钢轨前几天联结，在线路上放置时间不宜过长。

（5）技术要求。

① 换入的钢轨必须确认无重伤，钢轨硬弯应在上道前调直。

② 相邻钢轨的断面应基本一致，上下及内侧错牙在正线及到发线上不超过 1 mm，在其他线上不超过 2 mm。

③ 接头应相对，对接接头地段，除曲线缩短轨及调整缩短量者外，应选长度公差基本相同的钢轨配对使用，每对钢轨的相差量不得大于 3 mm。相差量应前后左右调整抵消，在两股钢轨上累计相差量不得大于 15 mm。错接接头地段，相错量不得小于 3 mm。

④ 下列位置不应有钢轨接头，否则应将其焊接或冻结。

a. 明桥面小桥的全桥范围内。

b. 钢梁端部、拱桥温度伸缩缝和拱顶等处前后各 2 m 范围内。

c. 设有温度调节器的钢梁的温度跨度范围内。

d. 钢梁的横梁顶上。

e. 平交道口范围内。

⑤ 个别插入短轨的长度，在正线上不得短于 6 m，在站线上不得短于 4.5 m。如在道岔后插入短轨时，应隔一根整轨再插入短轨。

⑥ 换入的钢轨如需截断和钻孔，必须全断面垂直锯断，用钢轨钻按标准钻孔并倒角。

⑦ 准备作业联结钢轨时，按轨温计算设置轨缝。更换钢轨后轨缝均匀，不得有超过规定的大缝和连续 3 个及以上瞎缝。

⑧ 轨道几何尺寸、联结零件及扣件等，符合有关单项技术作业标准。

6. 手工单根更换钢轨

（1）作业范围。

① 线路上发生断轨和重伤钢轨。

② 有计划地更换轻伤钢轨。

③ 由于其他原因需单根更换钢轨。

（2）作业条件。

① 办理封锁施工手续，由不低于工长的人员负责。

② 放行列车时，每个接头至少上紧 4 个螺栓，每端 2 个，每根木枕头包括桥枕上钢轨里外口各钉好一个道钉，混凝土枕上齐扣件。

（3）作业程序。

① 检查准备。检查准备换入的钢轨有无伤损，长度是否与计划相符，实际断面是否符合要求。检查换轨处前后各不少于 5 节钢轨，如轨缝不正常应事先调整。检查轨距及小方向，在需要改道处所划好撬。

② 运放钢轨。将准备换入的钢轨运至换轨处轨枕头外的道床上，钢轨应放置稳定，不得侵入机车车辆限界。

③ 松卸配件。清除冰、雪、砂土等杂物。逐个敲打道钉和拧动扣件。卸下接头处第 2、5 位螺栓，对其余螺栓或四孔夹板的 4 个螺栓，每次卸下一个并加垫圈重新拧紧。同时涂油与更换不良螺栓和垫圈。木枕地段在钢轨里口有两个道钉时，应先起下一个。拆除防爬器、轨距杆或轨撑。

④ 卸开接头。确认承认的施工时间，按《安规》规定设置停车信号防护后，卸下接头螺栓和夹板，同时检查夹板。

⑤ 全面起冒道钉或松卸扣件。准备换入的钢轨放在轨道外侧，起下外口和需要改小轨距处所的里口道钉，冒起里口其他道钉。在混凝土枕地段，根据扣件类型，卸下或松开扣件。

⑥ 拨出旧轨，拨进待换入钢轨。将待换出的钢轨拨至轨道外侧。在混凝土枕地段，先将钢轨起高，再拨出钢轨，避免碰伤螺栓。如准备换入的钢轨放在轨道外侧时，则将待换出的钢轨由准备换入的钢轨上翻拨出去。

⑦ 安装夹板，穿入和拧紧螺栓。

⑧ 钉道。插道钉孔木片，整正铁垫板，量好轨距，每个轨枕头里、外口各钉好一个道钉。上好扣件，拧紧螺栓。

⑨ 补齐配件。确认线路具备开通条件，撤除停车防护信号，通知车站开通线路。补齐并拧紧接头螺栓。补齐道钉，逐个起出原冒起的道钉，插道钉孔木片，将道钉打好。安装防爬器、轨距杆或轨撑。

⑩ 回检找细整理列车通过后，检查轨道，整修不良处所，复打道钉。做好旧轨料回收整理。

（4）作业要求。

① 摆放钢轨，外侧轨底至轨枕端部的距离不得小于 60 mm。混凝土枕地段要将新轨倒放在轨枕头上，不得侵入限界。

② 严禁用氧乙炔焰切割钢轨和吹烧螺栓孔，不得在未锯断钢轨前将钢轨摔断或打断。

③ 在有轨道电路或电气化地段换轨时，应通知有关人员配合完成相关作业。

④ 伤损和不良的零配件，应在换轨同时更换。

⑤ 铁垫板和胶垫必须摆正，防止轨底压上铁垫板凸棱和胶垫端棱串出。

（5）技术要求。

① 换入的钢轨必须确认无重伤。

② 换入的钢轨与线路上相邻钢轨的断面应基本一致，上下及内侧错牙在正线及到发线上不超过 1 mm，在其他线上不超过 2 mm。

③ 轨道几何尺寸、联结零件和扣件等，应符合有关单项技术作业标准的规定。

④ 换入的钢轨如需截断和钻孔，必须全断面垂直锯断，用钢轨钻按标准钻孔并倒角。

7. 调整轨缝作业

（1）作业范围。

适用于部分轨缝不均匀，连续 3 个及以上瞎缝，绝缘接头轨缝超过 5 ~ 15 mm 范围，拆开接头的方法进行调整。

（2）作业条件。

① 用电话或对讲机联系，由工长负责，掌握列车运行情况，利用列车间隔时间作业，用停车手信号防护，放行列车或单机时不限速。

② 列车通过时，每个接头上紧 4 个螺栓，每端 2 个，全部压打冒起的道钉或拧紧松动的扣件。

（3）作业程序。

① 调查轨缝。用轨缝尺，由轨头工作面一侧横向插入，测量轨缝尺寸，做好记录。

② 安排计划。根据作业量及列车间隔情况，做好作业安排。检查轨缝调整器。

③ 松开配件。打松影响钢轨串动的防爬器，松开轨距杆，冒起道钉和松动扣件，拧松接头螺栓和松动夹板。

④ 按计划串动钢轨。

⑤ 紧固配件。拧紧接头螺栓，压打道钉和拧紧扣件螺栓，安装防爬器，上紧轨距杆。

⑥ 回检整修。按作业标准检查，对不合格处所进行整修。通过列车后，复拧螺栓及其他找细整修。

（4）作业要求。

① 不得用撞击夹板的方法调整轨缝。

② 最高、最低轨温差大于 85 °C 地区的 25 m 钢轨地段，一般应在夏前和冬前调整轨缝，通过放散钢轨温度力，将轨缝调整均匀，避免在炎热季节过早出现瞎缝，在严寒季节过早出现大轨缝。

③ 与电务有关时，通知电务人员配合。

④ 用轨缝调整器，逐个接头串动钢轨，将预制的硬木片，从外口侧面塞入缝内。

⑤ 调整轨缝可流水作业，按工作前进方向，第一组在前边松动零件，第二组在中间串动钢轨，第三组在后边上紧各部零件。

（5）技术要求。

① 轨缝均匀，无瞎缝，无大轨缝。

② 接头螺栓扭力矩按《修规》的具体规定执行。

③ 由调整轨缝引起的有关项目，符合各单项技术作业标准。

8. 单根更换木枕作业

（1）作业范围。

线路上铺设的木枕达到《修规》规定的失效标准，有计划地更换失效的或其他需要更换的木枕。

（2）作业条件。

① 单根更换木枕由工班长或由段、队批准经过考试合格的人员负责，区间设置作业标防护。

② 按规定要求放行列车，来车穿不进木枕时，允许每隔 6 根木枕有一根不穿入。

③ 劈裂的新木枕，更换前应经过捆扎或钉组钉板处理。

④ 与电务有关时，应执行相应的规定要求。

（3）作业程序。

① 预钻道钉孔和捆头。在工区或现场，对新木枕进行捆扎或钉组钉板处理，预先钻好一端道钉孔，亦可用定位模具同时钻好全部道钉孔。

② 散布木枕。根据工长事先调查画好的符号，将木枕合理散布到应有的位置，直线地段散布在作业方便的一侧，曲线地段散布在曲线下股一侧。

③ 拆除防爬设备。遇有防爬设备或轨距杆影响作业时，应事先拆除后，妥善保管，以便安装。

④ 扒砟。扒开一端枕头和一侧枕盒内道床深度以能横移、抽出和穿入木枕为度。如碎石道床严重不洁，应同时进行清筛。

⑤ 起钉。起掉更换木枕上的所有道钉，起钉顺序：一为甲股钢轨外侧，二为乙股内侧，三为乙股外侧，四为甲股内侧，并卸下铁垫板，放在两侧木枕上以便使用。

⑥ 抽出旧枕。在扒砟时，将枕盒道床扒成略低于原来枕底面，其深度应较新木枕厚度深 20 ~ 30 mm，宽度为 280 mm 左右，整平底部垫床，两侧有斜坡，然后用撬棍将木枕拨到枕盒里，用木枕夹钳顺着扒开的道砟槽将旧枕稳稳抽出。

⑦ 穿入新枕。将钻好一端钉孔的新木枕用木枕夹钳穿入，安设铁垫板，拨正木枕位置，

钉好预先钻孔的道钉，看好轨距后钻孔，打好另一股道钉。

⑧ 捣固。要串好石砟，加强捣固，隔 2 ~ 5 天后再捣固一次。

⑨ 回填整理。捣固后将事先拆掉的防爬器、支撑、轨距杆等安装并达到标准，将换木枕扒出的散砟回填，整平道床顶面与边坡并夯实，清扫木枕面与钢轨上的石砟、泥土，按要求刻好木枕年号。

⑩ 回检验收。由施工领导人组织回检，及时整修，按标准组织自检、互检与验收，发现不合格当即返工重作。当日收工时应回收旧木枕等旧料，做到工完料净。

（4）作业要求。

① 扒砟应视爬行方向而定，要挖开与爬行方向相反的木枕孔石砟，在坡道上时应挖开上坡侧，在双线上应挖开与列车运行方向相反的枕孔，扒开第一个木枕孔石砟时应选择有利条件挖开一侧木枕头石砟，曲线地段要在下股扒开石砟。

② 扒砟深度要考虑木枕削平深度等，以不妨碍木枕抽出穿入为度，不得用撬钢轨、垫道钉、铁垫板及锤击木枕等图省事的方法放入木枕。在扒砟时如道床含土量多，应同时予以清筛。

③ 在工区或现场预钻道钉孔，应使用直径为 12 ~ 12.5 mm 的木钻，钻孔深度为 100 ~ 130 mm。

④ 抽换出的旧木枕，要底面朝上，放于路肩上，以便干燥后运回工区。

⑤ 穿入新枕，打钉时一人撬起木枕，一人打道钉，如多人分层作业时，可先捣固后专人打钉。对不良道钉要先直后打。

⑥ 散布木枕时注意不要甩坏木枕，不要打坏线桥标志和信号等设备不得用撬棍、尖镐、道钉锤等损伤新、旧木枕。

（5）技术要求。

① 接头木枕应选用材质优良、尺寸标准的新木枕，且两根同时更换，将能继续再用的木枕倒换到其他位置。

② 换入木枕要做到树心朝下，对断面不标准的木枕要大面朝下，圆棱朝上，爬棱木枕换在无防爬设备的位置，新木枕全部钻孔。

③ 换入新木枕，直线地段以左股对齐，曲线地段以上股对齐，间距误差和偏差不超过 50 mm。

④ 换后捣固坚实均匀，轨距、水平、高低、轨向等各项均符合验收标准有关规定，合理使用新旧木枕。

9. 单根更换混凝土枕

（1）作业范围。

线路上铺设的混凝土枕达到《修规》规定的失效标准时，应有计划地更换失效的或其他需要更换的混凝土枕。

（2）作业条件。

① 单根更换混凝土枕，由工班长或由段、队批准经过考试合格的人员负责，区间设置作业标防护。

② 认真执行《安规》放行列车条件的有关规定，来车穿不进轨枕时，允许每隔 6 根有 1 根不穿入。

③ 与电务有关时，必须通知电务人员配合作业。

（3）作业程序。

① 散布轨枕。将轨枕散布到更换位置附近，直线地段散布在作业方便的一侧，曲线地段一般散布在曲线下股一侧。

② 拆除防爬设备和轨距杆。遇有防爬设备时，拆除影响更换轨枕作业的防爬器、防爬支撑，拆除轨距杆。

③ 扒道床。扒开一端轨枕头和一侧轨枕盒内道床，深度以能横移、抽出和穿入轨枕为度。

④ 卸下扣件。卸下螺帽、垫圈、扣板或弹条、铁座、大小胶垫和防磨垫板、垫片等，集中存放在适当地点。

⑤ 抽出旧轨枕。将旧轨枕横向拨入扒开的轨枕盒内并放倒，用夹钳或绳索顺着道床槽将旧轨枕抽出，顺放在路肩上。

⑥ 整平枕底道床。整平原枕底道床，使其深度稍大于轨枕和胶垫的厚度，并留好中部凹槽。

⑦ 穿入新轨枕。将新轨枕放倒，用夹钳或绳索顺着道床槽将新轨枕穿入，立放并横拨至轨枕位置上。

⑧ 安装扣件。摆正轨枕位置，放好防磨垫板、胶垫，量好轨距，安好扣板或弹条、铁座，上好扣件。

⑨ 捣固。加填部分道砟，扒好另一侧镐窝，串砟捣实，打八面镐。

⑩ 安装防爬设备和轨距杆。把松移及拆下来的防爬器、防爬支撑和轨距杆按标准安设好。

⑪ 回检找细。全面检查，整修不良处所，列车通过后进行第二遍捣固，回填与整理好道床。

⑫ 整理料具。回收材料，将旧轨枕放在临时存放地点。

（4）作业要求。

① 扒道床时，应扒开与爬行方向相反一侧的轨枕孔道砟，将清砟混砟分开，混砟扔在路肩上。对含土量较多的道砟，要结合进行清筛。

② 枕底道床清理深度较原枕底面低 20 mm 左右，宽度为 300 mm 左右，枕底的不洁道砟挖出放在路肩上。

③ 抽出旧枕和拨入新枕，以四人为一组进行，将新枕用抬杠抬起，对准扒开清理好的枕盒，用绳索套拉穿入拨正。

④ 捣固前先回填部分道砟至枕底平，中部枕盒应低于枕底 20 mm，然后在钢轨两侧各 450 mm 范围内串砟进行八面捣固，做到均匀拌镐，紧密坚实。当天收工进行第二遍捣固，根据列车密度，在 2 ~ 5 日内再安排进行一次复捣，同时复拧螺栓。

⑤ 装卸、运搬、更换轨枕时，防止损伤轨枕及螺栓。

（5）技术要求。

① 轨枕应与轨道中心线垂直，位置正确，间距误差和偏斜不超过 20 mm。

② Ⅰ型轨枕中部道床凹槽应低于枕底 20 ~ 40 mm，凹下部分长度为 200 ~ 400 mm。Ⅱ、Ⅲ型混凝土枕中部道床可不掏空，但应保持疏松。

③ 轨道几何尺寸及扣件、道床、防爬设备等应符合各有关单项技术作业标准。

10. 道岔各部件的更换作业

（1）更换尖轨。

① 作业范围。单根更换伤损及其他不良的尖轨。

② 作业条件。办理封锁施工手续，利用列车间隔时间施工，设置移动停车信号防护，放行列车或单机时不限速，由工长负责作业。

③ 作业程序。

a. 检查换入尖轨的状态，类型尺寸，各螺栓孔位置、孔径，同时检查原有基本轨状态，尖轨跟端位置，滑床板变形情况，调查尖轨跟端基本轨前后轨缝，必要时先进行调整。

b. 到车站办理封锁施工手续，确认作业时间，通知电务人员配合作业，按《安规》规定设好防护。

c. 卸联结杆螺栓并除锈涂油。

d. 拆卸轨撑，防爬卡铁，尖轨跟端接头螺栓和夹板，将卸下的螺栓带上螺母，放在轨枕面上。

e. 移出旧尖轨，清除滑床板污垢。

f. 移入新尖轨，摆正位置。

g. 安好尖轨跟端螺栓，上好夹板。

h. 安装联结杆，拧紧联结螺栓，插上开口销。

i. 检查各部尺寸和零件，整修不良处所。

j. 与有关人员共同检查、试验，确认状态良好，尺寸符合技术要求后，通知车站开通道岔，撤除防护，清理现场，将换下的旧尖轨和配件运至适当地点存放或转移。

④ 作业要求。

a. 安装防爬卡铁、夹板，用螺丝把尖端将螺栓孔对齐串正，螺栓按涂油作业标准除锈涂抽使用双头螺栓时，应插上开口销子。

b. 如基本轨和配件需要更换时应同时更换或整修。

c. 不准用锤直接锤打螺纹端。

⑤ 技术要求。

a. 尖轨无拱腰、无旁弯，竖切部分与基本轨全部密贴，补强板螺栓齐全，作用良好。

b. 尖轨轨底与滑床板密贴，顶铁密靠轨腰。

c. 尖轨跟端错牙，正线、到发线道岔不超过 1 mm；其他线道岔不超过 2 mm，尖轨动程、各部分轨距及递减符合《修规》规定。

d. 滑床板与尖轨轨底间隔超过 2 mm 者，每侧不允许超过一块。

（2）更换转辙部分基本轨。

① 作业范围。

转辙部分基本轨伤损达到《修规》规定程度，需要更换。

② 作业条件。

办理封锁施工手续，设置移动停车信号防护，放行列车或单机时不限速；与电务有关时通知电务部门配合作业；工长负责作业。

③ 作业程序。

a. 检查换入基本轨状态、长度、类型，各孔眼的位置、孔径；检查弯折点位置、矢度是否符合标准。安排作业计划。

b. 根据作业计划，准备材料、工具。

c. 到车站办理封锁施工手续，确认作业时间，按照《安规》规定设好防护。

d. 轨缝宽度和位置不准时，按调整轨缝作业标准调整轨缝。

e. 拆卸接头和尖轨跟端螺栓、夹板以及全部轨撑。

f. 拔出道钉或拆卸扣件。

g. 移出旧基本轨、清扫垫板和滑床板。

h. 移入新基本轨。

i. 安装接头夹板、跟端轨撑，拧紧螺栓。

j. 安装全部轨撑。

k. 钉好道钉。

l. 作业结束后，全面检查，整修不良处所。

m. 与有关人员共同检查试验，确认符合技术要求，通知车站开通道岔，注销登记，撤除防护。

n. 通车后，复拧螺母，打好浮离道钉。

o. 清理现场，将更换下来的基本轨运至适当地点存放。

④ 作业要求。

a. 与电务有关时，必须通知电务人员配合作业。

b. 安装夹板或轨撑时，要中正螺栓孔，再穿入螺栓，不准用锤直接敲击螺栓的螺纹端。

⑤ 技术要求。

a. 基本轨与尖轨竖切部分全部密贴，基本轨方向直顺，曲基本轨弯折点尺寸符合设计要求。

b. 两端轨缝、接头与几何尺寸符合《修规》规定要求。

c. 基本轨轨底落槽，各部配件作用良好。

（3）更换辙叉部分基本轨。

① 作业范围。

单根更换伤损、磨耗超限以及其他有病害的护轨基本轨。

② 作业条件。

办理封锁施工手续，设置移动停车信号防护，放行列车或单机不限速。工长负责作业。

③ 作业程序。

a. 检查基本轨的状态、长度、类型，各螺栓孔的位置及孔径，安排作业计划。

b. 根据作业计划，准备材料、工具。

c. 到车站办理封锁施工手续，确认作业时间，按《安规》规定设好防护。

d. 拆卸螺栓。

e. 拔出基本轨侧道钉。

f. 卸下基本轨的轨撑。

g. 移出旧基本轨，移入新基本轨。

h. 安装夹板、护轨间隔铁，上紧螺栓。

i. 安装轨撑。

j. 道钉孔插入经过防腐处理的木片，钉好道钉。

k. 作业结束后，经过检查确认符合技术要求后，通知车站开通道岔注销登记，撤除防护。

l. 通车后，复查各部尺寸和各部零配件，复拧螺母，打靠浮离道钉。

m. 清理现场，将换下的基本轨和零配件运至适当地点存放。

④ 作业要求。

a. 换入新基本轨前，清除垫板上的污垢、铁锈，螺栓除锈后涂油。

b. 安装夹板、轨撑时，将螺栓孔串正，插入并拧紧螺栓，不能用锤直接锤击螺栓的螺纹端。

c. 如护轨和零配件需要更换时，应同时更换。

⑤ 技术要求。

a. 基本轨方向直顺，两端轨缝合适。接头错牙、轨距、查照间隔、护背距离及护轮轨缘宽度符合《修规》规定要求。

b. 各部零配件齐全，作用良好。

（4）更换辙叉。

① 作业范围。

a. 辙叉部分伤损达到《修规》有关规定，需要更换。

b. 将钢轨组合辙叉换为锰钢整铸辙叉。

c. 对单侧通过列车的道岔，有计划地倒换。

② 作业条件。

办理封锁施工手续，设置移动停车信号防护，放行列车或单机时不限速。工长负责作业。

③ 作业程序。

a. 检查新旧辙叉的状态，安排作业计划。

b. 按作业计划，准备材料、工具，对难卸的螺栓先松动、涂油后再上紧，打紧前后防爬设备。

c. 将待换入的新辙叉放置在侧向线路中心。

d. 到车站办理封锁施工手续，确认作业时间，按《安规》规定设好防护。

e. 拆卸接头螺栓和夹板。

f. 拔出道钉或拆卸扣件，道钉孔插入经防腐处理的木片。

g. 移出旧辙叉。

h. 削平影响更换作业的木枕面。将木枕面清除干净，摆正或补充、更换垫板。

i. 移入新辙叉，摆正位置。

j. 安装接头夹板，拧紧螺栓。

k. 量好轨距，钉好道钉或上好扣件，拧紧螺纹道钉。

l. 检查各部尺寸和零配件，整修不良处所，确认符合技术要求后，通知车站开通道岔，注销登记，撤除防护。

m. 通车后，复查各部尺寸，复拧螺栓，打紧浮起道钉，

④ 作业要求。

a. 与电务部门有关时，必须通知电务部门配合作业。

b. 安装夹板、轨撑，串正螺栓孔，螺栓按螺栓涂油作业标准除锈涂油。

⑤ 技术要求。

a. 辙叉两端接头垂直度、横向错牙、轨距、查照间隔及护背距离应符合《修规》规定要求。

b. 各部配件齐全，作用良好，轨枕无吊板。

（5）更换护轨。

① 作业范围。

单根更换伤损、磨耗超限及其他不良的护轨。

② 作业条件。

办理封锁施工手续，设置移动停车信号防护，放行列车不限速，工长负责作业。

③ 作业程序。

a. 按标准图或设计图选择合适的护轨，安排作业计划。

b. 按计划准备材料、工具。

c. 到车站办理施工封锁手续，确认作业时间，按《安规》规定设好防护。

d. 拆卸轨撑，拔出护轨一侧道钉，卸下护轨螺栓。

e. 移出旧护轨，清扫岔枕顶面及垫板、轨撑上的污垢。

f. 移入新护轨，摆正位置，串好间隔铁位置，穿入螺栓，拧紧螺母。

g. 检查轨距、查照间隔、护背距离，如达到技术要求，安装轨撑，钉好道钉。

h. 作业结束后，全面检查，整修不良处所，确认完全符合技术要求后，通知车站开通道岔，注销登记，撤除防护。

i. 通车后，复拧螺桂，打下浮起道钉，清理现场。

④ 作业要求。

a. 串正螺栓孔，螺栓应按规定涂油。

b. 轮缘槽宽度按调整护轨轮缘槽作业标准进行调整。

c. 需要更换或修理的零配件，应同时更换或修理。

d. 不准直接锤击螺栓的螺纹端。

⑤ 技术要求。

a. 护轨类式、尺寸与标准图或设计图符合，安装位置正确。

b. 护轨平直段轮缘槽宽度、侧向轨距、两端缓冲段末端开口宽度应符合《修规》规定要求。

c. 各部零配件齐全，作用良好。

11. 无缝线路养护维修作业规定

进行无缝线路维修作业时，必须掌握轨温，观测钢轨位移，分析锁定轨温变化，按实际锁定轨温，根据作业轨温条件进行作业，严格执行“维修作业半日一清，临时补修作业一撬一清”和“作业前、作业中、作业后测量轨温”制度，并注意做好以下各项工作：

（1）在维修地段按需要备足道砟。

（2）起道前应先拨正线路方向。

（3）起、拨道机不得安放在铝热焊缝处。

（4）列车通过前，起道、拨道应做好顺坡、顺撬。

（5）扒开的道床应及时回填、夯实。

无缝线路作业时，必须遵守下列作业轨温条件：

（1）混凝土枕（含混凝土宽枕）无缝线路维修作业轨温条件见表 5.1 和表 5.2；

表 5.1　混凝土枕无缝线路维修作业轨温条件

作业项目及作业量 / 作业轨温范围 / 线路条件	连续扒开道床不超过 25 m，起道高度不超过 30 mm，拨道量不超过 10 mm	连续扒开道床不超过 50 m，起道高度不超过 40 mm，拨道量不超过 20 mm	拨道床，起道，拨道与普通线路相同
直线及 $R \geqslant 2\,000$ m	+20 °C	+15 °C −20 °C	±10 °C
800 m $\leqslant R <$ 2 000 m	+15 °C −20 °C	+10 °C −15 °C	±5 °C
400 m $\leqslant R <$ 800 m	+10 °C −15 °C	+5 °C −10 °C	

注：作业轨温范围按实际锁定轨温计算。

（2）混凝土枕（含混凝土宽枕）无缝线路，当轨温在实际锁定轨温减 30 °C 以下时，伸缩区和缓冲区禁止进行维修作业。

（3）木枕地段无缝线路作业轨温按表 5.1 和表 5.2 规定减 5 °C，当轨温在实际锁定轨温减 20 °C 以下时，禁止在伸缩区和缓冲区进行维修作业。

（4）在跨区间无缝线路上的无缝道岔尖轨及其前方 25 m 范围内进行综合维修时，作业轨温范围为实际锁定轨温 ± 10 °C。

5.3.2　线路设备大修施工作业程序及方法

1. 线路大修施工的特点

线路大修是在运营线上，在保证列车按规定速度安全行使的条件下，组织进行的一项较大规模的施工。它与新线施工及线路维修有所不同，具有下列特点：

（1）施工的工作面沿线路来回移动，施工人员和机械分布在较长的线路上工作。

（2）线路大修施工一般采用大型施工机械，必须采取封锁线路的施工方法。

（3）在封锁线路的施工过程中，由于破坏了原线路的完整状态，需要经过一定的整修和多次列车碾压，才能使线路达到稳定，强度得到提高。因此，封锁时间完了，线路开通后，还需要在适当时间内限制列车运行速度，以确保行车安全。

（4）线路大修施工是一个十分复杂的系统工程。除本身系统外，还要涉及机务、车辆、房建、电务、工务和运输等诸多方面。因此，明确目标、统一规划、相互配合、协调工作是至关重要的。

表 5.2 混凝土枕无缝线路维修作业轨温

顺号	作业项目	按实际锁定轨温计算				
		−20 °C 以下	−20 °C ~ −10 °C	−10 °C ~ +10 °C	+10 °C ~ +20 °C	+20 °C 以上
1	改道	与普通线路同	与普通线路同	与普通线路同	与普通线路同	禁 止
2	松动防爬设备	同时松动不超过 25 m	同时松动不超过 25 m	与普通线路同	同时松动不超过 12.5 m	禁 止
3	更换扣件及涂油	隔二松一，流水作业	隔二松一，流水作业	隔二松一，流水作业	隔二松一，流水作业	禁 止
4	方正轨枕	当日连续方正不超过 2 根	隔二方一，方正捣固，恢复道床，逐根进行（配合起道除外）	与普通线路同	隔二方一，方正捣固，恢复道床，逐根进行（配合起道除外）	禁 止
5	更换轨枕	当日不连续更换	当日不连续更换不超过 2 根（连续起道除外）	与普通线路同	当日不连续更换不超过 2 根（连续起道除外）	禁 止
6	更换接头螺栓及涂油	禁 止	逐根进行	逐根进行	逐根进行	禁 止
7	更换钢轨或夹板	禁 止	禁 止	与普通线路同	禁 止	禁 止
8	不破底清筛道床	逐孔倒筛夯实	逐孔倒筛夯实	逐孔倒筛夯实	逐孔倒筛夯实	禁 止
9	处理翻浆冒泥（不超过 5 孔）	与普通线路相同	与普通线路相同	与普通线路相同	禁 止	禁 止
10	矫正硬弯钢轨	禁 止	禁 止	禁 止	与普通线路相同	与普通线路相同

（5）在施工过程中，应随时或在严格规定的时间以前停止工作，准备列车通过。此时，应将线路恢复到一定的完好状态，从线路上撤下所有的机具，同时施工人员也必须下道避车，保证列车按规定的速度安全通过，等列车通过后，再重新上道恢复工作。

（6）施工地点、基地和宿营地常分散在各地，应合理安排，以免影响施工任务的完成。

正是由于线路大修施工具有以上一系列特点，特别是又必须分散在一段较长的线路上进行工作，以及必须在严格规定的封锁时间内，把被破坏了的线路恢复到保证行车安全的完整状态，准备列车通过，这就使线路大修工作的施工组织大大地复杂化，需要一些专门的线路机械和机具设备，以及编制必要的技术作业过程。

线路设备大修内容较多，在此重点介绍线路换轨大修和成段更换道岔的施工。

2. 线路换轨大修施工方法

目前，各国铁路线路大修机械化施工方法，都是根据各自的机械能力、财力、人力和列车密度等情况来考虑的，大致有轨排换铺法、分别铺设法和分别拆铺法三种线路大修机械化（或成套机械列车）流水作业施工方法。

（1）轨排换铺法。

轨排换铺法是被许多国家广泛采用的线路大修施工方法。一般说，其机械种类和作业程序大体相近，只是在机械构造、配套、编组和工效上有所不同。它主要是由牵引机车、门式吊车、新旧轨排车、道砟清筛车、配砟平砟车、捣固车、整形车和动力稳定车等组成线路大修机械化施工列车。

轨排换铺法的作业程序是：拆除旧轨排—清筛道床—平整夯实道床—铺设新轨排—整修轨道—起道捣固。但也有先清筛道床再拆除旧轨排的，也有在铺好新轨排后再清筛道床的。作业程序虽有不同，但均系流水作业。

如果是结合大修换铺无缝线路，新轨排通常是先用新轨枕和再用轨组成。如大修地段原为无缝线路，需先将长轨锯断，或先换上与新轨排设计长度相同的再用轨。两者均系两次换轨。

（2）分别铺设法。

拆旧轨排、铺新枕、再铺新长钢轨的分别铺设法是在轨排换铺法的基础上，为避免两次换轨而发展形成的一次铺设无缝线路的方法。但如大修地段原为无缝线路，仍需把旧长钢轨锯短，若采用门式自动走行吊车拆铺轨道，仍需工作轨或预卸长钢轨作为临时工作轨用。

这种方法的机械列车编组，大致与轨排换铺法相似，只是把新轨排车改为新轨枕车及扣件车。

作业程序是先用门式吊车拆除旧轨排，平整道床，用另一组门式吊车吊运新轨枕并按规定间距逐根铺在整平的道砟上，再用拨道机把作为工作轨的焊接新长钢轨推移到新轨枕上，并装好扣件，用道砟清筛机和整修机清筛道床、扒砟和整修道床（新砟是预卸在轨枕端头外侧，并扒平铺临时工作轨），最后用捣固车进行起拨道和捣固。也有在拆除旧轨排前进行道床清筛作业的。

（3）分别拆铺法。

轨枕与钢轨分别拆铺法是鉴于作业机械日渐发展和劳力紧张、列车间隔时间短的情况下而出现的一种方法。

这种施工方法的机械化自动化程度较高，可用于换铺各种长度钢轨，也可直接结合线路

大修铺设无缝线路，而不需两次换轨，也不需铺设工作轨。由于在作业中使用托盘运搬轨枕，既可大量减少人工装卸又可保证作业安全，同时又由于是采用随拆随铺的流水作业，可使轨道断开空隙保持很短（约 45 m），便于必要时迅速开通线路。

这种线路大修机械列车编组，概括说是由平砟车将整个列车分为旧枕车和新枕车前后两大部分。按作业方向，旧枕车在前，平砟车居中，新枕车在后。

平砟车在编列运行时靠前后两轴转向架行驶，在轨道空隙间内作业时，是用两个降下的履带轮移动，它既能靠电子装置控制平整道砟高度，又能将多余道砟弃在线路一侧或两侧，还有搬旧轨、移新轨的功能。

列车的旧枕车部分，主要是拆除旧轨道。它是由装有托盘、车上门吊和转装吊车的数辆专用平车、扣件箱车、检收和装运扣件车、动力车和吊装轨枕钢轨车等组成。列车的旧枕车走行在旧轨道上，拆除旧轨道作业是从位于后部的吊装轨枕钢轨车开始退行向前。

吊装轨枕钢轨车装有两个转向架，位于已被拆除轨道和正在拆除轨道的空隙之间。作业时，降下履带轮，按控制方向走行在未整平的道砟上，并用吊装传动装置把旧枕吊装在托盘上，再用装在吊装轨枕钢轨车两边的、有液力传动装置的、能上下左右调整的钢轨夹钳，吊移旧轨和预卸新轨于轨枕端部。

列车的新枕车部分，主要是铺设新轨道。它由卸铺轨枕钢轨车、动力车、安装扣件车、拧紧扣件车、拨轨车、新扣件箱车、新轨枕车、转运新轨枕吊车、托盘门吊等组成。列车的新枕车走行在新轨道上，铺设新轨道作业是从位于前部的卸铺轨枕钢轨车的前方进行。

卸铺轨枕钢轨车是用车上门吊、转装吊车把新枕按规定间隔逐根铺在已整平的道砟上，并用钢轨夹钳及能控制方向的电子导线传感器设备，先把旧枕放在新枕头上，再把新轨准确地放在新枕轨座上。

在上述作业完成后，用维修机械、清筛道砟机或整修道床机和捣固车进行清筛、整修、起拨道和捣固作业。以后再用带有起拨道设备的重型捣固车作业一遍。

这种线路大修机械列车施工流水作业法，全部作业过程中，共需作业人员 58 名，而且都在车上各有固定工作岗位，并备有对讲机联系，安全和劳动保护条件好，工效高（每小时可达 550 m）。虽然机械构造复杂，一次投资较大，比其他方法约高 60%，但作业成本却较其他方法约低 40%，所需时间也可减少一半。

3. 龙门架换铺轨排施工

在既有运营线线路大修地段，使用龙门架拆铺轨排施工，需按预定的计划，在封锁线路断行车的条件下进行。

施工前要开行工程列车，施工中要按预定计划全部拆铺轨排，施工后列车要限速运行。可见，线路大修是一项施工规模巨大，施工组织复杂，并且与行车安全关系极大的施工。因此，施工组织者要在施工前的相当一段时间内，做好施工的各项组织准备工作，掌握使用龙门架施工的特点和规律，安排好施工劳动组织、作业程序和材料供应，处理好施工中的技术问题，才能保证大修施工不间断地进行，保证安全、优质和高效地按期完成全年的大修任务。

（1）工程列车的组成。

工程列车是线路大修施工基地与现场间的主要运输车辆，不仅要保证在运营线上行驶安全，还要满足大修施工现场各项作业的要求。所用车辆均是 50 t 或 60 t 路用平车，有关定检定修都按车辆有关规定办理。根据工作需要，工程部门还配备检车员和车长，具体负责工程列车的运行与安全。视施工现场作业项目的不同，整列工程车可划分为新轨排车和旧轨排车两部分。工程列车的编组列于表 5.3 中，并需按此顺序进行列车编组。

整列工程车一般编组 41 辆。除新旧轨排龙门架托架车及搭茬轨车因受龙门架内侧距离所限需配 N_{10} 型平车外，其余均可选用 50 t 或 60 t 路用平车。

新旧轨排滚筒车上有滚筒滑行装置，轨排分几层平放在滚筒上，用绞车将轨排从一辆滚筒车牵拽到另一辆滚筒车上。滚筒车的数量根据大修施工的进度而配置，目前各铁路局大修施工封锁时间多为 2.5 ~ 3.5 h，平均日进度 550 m 左右，最高可达 700 m。按每两辆滚筒车可装载 5 层 25 m 的混凝土枕轨排计算，新旧轨排滚筒车均需配挂 10 ~ 12 辆。在工程列车编组中，前后都配有一辆发电卷扬机车，作为现场作业的临时动力源。前一辆供吊装旧轨排龙门架用电，后一辆供吊卸新轨排龙门架用电。发电机每台功率一般为 84 ~ 120 kW，可满足龙门架及轨排卷扬机所需。

工程列车到达施工地点后，分解为两部分，前半列吊装旧轨排，后半列铺设新轨排，前后两部分相距 100 m 左右，其作业情况如图 5.2 所示。

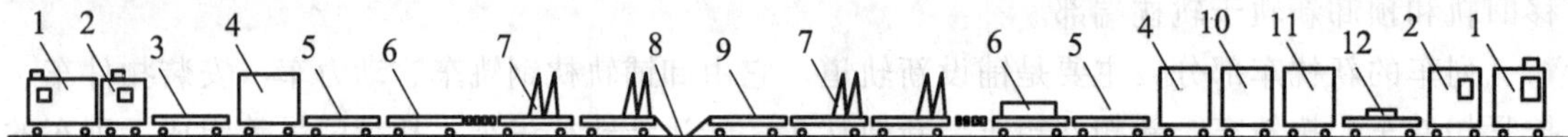

图 5.2　工程列车作业示意图

1—机车；2—守车；3—刮边车；4—发电卷扬机车；5—隔离车；6—滚筒车；7—龙门架拖架车；
8—地面走行轨；9—合龙轨车；10—餐车；11—宿营车；12—收砟车

根据工程列车运行距离的长短，还编挂一辆餐车和一辆宿营车，以备机车乘务员和施工机械操作人员用来就餐和休息。编组中列车的前后部都挂有一辆路用守车，为的是保证工程列车作业完毕后，全列车即可返回基地，免去返回车站后的调车作业，不致影响第二天的作业。为保证工程列车在运行与卷动轨排时的安全，前后发电车与滚筒车之间都编挂一辆安全隔离车。

龙门架车上共可悬挂两组 8 片龙门架，其中 4 片为一组吊运 25 m 的旧轨排，另外 4 片为一组吊运 25 m 的新轨排。

（2）施工准备工作。

为保证龙门架拆铺轨排作业顺利地进行，在线路大修正式开工以前应做好以下各项施工组织准备工作。

① 做好施工调查工作。

在年度大修施工之前，做好现场调查是项很重要的施工管理工作，也是做好全年施工计划的主要根据。

现场调查应依据铁路局下达的线路大修设计说明书的要求，并结合施工单位有关施工和组织方面的问题，有组织、有计划地进行。现场调查应徒步进行，事先应安排好调查计划。调查重点应侧重下列几个方面：

a. 核实线路大修设计说明书中规定的工程地点及数量，技术标准及既有线路技术状态。

调查中如发现现场条件与设计要求不相符合时，应做好详细记录，如果遇有牵涉面较大的问题需要修改变更设计时，应将详细的调查资料及建议处理意见上报，争取在做出整体施工计划及施工组织以前得以解决。

表 5.3 工程列车编组表

分 类	旧轨排车							新轨排车								
顺 序	1	2	3	4	5	6～17	18～19	20	21～22	23～34	35	36	37～38	39	40	41
用 别	机车	守车	料车及刮边车	发电及卷扬车	隔离车	滚筒车	龙门架托架车	搭茬轨车	龙门架托架车	滚筒车	隔离车	发电及卷扬车	餐车宿营车	收砟车	守车	机车
数量/辆	1	1	1	1	1	（10）12	2	1	2	（10）12	1	1	2	1	1	1
施工方向	←															

b. 调查大修施工疑难地段的情况，如长大路堑、小半径曲线地段大编组站的线路设备条件，严重病害地段等。

c. 调查工程列车运行中途，机车整备站的上煤、上水及清灰条件。

d. 调查各施工队宿营站的线路、地形条件，了解施工队宿营点的供电、给水及通信设备条件。

e. 调查大修施工机械如清筛机、捣固车、轨道车等停放车站的线路和调车作业以及供电设施条件。

经过现场调查，施工组织领导者做到心中有数，就可进行超前预想和准备工作，这对正确地制订全年的统筹施工计划，有针对性地安排施工及其组织措施，是非常必要的。

② 调整劳动组织。

根据大修设计文件要求和现场调查结果，编制或调整好施工工序及劳动组织。这种统筹安排要努力做到既简化又优化，避免协调不当或重复作业。要尽量合理地利用工时，以提高劳动生产率，降低大修成本。要注意做到既能照顾新出现的特殊问题，又能解决以往存在的惯性问题，争取新的一年有新的起色。

③ 与运输部门协调运输施工方案。

线路大修施工需要较长时间中断行车和限速运行，这将对运输产生很大的干扰。如何兼顾运输和施工，如何最大限度地减少对列车运行的干扰，需要在铁路局的宏观控制下调节施工及运输的关系，力求做到施工与运输两不误。

一般来说，施工单位应将年度施工安排及各项要求，如施工区段、里程、起止日期、封锁时间、限速条件、工程运输、施工便线、施工机械站外停放等项问题提交运输部门，经运输部门研究后统筹安排全年运输施工方案，调整运行图，为线路大修施工预留天窗。在方案确定下来后，施工单位应在正式施工前一个月向运输部门提报月施工计划。运输部门将施工计划纳入铁路局的月运输施工计划中，施工单位应严格遵照执行。由于在龙门架开始铺排之前，要做许多准备工作，如扒道床、松螺栓、打防爬等，这些工作已经部分地削弱了轨道的稳定性；铺排完毕后，线路虽已开通，但尚未立即完全稳定，还需一定的整理恢复作业时间。因此，在封锁前和开通后的一段时间内，都要限速运行，以确保行车安全。

至于列车限速的多少，限速地段的里程，限速时间的长短，由施工单位依照工务规则及有关规定，并根据施工进度、线路条件和施工组织情况研究确定后，向铁路局提报。

目前，在破底清筛、龙门架换铺轨排地段，较普遍的慢行条件是，封锁施工前 1 h 限速 25 km/h，封锁开通后首列限速 15 km/h，1 h 后限速 25 km/h，再 1 h 后限速 30 m/h，若干小时后限速 45 ~ 55 km/h，直至次日施工封锁前 1 h 止。也有大修施工单位，在采取了妥善、可靠的安全措施后，当日即能恢复列车正常速度。

④ 施工设备检修。

大修施工的各项设备都要在施工淡季内安排好检修。设备检修实行按台的质量责任制，必须在铺设轨排前全部完成，经检查验收合格。对于重要设备如龙门架、托架车、发电机组等，还应模拟现场条件重载试运，以保证各项设备良好、状态可靠。

⑤ 材料到位。

施工所用的轨料、混凝土轨枕及扣件、锚固材料等材料，要统一计划，保证按质按量供应。线路补充石砟计划，要提前一个月向运输部门提出并纳入铁路局的货物运输方案中，施工月份按旬计划及时装卸。

此外，还应提前安排线上再用料的外调工作。旧轨排拉回基地后被拆卸，再用轨和再用枕如长时间堆放于基地，将会堵塞旧料储存场地，影响全局。因此，于开工前应按月份安排好旧轨排的拆除计划及旧轨料的外调事宜。

⑥ 施工测量及技术交底。

在即将开工之前，施工单位应根据设计文件进行施工测量，主要是复核施工地段的线路平、纵断面，重新标明遗落或模糊不清的里程及曲线头尾桩标记，并设置施工用的方向和水平标桩。制定指导施工的纵断面和水平资料，并分发给有关施工队（分段）及班组，作为指导施工的技术依据。

⑦ 工程列车运行办法。

编组工程列车中的龙门架托架车系超级、超限车，故每年在开工前都要对工程列车所经过的线路及其两侧、上方的建筑限界进行检查。由运输部门定出工程列车每天往返经过的区间线路及站线的行车限制办法，如由于受高站台、高矮柱信号机等有关设备现有限界的控制，当不能进入铺轨列车的站、场等某些线路时，铁路局将按照限界要求发出电报另线接入或通过。在双线区段，线间距小于 4.3 m 时，区间禁止超限列车。

⑧ 施工便线。

根据全年施工的统筹安排，各施工队（分段）的宿营地要提前铺好宿营便线，及时安排宿营便车的转线工作。宿营地的用水、供电及通信等必备条件，应及早请有关单位协助解决，做到施工前各队都能进入预定宿营位置。

（3）铺轨排作业过程。

龙门架换铺轨排施工一般分为封锁前的准备作业、封锁中的基本作业和封锁后的整理作业三个阶段。

通常，把一些暂时无碍行车安全的作业分别提到封锁之前和放到封锁之后进行，就能减少封锁时间内的工作量，从而缩短封锁时间。同时要求准备作业切实充分，不漏项目，基本作业迅速准确，安全正点；整理作业干净利落，符合标准。

① 封锁前。封锁前应做好以下各项工作：

a. 扒出枕盒内石砟。

按照当日的施工进度，将扒枕盒石砟工作落实到作业班组及人头上。扒砟的目的是为减小吊走旧排后平整道床的作业量，紧凑吊旧铺新施工环节，加快新排铺设作业，从而赢得时间，为正点开通线路创造条件。

扒砟作业首先要考虑大修后的线路设计轨面抬高量。如果大修纵断面设计中新轨面比既有线路轨面有较大的抬高或降低时，扒枕盒即要安排减挖或浅挖与之相应的数量。其次要考虑不同类型钢轨及轨枕的高度及厚度差，如果是用混凝土枕更换木枕，并且设计轨面标高变化量又不大的情况下，扒枕盒时应增加 2 倍的高差，不同类型钢轨也照此办理。如果大修前后皆为同类型钢轨和轨枕，一般要求扒光枕盒石砟，并且低于枕下 50 mm，直至枕端外 100 mm。最后应注意扒出的石砟要置于道床边坡上，而不能扔到路基下面，也不能堆大堆，应均匀散开，并整平龙门架走行轨砟床。

b. 松开钢轨接头螺栓。

全部松开及个别拆除钢轨接头夹板螺栓，是为了减少封锁时间内吊除旧轨排时卸螺栓的工作量，以保证吊旧轨排铺新轨排的必要速度。

在 25 m 普通轨的既有线路地段，应卸下原旧轨接头 6 个螺栓中的第 2 和第 5 个螺栓，其余螺栓应全部松动并加垫垫圈。对 12.5 m 长钢轨地段应每隔一个接头进行同样的处理。应当指出，被拆下的夹板螺栓应套上垫圈，带上螺帽，置于钢轨接头轨枕上，随旧轨排接头夹板卸下后一起回收，运回基地。

c. 拆除道口铺面，清除障碍物。

当日施工地段如遇有道口时，应封锁道口，拆除道口铺面，其宽度以能保证龙门架走行轨通过为限。被拆除的旧道口铺面，应按顺序摆放在道口两侧，以便新轨排铺过之后再按原有顺序恢复。道口两侧被掀起的原有铺板及其基础，不要随意损坏，以便恢复。此外，对线路标志桩、电线盒、横跨线路人行道及既有长轨防爬观测桩等妨碍施工作业的阻碍物，也均需先行临时拆除。其中涉及电力、电务等设施时，还应有业务对口单位配合拆除。

d. 设置临时铺轨方向桩。

设置临时铺轨方向桩的目的是用以控制新铺轨排的位置与方向。方向桩一般设置在曲线外股及其两端延伸直线的外侧。直线地段可以桥台、邻线钢轨及其他建筑物等作为线路方向的控制点。打方向桩时应考虑施工中不挂不碰，便于拉尺定位。临时方向桩在控制曲线轨排外股钢轨接头位置时要计入曲线拨道量，一般是每 25 m 打一桩，桩的位置可由排尺中已画在既有轨上的位置方出，并在桩顶上画出钢轨接头线。方向桩距钢轨的横向距离视地形条件而定，一般距既有轨轨头外侧 1 m 再加上设计拨道量（上挑取正，下压取负）。

e. 移设线路里程及施工桩号。

龙门架吊走旧轨排后，原设在旧轨上的各种测量标记也将随之一起吊走，则难以确定铺新轨排后线路控制点的里程。因此需在旧轨排吊走以前，将线路控制点的里程及标记移设于路肩的标桩上或邻线的钢轨上，或打临时标桩。临时标桩的埋设方法同方向桩一样。这样，在新轨排铺设后，便能按设计要求恢复线路的里程及各种标记。

f. 打浮钉和加木塞。

如果当日大修地段为木枕线路时，在吊除旧轨排之前，应将既有木枕线路的浮钉全部打紧，必要时还应加木塞，其目的是为防止吊运旧轨排时木枕脱离轨排，防止因木枕脱离而砸伤人员和损坏设备。

如果有过长的木枕，为防止轨排吊运时挂碰托架车起落柱和妨碍龙门架正常走行过长部分截去，或起掉道钉不随轨排吊运。

g. 拆除桥梁护轨。

当日施工地段如遇有桥梁，需事先将护轨接头打开，并将其运至桥外两侧路肩上，或使用收轨车将其收回。目的是为了便于桥上换轨或更换轨排作业。应当指出，运出桥外的护轨不至影响铺轨排作业，卸除的护轨螺栓应套上垫圈，带上螺帽，集中一起，全部收回。

h. 串轨。

在小半径曲线地段，既有钢轨接头如为相错式排列时，应在施工前用撞轨器将相错式串为相对式钢轨接头，以便于吊除旧轨排，避免不必要地切割过多的再用轨。

串轨最佳时间是在施工工程列车进入的前一天，如果串轨地段较长，串轨工作量较大，则可在前两天分日进行。串轨工作应事先做好调查，准备好短轨，组织好人力，并应充分利用同区间的封锁时间内进行，如果是在自动闭塞区间，还应有电务部门配合。串轨应按规定设好防护，安排好列车限速运行。

i. 合龙口。

预测当日铺轨地段合龙口的长度，对尽快实现新旧轨合龙，按时开通区间线路是非常重要的。因合龙而延误作业时间，造成晚点现象是屡见不鲜的。故应及早准确做好一切合龙的准备工作。

一般是以前一天新轨排终端两股钢轨接头为起点，按当日铺排数量、长度逐排丈量（包括一个预留轨缝值），直至当日计划铺轨排终点。丈量所用钢尺精度及拉力应与基地一致，还应考虑当日施工地段组装轨排时的配轨公差数、现场与基地丈量时轨温差的影响量及钢轨上道后的充分伸长值。如此，就能比较准确地预测合龙口的长度，并据此配备好左右股龙口轨组。

j. 准备走行轨。

将龙门架走行轨拨到正位，使其平稳顺直联上走行轨梭头，准备与龙门架托架车走行轨连接。

如果是第一天施工或跨越较长区间的施工，应按施工位置将单根的走行轨连接成长条，并重复上述准备走行轨的工作。如果走行轨需跨过咽喉区，则在施工前用吊轨车将已分解的走行轨运过咽喉区。这项作业可利用列车间隔时间内进行，但应事先与车站值班员联系，把握列车运行时刻，按规定设好防护。

k. 准备滑行轨。

将旧轨排车上分散到各车的承运轨排的滑行轨撬棍翻入两滚筒间备用。

l. 取量放散作业。

当大修施工地段为长钢轨线路时，需根据轨温变化幅度先行取量放散作业，再将长轨条锯成普通标准轨长，方可扒枕盒石砟或使用全断面枕底清筛机清筛道床，以防因道床阻力降低而引起线路失稳，造成晚点开通线路的后果。

m. 工程列车运行。

龙门架工程列车应在封锁前到达施工区间两端站之一。工程列车编组要符合施工要求。机车到站后需进行必要的整备，试风、试闸良好，发电机车发电机组发动试车，检查各部分电路，保证良好的使用状态。

n. 办好施工封锁手续。

驻站联络员代表施工负责人向车站值班员说明当日施工的里程位置、限速要求、各种施工车辆出入次序等项问题，再由车站值班员向路局列车调度员请求、抄写封锁命令。在正式封锁前，驻站联络员要将封锁命令送交工程列车两端的车长及司机，并用对讲机将封锁命令内容通知施工负责人、各施工机械班（机）长及两端防护员。

② 封锁中。

施工区间一旦开始封锁，就标志着基本作业的开始。这时，大修工程车辆和机械设备进入区间，开始拆铺轨排作业，直至按预定计划换铺完毕，开通区间为止。各项工序及作业过程如下。

a. 工程列车进入施工封锁区间。

在施工封锁前已到达施工区间一端车站的工程列车，封锁开始时，根据列车调度员的封锁命令和车站值班员给的发车信号进入施工区间。为充分争取时间，应将事先抄好并复诵无误后的调度命令，迅速送交工程列车两端的车长及司机。同时还要通过对讲机及专线电话，将施工命令及工程列车进入区间的时间，通知施工负责人及施工地点两端的防护人员。工程列车车长及司机应仔细诵读封锁命令，确认施工日期、地点、行车措施及开通时间等均无误后，再按车站值班员的发车信号，驶入封锁区间。

b. 设防护。

施工单位驻站联络员或工地电话员，将列车慢行和封锁命令准确无误地通知施工地点两端的防护员后，防护员应及时按计划设好列车慢行标牌，监视列车慢行情况。当确认施工封锁前最后一趟列车已经通过，各种工程车辆已进入封锁区间后，应按规定设置响墩及防护标牌。反方向的防护员待最后一趟列车通过后，应立即设好响墩及防护标牌。

c. 工程列车分解。

工程列车进入封锁区间，到达施工地点后，新旧轨排车带着各自的龙门架托架车摘钩分解为前后两部分。前部为吊装旧轨排车，后部为吊铺新轨排车。解开新旧轨排车龙门架安全锁定装置，并与已调整好的线路两侧的走行轨分别对位联结。

d. 轨排车上的准备作业。

启动新轨排车的卷扬机，通过钢丝绳拖动第一垛新轨排沿首车上的滚筒进入龙门架托架车内，准备吊铺新轨排。与此同时，在旧轨排车上，将龙门架托架车内的滑行铁吊放到两侧的滚筒上，上好防爬卡子，准备叠放吊上来的旧轨排。

e. 拆卸旧轨接头。

在龙门架下架对准线路两侧走行轨的同时，旧轨排作业人员即开始拆除待吊旧轨排钢轨接头的夹板及螺栓。拆旧轨排接头时，应配合吊旧轨排进度渐次进行，不应多拆，每 25 m 拆开一处。

如果施工地段原是长轨条，应使用氧炔切割设备等机具将长轨条截成标准轨长度。被卸下的夹板螺栓应套上垫圈，带上螺帽，放入夹板沟槽内，并与旧轨排一起运回大修基地。

f. 吊装旧轨排。

开动旧轨排龙门架，走出托架车，吊起旧排，退回托架车内，并将第一排旧轨放在托架车滚筒上的滑行铁上，然后，旧排前端的机车将旧轨排车以 5 km 的速度向前牵引 25 m 或 50 m 停车。龙门架组再下来吊起第二个旧轨排上车。

木枕旧排在轨排车上每垛可叠放 6 层，混凝土枕旧排每垛可叠放 5 层。轨排叠放时，上下层要对齐，左右偏差不超过 100 mm。一垛放满 5 层轨排后，打下底部滑行铁固定卡子，开动卷扬机，将本垛轨排向前拉，直到计划位置，再用卡子将滑行铁锁牢。工程列车押运员检查旧轨排两端钢轨接头处及两节车厢联结处悬空轨枕的牢固状态，并用事先准备好的铁丝将悬空的轨枕与基本轨捆住，注意瞭望，看清车长信号及呼叫，做到车动及时稳当，停车及时准确。为避免向前推进时因失误将前部车辆推下钢轨，应有经过专门训练的人员把握前端风管开关阀，以便在紧急情况下进行紧急制动。

新轨排车向前推进时，线路两侧与托架车联结的走行轨也随着向前推进。每侧应安排 4 ~ 5 人控制走行轨滑行的方向和轨距，停车后拨直垫平。施工指挥者在确认走行轨轨距、方向及平稳程度能保证龙门架在其上稳定走行后，便可发出指令让吊铺新轨排的龙门架驶下托架车到铺设新轨排的位置。吊放新轨排，对好接头，按铺轨排时的轨温预留轨缝，联结钢轨接头，上紧接头螺栓。新轨排前端设专人掌握铺排方向，按施工前移到线路外侧的方向控制桩，用皮尺横向控制轨排前端位置，并据此拨顺整个轨排。在自动闭塞区段，还需电务人员配合。

吊旧轨排时脱离基本轨而留在道床上的轨枕，应由专人使用单轨车运出线路以外，如是木枕可抬放到下一待吊的旧排两轨之间回收。

这道施工程序直至将当日计划更换的旧轨排全部吊装完毕为止。

g. 平整道床。

在龙门架吊走第一个旧轨排后，即按设计轨面标高，扒出多余石砟，平整道床，以备铺设新轨排。

h. 吊铺新轨排。

待平整道床超过 25 m 时，施工负责人便可发出指令给新轨排车长，使用信号旗或对讲机，指挥新轨排车以 5 km/h 速度向前推进 25 m。此时机车司机必须精力集中，仔细操作。

龙门架返回托架车，吊下第二个新轨排，并按同样的程序铺放。当车上第一垛新轨排全部吊下后，将滚筒上的滑行铁翻入两滚筒间，开动卷扬机，牵引另一垛新轨排进入托架车。这样，周而复始地连续作业，直至计划铺设的新轨排全部落地为止。

在小半径曲线上铺排时，应采取一些必要的措施，使轨排落地后组织人力在外侧轨枕端外回填石砟。

i. 合龙口。

在旧轨排和新轨排都按当日施工计划吊装和铺设完毕后，新轨终端一般不会正好与旧轨终端衔接，而形成一个缺口，需用事先准备好的短轨组填补起来。这个缺口通常叫做龙口，短轨组称为龙口轨组，用龙口轨组填补龙口这项作业称为合龙口，也有称短轨组为搭茬轨的，填补龙口作业则称搭茬。

龙口的长度是有一定范围的。当铺设 25 m 轨排时，其长度一般为 0 ~ 25 m；当铺设 12.5 m 轨排时，则一般为 0 ~ 12.5 m。如果龙口长度较长，一般都在旧轨排吊完之后，即将事先准备好的一对短轨换到龙口处，与旧轨相接，这样就可大大缩短最后一排新轨排落地后需要合龙口的长度，减少合龙口作业量。事先插入的短轨长度视现场具体情况而定。如果铺设新轨排地段是长轨条，则合龙口这项作业可以免去，待最后一排新轨排落地前，按这个新轨排长度拉尺，画好新轨排终端轨头位置，使用氧炔焰切割旧轨，钻好接头螺栓孔，以便新旧轨顺利联结。

合龙口短轨组装在合龙口轨车上，合龙口轨车可以编在工程列车的前部或旧轨排托架车的后部及新轨排托架车的前部。如果龙口轨车是编在新轨排托架车的前部，则在新轨排铺完之后，随即卸下龙口轨。

短轨组的组合是根据新旧轨之间的距离，查找事先备好的合龙口轨组合尺寸表或在现场直接计算得来。

j. 龙门架上架。

在合龙口作业的同时应立即分别拆开车上、地下走行轨接头，提升龙门架上架复位至运行位置，并锁定牢靠。

k. 工程列车连接。

待合龙口作业完毕后，则新旧轨排车连接。一般是前部的旧轨排车先向前拉出 500 m 左右，后部的新轨排车推进与旧轨排车连接，这样工程列车便可让出新铺轨排地段，以便施工人员进行线路开通前的整理作业。

l. 回填石砟。

工程列车后部挂有石砟回填车，在开始铺排作业时，便操纵有关机构，使石砟回填铲板张开，随新轨排车在铺排作业中向前推进的同时进行石砟回填作业，直至当日施工终点完成全部回填作业，然后将回填铲板收拢复位锁定。

m. 工程列车撤离施工区间。

车长在工程列车新旧轨排车联结完毕后，要缓解试风，在确认线路上无障碍后，发信号给司机，按封锁命令规定折返指定车站。

n. 检查并开通线路。

现场施工负责人带领线路检查人员仔细检查线路，在确认符合开通条件后，通知驻站联络员及值班员请求开通线路。同时通知施工地点两端防护员撤出响墩及停车牌，按规定速度挂好慢行牌，展开黄旗，迎接、监视各次列车以规定的速度通过施工现场。

③ 封锁后。

线路开通以后，施工负责人应抓紧组织力量进行整道作业。其目的是使刚刚铺设的新轨排线路能尽快地稳定并达到规定的标准，逐步提高行车限速，确保开通后行车安全。其作业项目及顺序如下：

a. 继续回填石砟。

当日铺轨排地段经回填车收拢石砟后，枕盒内及枕头处石砟仍显不足，尤其是作线路长平起道时会更显石砟不足，故需在整理恢复作业过程中，继续组织力量全部回收石砟，做到轨枕端头全部护住，轨枕盒内石砟不少于半盒。

b. 拨道。

铺设新轨排时，利用临时线路方向控制桩控制线路方向仅是粗略的方向，通车之后，需要继续进行较为精确的拨道，使之基本达到设计技术标准要求。

c. 拉长平整正水平。

全面进行拉长平捣固作业，使线路平顺。全面检查水平高低，每一查出的问题尽快处理。施工终点的合龙口处，按 1：400 做好顺坡。

d. 检查轨距。

基地组装出来的混凝土枕轨排，轨距一般不失格。只有在木枕处、轨枕歪斜处、合龙口处及木枕桥上轨距易失格。经检查出应及时调整扣件和改道，使轨距符合要求。

e. 方正轨枕整理扣件。

方正轨排运输和施工过程中已产生歪斜和位移的轨枕，使螺旋道钉正对轨枕位置标记的白点。检查扣件和胶垫状态。因施工过程造成的大胶垫串出、扣件歪斜等问题，应及时予以调整，达到标准要求。

f. 补齐接头螺栓。

每个接头补足 6 个螺栓，并全部复拧一遍，使夹板螺栓扭力矩达到标准要求靠严，接头不出现支嘴及错牙，使钢轨接头顺直。

g. 道口及桥梁作业。

当日施工地段有道口及桥梁时，线路开通后，道口处要与两侧线路顺好坡，枕底要加强捣固，尽快恢复原来木枕临时铺面，并符合标准要求。无砟桥换完钢轨后要紧接着进行调整轨下胶垫及改道、补钉、水平调整作业。

h. 匀轨缝。

在铺设轨排作业中，由于运输及施工作业等原因，会导致轨缝大小不均匀，造成轨缝的大轨缝和瞎缝，需用液压轨缝调整器进行调整，以使轨缝均匀。

i. 安全班作业。

当日施工班组在当日收工后，因线路还在继续发生变化，会导致线路几何尺寸失格，故在收工后，还需安排一个专门班组接着进行整理作业，保证收工后的行车安全。

j. 恢复线路里程标志。

将临时移设到路肩上的 50 m 桩点曲线头尾及圆缓点等标记，恢复到新轨上，位置要准确，字迹清晰工整。

k. 找细交工。

当日过后，铺轨排地段移交给下一道工序。在线路道床不进行清筛的情况下，下道工序是找细作业及交工。如果是使用全断面枕底清筛机，下道工序就是清筛作业。后部的找细交工作业，全面地按照线路大修验收标准要求进行，使铺排、清筛后的线路尽快交工，缩短施工后的真空地段，以利行车安全。

上述换铺轨排作业，在区间内可以每天连续不间断地进行。但在接近车站时，因受遭岔、站台等限制，必须在车站最外道岔前中止铺轨排作业，转移新旧轨排车走行轨，越过道岔群地段后，在道岔岔跟引轨后再继续铺排作业。

由于龙门架托架车上的走行轨在道岔上不能落到最低处的作业位置，难以与车下线路两侧的走行轨接顺，所以在道岔前后，最好让出 25 m 地段，不进行吊铺轨排作业。这一段如需换轨换枕时，可卸下钢轨和轨枕，用人工作业施工。

换铺轨排作业进行到站内靠近站台地段时，由于站台墙妨碍龙门架走行轮走动，在铺排前要先进行临时拨道工作。拨道工作可在封锁前 1 h 内列车限速慢行时完成，也可在封锁后工程列车进入前完成。

使用跨度为 3 260 mm 龙门架时，应将轨道向远离站台方向拨动 0.2 m，使站台边距线路中心为 1 950 mm。如果龙门架跨度为 3 420 mm，应拨动 0.3 m。站台地段线路拨道完成后，再驶入工程列车换铺轨排。轨排铺设完毕后，工程列车及时驶出铺排地段，再将已铺设落地的新轨排拨回到设计位置，并进行填砟捣固作业，开通线路。

4. 成组更换道岔施工

道岔结构复杂，零部件较多，技术要求严格，因此道岔的更换铺设是一项细致复杂的工作，现借助某局某段的作业程序加以阐述。

（1）大修道岔预铺。

① 根据现场地势，选好预铺地点，初步确定换岔方案。

a. 正线道岔要分行别，两侧预铺。现行的施工天窗为上下行线分别给点，施工不同步。施工中新道岔横移时不可跨越正线。

b. 新道岔尽量避免本线纵移。在筛选施工方案时，首选在路肩上垂直于旧岔位置预铺新岔，施工中直接横移入位。如地势不允许，次选邻线纵移，再横移入位。尽量避免本线纵移，因为本线纵移需铺设纵移滑道轨，而铺设纵移滑道轨会给施工带来不便。

c. 如果能预铺道岔的地点过少，可采用两组道岔上下叠铺的方式。需要注意：两组道岔重量过大，道岔下的木枕垛必须稳固；先换的道岔在上，后换的道岔在下；掌握铺设时间，不能影响施工点，因为先换的道岔后铺。

d. 道岔横移范围内不得有高柱信号机和站内电线杆。

e. 道岔纵移范围内尽量避开曲线地段。如无法避开曲线，纵移时要尽量降低新道岔重心，滑道轮与岔枕间至多只能垫一个木墩。否则，会增加纵移时掉轮的几率。

f. 完成现场调查后，与运输部门联系，初步确定施工方案和换岔顺序。

② 严格道岔铺设标准，减少线上整修。

a. 指派业务能力强的职工负责挑选配件和铺设质量监督，严格控制几何尺寸。可由设备管辖车间派人监督、配合。主要尺寸控制标准范围：轨距；道岔头尾3个开口，两股钢轨要打方；尖轨要方正，尖轨尖部不能探出滑床板；护轨垫片要采用横插的方式；道岔直股要直顺，以便配轨准确；岔内绝缘处必须使用尼龙轨距调整块，弹条与接头鱼尾板间隔不小于2 mm；冻结鱼尾板螺栓扭力要达标；其他事项同大修道岔验收标准。

b. 岔后道枕要与道岔相连接预铺，如地形条件不允许，也可在其他位置连成小轨排。

c. 需焊联的道岔，在铺设时应预留好焊联轨缝。焊联后，组织焊头探伤。如有伤，可根据程度，确定加固或切开重焊，确保设备上线安全。

d. 联系电务部门，对道岔绝缘部进行测试。

e. 道岔预铺后，组织有关人员验收。超限处所立即整修，道岔头尾部必须方正，冻结接头螺栓扭力达标。整修后做好回检记录。

（2）大修道岔施工前准备。

① 施工要点。

a. 在确定初步施工方案的基础上，制订施工组织措施，附带两图一表，并报主管处审批。

b. 与车务、电务及运输部门细化施工方案，制订施工计划。

② 研究方案。

施工前与电务部门一起到现场研究配合方案。

a. 确定新岔横纵移范围内需放倒的地灯和电箱，并指定专人配合。

b. 核对施工中接头数量，由电务准备绝缘材料和普通接头跳线。

③ 旧道岔枕盒换砟。

a. 根据混凝土枕道岔标准图要求，枕下300 mm深度全部更换为硬质石砟，故采用不破底逐孔倒筛的方法进行枕盒换砟。

b. 筛出的旧石砟补充到站线道岔。

c. 换岔施工清筛石砟时，将原枕下石砟破底至300 mm左右。

④ 道岔前后配轨。

a. 由主任领工员、大修主管、所在车间领工员组成技术小组，进行道岔配轨工作。在进行道岔配轨工作时应注意以下几点：根据季节和施工时轨温，设置合理的轨缝，道岔前后轨要打方，一般夏季设8～10 mm轨缝，冬季设12～15 mm轨缝；单渡线道岔的渡线绝缘位置设在中间，不可设在辙叉尾，避免通长铁垫板联电，并且绝缘位置要避开岔后通枕，以减少施工点内的工作量，今后如有条件，可换为单根胶结绝缘轨；道岔前后各1根轨，尽量采用25 m或12.5 m标准轨，便于今后养护、更换；横移滑道轨尽量统一规格，采用50 kg/m长3.0、3.5、4.0、4.5、5.0 m的钢轨，以便重复使用；道岔中心位置要通过计算确定，并与现场现有道岔中心位置相比较，两者道岔前后位置误差不得超过100 mm，确保换岔后前后线路平直、曲线圆顺；道岔前后配轨如改型，要准备相匹配的扣件和联结零件；正线道岔改型

（50 kg 改 60 kg）时，前后两种轨型连接处要使用异型轨，避免异型接头；每组混凝土道岔（包括道枕部分），安排 8 ~ 9 根横移滑道，滑道要尽量避开接头、电机拉杆或角钢位置，并且每根滑道受力要均匀；长距离（50 m）以上纵移道岔，道岔前后要使用小平车，不可使用滑道轮；确定施工时旧道岔钢轨、枕木的摆放地点。

b. 配轨后将资料（图表形式）交于锯轨、运轨人员。

c. 配轨运到位后，要组织复核尺寸，步骤与配轨相同，不可省略

⑤ 机械、料具准备。

各种机械料具要提前一天运至现场，并派人看守。包括起道小车、一操一捣固机、轨缝调整器、木墩、木板、木楔等。还要预备 1 ~ 2 根钢轨，放到指定地点，如配轨尺寸不合适，可立即现场锯轨。

⑥ 召开施工预备会。

a. 细化施工方案，将各种工作量分配到参加车间，制订详细的组织措施。

b. 由主管段长组织施工车间及相关人员召开施工预备会，详细介绍施工步骤和注意事项。

c. 参加施工的领工员召开车间级的工、班长会，落实工作量。

（3）大修道岔施工。

① 点前准备。

a. 点前不限速的情况下，原则上不进行准备工作。

b. 点前 1 h 限速 45 km/h 的情况下，可适当进行以下准备工作，但要严格控制，避免准备超量：

接头螺栓每端保留 2 个，保证扭力达标，不可垫其他配件；

拆除轨距杆、防爬器；

拆掉螺纹道钉，补钉普通道钉；

穿好第一根滑道轨上的滑道轮，备好木楔；

画出滑道轨间距和滑道方向支距点；

对锈死的螺栓用气割切开并更换；

枕头石砟尽量清出，枕头外保留 200 mm 石砟；

施工点前可安排更换道岔前后Ⅲ型枕和短岔枕。

② 点中施工。

a. 放倒有碍施工的地灯、电箱。

b. 拆除联结零件，抬出钢轨、枕木到指定地点。

c. 石砟清除及整平。要求深度达到枕下 300 mm。

d. 安装滑道轨并找平。要求滑道轨位置与邻线的标记相对。

e. 横移道岔对位。注意岔尾部分不要侵入邻线限界。

f. 撤除滑道轨，新岔回落，回落前枕下必须垫保护墩，随着新岔高度下降逐步撤除反垫滑道轮，中间垫好鱼尾板，进行道岔微移对位。

g. 对位后连接道岔前后鱼尾板，道岔落地，回填石砟。

h. 按支距拨正道岔方向。

i. 从岔头向岔尾进行起、捣整修。

j. 配合电务调试道岔。

k. 开通前再次起、捣整细。

l. 检查并开通线路。对有问题的地段及时安排整修并安排人复查。

m. 按规定进行阶梯提速，每次提速前安排专人检查设备，并按施工计划及时更换慢行牌。

③ 点后整修、清理现场。

a. 如换岔施工夜间进行，那么白天就要安排人员利用慢行点整修，达到提速要求。

b. 清理现场，按达标建线标准 7 日内整理到位。

c. 与所在车间进行验收、交接，填写验收单。

d. 做好道岔焊联计划，并及时组织实施。

（4）大修道岔强制保养。

大修道岔更换后状态不易保持，需在一定时间内安排强制保养方可达到稳定状态。

（5）施工网络控制图、施工平面图、关键问题卡控表。

① 施工网络控制图，如图 5.3 所示。

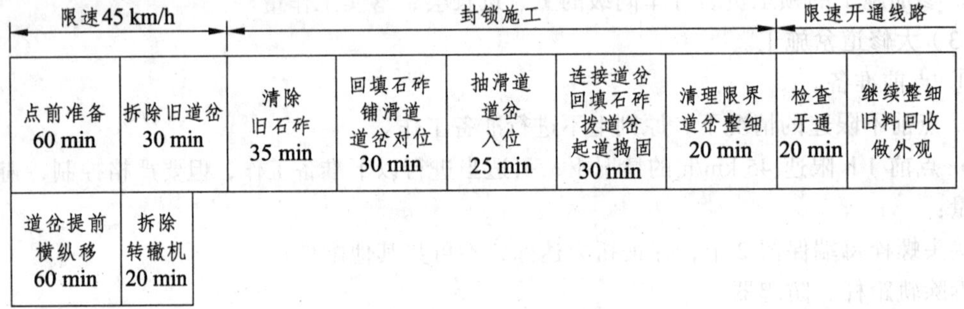

图 5.3　更换混凝土枕道岔施工网络控制图

② 施工平面图根据施工现场的具体情况绘制。

③ 关键问题卡控表见表 5.4。

表 5.4　更换混凝土枕道岔施工关键问题卡控表

序号	施工中关键问题	部　门	负责人
1	施工准备专项检查	大修段长	
2	施工全过程安全监控	安全段长，安全室	
3	施工质量检查验收，开通检查	技术科	主任领工员
4	各组道岔施工负责人	技术科	主任领工员
5	轨排横纵移负责人	技术科	主任领工员
6	拉绳防护	安全室	
7	夜间施工照明	综合车间	
8	道岔对位线间距	技术科	
9	放倒电箱，电盒及恢复	技术科	领工员

续表 5.4

序号	施工中关键问题	部门	负责人
10	钉固道岔	所在车间	
11	起道小车安装，撤除	技术科，施工队	
12	拆除安装吊轨卡子	施工队	
13	锯轨打眼	综合车间	
14	机具维修	工厂车间	
15	驻站员	所在车间	另定
16	两侧防护插拔更换牌子	所在车间	另定
17	滑道分组	技术科	
18	滑轨道，平车，小车，木墩，木楔	施工队	
19	新旧料收发	所在车间	领工员

5.4 施工技术安全措施

5.4.1 线路设备维修管理组织

1. 线路的管辖范围

工务段管辖的范围：正线延长单线以 500 ~ 700 km 为宜，双线以 800 ~ 1 000 km 为宜；特殊情况下由铁路局规定；山区铁路或管辖范围内有编组站或一等及以上车站时，管辖的正线长度可适当减少。

线路车间管辖的范围：正线延长单线以 60 ~ 80 km 为宜，双线以 100 ~ 120 km 为宜。

线路工区管辖的范围以正线延长 10 ~ 20 km 为宜。

工务段应按检修分开的原则，下设线路车间、检查监控车间和综合机修车间，根据需要还可设机械化维修、道口、路基等车间。

线路车间下设线路工区和机械化维修工区，未设检查监控车间的工务段应在线路车间设置检查监控工区。其他车间可根据需要设置工区。

2. 线路设备维修制度

线路设备维修实行检修分开制度。

检修分开的基本原则是实行专业检查和机械化集中修理，实现检查与维修的异体监督。

检查监控车间（工区）应按规定的项目和周期进行设备检查分析，并及时传递检查信息；线路车间负责安全生产组织实施；线路工区主要负责线路设备巡查、临时补修、故障处理；机械化维修车间（工区）负责综合维修、配合大机维修作业和经常保养；综合维修车间负责钢轨、道岔焊补，养路机械的维修保养，工具制作、修理及线路配件修理等工作。

3. 综合维修组织形式

（1）工务机械段负责综合维修的大型养路机械作业项目，工务段配合施工，并负责其他作业项目和质量验收。

（2）当大型养路机械维修不能覆盖时，由工务段按检修分开的原则组织综合维修和质量验收。

4. 路基维修工作的管理组织

工务段设有路基工区时，路基工区负责路基维修工作，线路工区负责并根据路基设备数量配置相应定员。

凡影响行车的线路设备施工作业均应在天窗内进行。铁路局应安排与修理工作相适应的天窗，应做到平行作业，综合利用。

5. 线路设备维修工作计划

（1）工务段应根据铁路局下达的年度计划，编制年度分月维修计划，下达各线路车间（机械化维修车间）。主要内容包括：线路、道岔综合维修数量；经常保养工作的重点安排；各项技术指标；劳力和主要材料计划。

工务机械段应根据铁路局下达的年度计划编制年度分月维修计划。

（2）线路车间（机械化维修车间）应根据工务段下达的年度分月维修计划和各项技术指标，编制月度维修计划。主要内容包括：

① 综合维修、经常保养的主要项目、数量、地点材料和人工数。

② 工作量调查、验收的人工数。

③ 日常巡查的主要内容、材料和人工数。

④ 临时补修使用人工数。

⑤ 天窗使用计划。

（3）检查监控车间（工区）应根据有关规定和要求编制月度检查计划。主要内容包括：

① 检查的项目、范围、数量及时间。

② 使用仪器、量具、材料和人工数。

（4）检查监控工区、机械化维修工区、线路工区的日作业计划，由工长负责调查与编制。

在线路设备维修计划中，应根据线路设备条件和状态，结合季节特点，合理安排综合维修、经常保养和重点工作。

5.4.2 线路设备大修施工管理组织

铁道部对线路设备大修施工有严格的技术管理。

1. 专业施工队伍必备条件

（1）线路大修施工，应由专业线路大修队伍承担。工作量小、技术比较简单的大修也可由工务段承担。

为保证生产秩序，提高技术水平，大修队伍应有固定的生产人员作为基本生产队伍。

（2）为提高线路大修工作效率，保证线路大修质量，减轻劳动强度，改善职工生活条件，大修施工单位必须具备如下设施：

① 铁路局应根据近、远期规划，统筹安排，修建必要的大修基地。大修基地应有足够的配线和场地，具备必要的生产和生活设施，且交通便利。

② 大修施工单位应配备与大修施工任务相适应的线路大修施工机械、交通运输工具、通信设备以及与检修施工机械相适应的检修机具、检修车间和机修车库等检修设备及设施，以逐步提高施工机械化程度。

③ 大修施工单位应配备足够的流动生活设施（如宿营车辆等）。

2. 线路设备大修施工计划

（1）线路大修施工计划是搞好企业管理、加强施工组织工作的重要环节，必须认真细致地编制年度、季度和月度施工计划。

（2）线路大修施工必须以正式批准的设计文件和施工计划为依据。需要封锁线路或限制行车速度的施工、工程列车和长轨列车运行、道砟运输等，均应纳入铁路局的运输方案。

（3）线路设备大修施工单位应向有关单位提报月度施工计划。经批准的施工计划，各单位均应严格执行。

3. 线路设备大修施工组织设计内容

线路设备大修施工单位依据设计文件进行现场调查和施工测量研究制订施工方案；按工程件名及批准的施工计划编制施工组织设计。其主要内容如下：

（1）设备现状。

（2）施工技术条件和技术标准。

（3）工程数量及材料供应。

（4）施工方法、劳动组织、机具使用和施工配合。

（5）按工序编制施工进度图表。

（6）保证施工安全、质量和进度的措施。

（7）施工临时设施。

（8）职工生活安排。

4. 线路设备大修施工管理

线路设备大修施工必须认真贯彻执行“安全第一、预防为主”的方针，严格执行各项施工作业标准，科学组织施工，确保施工安全、质量和进度。

（1）施工单位应按照设计文件、有关技术标准和施工工艺流程组织施工，合理控制施工和慢行长度。

（2）施工负责人应深入现场，加强领导，落实安全责任制。

（3）线路设备大修施工实行安全监督制度。负责设备管理的工务段，必须派人常驻施工工地，加强与施工单位的联系，相互配合，密切协作，协助检查施工安全和施工质量。工务段应对施工全过程进行监督，发现施工安全隐患及质量问题时应责令施工单位立即纠正，危及行车安全时有权责令其停止施工。

（4）线路大修施工单位必须建立以下制度：

① 施工三检制。在每次开工前、施工中、线路开通及收工前，施工负责人应组织有关人员分别按分工地段对施工准备、施工作业方法和线路设备状态进行检查。

② 巡查养护制。施工现场应设置巡养人员，对施工地段进行巡查养护工作，发现并及时消除危及行车安全的处所。

③ 工序交接制。前一工序要给下一工序打好基础，在前一个工序完成后，应由施工领导人组织工序负责人进行交接。

④ 隐蔽工程分阶段施工制度。每个阶段结束前，由施工单位会同接管单位共同检查，并填写记录，确认符合设计要求后，方准开始下一阶段施工。

⑤ 职工岗前培训制。新工人上岗前必须经过安全教育和技术培训，经考试合格方准上岗。采用新工艺、新设备时，必须首先制订安全保证措施和操作规程，并对职工进行培训后方准进行操作和调试。

⑥ 安全检查分析制。施工安全工作应抓早、抓小、抓苗头、抓薄弱环节，应定期加强检查，重点加强季节性、节假日和工地转移前后的检查，及时消除隐患。应组织开展事故预想活动，预防事故的发生。对事故苗头和事故应及时分析、处理，吸取教训。

5. 线路设备大修施工材料管理

（1）施工单位应建立健全材料管理制度，不得使用质量、规格不符合标准或出工证件不符合要求的材料。

（2）材料应及时清点入库，堆码整齐，采取必要措施防止丢失或损坏。

（3）下道旧料应及时回收，做到工完料净。

（4）应按规定办理材料的收发、运送、使用和交接手续。

6. 线路大修施工机械管理

施工单位应建立健全各种施工、运输和装卸机械的管理制度，加强设备台账和技术档案的管理，实行岗位责任制，严格执行设备检修保养制度，保证配件储备，提高设备完好率。

7. 线路设备大修施工技术作业要求

（1）线路大修应按流水作业组织施工，使各工序紧密衔接，合理控制施工和慢行地段长度。

（2）应严格按照设计平纵断面和有关技术标准组织施工。

（3）积极采用新技术、新材料、新工艺、新设备，努力提高施工技术水平。

8. 线路设备大修施工组织设计的编制

（1）施工调查。

施工调查的内容在 5.2 中介绍。

（2）编制步骤。

根据设计文件的要求，以及施工调查研究资料，便可按下列步骤编制施工组织设计。

① 计算工作量。

根据年度大修施工任务，施工里程及位置，工期安排与要求，以及施工方法、工作项目，按月任务计算工作量，对于经常不变的工作项目（如拆铺轨排、清筛道床，起道捣固等），一般都已专业化，施工方法与施工组织变化不大，可按每千米定额计算，对于变化较大的工作项目（如开挖水沟、大拨道等），可按实际工作量计算，对于个别零星项目（如砌片石盲沟、处理路基病害等）应分别按其工作量计算。

② 选择施工方法，确定施工顺序。

在前面介绍的三种施工方法中，我国常用的是龙门架换铺轨排作业方法。其施工过程通常分为基地作业和现场作业两大环节。

一般的施工程序为：施工测量—现场调查—技术交底—基地组装轨排—新轨排装车—进入封锁区间—现场施工作业—铺轨排列车返回车站—开通线路—铺轨列车返回基地—旧轨排卸车—拆卸旧轨排。

现场施工作业是一个有限循环的过程，主要作业为拆卸旧轨接头、拆除旧轨排、整平道床、铺设新轨排，回填枕盒石砟及起拨道、捣固。

③ 编制劳动力计划。

劳动力计划系按各项工作量，依据查定的实际先进定额（大修单项劳动定额），按千米计算月使用直接工和辅助工的工数，并在此基础上编制每月每千米的劳动力计划表。这里应注意到劳动组织、机具使用、施工程序和方法，以及各工序间的衔接等。

④ 编制用料计划。

用料计划除了主要定额材料（如每千米的钢轨、轨枕及联结零件等）外，最主要的是石料计划。大修每千米用石料较多，只有计划准确，才能既保证任务的完成，又可避免不足或积压。此外，还应考虑消耗材料、机具需要量，以及材料供应运输等。

⑤ 编制施工进度。

施工作业的组织方法一般有顺序作业法、平行作业法、流水作业法和平行流水作业法。线路大修施工一般多采用流水作业法和平行作业法。在计算了每月每千米的工作量、用料量及劳动力后，即可编制施工进度指示图表。这里，应特别注意各项工作之间的有机配合与衔接，也就是必须进行平衡工作。特别要注意各个项目工作之间的进度应平衡，任何脱节或重叠，均会造成工作上的混乱。反复平衡是非常重要的措施。

施工进度指示图表除了表现各项工作量外，还应表示出线路设备的具体情况，以便全面考虑问题。施工进度指示图表还应规定各项工作的进度、材料供应数量、交验日期等，使计划与实际工作都能一目了然，便于发现问题，及时解决。

⑥ 制订施工技术措施。

为了能指导施工，保证质量，提高效率，应根据具体情况分别制订保证完成任务的施工技术措施。

a. 建立主要材料的检查制度，质量规格不符合标准或出厂证件不符合要求的不得使用。

b. 建立施工三检制。在每次开工前、施工中、线路开通及收工前，施工负责人应组织有关人员分别按施工地段，对工作准备、操作方法和设备情况进行检查。

c. 建立工序交接制。前一工序要给下一工序打好基础，前一工序完成并经验收合格后方准进行交接。

d. 加强隐蔽工程的检查验收，确认符合规范要求后方可继续施工。

⑦ 制订安全措施。

a. 加强对职工的安全教育，贯彻“安全第一”的思想。

b. 建立安全检查分析制。

c. 利用事故树分析方法，对事故进行事前控制，对易发生事故的控制点进行分析并采取防范措施等。

（3）施工计划的交底。

施工组织设计经审定后应进行技术交底。技术交底文件一般由下列几部分组成。

① 工程概况。

主要说明施工任务，如工程范围、钢轨及配件、轨枕及扣件标准、桥梁隧道状况、道床、道口、路基与侧沟、线路平面及纵断面等情况。

② 设计技术条件及技术标准。

根据施工特点，说明哪些是重点，如何去做，为什么要这样做，以及本段施工属特殊地段情况，如小半径曲线组装与铺设、大坡道施工、轨缝处理等。

③ 附表。

主要应有按千米统计的道床数量表和曲线缩短轨数量表。

9. 施工计划的实施

施工计划下达后，各单位应对施工内容进行核对，发现问题应及时与运输处联系纠正。凡经批准的施工，各单位、各部门不得擅自更改。如因特殊情况需变更或急需增加的施工，施工单位要提前 3 天提出书面申请，经各配合单位及有关业务处签认并加盖公章后，报运输处审批。纳入月度施工计划的施工，原则上不准停止。因专特运、事故、自然灾害及调整车流等原因停止施工时，须经主管运输副局长（总调度长）批准，并于前一日 14 时前以调度命令通知有关单位。

由于特殊原因，未按当月月度施工计划规定时间进行且未纳人次月月度施工计划的各项施工，由各施工单位汇总后于当月月底前报运输处，统一编制次月施工补充计划。

（1）施工登记。

① 调度所要点登记。凡批准的施工，施工前两日 10：00 前由施工单位向调度所进行登记，内容包括施工项目、批准的文件号、施工地点、时间、影响范围、速度限制等。

牵引供电设备的施工，施工单位须通过指定的驻调度所坐台人员或通过供电段准时向路局供电调度按日提报次日施工计划，包括停电时间、作业范围、地线位置、封锁线路要求、自轮运转车辆编组及运行计划等内容。

② 车站要点登记。登记要点工作由各单位施工驻站员负责。施工驻站员到车站登记时，必须佩带“施工驻站员证”，“施工驻站员证”由施工单位、设备管理单位的安全部门填发。

纳入月度施工计划的施工，施工驻站员应于施工前两日 10：00 前在车站统一按施工计划确定的日期、时间、项目及影响范围进行登记。特殊情况需变更施工计划，经调度所施工台同意后可重新登记。施工当日，施工驻站员必须提前 1 h 到岗，与车站值班员对预登的内容进行再次校对，确认无误并在预登施工项目栏下方共同签认（双方签名、日期、时间）后，车站值班员方可向列车调度员请求施工调度命令。

（2）登记簿的管理、登记要求。

①“行车设备检查登记簿”、“行车设备施工登记簿”（施工）的配备及管理。

a. 在行车室（信号楼）、驼峰楼设《行车设备检查登记簿》两册，《行车设备施工登记簿》（施工）两册。其用途分别为：《行车设备检查登记簿》一册（故障登记）用于站内、区间设备故障登记；一册（加封登记）用于设备加封登记。《行车设备施工登记簿》（施工）一册（计划施工）用于有计划施工登记；一册（维修天窗）用于维修天窗登记。

b. 登记簿的管理由车站指定专人负责，存放固定位置（便于随时登记），用完后保存一年。

② 登记及签认要求。

不影响行车设备使用的检查、检修、施工不进行登记。登记签认，一律使用蓝色圆珠笔或炭黑圆珠笔填写，各种印章均使用红色印油，做到字迹清楚、内容准确、格式对齐、由前往后、不留空格、依次填写，登记内容不得涂改。填写错误时，在备注栏注明“作废”字样，另起一行重新登记。填记错误、不标准、不清楚、驻站员未持证上岗，车站值班员可拒绝登记，延误检修、施工由设备管理单位或施工单位负责。

③（故障登记）登记要求。

行车设备临时发生故障时，车站值班员（设备管理单位发现故障时由设备管理单位）将发生故障的时间、地点、现象等登在《行车设备检查登记簿》，车站值班员进行签认，并及时通知有关设备部门，将通知的单位、时间以及被通知人的姓名一并登记齐全。有关单位值班人员到达后，应在“到达时间”栏内登记月、日、时、分、姓名并确认故障现象，双方签认。故障消除后，未发生故障的设备单位也要按规定在登记簿登记签认。

④（计划施工）登记要求。

a. 请求施工（慢行及封锁）登记。

“本月施工编号”栏：由施工单位按局月度施工计划编号或批准电报号进行填记，没有编号的可以不填写此项。

“月、日、时、分”、“施工项目”影响使用范围（需要慢行或封锁条件）以及“起止时间”栏由负责人填记；“施工负责人”栏需填记单位、职务、姓名；由施工负责人填记“设备单位”栏，填记前需对施工单位填写内容进行检查确认，填记单位、职务、姓名。遇有 2 个以上单位时，分别填记。

b. 承认施工。

车站值班员根据调度命令填记“命令号及发令时间、慢行及封锁起止时间”栏，对填记核对无误后，在“车站值班员签认”栏内填记姓名；施工负责人对车站值班员填记内容确认后，在“施工负责人”栏填记姓名。

c. 施工后开通检查确认。

施工负责人确认施工结束，确认具备放行条件后，在“施工终止时间”栏内填记施工终止时间；对“恢复使用范围和条件（开通后恢复常速确认）”栏，开通条件与命令一致时填记“施工完毕，请求开通”；与施工命令不一致时注明恢复使用范围和条件（开通后恢复常速确认），在“施工负责人”栏内填记姓名；设备单位检查人确认施工后具备开通条件，在“设备单位检查人”栏内填记姓名；车站值班员检查确认后，在“车站值班员签认”栏填记姓名；向列车调度员请求开通命令后，在“开通命令号及开通时间”栏内填记调度命令号及开通时间。

其他认为有必要填记的内容在“备注”栏内填记。

当一栏填写内容较多时，可在本栏下格继续填写。但不同施工内容不能占用同一格。如路内单位施工，施工单位为设备单位时，在“施工负责人”栏内填记，配合单位填记在“设备检查人”栏内。如无配合单位时，设备单位检查人栏由施工单位填记。施工负责人和设备检查人可由驻站员填写。

⑤（维修天窗）登记要求。

维修天窗内只进行维修作业时，在维修天窗登记簿上登记，内容包括：施工时间、地点、项目（填记“维修作业”）、设备名称、施工负责人、影响范围等。

10. 施工安全卡控

（1）施工组织领导等级卡控。

进行线路、桥隧等设备施工时，应根据工作内容和影响行车安全的程度，按下列规定指定专人担任施工负责人：

① 影响路基稳定的开挖路基、建筑物基坑，整治路基病害，加固或改建桥隧建筑物，拆铺便线（桥）和临时架空结构，更换或铺设防水层，整修隧道衬砌等较复杂的大型施工，由段级领导担任。

② 需办理封锁手续，设置移动停车信号防护，线路开通后需限制列车速度的施工由职务不低于车间主任的人员担任。

③ 需办理封锁手续，设置移动停车信号防护，线路开通后不限制列车速度的施工由职务不低于工长的人员担任。

④ 需办理慢行手续，设置移动减速信号防护，限制列车速度的施工，由职务不低于车间主任的人员担任。

⑤ 设置作业标防护的作业和使用轻型车辆及小车时，由工（班）长担任。

⑥ 在区间装、卸轨料及砂石料的作业，由职务不低于工长的人员担任。

⑦ 特殊情况下，上述作业可由段长指派胜任的人员担任。

（2）施工关键过程的卡控。

① 开工前，应有针对性地对全体施工人员（含劳务工）进行安全教育和技术交底。

② 指派的防护员必须是经过培训考试合格的员工。

③ 施工前，应按审定的方案做好各项准备工作，确认信号备品、机具、材料齐全完好关键岗位和配合人员已就位，封锁或慢行命令无差错，防护已设好，各项安全措施已落实发布施工命令。

④ 施工中，应严格按审定的方案作业，随时掌握进度与质量，监督施工人员执行各项安全规定，消除不安全因素，并保持与防护员之间的联系。

⑤ 线路开通前，应认真进行质量检查，确认线路设备状态达到放行列车条件，材料机具不侵入限界，并做好记录。

⑥ 列车通过后，应组织复查整修，确认线路、桥隧等设备质量达到规定要求并做好记录后，方准收工。

⑦ 限速地点是否设置专人巡查，由设备管理单位在确保安全的前提下，根据实际情况决定。

⑧ 凡未办理验交的线路、桥隧等设备，由施工单位负责巡查养护，保证行车安全。

（3）放行列车条件卡控。

施工地段放行列车时，轨道静态几何尺寸偏差不得超过经常保养（速度 V_{max} =120 km/h）容许偏差管理值。列车速度 V_{max} >45 km/h 时，工务设备状态符合铁路线路、桥隧修理有关规定。列车限速 $V \leqslant 45$ km/h 时，线路状态应符合下列要求：

① 轨枕盒内及轨枕头部道砟不少于 1/3。

② 枕底道砟串实。

③ 轨枕每隔 6 根可空 1 根。

④ 道钉或扣件：

a. 钢轨接头两根轨枕和桥枕上道钉、扣件齐全、有效。

b. 半径小于或等于 800 m 曲线地段，混凝土轨枕可每隔 1 根拧紧 3 根钉紧 6 根。

c. 半径大于 800 m 曲线及直线地段，混凝土轨枕可每隔 2 根拧紧 1 根钉紧 1 根。

⑤ 接头螺栓：每个接头至少拧紧 4 个（每端 2 个）。

⑥ 钩螺栓：每隔 3 根轨枕拧紧 1 根。木枕可每隔 1 根

⑦ 起道（含垫砟）顺坡率不小于 200倍。

⑧ 冻害垫板平台两端的顺坡率不小于 200 倍。

⑨ 在进行钢梁修理或上盖板涂装时，可根据施工需要移动桥枕，但移动后，每根桥枕的钩螺栓、道钉或分开式扣件应齐全有效，固定枕木的拉条保证枕木间距不变化；移动后的桥枕中心间距不应超过 550 mm，个别情况也不得超过 600 mm，而接头处桥枕净距不得超过 210 mm。

如桥枕状态不良，可根据实际情况，采取必要的加固措施或限速运行。行车速度 100 km/h 以上的区段，桥枕净距大于 210 mm 的钢梁桥客车限速 100 km/h，货车限速 60 km/h。施工期间，列车限速不得超过 45 km/h。

⑩ 故障处理后的放行列车条件由工务段现场负责人决定。

⑪ 施工作业地段线路开通后，列车限速应按速度阶梯逐步提高。施工作业开通后的限速地段，为逐步提高行车速度，可使用能随时撤出线路的轻便型机具进行线路整修。线路整修时，必须设驻站联络员、现场防护员和作业地点两端的防护员。

11. 应用示例

【例 5.1】 ××线更换 60 kg 轨无缝线路施工安全组织措施。

（1）施工地点及时间。

地点：××线 K121 + 740—K130 + 092。

施工顺序：

① K121 + 740—K123 + 160；

② K123 + 160—K124 + 478；

③ K124 + 735—K125 + 846；

④ K126 + 018—K127 + 815；

⑤ K127 + 900—K128 + 946；

⑥ K128 + 946—K130 + 092。

时间：2003 年 10 月 13 日、10 月 15 日、10 月 17 日、10 月 20 日、10 月 22 日每日 10：00—11：40；施工后第一列限 25 km/h。

（2）施工项目及作业内容。

铺设 60 kg/m 轨无缝线路。

（3）施工组织及作业方法。

① 施工领导。

a. 施工领导小组。

组长 1 人，副组长 3 人，组员 5 人。

b. 参加施工单位。

A 领工区、B 领工区、C 领工区、D 领工区、工厂车间。

c. 分工及责任范围。

换轨责任区段分工（自始端至终端）：D 领工区、B 领工区、C 领工区、A 领工区。

D 领工区组织 30 人，负责始端钢轨对位连接，或配合工厂铝热焊焊轨 27 人负责换轨工作量及本施工地段的防护工作。

B 领工区组织 50 人，负责换轨中部。撞轨器 1 处 3 人，防护 1 人，换轨工作量提前通知。

C 领工区组织 40 人，负责换轨中部撞轨器 1 处及 36 人换轨工作量和本施工地段的防护工作。

A 领工区组织 60 人，负责内容：换轨前新轨对位及轨条拨顺，负责与电务联系配合换轨事宜；换轨前将换轨所需 60 kg 钢轨配件对位于施工现场；负责运转室联系施工要点及施工地段两端作业防护和本领工区负责地段的施工防护；负责换轨地段撞轨器 2 处和 51 人换轨工作量及换轨终点拉伸、连接配合工作等；负责 A 站内人行平过道拆除和铺设工作。

工厂车间负责始端线下轨锯轨、打眼或焊轨，终端锯轨、打眼、拉伸等工作。

② 作业程序。

a. 准备作业。

每个施工地段在换轨前一日由 A 领工区负责将新轨条拨到道床肩部基本对位换轨配件对位于施工地点，联系电务配合事宜等。

换轨当日准备时，各领工区要首先确认新轨对位情况，清除新旧轨间高于枕面的石砟。

换轨准备扣件按隔二松一的顺序，接头螺栓保障每端不少于 2 条并有效，工厂车间做好锯轨、打眼、焊轨、拉伸准备工作。各撞轨器按指定地点准备到位。

b. 基本作业。

给点后，解开换轨地段两端接头及各领工区交界处接头，换轨人员松开扣件将旧轨拨到轨枕头以外，然后拨入新轨，拨入新轨顺序是先内股后外股。

新轨入位以后，D 领工区要立即将长轨条始端 25 m 范围内扣件按扭力要求锁定好，中部 2 台撞轨器进行撞轨，终端进行拉伸，然后两端分别锯轨、打眼连接或焊轨。

所有换轨人员在钢轨拉伸过程中一律不准紧扣件，中间撞轨器要听从指挥按规定走量将钢轨撞到位，待钢轨拉伸完毕以后，听指挥锁定线路。

A、D 领工区要做好换轨地段两端异型轨捣固顺撬工作。

各参加施工单位负责人要在施工点结束前 15 min 检查本施工地段恢复情况，确保施工正点恢复。

c. 整理作业。

按换轨技术标准整修线路。

开通后第一列慢行车过后，整正胶垫、复拧扣件。

将所有旧配件收齐、装车，运到指定地点。

各领工区确认下一个施工点的准备情况。

（4）技术标准。

① 轨距达到 0～+2 mm。

② 缓冲区接头轨缝根据轨温计算预留。

③ 钢轨接头螺栓扭力和扣件扭力应达到规定标准值。

④ 木枕地段按规定钉足道钉。

⑤ 轨枕胶垫位置正确，符合标准。

⑥ 无缝线路铝热焊缝距轨枕边不得小于 40 mm。

（5）安全措施。

① 施工所在地 A 领工区负责到车站登记，要点、施工两端防护，按规定设置作业牌信号牌、慢行牌。

② 准备工作不得超限，开通设备必须达到开通条件。

③ 拨轨作业必须统一指挥、呼唤应答，防止伤及人身。

④ 施工准备和整理作业时要防止联电，连接和准备绝缘接头时要十分注意。

⑤ 施工给点以后的出入轨顺序必须服从现场指挥。

⑥ 施工前要准备好切割工具，焊轨处所要准备 2 对鼓包鱼尾板和急救器。

⑦ 整修作业必须达到验收标准，做到“工完、料净、场地清”，换下的旧轨不得侵限。经施工领导人验收后，施工人员方可撤离施工现场。

【例 5.2】 丰长线某区间线路设备大修改造甲、乙两站换岔工程施工组织设计。

（1）工程概况。

丰长线某区间线路设备大修改造工程，由某项目部主要承担更换道岔和岔前、岔后抽换枕木及曲线拨改工程，共计 2 个车站，分别为甲站、乙站，共计更换单开道岔 51 组，2 组交叉渡线，其中利旧更换道岔 3 组。

工期目标：10 月 13 日开工。

（2）组织机构。

丰长线项目领导组：组长 1 人；副组长 1 人；安质部长 1 人；物资部 1 人；调度 1 人；后勤保卫 2 人。

项目部：项目经理 1 人；项目总工 1 人；项目副经理 3 人；安检科长 1 人；物资科长 1 人。

（3）阶段要点工期安排。

根据总体工期目标，结合道岔进场计划，计划分为两个要点施工阶段。

第一阶段：10 月 13 日～11 月 22 日。甲站、乙站卸轨料、组装道岔。

第二阶段：11 月 1 日～11 月 9 日，甲站封锁过渡。11 月 4 日～11 月 27 日，乙站封锁过渡。

（4）各站要点方案。

甲站要点分为 6 步，乙站要点分为 19 步，各步工作内容大同小异，在此只列举其中的三步，即乙站的第三步。

11 月 6 日 15：20～18：10 乙站内永丰上、下行线 6K+200～700（其中，永丰上行线 14：00 开始封锁，工务横移道岔）。更换 115、117、119 号道岔。

乙站变电所 213、214 号馈线停电。

电务安装调试道岔，点毕前 30 min 电务调试道岔。

（5）更换道岔要点施工工艺。

更换道岔施工工艺流程图如图 5.4 所示。

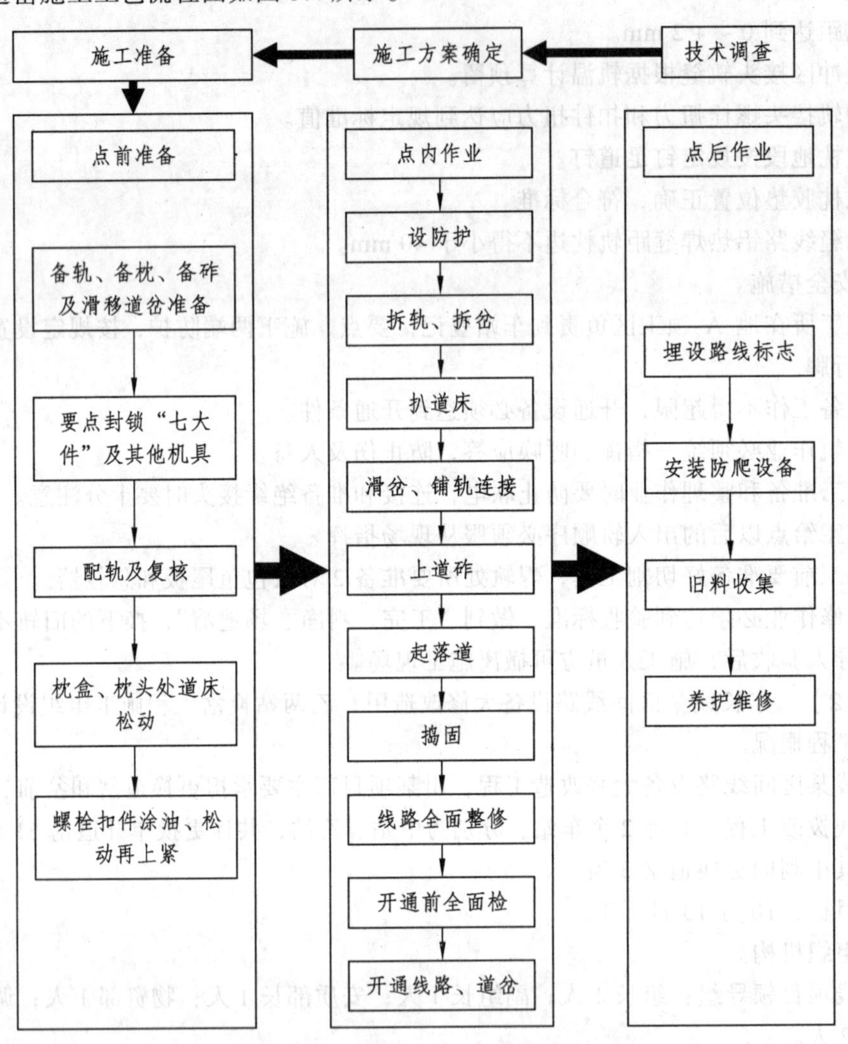

图 5.4　换岔施工工艺流程图

① 点前准备。

a. 根据施工电报核实施工内容及影响范围，严格按照电报内容安排施工。

b. 与工务部门密切配合，点前明确岔前、岔后配轨情况及点内锯轨位置。确定清砟宽度，提前将备用石砟装入编织袋码放在施工地段附近。提前对旧道岔移出路径进行疏导，不能压钢轨，做到分工明确，协调统一。

c. 点前对需松动的扣件涂油、松动、复紧，锈死的要做好标记，以便点上割除。

d. 在道岔的钢轨上做好横移滑轨标记，横移滑轨应位于相邻两岔枕空挡中心，并做好起道机位置标记，分两组对称布置，打起道岔穿滑轨和横移小车。部分道岔需点前横纵移的要横纵移到预定位置，并将道岔固定，防止道岔在列车振动和外力作用下溜动，并派专人监护。

② 点内作业。

a. 施工防护。

此次要点施工防护由工务部门负责。施工负责人接到驻站员通知的正式封锁命令后，下达施工命令。施工单位应按规定设置停车或慢行信号及防护人员全部到位，保证相邻行车线的施工防护安全可靠，堆放用具及材料没有侵入邻线限界，行车安全。

b. 拆除既有道岔。

施工命令下达后，首先将旧道岔拆除，其中拨出轨条时，注意听从指挥，统一行动，以免伤人。拆除的旧料集中堆码到事先规划的指定地点，避免对滑移新岔作业产生干扰。

c. 清除旧砟及回填新砟。

旧砟清除厚度为轨枕下 300 mm。清砟完毕后经检查合格后回填新砟，回填标高应比岔枕底低 50 mm，达到控制标高后，全面夯实平整。

d. 道岔纵移。

纵移采用大滑车，每组道岔 6 个。

使用大滑车进行道岔纵移、对位，大滑车的安放必须沿岔前中心与辙叉中心连线的两侧对称布置。道岔的纵移行走设专人统一指挥，专人观察小车的偏移及支垫木板的变化情况，防止纵移道岔“落架”或倾斜，杜绝发生道岔侵入临线行车限界。

e. 道岔横移。

道岔横移采用滑轨和小滑车，每组 18 根 4 ~ 5 m 滑轨、12 个小滑车。

钢轨（设接头）的一端与预放在道岔下的横滑轨（设接头）用鱼尾板联结牢固，另一端担在道岔将纵移的线路轨道上，前端伸出线路外侧 10 m 左右，其方向、间距及牢固按要求做，滑轨要互相平行且垂直于直股，给道岔横移提供可靠的轨道，每条轨道下增设枕木垛并用道钉固定。

道岔横移过程中，必须有专人监视小车运行情况，出现偏行、卡轮等情况时及时纠正。

f. 道岔就位及联结。

支起道岔时需用足量的枕木头，每组道岔 200 个，另外需要用 5 cm 厚的木板约 50 块配合使用，并准备 20 个木楔子。

打起道岔时，统一指挥，号令一致。用短枕木搭设“井”字形临时支撑，枕木垛间距不大于 4 m，搭好支撑，推出台车，撤导轨时，不得解开鱼尾板，必须整根由一端撤出，下落道岔时，各起道机组必须同步，决不允许各自为政，每次起落高度只能抽填一层枕木厚度（约 200 mm），并用木板随时迎接，严防塌架。

道岔下落后如需横纵移，可集中起道机和撬棍拨动到设计位置，如纵向位移量大时，在搭最后一层枕木垛时，利用横移小车反放在轨枕下，再放入撬棍或鱼尾板拨动道岔移至设计位置并和前后线路联结。

g. 道岔整修及电务调试。

组织上砟、起道、整道、调试。采用电动捣固棒捣固密实，先岔尖后岔尾，并进行转辙试验。达到开通条件后，施工负责人同驻站员联系消点。

h. 消点开通。

要点施工任务完成后，仔细检查线路道岔方向、水平、高低及各部尺寸，电务室内外运行情况，并经安检人员确认，组织人员清理施工范围内的堆放材料机具，符合行车限界要求。

③ 养护与工程交接。

开通前必须对轨距、水平、方向等一一复核，同时进行电务连锁试验。

开通后 24 h 交付工务部门进行清筛养护，若有问题及时联系车站负责人和施工负责人进行处理。

（6）项目部组织机构及机具安排。

① 项目部组织机构明细在此略。管理人员 108 人，其中防护员 30 人。

项目部配备 6 组劳力，预备 2 组，每组劳力均为 200 人，合计 1600 人。

② 机具：配备 6 组劳力同时施工的机具，见表 5.5。

表 5.5 换岔施工机具表

序号	材料名称	单位	数量	备注
1	大滑车	个	48	
2	小滑车	个	96	
3	撬棍	把	800	
4	大头镐	把	560	
5	钯镐	把	80	
6	铁锹叉子	把	800	
7	压机	台	240	带把
8	振捣器	组	16	
9	道尺	把	32	
10	方尺	把	16	
11	450 大扳手	把	240	
12	250 大扳手	把	40	
13	道锤	把	160	
14	扳木枕套管	把	400	
15	扳水泥套管	把	240	
16	ϕ10 铁丝	捆	8	
17	抬杠	根	480	
18	气焊	套	8	
19	锯轨机	套	16	
20	钻眼机	套	16	
21	照明移动灯	盏	38	
22	碘钨灯	盏	48	
23	编织袋	个	40 000	
24	400～500 mm 长枕木头	根	1 600	
25	4～5 m 长滑轨		144	

（7）质量保证措施。

① 根据封锁工作量的大小和难易程度，准备充足的劳力、材料和施工机具、运输车辆，并制订应急处理措施。准备性能良好的通讯工具，确保车站与封锁地点之间、施工总指挥和各作业小组之间可靠的通信联络。

② 施工前对所有参加封锁的作业人员进行安全培训教育和技术交底，使其明确作业范围、规定时间内需要完成的工作内容以及损伤注意事项。

③ 旧料堆放地点应提前做好规划，标志明显；堆放要整齐，一次到位。拆除旧枕间隔10 m留一根不动，以备查找标高。挖砟宽度每侧枕端宽出400 mm。压机手、布滑轨、滑车、支墩人员应严格按规定施工，不得简化程序。

④ 枕木垛必须搭“井”字形，枕木头要方正，不腐烂，枕木头规格尺寸一致，便于搭设，垛底平整牢固。起落道岔时必须搭好保险堆，人的任何部位严禁伸入道岔下面，要有专人检查。移岔前必须检查道岔限界，确认不侵限时才能移动。纵移道岔时，在滑轨前面两个枕木空挡之间不要有人推岔，以防绊倒伤人。严禁压机放炮，停止打压机时，压机把必须抽出。禁止用撬棍插孔翻轨，翻轨时使用专用翻轨撬棍（翻轨器），锯轨打孔时，钢轨一定要放置稳固。

⑤ 封锁施工中，施工单位应与工务和电务密切配合，互相协作，互创施工条件，确保配套开通。加强同运营管理部门的联系，创造良好的施工条件。

⑥ 施工完成后，必须清理现场，收集整理好工具。石砟回填要饱满，捣固密实后方可交养护人员养护。养护维修人员要坚守岗位，随时巡查新更换道岔过车后的状态，做好整修，并按电报规定更换慢行标志。

（8）安全保证措施。

① 点前。

a. 所有施工人员必须加强要点施工培训和安全教育培训并考试合格方可上岗。

b. 施工时现场负责人提前1天向技术科提报日计划，技术科做日计划表传调度，调度向施工配合单位传日计划，通知监护人员现场监护。

c. 站内及区间路基开挖应提报日计划，在监护人员到位时进行开挖。路基开挖前应挖纵、横电缆探沟，对挖出的电缆用橡胶管防护防止挖断，并设指示标引起注意。

d. 在施工准备、卸轨料、施工要点时在监护人员到位的情况下，保护既有工务、电务、供电、电力、通信等既有设备。

e. 封闭线路前的列车慢行阶段，严禁超标准进行施工准备，联结零件、扣件严禁超卸、超松，道床严禁超挖，以免影响线路稳定。

f. 点前，不动线，涉及行车线路安全的施工作业，一律列入要点计划，并在批准的要点计划内完成。

g. 道岔预铺时，垫层、枕木垛平台要平整稳固，摆放岔枕间距要精确，道岔配件要齐全，安装正确。工务、电务调试完好。

h. 在道岔预铺位置预铺道岔。道岔几何尺寸按道岔预铺图及技术要求掌握。其中，必须保持直股方正，以保证道岔就位后方向顺直。

② 点中。

a. 按《铁路技术管理规程》做好施工要点保护，点内临线有车时注意拉绳防护。

b. 科学组织施工，配备足够人员，保证旧岔拆除时轨料、配件无损无丢失。新岔铺设正位、正点开通。

c. 道岔横移前，认真检查滑枕布置位置和滑轨方向，保持滑轨平行，检查滑车与滑轮方向是否良好，注意防止小滑轮走偏，防止道岔趴架伤人，防止道岔滑移侵限。

d. 道岔正位后，应马上安设“井”字形枕木垛，与滑轨数量对称。并在滑轨上打好楔子，防止道岔回溜。

e. 落岔应统一指挥，枕木头应分层去除。压机手及施工人员应站在压棒侧，防止道岔趴架，压棒弹起伤人。

f. 压机手及布滑枕、滑车、支墩人员应严格按规定施工，不得简化程序。

g. 夜间道岔要点施工，应配备足够照明设备，尽量避免道岔较大距离纵移，到位后落岔时要特别强调起道机必须同时起落，严禁“放炮”。

h. 消点前各道岔长负责指挥清理各岔侵限料具，在安检科长检查无侵限料具时报施工负责人消点开通线路。

③ 点后。

a. 各岔必须清理干净各自岔区，收集整理好工具，石砟回填要饱满，捣固密实后方可交养护人员养护。

b. 养护人员要坚守岗位随时巡查各新更换道岔过车后的状态，做好整修，并按电报规定更换慢行标志。

④ 夜间施工控制。

夜间要点施工照明，采用移动灯和碘钨灯，发电机及照明设备均考虑备用。按相关规定加强防护，在作业区临行车线侧，设专职防护员，拉绳防护；防护人员穿反光背心，标志用荧光漆。

⑤ 安全组织。

a. 安全教育培训及安全交底。

所有管理人员及外协劳力必须由劳资科、安检科培训考试合格上岗；防护员、驻站员由工务段教育部门培训、考试合格持证上岗。技术科负责既有线施工安全交底制定及下发，并签字留档。

b. 现场盯控及防护设置。

施工前 1 h，施工人员在防护网外待命，提前 30 min 进入防护网，在施工范围内每隔 20 m 布置 1 人，拉防护绳面向来车方向设置警戒带，防护人员配备手持喇叭，备齐防护用具，警戒带距下行线中心不小于 3 m。警戒带设置好后，由现场指挥人员统筹安排各小组负责人组织施工人员外排队待命。

c. 临线防护措施。

乙站永丰线 K6 + 200—K7 + 500 段与京沪线并行；永丰上下行间不同时给点，上行线 14：00 ~ 18：10 封闭，下行线 15：20 ~ 18：10 封闭，下行线 14：00 ~ 15：20 间有列车通过，上述两处给点后由驻站联络员和远端防护人员通报来车，来车前提前用警戒绳将作业人员全部驱逐出两线间，待列车通过后恢复作业。

d. 移动停车牌及慢行牌设置。

给点后在施工地点两端各 20 m 处由专职防护员设置移动停车牌，消点后撤除。点毕慢

行牌由专职防护员按电报施工影响范围设置，慢行牌位置由公司安检部、项目部安检科长、防护班长共同确认，并现场与专职防护员确认。

e. 工地广播。

施工现场设置工地广播通报来车，协助防护员进行防护工作，宣传施工中的好人好事。

f. 驻站联络。

驻站联络员负责通报行车情况，向施工负责人传达给点命令，熟悉电报内容，按要求登记要点，施工结束后负责消点；按要求提前 1 h 到达车站值班室，办理要点登记手续，了解车站值班员办理区间闭塞或接临站发车及本站接发车、变更等情况，及时向工地防护员预报、确认。

⑥ 应急预案。

a. 换岔可能影响既有线行车的施工项目。

人身伤害；料具侵限；封锁延点；设备故障。

b. 成立施工应急领导小组。

应急领导小组：组长 1 人，副组长 1 人，成员 8 人。由副经理 1 人带领劳力 200 人待命。

应急电话：工作组调度、公司安质部、项目调度三个部门的电话予以公布。

若发生影响既有线行车的事故，首先立即通报相邻车站及指挥部领导，立即启动相关应急预案，将行车干扰影响减至最小，尽快排除故障隐患。

c. 应急事故处理措施。

所有施工人员必须严格按照既有线施工的安全管理规定进行操作施工，并严格遵守既有线的各项安全管理规定。

严格按照安全、技术交底进行施工，严禁野蛮施工。

施工时要听从指挥，统一行动。

施工机具摆放在安全地带，禁止随意丢弃造成侵限。施工期间任何人不得随意跨越警戒绳，邻线来车时本线作业人员必须下道。

施工人员应做好劳动保护，配备必要的防护用品。

如料具发生侵限，应立即予以清除，不易处理解决的应立即向安全负责人报告，并通知驻站联络员及远端防护员。

施工过程中，如发生人身伤害事故，现场应及时作好急救、自救，现场急救由预先指派人员负责组织。

发生人身伤害事故后由吴毅负责组织应急车辆对伤员进行运送和转移。

施工机具特别是小型捣固机、锯轨机、钻眼机、发电机等必须留有备用，同时做好工前维修保养，工后检查维护，并由专人使用。大型捣固机必须安排修理工，准备好必要的零配件，同时现场要配备足够的小型捣固机，以防故障。

应急指挥、联系电话、车辆安排。

现场联络电话：指定负责人的电话。

现场应急药品：急救箱、纱布、云南白药、酒精等。

现场应急车辆：轿车（指定某一车辆）。

d. 应急响应。

应急预案的启动程序。发生危及行车安全的事故或人身伤亡后，立即按照应急预案的步骤进行启动。

发生侵限及人员伤亡事故的紧急处理预案：

• 施工前将指定专车作为人员伤亡抢险车，将甲站医院、乙站铁路医院作为抢救伤员的定点医院，并做好联系。

• 发生侵限事故后，由施工单位现场指挥直接向施工领导小组组长汇报，同时施工现场立即查明对既有线运营的影响程度，应该采取何种措施，如是否拦停列车，立即将侵限机具清除现场，并对其他机具进行检查有无侵限情况。

• 当发生人员伤亡事故时，安全防护人员首先立即向施工现场指挥汇报，由施工单位现场指挥直接向施工领导小组汇报，同时立即组织人员抢救，甲站伤员送往甲站医院，乙站伤员送往乙站铁路医院。

防延点措施：

• 施工前制订流程图，并将具体施工工序施工内容、每工序所需时间进行交底，然后在施工过程中严格按照网络节点时间控制施工工序。

• 施工人员、材料、机具必须满足施工需要，关键机具有备份。

• 合理安排施工工序，在互不影响的前提下，尽量平行作业。

•书机指挥人员在现场对各工序操作时间进行监控，发现某工序已超计划时间或有延点苗头时，立即对人员、机具材料等安排做出调整，确保该工序在点内完成；若上一工序确已延，应根据延点时间合理调整下一工序人员、机具，确保整体施工时间；若以上措施均不奏效，则立即投入应急队伍抢点。

• 应急队伍。项目部专门成立要点施工应急队伍，准备在万一晚点或出现特殊情况时进行抢险及抢点。由副经理 1 人，带领 200 人作为应急队伍待命。

• 如果必须延点，应提前 30 mm 向施工领导小组组长报告，尽可能少延点。

应急小组电话号码：略。

相关单位联系电话：略。

雨天、大风天气施工安全措施：

• 施工当天点前下雨，施工范围内接触网必须增加接地线数量。

• 应准备好雨衣、雨鞋等雨天施工用具，将各种材料提前备好，确保施工顺利进行，人员身体健康。

• 如遇大风天气应对材料、机具加固，防止倾覆、侵限，影响行车安全。

安全用电措施：

• 安装、维修或拆除临时用电工程时，必须由电工完成。电缆不准穿越线路，室内电缆应做好防护，防止触电及火灾发生。

• 电工具备的条件和职责：

电工必须经过专业及安全技术培训经（地）市劳动部门考试合格发给操作证，方准独立操作。

电工应掌握用电安全基本知识和所有设备性能。

岗前按规定穿戴好个人防护用品。

停用设备应拉闸断电，锁好开关箱。

负责保护用电设备的负荷线，保护零线（重复接地）和开关箱。

移动用电设备必须切断电源。

按规定定期（工地每月、公司每季）对用电线路进行检查，发现问题及时处理，并做好检查和维修记录。

应懂得触电急救常识和电器灭火常识。

（9）封锁换岔关键过程卡控。

封锁换岔关键过程卡控安排见表 5.6。

表 5.6 封锁换岔关键过程卡控表

序号	部　门	关键问题	负责人	备注
1	车　务	点前排出进路，钉固加锁，现场确认	工长	
2	车　务	点毕确认进路后钉固加锁	工长	
3	车务、机务	封闭时间内重点组织，保证点	车站值班员	
4	电　务	室内确认电源环线正确	电务技术	
5	电　务	现场确认放倒信号机	工长	
6	电　务	道岔联锁试验关	电务技术	
7	电　务	室内焊配线检查确认	电务技术	
8	工　务	保险插拔联锁关系核对确认	电务技术	
9	工　务	点前不能上道	领工员	
10	工　务	确认纵横移不侵限	安检员	
11	工　务	确认新道岔位置正确，检查“井”字枕木垛	领工员	
12	工务施工	点前部上道，拉绳防护	领工员	
13	工务施工	拆旧时间控制	指挥长	
14	工务施工	横移腾线时间控制	指挥长	
15	工务施工	落岔，控制岔位	领工员/技术	
16	电务施工	撤线配线正确无误	技术	
17	电务施工	室外轨道接续线	技术	
18	电务施工	室内拔插保险正确	技术	
19	工　务	放行列车条件确认	安检员	

复习思考题

1. 线路设备修理工作分为哪几类？
2. 线路设备维修调查的方法有几种？
3. 线路设备大修调查的内容有哪些？
4. 线路设备大修施工的特点是什么？
5. 线路设备大修的施工方法有哪些？
6. 成组更换道岔的施工程序由几部分组成？

6 铁路工程概（预）算定额及其应用

6.1 铁路工程概（预）算定额简介

6.1.1 工程定额的概念

所谓定额，是指不同的企业在生产经营活动中，根据一定的技术条件、组织能力以及综合资源等情况，规定为完成一定的合格产品（或工作）所需要消耗的人力、物力和财力的数量标准。

定额水平是指在一定时期内，定额的劳动力、材料、机械台班消耗量的变化量。通常说的定额水平偏高，是指在定额规定内的人工、材料、机械消耗量偏低；相反定额水平偏低，是指这些项目相应的消耗量偏高。定额水平反映一定时期社会必要劳动时间量的水平，它在一定时期内具有相对的稳定性，也就是说应保持一定的定额水平。但定额水平也并非长期不变，随着社会生产力的发展，新材料、新工艺、新技术的普遍应用以及工程质量标准的变化和施工企业组织管理人员素质的提高等，也会使定额水平不断地变化和提高，原有的定额水平将逐渐地不再适应，这就需要对其进行补充、修订或重新编制，以适应社会生产发展的需要。

定额水平是一定时期社会生产力水平的反映，它不是一成不变的，而是会随着生产力水平的变化而变化。一定时期的定额水平，必须坚持平均先进或先进合理的原则。所谓平均先进，是指在执行定额的时间内，大多数人员经过努力可以完成定额或超过定额，是先进指标中的平均值。所谓先进合理，是指定额指标虽然也是先进的，但不一定是平均值，而且一般是取比平均值要低的合理指标。

1. 定额的特性

（1）定额的科学性。

定额的科学性是指在制定定额时一定要有其科学理论基础和科学技术方法。定额的制定是在充分考虑了客观施工生产技术和管理的条件，在分析各种影响工程施工生产消耗因素的基础上力求定额水平与生产力发展水平相适应，反映出工程建设中生产消费的客观规律。

工程建设定额的科学性，首先表现在用科学的态度制定定额，尊重客观实际，力求定额水平合理；其次表现在制定定额的技术方法上，利用现代科学管理的成就，形成一套系统的、完整的、在实践中行之有效的方法；最后表现在定额制定和贯彻的一体化。制定是为了提供贯彻的依据，贯彻是为了实现管理的目标，也是对定额的信息反馈。在制定定额的技术方法上，充分利用了现代管理科学的理论、方法和手段，通过严密的测定、统计和分析整理而制定的。

（2）定额的权威性。

定额是国家或授权部门通过一定程序审批颁发的，是在一定范围内有效的统一施工生产的消费指标，它同工程建设中的其他规范、规程、标准一样，具有很强的权威性。这种权威性在一般情况下具有经济法规的性质，因此，在其执行过程中带有强制性的特点，即凡是属于执行范围内的建设、设计、施工、生产、建设银行等单位，都必须严格遵照执行。虽然定额是反映生产消费的客观规律，但在市场经济条件下，要涉及各有关方面的经济关系和利益关系，赋予定额以权威性，使其具有强制性的特点，有利于理顺工程建设有关各方的经济关系和利益关系。

（3）定额的系统性。

工程建设定额是相对独立的系统。它是由多种定额结合而成的有机整体。它的结构复杂，层次鲜明，目标明确。工程建设定额的系统性是由工程建设的特点决定的。按照系统论的观点，工程建设本身就是庞大的实体系统。工程建设定额是为这个实体系统服务的。因而工程建设本身的多种类、多层次就决定了以它为服务对象的工程建设定额的多种类、多层次。从整个国民经济来看，进行固定资产生产和再生产的工程建设，是一个有多项工程集合体的整体。

（4）定额的统一性。

工程建设定额的统一性，主要是由国家对经济发展的有计划的宏观调控职能决定的。为了使国民经济按照既定的目标发展，就需要借助于某些标准、定额、参数等，对工程建设进行规划、组织、调节、控制。而这些标准、定额、参数必须在一定的范围内是一种统一的尺度，才能实现上述职能，才能利用它对项目的决策、设计方案、投标报价、成本控制进行比选和评价。

（5）定额的时效性。

每个时期的定额都代表着这一期间的施工技术和施工管理的水平，在时间上是相对稳定的。但随着施工技术的发展和管理水平的提高，定额的内容也不断地更新和充实。但社会生产力的发展有一个量变到质变的过程，而且定额的执行也有一个时效过程。所以每一次制定的定额必须是相对稳定的，决不可朝订夕改，否则会伤害公众的积极性，也不利于定额的执行和管理。

（6）定额的群众性。

定额的制定过程由定额技术管理人员（具有理论和技术的专门人员）主持，有熟练工人和技术人员参加，以科学手段和方法进行分析、测定和实验，消除资源（包括人力和时间）的浪费和不合理的现象，确立合理的操作方法及其新的标准时间、新的材料和机具消耗指标（即新的定额）。由于新的定额是在工人群众的参与下产生的，群众易于掌握和推广，因此，定额具有广泛的群众性。

工程建设定额的统一性按照其影响力和执行范围来看，有全国统一定额、地区统一定额和行业统一定额等；按照定额的制定、颁布和贯彻使用来看，有统一的程序、统一的原则、统一的要求和用途。

2. 定额的作用

定额是生产管理的基础，其作用主要体现在两个方面：一是组织施工生产，二是决定分配。因此，在可行性研究、编制计划、设计方案优选、确定工程投资、制定产品价格、施工管理、企业管理、工程结算等方面，都占有重要地位。具体来说，定额具有以下几方面的作用：

（1）编制计划的基本依据。

在工程管理计划中，需要编制相应的施工进度计划、年度计划、月旬作业计划以及下达的生产任务单等，都要按照定额，合理地平衡调配人力、物力及财力等各项资源，从而保证和提高企业的提高经济效益。

（2）确定工程造价的依据。

工程造价是由设计内容决定的，而设计内容又是由工程所需的劳动力、材料、机械设备等的消耗来决定，因此，定额是确定基本建设投资和工程造价的重要依据。

（3）提高生产效率的工具。

企业以定额作为促使工人节约社会劳动、提高劳动效益、加快工作进度的手段，将社会劳动的消耗控制在合理的限制范围内，同时也是项目投资者合理有效地利用社会资源、实现资源优化配置的重要基础。

（4）定额不仅是国家对市场行为的规范，也是宏观调控和管理的重要手段，同时在实施过程中有利于推广先进的施工技术和工艺。

（5）定额是编制工程量计算规则、项目划分、计量单位的依据。

3. 定额的种类

工程定额的形式及内容，是根据实际工作和生产需要来决定的。工程定额的分类通常有多种划分形式（见图 6.1）。下面介绍几种工程常用的定额分类。

（1）按定额反映的物资消耗量分类。

① 劳动消耗定额（简称劳动定额），指在正常的生产技术和生产组织条件下，为完成单位合格产品规定的劳动消耗的数量标准。

② 材料消耗定额（简称材料定额），指在节约和合理使用材料的条件下，生产单位合格产品所必需消耗一定品种规格的材料、半成品、配件和水、电、燃料等的数量标准。它也包括材料的净用量和必要的工艺性损耗及废料数量。

③ 机械台班消耗定额（简称机械定额），指在正常施工条件下，合理地组织生产与合理地利用机械完成单位合格产品所必需的机械台班消耗标准，或在单位时间内机械完成的产品数量。

（2）按定额的编制程序和作用分类。

① 工序定额。它是以个别工序为测定的对象，也是组成一切工程定额的基本要素，在施工中除了为计算个别工序的用量外很少采用，它是劳动定额形成的基础。

② 施工定额。施工定额是以同一性质的施工过程为标定对象，并以工序定额为基础，由工序定额综合成工作过程定额和复合过程定额，其表示某一施工过程中的人工、主要材料和机械消耗量，它可直接用于施工生产中。而工序定额是以个别工序（或操作）为标定对象，比较细碎，除用作编制个别工序的施工任务单外，一般不再直接用于施工生产，也不出现在施工定额中。施工企业用施工定额来编制班组计划，签发工程任务单、限额领料卡以及结算

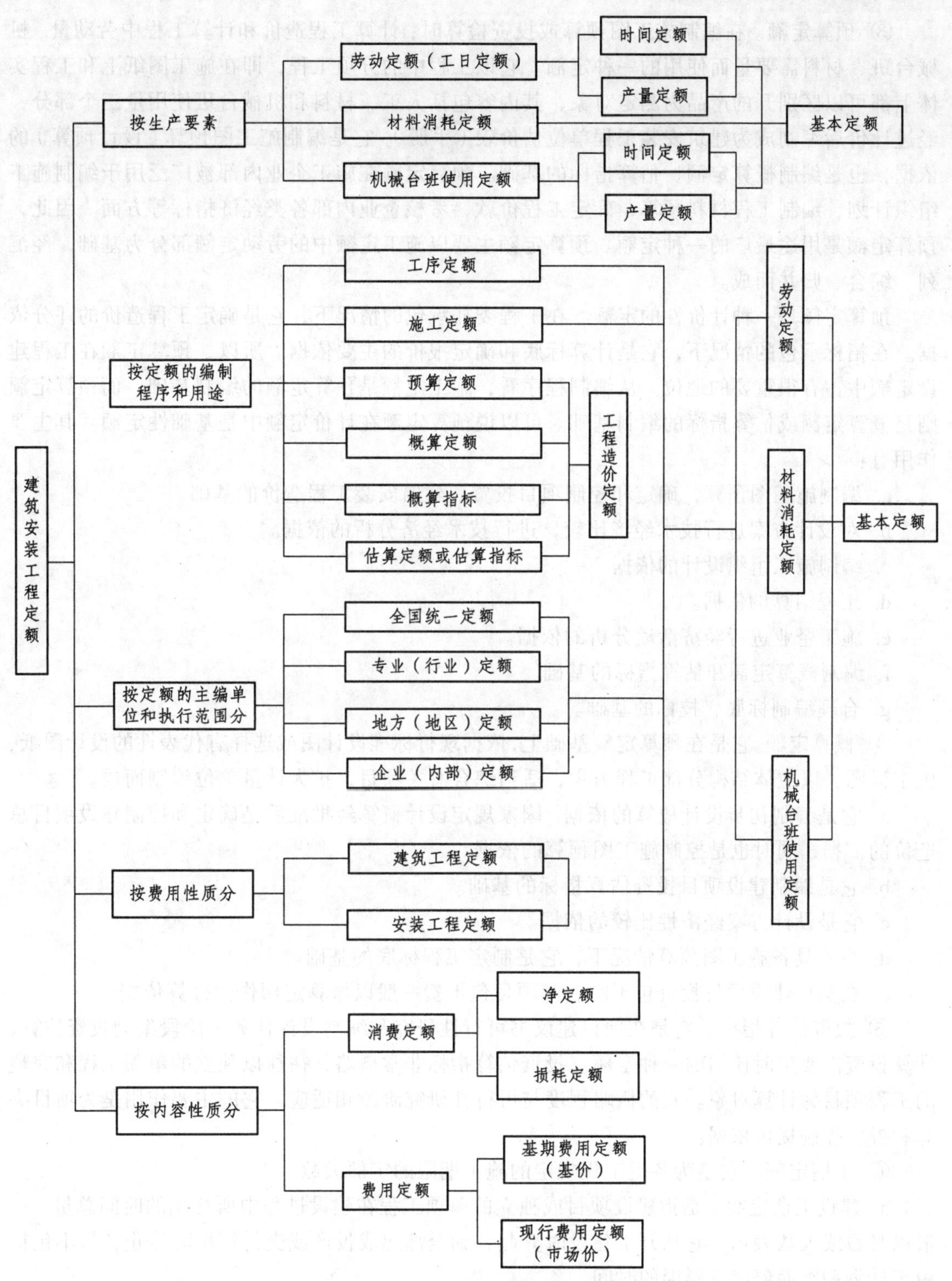

图 6.1 工程定额分类

计件工资超过奖励和材料节约奖等。施工定额是企业内部经济核算的依据，也是编制预算定额的基础。

③ 预算定额。在编制施工图预算或投资检算时，计算工程造价和计算工程中劳动量、机械台班、材料需要量而使用的一种定额。它以工程中的分项工程，即在施工图纸上和工程实体上都可以区别开的产品为测定对象，其内容包括人工、材料和机械台班使用量三个部分，经过计价后编制成为建筑安装工程单位估价表（手册）。它是编制施工图预算（设计预算）的依据，也是编制概算定额、估算指标的基础。预算定额在施工企业内部被广泛用于编制施工组织计划，编制工程材料预算，确定工程价款，考核企业内部各类经济指标等方面。因此，预算定额是用途最广的一种定额。预算定额主要以施工定额中的劳动定额部分为基础，经汇列、综合、归并而成。

预算定额是一种计价性的定额。在工程委托承包的情况下，它是确定工程造价的评分依据。在招标承包的情况下，它是计算标底和确定报价的主要依据。所以，预算定额在工程建设定额中占有很重要的地位。从编制程序看，施工定额是预算定额的编制基础，而预算定额则是概算定额或估算指标的编制基础。可以说预算定额在计价定额中是基础性定额。其主要作用有：

a. 编制施工图预算，确定和控制项目投资、建筑安装工程造价的基础。

b. 对设计方案进行技术经济比较，进行技术经济分析的依据。

c. 编制施工组织设计的依据。

d. 工程结算的依据。

e. 施工企业进行经济活动分析的依据。

f. 编制概算定额和估算指标的基础。

g. 合理编制标底、技标的基础。

④ 概算定额。它是在预算定额基础上，依据现行标准设计图或选择有代表性的设计图纸、施工详图，以主体结构分部工程为主，适当综合有关项目，扩大计量单位编制而成。

a. 它是编制初步设计概算的依据。国家规定设计概算经批准后是确定和控制建设项目总造价的依据，同时也是控制施工图预算的依据。

b. 它是编制建设项目投资估算指标的基础。

c. 它是设计方案经济性比较的依据。

d. 在不具备施工图预算情况下，它是制定工程标底的基础。

e. 在实行建设项目投资包干时，其项目包干费一般以概算定额作为计算依据。

⑤ 投资估算指标。它是在项目建议书可行性研究和编制设计任务书阶段编制投资估算、计算投资需要量时使用的一种定额。投资估算指标非常概略，往往以独立的单项工程和完整的工程项目为计算对象。它的概略程度与可行性研究阶段相适应。它的主要作用是为项目决算和投资控制提供依据。

⑥ 工期定额。它是为各类工程规定的施工期限的定额天数。

a. 建设工期定额。是指建设项目或独立的单项工程在建设过程中所耗用的时间总量。一般以月数或天数表示，它从开工建设时算起，到全部建成投产或交付使用时停止，但不包括由于计划调整而停建所延误的时间。

b. 施工工期定额。指单项工程或单位工程从开工到完工所经历的时间，是建设工期的一部分。

（3）按投资的费用性质分类。

① 建筑工程定额。建筑工程一般理解为房屋和构筑物工程。

② 设备安装工程定额。设备安装工程是对于需要安装的设备进行定位、组合、校正、调试等工作的工程。

（4）按主管部门及执行的范围分类。

按主管部门及执行的范围分类主要有全国统一定额、地方统一定额、行业统一定额、企业定额以及补充定额等。

6.1.2 施工过程分析与定额测定

1. 施工过程分类

（1）按使用工具、设备和机械化程度可分为：

① 人工施工过程，如人力挖土。

② 机械施工过程，如铲运机运土。

③ 人工与机械并有施工过程，如人力挖土，卷扬机提升土。

（2）按生产特点及组织的复杂程度可分为工序、工作过程和复合过程。

① 工序。是指在组织上不可分开，而在操作上属于同一类的施工过程。工序是定额制定过程中的主要研究对象。从施工操作的组织观点看，工序是最简单的操作过程；从劳动过程的特点看，工序还可分解为更小的由若干操作过程组成的作业，而每一操作本身又是由各种工作动作组成。动作是指劳动者在完成某一操作时的一举一动，这是工序中最小的一次性的活动。

② 工作过程。是由同一工人或同一小组所完成的在技术操作上互有联系的工序所组成。

③ 复合过程。为了同一目的（或同一建筑产品），将组织上彼此有直接关联并先后或交叉或同时进行的几个工作过程结合起来，称为复合过程（亦称综合工作过程）。

2. 研究施工过程的目的

（1）研究复合过程是为了判断复合过程的各有关工作过程在生产组织上是否合理，质量是否符合标准，找出各工作过程之间的矛盾和解决矛盾的方法，以便加强协作，确保产品质量。

（2）研究工作过程是为了找出工序间在更换工具、材料、工作地点以及劳动者在生产过程中的工作方法、路线、劳动组合与分工、机具配备数量是否恰当合理。研究组成工作过程的各工序，哪些可以取消，哪些可以合并，哪些复杂笨重的工序可以用简单的方法代替，以达到工作过程严密紧凑，提高劳动生产率的目的。

（3）研究工序是为了看组成各工序的操作是否必要和合理，能否用更加简单的操作代替，以便找到整个工作过程中施工生产的特点和影响生产效率的因素，以达到提高劳动生产率、降低消耗的目的。

（4）研究操作是为了研究先进操作方法，看操作中哪些动作是多余的，应该取消；哪些动作是必要的，能否合并或用更简单轻巧的动作，以达到合理安排操作次序，提高工效，减轻劳动强度的目的。为制订操作规程和定额提供基础资料。

3. 工作时间分析

（1）人工工作时间。

定额时间（亦称必须消耗的时间，见图 6.2），指为完成所接收的工作任务而必需消耗的时间，包括工人有效工作时间、正常休息时间和不可避免的中断时间。要完成或超额完成劳动定额，尽量减少不可避免的中断时间，将损失时间压缩为零。

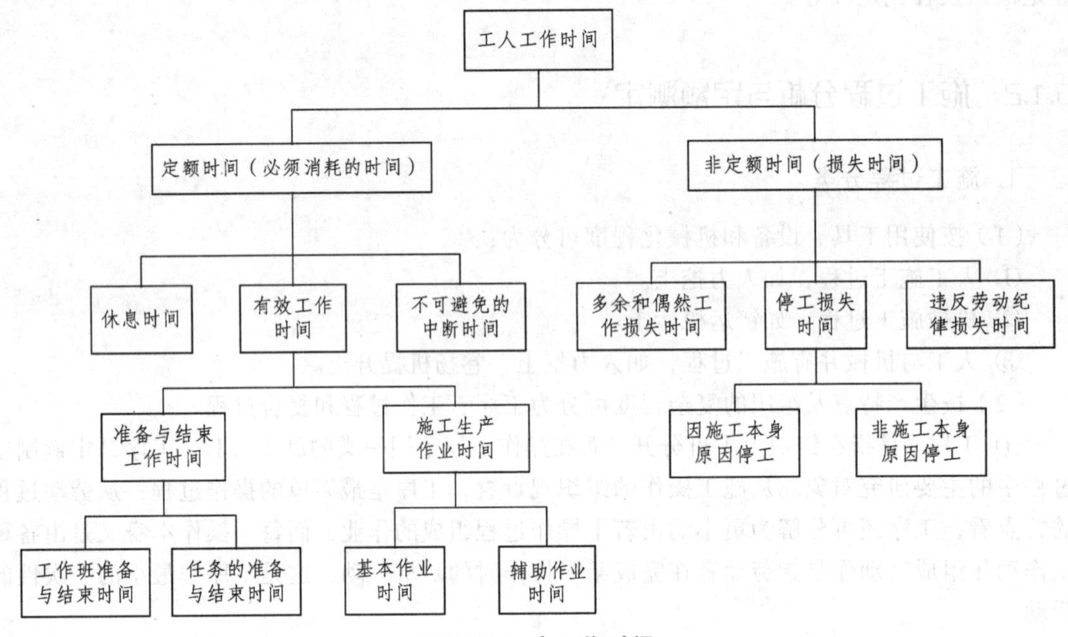

图 6.2　工人工作时间

有效工作时间，是指工人用在完成各种任务所需消耗的时间。主要包括：① 准备与结束工作时间，指工人在执行任务前对施工地点、劳动机具和劳动对象的准备工作和完成任务后的结束整备工作所消耗的时间。② 施工生产作业时间，指直接用于完成生产任务的时间。其中有基本作业时间，指完成施工生产工艺过程中规定的各项工序操作所消耗的时间（如搭脚手架、制作、绑扎钢筋、灌注混凝土等）以及为保证基本作业顺序进行需做的辅助工作作业时间（如修磨工具，工地修架子车、手推车等）。

不可避免的中断时间，指在施工生产中，工人由一个工作地点转移到所规定的另一个工作地点，或因某建筑过程的工艺特点所造成的中断时间。如抹水泥砂浆面层、压光需等待收水的时间。

非定额时间（亦称损失时间），是指在施工过程中浪费的时间，包括在正常施工条件下，干不应有的和偶然工作时间（如扶起推倒的小车、干返工活、多干规定以外无效工作的时间）；停工损失时间（如指挥失误、组织不周、工作马虎，造成人员调配、技工与普工配合不当，施工中等待材料、工具、图纸，测量错误等，而导致误工和停工，或因客观原因，如遇暴风、雨、雪、洪水及断水、断电等造成的停工时间）；违反劳动纪律损失的时间（如迟到、早退、旷工、工作时间擅离职守、干私事、闲谈等）。

（2）机械工作时间。

要完成或超额完成机械产量定额，必须提高机械有效工作时间的利用，尽量缩短不可避免的空转时间和中断时间，将损失时间压缩为零（见图 6.3）。

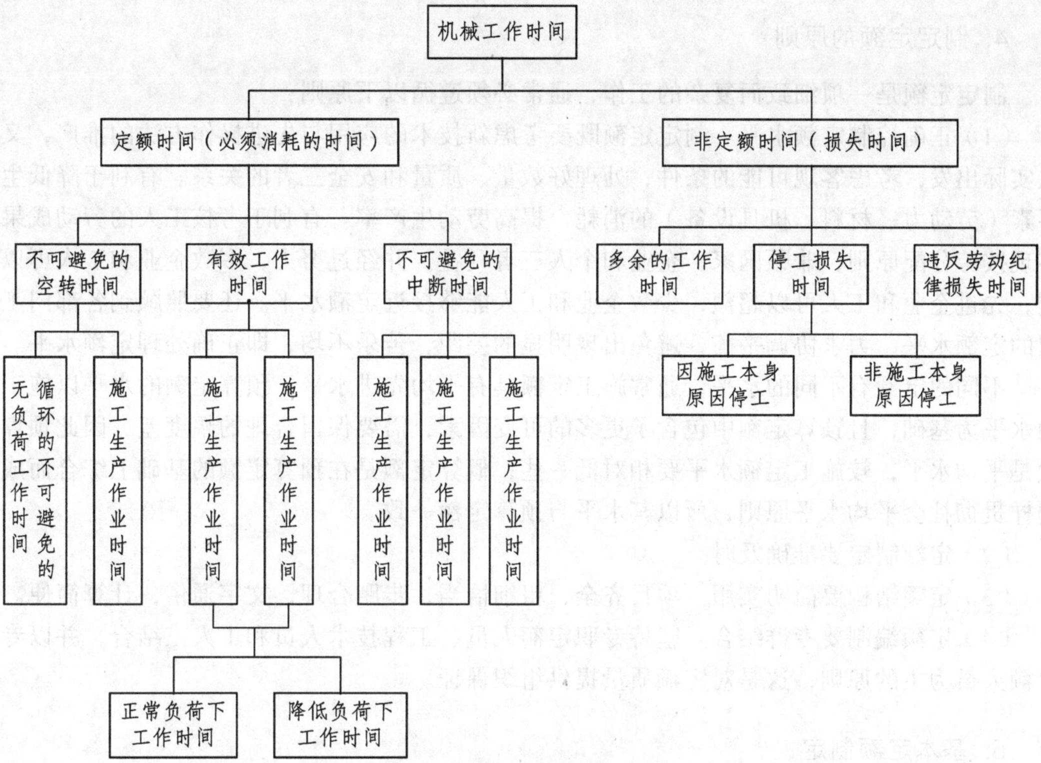

机械工作时间
定额时间（必须消耗的时间）
非定额时间（损失时间）
不可避免的空转时间
有效工作时间
不可避免的中断时间
多余的工作时间
停工损失时间
违反劳动纪律损失时间
循环的不可避免的无负荷工作时间
施工生产作业时间
施工生产作业时间
施工生产作业时间
施工生产作业时间
施工生产作业时间
施工生产作业时间
因施工本身原因停工
非施工本身原因停工
正常负荷下工作时间
降低负荷下工作时间

图 6.3　机械工作时间

有效工作时间分为：

① 机动工作时间，指由于机械工作的自动化和办公自动化，工人只需开动机器，关闭机器，并对机器进行观察和保养维修，而在机器工作时，工人不直接参加体力劳动（如有机械化送料的混凝土搅拌机、碎石机、混凝土输送泵等）。

② 机手并动工作时间，指工人利用机械工作，本身又直接参加体力劳动（如开推土机、铲运机、汽车等）。

不可避免的空转时间，是因施工过程的特点，机器在循环作业中无负荷空转（如铲运机运土无负荷返回），施工机械作业前往工地，收工后开回及转移工地的无负荷运转，以及在工作中难免发生的无负荷时间。

不可避免的中断时间，指机械起动前与结束运转时工人进行准备与结束的工作时间（如机械加油，加水等）；为了维护和保养机械，在作业中间令其停歇时间（如机械运转时间过长或外界气温高，机器内部温度过高，需停机降温）；与机械工程过程有关的中断时间（如装卸材料时汽车停驶；石方爆破时，凿岩机停用；每喷完一段混凝土需移动机器作业地点的中断等）；操纵机器的工人因须休息而中断机械工作的时间。

损失时间包括无效使用机械工作时间（如搅拌机搅拌混凝土超过了规定的时间）；停工损失时间及违反劳动纪律的损失时间。

对工人或机械工作时间的组成和性质加以分析，是为了确定在施工过程中，哪些是必需消耗的时间，哪些是损失时间，从而在制定劳动定额或机械台班使用定额时，将所有的损失时间剔除，以提高定额的质量，使定额具有先进性。

4. 制定定额的原则

制定定额是一项细致而复杂的工作，通常必须遵循以下原则：

（1）正确控制定额水平。制定定额既要考虑新技术的应用与先进操作方法的推广，又要从实际出发，考虑客观可能的条件，处理好数量、质量和安全三者的关系。有利于降低生产要素（劳动力、材料、机具设备）的消耗，提高劳动生产率。有利于考核工人的劳动成果，实现按劳分配原则，兼顾国家、企业和个人三者利益。并经过努力，多数企业和工人可以达到，先进企业和工人可以超额，少数企业和工人能够接近定额水平。还要照顾到各部门工种间的定额水平，力求协调平衡，避免出现明显的差距，苦乐不均，即正确处理定额水平。

不同的定额有不同的水平，通常施工定额具有平均先进水平；预算定额的水平以施工定额水平为基础，且预算定额中包含了更多的可变因素，需要保留合理的幅度差，因此预算定额是平均水平，较施工定额水平要相对低一些；概算定额是在预算定额的基础上综合而成，同样贯彻社会平均水平原则，所以其水平与预算定额一致。

（2）定额制定要准确及时。

（3）定额结构要简明实用。项目齐全，粗细恰当，步距合理，文字通俗，计算简便。

（4）定额编制要专群结合。坚持专职定额人员、工程技术人员和工人三结合，并以专职定额人员为主的原则，这是对定额质量提供组织保证。

5. 基本定额制定

（1）劳动定额的制定。

劳动定额的制定是根据制定时的技术水平和生产条件等因素来确定，通常有经验估算法、统计分析法、技术测定法及类比法（又称典型定额法）等。以上劳动定额的制定，在实际工作中可根据具体情况，相互结合，灵活运用。

（2）材料消耗定额的制定。

① 主要材料和一次性材料消耗定额的制定。材料消耗定额是在施工过程，通过对建筑材料消耗的观察、试验室试验以及根据技术资料的统计和计算方法，并考虑合理的损耗综合制订的。

材料消耗定额的制定通常有观察法、统计法、实验法、计算法等。这些方法可以根据工程的实际情况，结合工程的人员经验等来确定。

② 周转性材料消耗定额的制定。周转性材料也是施工作业用料，常称为施工手段用料。它是指在施工中多次使用的各种工具性材料，如模板、支撑、拱架、脚手架、步行板等。它们在每次使用中都会受到一些损耗，经常修理可供下次施工继续使用。周转性材料消耗定额的制定，主要是测定其周转次数。周转次数的多少，是根据不同的工程、不同的周转材料，用统计分析方法确定。周转性材料每使用一次后的消耗量（或摊销量）是以设计周转性材料需要量（即一次使用量）为准，考虑每使用一次后的补充量，使用次数和返还量，通过计算来确定。

（3）机械台班使用定额的制定。

依据机械写实、测时和统计资料以及机械工时分类标准、机械说明书和有关机械效能参考资料，制定机械台班使用定额。而机械写实、测时及统计资料可通过技术测定、经验座谈和统计分析等方法取得，与劳动定额的制定方法基本相同。

6.1.3 定额的基本内容

从定额的分类可以看出，无论何种定额的内容都包含“三要素”，即劳动定额、材料消耗定额和机械台班使用定额，这三种定额要求也是制定其他各种定额的基础，因此，称其为基本定额。

1. 劳动定额

劳动定额亦称人工定额、工时定额或工日定额。它蕴含着生产效益和劳动力合理运用的标准，反映建筑安装工人劳动生产率的平均先进水平，不仅体现了劳动与产品的关系，还体现了劳动配备与组织的关系，它是计算完成单位合格产品或单位工程量所需人工的依据。

（1）劳动定额的表现形式。

劳动定额是以时间定额或产量定额来表示的。

① 时间定额。它是指某种专业、某种技术等级工人班组或个人，在正常施工条件下，完成单位合格产品或单位工程量所必需的工作时间。它包括准备工作与结束工作时间、基本生产时间、辅助生产时间和生产工人必需的休息时间。时间定额的计算方法如下：

$$\text{单位产品时间定额（工日定额）}=\frac{\text{必须消耗的工日数}}{\text{生产量或工日量}}$$

$$\text{班组单位产品时间定额（工日定额）}=\frac{\text{必须消耗的班组成员工日数总和}}{\text{班组产量}}$$

$$\text{时间定额（工日定额）}=\frac{\text{工作人数}\times\text{工作时间}}{\text{工作时间内完成的生产量或工日量}}$$

② 产量定额。它是指在正常使用条件下，某种专业、某种技术等级工人班组或个人，在单位时间内所完成的合作产品数量和工程量。

$$\text{单位时间产量定额（每工日定额）}=\frac{\text{生产量或工程量}}{\text{必须消耗的工日数}}$$

$$\text{产量定额}=\frac{\text{工作时间内完成的产量或工程量}}{\text{劳动时间}}$$

$$\text{班组产量}=\frac{\text{必须消耗的班组成员工日数总和}}{\text{班组单位产品时间定额}}$$

（2）时间定额与产量定额的关系。

时间定额与产量定额互为倒数（或反比）关系，即

$$\text{时间额定}\times\text{产量定额}=1$$

2. 材料消耗定额

（1）材料消耗定额的组成。

材料消耗定额是指在合理使用材料的条件下，完成单位产品或单位工程量所必需消耗的一定规模的建筑材料、半成品或构配件的数量标准。所谓合格产品或工程量是指质量、规格等方面要符合国家标准、部颁标准或省、自治区、直辖市的标准。料消耗定额的计量单位是

以生产单位产品或工程量所需材料的计量单位表示。

材料消耗定额包括直接用于产品生产或工程施工的材料净用量及不可避免的工艺和非工艺性的材料损耗（包括料头、装卸车散失）。前者称为材料的净消耗定额，亦称净定额。这是生产某产品或完成某一施工过程的有效消耗量。后者称为材料的损耗定额，但不包括可以避免的浪费和损失的材料。这是非有效消耗量。二者之和称为材料消耗总定额，也叫材料消耗定额。

（2）材料损耗量。

① 材料损耗分类。

运输损耗。指材料在运输过程中所发生的自然损耗。这种从生产厂或供料基地运输到工地料库所发生的损耗不包括在材料消耗定额中，应列入材料采购保管费内。

保管损耗。指材料在保管过程中所发生的自然损耗。这种损耗也不包括在材料消耗定额中，应列入材料采购保管费内。

施工损耗。指在施工过程中，现场搬运、堆存及施工操作中不可避免的材料损耗以及残余材料和废料损耗等，这些损耗应包括在材料消耗定额内。

② 施工过程中材料损耗一般用损耗率表示。材料损耗率有两种计算方法：

$$\text{材料损耗率}K_{\text{总}}=\frac{\text{材料损耗量}D_{\mathrm{s}}}{\text{材料总消耗量}D_{\mathrm{z}}}\times 100\%$$

$$\text{材料损耗率}K_{\text{净}}=\frac{\text{材料损耗量}D_{\mathrm{s}}}{\text{材料净用量}D_{\mathrm{j}}}\times 100\%$$

以上对应的材料消耗量也有两种计算方法：

$$D_{\mathrm{s}}=D_{\mathrm{z}}\cdot K_{\text{总}}$$

$$D_{\mathrm{s}}=D_{\mathrm{j}}\cdot K_{\text{净}}$$

在工程计算中，$K_{\text{总}}\approx K_{\text{净}}=K$。其中，$K$ 值可以直接从预算定额或材料消耗定额中直接查出。

③ 材料总消耗量。根据结构物或构筑物施工图纸计算出或根据实验确定出材料净用量，再按照公式 $D_{\mathrm{z}}=(1+K)D_{\mathrm{j}}$ 计算材料总消耗量 D_{z}。

3. 机械台班使用定额

机械台班使用定额亦称机械设备使用定额。它标志着机械生产率的水平，用它可计算出完成合格产品或工程量所需用的机械台班数量。

（1）机械台班使用定额的表示形式。

机械台班使用定额以机械时间定额和机械产量定额两种形式表示。

① 机械时间定额（也称机械台班时间定额）。是指在正常施工条件下，规定某种机械设备完成质量合格的单位产品或单位工程量所需消耗的机械工作时间，包括有效工作时间、不可避免的空转时间和不可避免的中断时间。其计算公式如下：

$$\text{机械时间定额}=\frac{\text{机械台数}\times\text{机械工作时间}}{\text{工作时间内完成的产品数量或工程量}}$$

② 机械产量定额（也称机械台班产量定额）。是指在正常施工条件下，规定某种机械设

备在单位时间（台班或台时）内应完成质量合格的产品数量或工程量。其计算方法如下：

$$机械产量定额=\frac{工作时间内完成的产品数量或工程量}{机械台数\times机械工作时间}$$

（2）机械时间定额与机械产量定额的关系。

机械时间定额与机械产量定额之间互为倒数（反比）关系，即

$$机械时间定额\times机械产量定额=1$$

6.2 铁路工程定额的组成及应用

6.2.1 铁路工程定额的组成

铁路工程概、预算定额共分为十二个专册，各专册定额既有专业分工，有多种专业使用的定额，又可跨册、跨阶段使用。为方便使用，另行发行材料费用定额、机械台班费用定额、铁路估算指标等专册定额。当定额中基价不适合现场使用时，另外发行与原定额配套使用的基价表。

1. 各分册所含主要工程内容

（1）路基。区间的站场土石方、特殊路基加固、防护等工程。

（2）桥涵。各种涵洞，小、中、大、特大桥，深水复杂桥，顶涵、顶桥、倒虹吸管等工程。

（3）隧道。矿山法施工隧道，包括单、双线。导坑、明洞开挖衬砌，开挖是小型机械胞工，出砟机械化，衬砌采用钢模型板等作业。机械化全断面施工隧道，目前只有双线，各种作业全部大型机械化施工。

（4）轨道。各种等级和轨型的正站线铺轨及上部建筑施工，各类型的道岔铺设，各种上部建筑附属工程和线路标志等。

（5）通信。铁路用的各种通信设备和电缆，各种无线通信以及维修设备等。

（6）信号。铁路用的各种信号安装，各种电气集中、自动闭塞、机械化驼峰，自动化设备安装等工程。

（7）电力。柴油发电所、各种变配电所，电气设备安装，各种照明设施，各种配管配线，35 kV 以下的各种线缆安装、防雷接地、电气设备调试等工程。

（8）电力牵引供电。各种制式的接触网悬挂安装的有关工程，各种牵引变电所、开闭所，分区亭等设备安装有关工程，供电段设备安装等工程。

（9）房屋。适用于铁路沿线（包括枢纽工程）各种新建与改扩建房屋工程（包括站房和工业厂房），不包括独立工业项目、独立建设项目的大型旅客站房、科研和院校等单位的建设项目，以及铁路各单位属于基地建设的生活福利设施等的房屋建筑工程。上述内容不包括的工程，应执行工程所在地的省（市）人自治区的地区统一定额。

（10）给排水。包括各种铁路沿线的上、下水管道和设备安装，水源建筑、污水处理工程等。

（11）机械设备安装。各种国产标准和铁路专用的机械设备安装及基础工程，各种自动化装置及仪表安装，各种金属制品制作安装、工业炉窑砌筑与安装、工艺管道及附件安装、各种除锈、防腐、刷油漆、保温等工程。

（12）站场建筑设备。各种铁路站场附属工程，站区建筑工程，以及站场标志等。

另外预算定额还编制了《铁路工程基本定额》，这里的《基本定额》不是前面所指的“基本定额”，它是指在合理的条件下，为生产单位数量半成品、中间产品所规定的各种资源的消耗量标准，共分 11 章，主要包括：① 各种辅助结构所用材料、半成品使用次数表；② 模板制作、安装及拆除；③ 钢筋制作与绑扎；④ 钢、术结构制作、安装及拆除；⑤ 混凝土拌制、浇筑；⑥ 拌制水泥砂浆；⑦ 养护；⑧ 混凝土及水泥砂浆配合比用料表；⑨ 砌筑工程；⑩ 工地范围内材料、成品、半成品运输；⑪ 备料工程等内容。它是编制铁路工程预算定额的基础，适用于路基、桥涵、隧道、轨道、信号、电力牵引供电、站场建筑设备算以及给排水工程预算定额中混凝土、砂浆用料等有关部分。而通信、电力、机械设备安装、房屋建筑以及给排水工程定额，因基本上是分别按全国统一安装市政工程预算定额等编制，相关内容未纳入。

《基本定额》的主要内容有各种辅助结构所用材料、半成品使用次数，模型板制作、安装及拆除，钢筋制作及绑扎，深水复杂桥钢术结构制作、安装及拆除，混凝土拌制、灌筑及振捣，拌制水泥砂浆，养护，混凝土及水泥砂浆配合比额用料，砌筑工程石料、砂浆消耗量，工地范围内材料、成品、半成品运输定额，备料工程等。《基本定额》的主要作用是制定定额，定额换算和补充定额，也可以利用其分析分项工程或半成品所需的人工、材料、机械等消耗量。

2. 多专业使用的定额跨册使用

为了避免多专业使用的工程定额在各专册重复出现，这类工程集中放在某册内，使用的专业只能跨册使用。

3. 预算定额

预算定额是在施工定额的基础上，综合施工定额工作细目为预算定额的工作细目，并且纳入已经应用的新技术、新工艺，按照合理的施工组织和正常的施工条件编制的。预算定额主要由法定批文、总说明、各工程项目说明、定额项目表（各项目以分部工程为章，以分项工程为节，以项目排序号）等内容组成，表中内容除表头外，由四部分组成。

（1）工作内容与计量单位。对定额表中数据所包含的内容进行描述，查定额时须认真阅读与理解。

（2）工料机消耗标准。一定计量单位的分部分项工程或结构构件的人工、材料和机械台班数量标准。

（3）基价。一定计量单位的分部分项工程或结构构件的人工费、材料费和机械使用费合计价格。

“基价”意即基期合计价格，是指在定额编制时，以某一年为基期年，以该年某一地区（如陕西省）工、料、机单价为基础计算的完成定额计量单位的合格产品所需要的人工费、材料费、机械使用费的合计价值。定额使用一定时期后，由定额编制单位发行更新的《基价表》配合原定额使用，以确保定额的相对稳定性。

（4）重量。一定计量单位的分部分项工程或结构构件所消耗的主要材料重量。"重量"说明完成某一定计量单位合格产品所需要的全部建安材料重量，但不包括水及施工机械的动力消耗（油料及燃料）的重量，以吨为计量单位，主要用于计算材料运杂费。

4. 概算定额

概算定额亦称扩大结构定额或综合预算定额，是确定一定计量单位的扩大分部工程、结构构件或扩大分项工程的人工、材料和机械台班消耗数量及其基价费用标准。它的结构和形式与预算定额基本一样。概算定额是以预算定额为基础，适当地将预算定额中分部分项工程或结构构件中有关的几个项目，综合扩大成一个项目。概算定额的内容组成与预算定额类似。

概算定额与预算定额的相同之处在于它们都是以建（构）筑物各个结构部分和分部分项工程为单位表示的，内容也包括人工、材料和机械台班使用量定额三个基本部分，并列有基价。概算定额表达的主要内容、主要方式及基本使用方法都与预算定额相近。概算定额与预算定额的不同之处在于项目划分和综合扩大程度上的差异，同时，概算定额主要用于估算或设计概算的编制。由于概算定额综合了若干分项工程的预算定额，因此，概算工程量计算和概算表的编制，都比编制施工图预算简化一些。

5. 概算指标

概算指标是以整个建筑或整个分部工程为单位而规定的人工、材料和机械台班消耗指标及其基数费用标准，它是在概算定额和预算定额的基础上编制的。因为"站前"工程设计概算需用概算定额或预算定额编制，而在初步设计阶段，"站后"工程设计概算则需用概算指标编制。因此，只需制定"站后"工程概算指标。即"站前"工程概算指标一般不再使用，而工程概算指标还在继续沿用。

概算指标与概算定额相比，其综合性能更强，对"站后"工程进行原则性方案的经济比较更加方便，但精确性较差。

6. 估算指标

估算指标亦称投资估算指标，是通过对已交付使用的各种不同地形条件，不同设计标准的建设项目的主要工程量及概算和决算资料进行分析研究，并在概算指标的基础上扩大计量单位，增加费用内容而制定的各有关专业工程量和建设费用的消耗指标。因估算指标构成的数据是根据各种预概算和决算资料，经过整理、研究、分析、归纳、计算而得，因此，它实际上是一个概括性很强的统计分析指标。估算指标主要用来编制建设项目建议书、设计任务书和进行可行性方案研究以及投资估算。

6.2.2 铁路工程定额的应用

1. 定额的应用技巧

要使定额在基本建设中发挥作用，除定额本身先进合理外，还必须正确应用定额，决不可忽视。定额的查用步骤是：确定定额种类—确定定额编号—阅读说明—定额抽换。

（1）首先要学习和理解定额的总说明和分部工程说明及附注、附录、附表的规定，这是定额的核心部分。它指出了定额编制的指导思想、原则、依据、适用范围、使用方法、调整换算、已考虑和未考虑的因素，以及其他有关问题。对因客观条件需据实调整换算也作了规定。

（2）掌握分部分项工程定额所包括的工作内容和计量单位。在使用定额前，必须弄清一个工程由哪些工作项目组成，每个项目的工作内容是否与定额的工作内容一致，定额的计量单位是否采用扩大计量单位。

（3）弄清定额项目表中各子目栏工作条目的名称、内容和步距划分。然后以定额的计量单位为标准，将该工程各个项目按定额子目栏的工作条目逐项列出，做到完整齐全，不重不漏。

（4）了解定额项目表中人工、材料、机械台班名称、耗用量、单价和计量单位。

（5）熟悉工程量计算规定及适用范围。按规定和适用范围计算工程数量，有利于统一标准。

（6）对于分项工程的内容，应通过深入施工现场和工作实践，理解其实际含义，只有对定额内容了解深透了，在确定工程条目，套用、换算定额或编制补充定额时，才会快而准确。

2. 定额应用要点

（1）正确选择子目，不多不漏。

（2）子目名称简练直观。

（3）核对工作内容，防止漏列、重列。

（4）看清计量单位。

（5）详细阅读说明和小注。

（6）图纸要求与定额子目或序号项目要一致，否则可能要抽换。

（7）施工方法要依施工组织设计而定。

（8）多实践，多练习，熟能生巧。

3. 定额套用

当设计要求与定额条件相符时，可直接套用定额（即直接查找定额）。套用时应注意以下几点。

（1）正确选用定额条目。根据设计图纸要求及说明，选择与工作项目内容相符的定额条目，并对其工作内容、技术特点和施工方法仔细核对，做到内容不漏、不重、不错。

（2）核对计量单位。条目选后，核对并调整所列工程项目的计量单位，使之与定额条目的计量单位相一致。

（3）明确定额中的用语、符号及定额表中数据的意义，区分“以内”、“以外”和“以上”、“以下”的含义。

（4）注意定额的换算。当工程设计与定额内容部分不相符，而定额允许换算时，要先对套用的定额进行必要的换算后才能使用。

4. 定额抽换

当工作项目与定额内容部分不相符时，则不能直接套用定额，应在定额规定的范围内根据不同情况加以换算。

（1）设计的规格、品种与定额不相符的换算。

当设计要求的规格、品种与定额规定不同时，需先换算使用量，再按其单价换算价值，概、预算定额的换算实际上是概、预算价格的换算。

① 砂浆或混凝土标号，设计与规定不符时，应根据砂浆或混凝土设计标号在《基本定额》“混凝土、钢筋混凝土、水泥砂浆用料表”中，查出应换入的用料数，并考虑工地搬运、操作损耗量及混凝土凝固后体积收缩等，或在《预算定额》中，查与设计标号相同项目的混凝土、钢筋混凝土、水泥砂浆的用料数（已考虑了损耗量等）。应换出的用料数为定额表中的数量，然后进行换算。

② 砂浆或混凝土的集料粒径，设计与定额规定不符时，须按砂浆或混凝土标号调整水泥用量。

③ 钢筋混凝土定额中的钢筋数量、规格，当设计与定额规定不符，使实际钢筋含量与定额中钢筋含量相差超过 ± 5%，应先按设计要求调整定额钢筋数量，再用钢筋制作及绑扎定额调整定额工日、有关材料、机械台班数，并用定额单价计算其价值。不是因设计原因造成不符，如钢筋由粗代细，螺纹钢筋代替圆钢铁或型号改变，因此而增加的钢筋费用，不能编入定额价值内。

（2）运距换算。

① 运距超过定额项目表中子项目基本运距。

② 运距超过定额项目表中工作内容规定的运距。

（3）断面换算。

在定额中确定的构件断面，是根据选择有代表性的不同设计标准，经分析、研究、综合、加权计算确定的，称为定额断面。如实际设计断面与定额断面不符时，应按定额规定进行换算。

（4）周转次数换算。

当材料的实际周转次数达不到规定的周转次数时，定额表中周转材料的定额用量应予抽换，按照实际的周转次数重新计算其实际定额用量。

（5）厚度和宽度换算。

如果防护层的厚度（沥青混凝土、沥青砂浆的厚度），抹灰层厚度，道砟桥面人行道宽，有的定额表中划分为基本厚度或宽度和增减厚度或宽度定额，但设计厚度或宽度与定额不符时，可按设计要求和增减定额对基本厚度或宽度的定额基价进行调整换算。

（6）系数换算。

当实际施工条件与定额规定不符时，应按定额规定的系数进行调整。

（7）体积换算。

铁路“路基工程预算定额”明确了开挖与运输数量以天然密实体积计算，填筑数量以压实体积计算，因此在土石方调配与套用定额时需要进行天然密实体积与压实体积的换算。

总之，定额换算必须在定额的规定条件下进行，如果定额规定不允许换算时，不得强调本部门的特点，任意进行换算。

5. 补充定额

在工程施工过程中，随着新结构、新技术、新工艺、新设备等的出现，有时会出现设计要求与定额条件不一致或完全不符，甚至缺项的情况，这就需要制定补充定额（或补充单价分析），并随同设计文件一并送报主管部门审批。

制定补充定额的方法有两种，一种是按前面讲的定额制定原则，用测定或综合分析等方法制定。通常材料用量是按设计图纸的构造、做法及相应的计算公式进行计算，并加入规定的材料损耗；人工工天是按劳动定额或类似定额计算，并合理考虑劳动定额中未包括而在一般正常施工情况下又不可避免的影响因素和零星用工等；机械台班数量是按机械台班使用定额或类似定额计算，并考虑定额中未包含而在合理的施工组织条件下，尚存在的机械停歇因素所造成的机械台班损失。经有关技术、定额人员和工人分析讨论，确定其工作项目的工、料、机耗用量，然后分别乘以人工工资标准、材料预算价格及机械台班单价，即得到补充定额基价。另一种方法是套用或换算相近的定额项目。一般人工和机械台班数量及费用和其他材料费可套相近的项目，而材料消耗量可按设计图纸进行计算，再加入规定的材料损耗，或通过测定确定。

6.2.3 企业定额

1. 企业定额的概念与作用

企业定额是企业按照国家有关政策、法规以及相应的施工技术标准、验收规范、施工方法的资料，根据现行自身的机械装备状况、生产工人技术操作水平、企业生产（施工）组织能力、管理水平、机构的设置形式和运作效率以及可能挖掘的潜力情况，自行编制、审查、批准、颁发，并在本企业贯彻执行的，供企业内部进行经营管理、成本核算和投标报价的企业内部文件。

企业定额不仅能反映企业的劳动生产率和技术装备水平，同时也是衡量企业管理水平的标尺，是企业加强集约经营、精细管理的前提和主要手段，其主要作用有以下几个方面：

（1）它是编制施工组织设计和施工作业计划的依据。

（2）它是企业内部编制施工预算的统一标准，也是加强项目成本管理和主要经济指标考核的基础。

（3）它是施工队和施工班组下达施工任务书和限额领料、计算施工工时和工人劳动报酬的依据。

（4）它是企业走向市场与竞争、加强工程成本管理、进行投标报价的依据。

（5）它是工程量清单计价的必然产物，建立和应用企业定额可以促进企业的发展，提高其管理水平。

2. 企业定额的种类

凡是由企业制定的供企业内部使用的定额均为企业定额。常见的企业定额如《企业施工定额》、《企业物资消耗定额》、《企业预算定额》、《企业概算定额》、《企业概算指标》等。这些定额的编制和应用，不仅可以提高定额的适用性，充分发挥定额的能动作用，提高定额的适时性和投标竞争力，而且也能促使企业内部管理，加强和促进定额的建设工作。

3. 编制企业定额应注意事项

（1）有一定的立法手续。企业内部必须制定定额管理办法，规定定额的编制、审查、批

准、颁发的程序和权限，维护企业定额的法律性和严肃性。企业所属的单位和个人不得擅自制定和修改。

（2）掌握好定额的水平。企业定额水平既要考虑到调动职工积极性，又要考虑严格控制在国家和地方统一定额内，以此为前提制定出企业平均先进的定额。

（3）项目划分要有粗有细，简明适用。企业定额既要适应投标承包和经济责任制的实行，又要满足签发工程任务单、进行班组核算等基层管理的需要。其项目划分既要有综合的施工定额，以满足公司对项目队按分部、分项工程承包考核之用，又要有工序或工作过程定额，以满足项目队对班组实行计件工资或班组内部分配使用。

（4）内容和形式多种多样。不仅有直接施工中人工、机械、材料消耗定额，还应有其他各种时间、人力、物力、财力的消耗定额。如工期定额、生产能力定额、定员定额、固定资产利用定额、资金利用定额等。达到凡能实行定量控制的，都制定有定额，加以控制。

（5）及时制定。企业定额必须及时，如果不及时，有可能出现定额制定下来，工程已基本完成，甚至结束的情况，就失去了制定企业定额的意义。

（6）注意保密。企业定额的编制应根据情况做好保密工作，特别是投标定额，这是为了在投标竞争中保持本企业优势的需要。

总之，企业定额在个性化方面已经比仍按定额模式组价处理工程量清单有了较大进步，但由于企业定额的起步一般是源于地方定额或行业定额，经企业消化吸收变动过来的，因而从内容到形势上都不可避免地受到地方定额或行业定额有关游戏规则的影响；对具体工程项目的个性特点的体现，仍然相对缺少；政府对企业的各项管理制度，与国际惯例的行业管理制度存在着差距，这种相互间的不协调，也不可避免地影响到编制企业定额时对管理费用的考虑。

6.3 铁路工程概（预）算的文件组成与编制范围

6.3.1 铁路工程概（预）算简介

我国铁路基本建设投资的管理和控制基本上分为三个层次，即国家、项目申报单位或项目建设单位（业主）、施工单位（或承包单位）。概（预）算是编制建设工程经济文件的主要依据，也是其他测算方式（投资估算除外）的基础。

铁路工程设计概算和施工图预算（投资检算），是指在执行基本建设程序过程中，根据不同设计阶段设计文件的具体内容和国家规定的定额、指标及各项费用的取费标准，预先计算和确定每项新建、扩建、改建和迁建工程所需要的全部投资额的文件，它是从经济上反映建设项目在不同建设阶段的特点，是按照国家规定的特殊计划程序，预先计算和确定基本建设工程价格的计划文件，是基本建设程序的重要组成部分。

为了对基本建设工程进行全面而有效的工程经济管理，在项目建设的各阶段都必须编制有关的经济文件，这些不同经济文件的投资额则要根据其主要内容要求，由不同的测算工作来完成。

铁路投资额按工程的建设程序可以分为投资估算、概算、投资检算（施工图预算）、标底编制及报价等几部分，其关系如图 6.4 所示。报价和概（预）算的差别主要体现在如下方面：

（1）项目划分不同。概（预）算的项目划分是按规定的项目表的形式划分。而报价（或标底）的项目划分是按招标文件中的工程量清单。

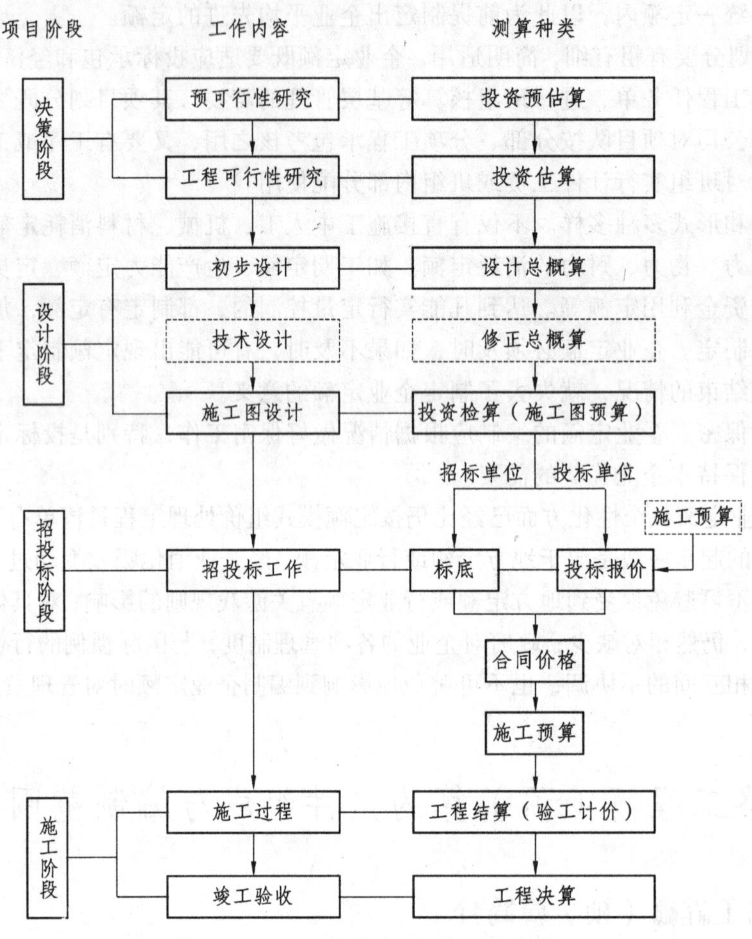

图 6.4　投资进程与投资额测算关系图

（2）编制依据不同。概（预）算编制是根据国家、地区颁发的定额、价格表、《编制办法》及各种政策编制的，数据取用具有一定强制性，是一种计划行为。而报价则是投标人按着“统一量、市场价、竞争费”的原则，根据对招标文件的理解，依据工程量清单、技术规范的要求，结合本单位具体情况、市场价格，灵活套用定额、取费办法进行编制，是一种市场行为。报价强调的是合理性，概（预）算强调的是合法性。

（3）编制程序和方法不同。概（预）算中根据费用划分原则，先计算出各分项工程的直接工程费、定额直接工程费，据此逐步计算出其他各项费用，最后汇总得概（预）算总金额。而报价则是将直接工程费与各项费用捆在一起，先计算出综合单价，最后汇总各综合单价与工程数量乘积得出总报价。

（4）编制内容不同。概（预）算除了按规定计算建筑安装工程费外，还要计算设备、工具、器具及家具购置费、工程建设其他费用、预留费用和回收金额，进而计算出工程的总造价。而报价则主要计算建安费，另考虑保险费（工程险和第三者责任险）、工程造价增长费、预备费中的施工图预算包干费及其他风险因素增加费。

（5）审批程序不同。概（预）算必须经过上级主管部门审核批准，而报价则不需上级批准，只要本企业领导同意即可。标底也不需上级主管部门审批，但要控制在审批的预算限额内。

（6）费用项目的归属不同。标底或报价中，工人的各种津贴、奖金可以列入工人工资单中，编入直接工程费中的直接费，而概（预）算中只列国家规定的津贴和补贴，其他津贴和奖金则不能列入；概（预）算中新购置的机械列入施工技术装备中，而标底和报价中则机械购置费按照施工年限摊销，本工程该摊销的部分进入综合单价中；编制标底或报价在施工方案上要求技术先进、经济合理，施工计划要切实可行，估算工程成本要准确，而且要包含各种不可预见的因素。而编制概（预）算时，根据设计图纸和施工方案，按照规定的定额、取费标准、工资单价、材料预算价格和机械台班单价，依照“概（预）算编制办法”进行程序式编制。

6.3.2 铁路工程概（预）算的文件组成

1. 概（预）算概念

工程概（预）算，是根据工程各个阶段的设计内容，具体计算其全部建设费用的文件，是国家或业主对基本建设实行科学管理和监督的一种重要手段。

（1）概算。指保质、保量、按期完成所批准建设项目，从筹建到竣工验收所实施的全部费用，通常称为设计概算或修正概算。概算或修正概算是初步设计文件或技术设计的重要组成部分，概算应控制在批准的建设项目可行性研究报告投资估算允许浮动幅度范围内，概算经批准后是基本建设项目投资的最高限额，是编制建设项目投资计划、确定和控制建设项目投资的依据，是控制施工图设计和施工图预算的依据，是衡量设计方案经济合理性和选择最佳设计方案的依据，是考核建设项目投资效果的依据。设计单位应按不同的设计阶段编制概算和修正概算。编制概算或修正概算时，应全面了解工程所在地的建设条件，掌握各项基础资料，正确引用规定的定额、取费标准、工资单价和材料设备价格，按相关编制办法的规定进行编制，使概算能完整、准确地反映设计内容。在工程项目管理设计时，以批准的初步设计进行设计施工总承包招标的工程，其标底或造价控制值应在批准的概算范围内。

（2）施工图预算（投资检算）。施工图预算是拟建工程设计概算的具体化文件，也是单项工程综合预算的基础文件。施工图预算的编制对象为单位工程，因此也称为单位工程预算。它是由设计单位根据施工图设计的工程量和施工方案，按预算定额和各种费用定额，编制的反映工程造价的具体文件。

值得注意的是该阶段工作在铁路系统称为“投资检算”，而在公路等其他系统则称为“施工图预算”。投资检算的主要目的是检验施工图设计是否控制在概算之内，而施工图预算还是确定工程造价、签订工程合同、实行投资包干、办理工程结算及考核工程成本的依据。铁建113 号文规定：铁路工程两阶段设计时，初步设计阶段编制总概算，施工图设计阶段编制投资检算或总预算，一阶段设计时编制总预算。

预算是施工图设计文件的重要组成部分，也是设计阶段控制工程造价的主要指标。预算经审定后，是确定工程造价、编制或调整固定资产投资计划和考核工程成本的依据。预算应根据施工图设计的工程量和施工方法，按照规定的定额、取费标准、工资单价、材料设备预算价格依本办法在开工前编制并报请批准。

以施工图设计进行施工招标的工程，经审定后的施工图预算是编制标段清单预算、工程标底或造价控制值的依据，也是分析、考核施工企业投标报价合理性的参考。对不宜实行招标而采用施工图预算加调整价结算的工程，经审定后的施工图预算可作为确定合同价款的基础或作为审查施工企业提出的施工预算的依据。

施工图预算是考核施工图设计经济合理性的依据。施工图设计应控制在批准的初步设计及其概算范围之内。如单位工程预算突破相应概算时，应分析原因，对施工图设计中不合理部分进行修改，对其合理部分应在总概算投资范围内调整解决。

（3）施工预算。是施工企业在工程投标时或工程开工之前，根据施工图、施工定额、实施性施工组织设计、降低工程成本的技术组织措施，并结合施工现场的实际情况，在施工图预算的控制下编制的经济文件。施工预算通常以单位工程为编制对象。

施工预算可作为施工企业尤其是其基层单位进行企业内部经济核算，实行内部经济承包责任制，进一步组织生产，编制施工作业计划，准备现场材料、签发施工任务书和限额领料卡，考核生产工人工效，计算超额奖，审评奖励的依据。

2. 概预算之间的关系

概算和预算是两个不同的概念，它们之间既有区别也有联系，其关系见表 6.1。

表 6.1　概预算之间的关系表

序号	关　系	概　算	施工图预算（投资检算）	施工预算
一、区别				
1	编制单位不同	设计单位编制	设计单位编制	施工单位编制
2	编制阶段不同	初步设计或一阶段设计时编制	施工图设计阶段编制	投标时或其基层单位（如项目经理部）合同签订后编制
3	主要作用不同	作为国家确定和控制建设规模，编制基本建设计划，实行建设项目投资包干，签订承包合同和招标项目编制标底以及建设银行拨贷款的依据，也是控制施工图预算，考核设计经济合理性和建设成本的依据	作为签订施工合同，进行价款结算的依据，也是施工企业下达施工计划，内部财务拨款，考核工程成本，进行经济核算的依据，同时也是控制施工预算的依据	是确定投标报价的依据；是项目经理部组织生产，编制施工组织，签发施工任务书和限额领料卡，考核工效，计算超额奖和计件工资，进行班组核算的依据；是施工企业基本的成本计划文件
4	依据定额不同	概算定额（铁路站前工程使用预算定额）	预算定额	施工定额

续表 6.1

序号	关 系	概 算	施工图预算（投资检算）	施工预算
5	依据资料不同	初步设计图纸及施工组织设计方案意见	施工图设计资料及施工组织设计（合理的施工方法、周密的技术措施）	详细的施工图纸和工程数量，周密的施工组织设计，施工单位自身能力，施工现场实际情况
6	编制范围不同	建设项目的全部内容，即从筹建开始到竣工验收所需的一切费用	只编制单位工程或单项工程预算和综合预算建安工程费	根据施工单位的不同目的有不同的深度，投标时根据招标文件确定，项目管理时，根据不同项目来确定
二、联系				
1	均不能突破控制额	经批准的概算是建设项目投资的最高限额	控制在概算总额范围之内	由合同价控制
2	费用组成、采用的费率，应用的表格、编制的步骤方法	二者基本相似		

3. 概（预）算文件的组成

概（预）算文件主要由封面、目录、编制说明、概（预）算表格以及附件等组成。

（1）封面。概（预）算文件的封面和扉页应按编制办法中的规定制作，扉页的次页应有建设项目名称，编制单位，编制、复核人员姓名并加盖执业（从业）资格印章，编制日期及第几册共几册等内容。

（2）目录。按概（预）算表的内容顺序或表号顺序编排。

（3）编制说明。

① 编制范围。主要包括设计范围及工程概况。建设项目名称，起讫里程，全长（如正、站线公里或桥、隧长），总建筑体积（如总圬工数量、总土石方数量），总建筑面积，主要结构（如桥跨结构），地貌特征，主要工程数量等。

② 主要编制依据。建设项目设计资料的依据及有关文号。如建设项目可行性研究报告文号、初步设计和概算批准文号（编修正概算及预算时），以及根据何时的测设资料及比选方案进行编制的等。

a. 施工组织设计。施工期限，主要施工方法和所用机械设备，临时工程的设置，施工场地布置等。

b. 施工调查资料。当地资源可利用情况，交通情况，主要材料价格、来源、运输及供应方法的安排，地质、气候、水文条件等。

c. 与概（预）算有关的委托书、协议书、会谈纪要的主要内容（或将抄件附后）。

d. 采用的定额、费用标准、人工、材料、机械台班单价依据和来源，补充定额及编制依据的详细说明。

e. 总造价、指标及工、料、机等差价说明，各设计方案的经济比较，以及编制中存在的问题。

f. 其他与概（预）算有关但不能在表格资料中反映的事项。

（4）概（预）算表格。

铁路工程概（预）算应按统一的概（预）算表格计算。概算表格与预算表格的式样基本相同，只是表头字样有别。

① 总概（预）算汇总表；

② 总概（预）算（汇总）对照表；

③ 总概（预）算表；

④ 综合概（预）算（汇总）表；

⑤ 综合概（预）算（汇总）对照表；

⑥ 单项概（预）算表；

⑦ 单项概（预）算费用汇总表；

⑧ 主要材料平均运杂费单价分析表；

⑨ 补充单价分析汇总表；

⑩ 补充单价分析表；

⑪ 补充材料单价表；

⑫ 主要材料预算价格表；

⑬ 设备单价汇总表；

⑭ 技术经济指标统计表。

概（预）算应按一个建设项目如一条路线或一座独立大（中）桥、隧道等进行编制。当一个建设项目需要分段或分部编制时，应根据需要分别编制，但必须汇总编制“总概（预）算总表”。

（5）附件。

① 有关计算资料。如电价分析资料、特殊地区施工增加费计算资料等。

② 有关协议、纪要、合同及公文等。

③ 其他与概（预）算有关但不能在表格中反映的事项。

6.3.3 铁路工程概（预）算的编制范围

1. 概（预）算的编制范围及单元

（1）总概（预）算的编制范围。

总概（预）算是用以反映整个建设项目投资规模和投资构成的文件，一般应按整个建设项目的范围进行编制，不能随意划分编制范围。但遇有特殊情况，应根据要求分段、分块划分编制范围，分别编制总概（预）算，并汇编该建设项目的总概（预）算汇总表。如铁路工程在下列情况下需特别处理：

① 两端引入工程可根据需要单独编制总概（预）算。

② 编组站、区段站、集装箱中心站应单独编制总概（预）算。

③ 跨越省（直辖市、自治区）或铁路局者，除应按各自所辖范围编制总概（预）算外，尚需以区段站为界，分别编制总概（预）算。

④ 分期建设的项目，应按分期建设的工程范围，分别编制总概（预）算。

⑤ 一个建设项目，如有几个设计单位共同设计，则各设计单位按各自承担的设计范围编制总概（预）算。总概（预）算汇总表由建设项目总体设计单位负责编制。

⑥ 如有其他特殊情况，可按实际需要划分总概（预）算的编制范围。

（2）综合概（预）算的编制范围。

综合概（预）算是具体反映一个总概（预）算范围内的工程投资总额及其构成的文件，其编制范围应与相应的总概（预）算一致。

（3）单项（分项工程）概（预）算的编制范围及单元。

单项（分项工程）概（预）算是编制综合概（预）算、总概（预）算的基础，是详细反映各工程类别和某些重大、特殊工点的主要概（预）算费用的文件。编制内容包括人工费、材料费、施工机械使用费、运杂费、价差、施工措施费、特殊施工增加费、间接费和税金。

编制单元应按总概（预）算的编制范围划分，并按工程类别分别编制。其中技术复杂的特大桥、高桥（墩高在 50 m 以上）及技术复杂的大、中桥，4 000 m 以上的单、双线长隧道，多线隧道及地质复杂的隧道，大型房屋（如机车库、3000 人及以上的站房）以及投资较大、工程复杂的新技术工点，应按工点分别编制单项（分项工程）概（预）算。

（4）施工预算的编制范围及单元。

原则上与审定的总概（预）算一致，以便进行对比分析，但考虑招投标后的具体情况，施工预算的编制通常与承揽的工程任务范畴有关，根据不同的目的自行确定编制范围及单元，可以是整个标段工程，可以是单项或单位工程，也可以是分部或分项工程。

2. 定额的采用

定额的采用通常与投资测算的阶段相适应，如编制概算用概算定额，编制预算用预算定额，但当设计图纸的深度可以用更详细的定额时，则用详细的定额，如编制估算能用概算定额时则用概算定额，同样概算编制时若有条件用预算定额，则宜用预算定额，但设计单位、业主等不用企业定额进行投资测算。优选定额的顺序是施工定额—预算定额—概算定额—概算指标—估算指标。铁路概（预）算编制办法对定额的采用有如下规定：

（1）基本规定。

根据不同设计阶段，各类工程的设计深度以及铁路工程定额体系的划分，在具体定额的采用原则上按以下规定执行。

① 初步设计概算：采用预算定额；“站后”工程可采用概算定额。

② 施工图预算、投资检算：采用预算定额。

（2）独立建设项目的大型旅客站房的房屋工程及地方铁路中的房屋工程可采用工程所在地的地区统一定额（含费用定额）。

（3）补充定额。对于没有定额的特殊工程及尚未实践的新技术工程，设计单位应在调查分析的基础上补充单价分析，并随设计文件一并送审。

6.4 铁路工程概（预）算费用分类与组成

6.4.1 概（预）算章节的划分及费用组成

1. 章节划分

铁路工程概（预）算的费用，按不同工程和费用类别分为四个部分，共十六章 34 节。具体划分见铁路工程概（预）算定额。

2. 静态投资费用种类

（1）建筑工程费（费用代号：Ⅰ）。

指路基、桥涵、隧道及明洞、轨道、通信、信号 电力、电力牵引供电、房屋、给排水、机务、车辆、站场建筑、工务、其他建筑工程等和属于建筑工程范围内的管线敷设、设备基础、工作台等，以及拆迁工程和应属于建筑工程费内容的费用。

（2）安装工程费（费用代号：Ⅱ）。

指各种需要安装的机电设备的装配、装置工程，与设备相连的工作台、梯子等的装设工程，附属于被安装设备的管线敷设，以及被安装设备的绝缘、刷油、保温和调整、试验所需的费用。

（3）设备购置费（费用代号：Ⅲ）。

指一切需要安装与不需要安装的生产、动力、弱电、起重、运输等设备（包括备品备件）的购置费。

（4）其他费（费用代号：Ⅳ）。

指土地征用及拆迁补偿费、建设项目管理费、建设项目前期工作费、研究试验费、计算机软件开发与购置费、配合辅助工程费、联合试运转及工程动态检测费、生产设备费、其他。

（5）基本预备费。

指设计概（预）算中难以预料的费用。

6.4.2 概（预）算费用的组成

1. 铁路工程概（预）算费用组成（图 6.5）

2. 编制深度及要求

设计概（预）算的编制深度应与设计阶段及设计文件组成内容的深细度相匹配。

（1）单项概（预）算。

应结合建设项目的具体情况、编制阶段、工程难易程度及所占投资比重的大小，视各阶段采用定额的要求，确定其编制深度。

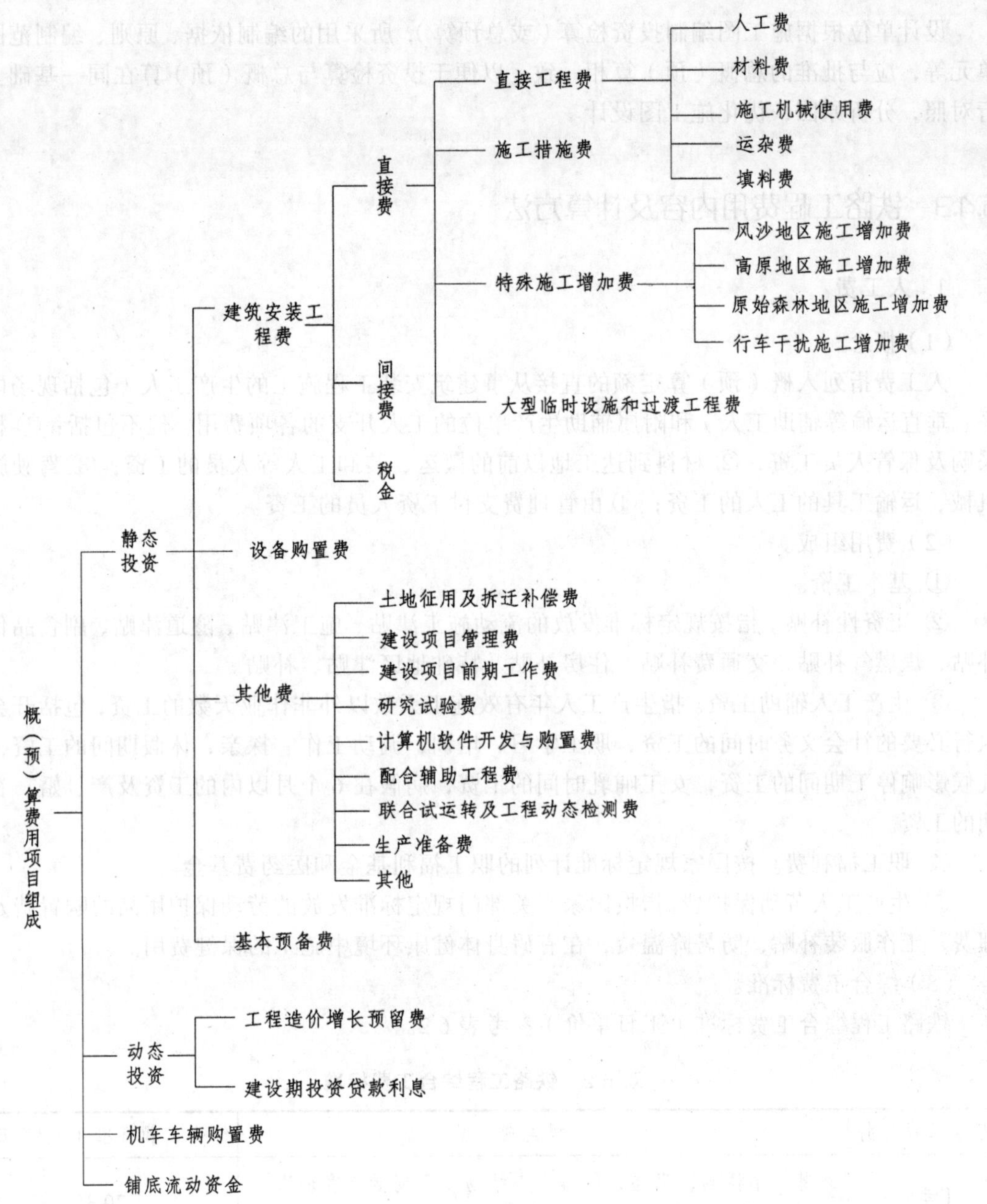

图 6.5 铁路工程概（预）算费用组成

（2）综合概（预）算。

根据单项概（预）算，按“综合概（预）算章节表”的顺序进行汇编，没有费用的章，在输出综合概（预）算表时其章号及名称应保留，各节中的细目结合具体情况可以增减。一个建设项目有几个综合概（预）算时，应汇编综合概（预）算汇总表。

（3）总概（预）算。

根据综合概（预）算，分章汇编。没有费用的章，在输出总概（预）算表时，其章号及名称一律保留。一个建设项目有几个总概（预）算时，应汇编总概（预〉算汇总表。

（4）投资检算（施工图预算）。

设计单位根据施工图编制投资检算（或总预算），所采用的编制依据、原则、编制范围及单元等，应与批准的总概（预）算相一致，以便于投资检算与总概（预）算在同一基础上进行对照，分析原因，优化施工图设计。

6.4.3 铁路工程费用内容及计算方法

1. 人工费

（1）概念。

人工费指列入概（预）算定额的直接从事建筑安装工程施工的生产工人（包括现场内水平、垂直运输等辅助工人）和附属辅助生产单位的工人开支的各项费用。但不包括：① 材料采购及保管人员工资；② 材料到达工地以前的搬运、装卸工人等人员的工资；③ 驾驶施工机械、运输工具的工人的工资；④ 由管理费支付工资人员的工资。

（2）费用组成。

① 基本工资。

② 工资性补贴。指按规定标准发放的流动施工津贴、施工津贴、隧道津贴、副食品价格补贴、煤燃气补贴、交通费补贴、住房补贴及特殊地区津贴、补贴。

③ 生产工人辅助工资。指生产工人年有效施工天数以外非作业天数的工资，包括开会和执行必要的社会义务时间的工资，职工学习、培训，调动工作、探亲、休假期间的工资，因气候影响停工期间的工资，女工哺乳时间的工资，病假在 6 个月以内的工资及产、婚、丧假期的工资。

④ 职工福利费。按国家规定标准计列的职工福利基金和医药费基金。

⑤ 生产工人劳动保护费。指按国家有关部门规定标准发放的劳动保护用品的购置费及修理费，工作服装补贴，防暑降温费，在有碍身体健康环境中施工的保健费用。

（3）综合工费标准。

铁路工程综合工费标准（工日单价）参考表 6.2。

表 6.2 铁路工程综合工费标准

综合工费类别	工程类别	综合工费标准（元/工日）
Ⅰ类土	路基，小桥涵，房屋，给排水，站场（不包括旅客地道、天桥）等的建筑工程，取弃土（石）场处理，临时工程	20.35
Ⅱ类土	特大桥，大桥，中桥，（包括旅客地道、天桥），轨道，机务，车辆，动车等的建筑工程	24.00
Ⅲ类土	隧道，通信，新号，信息，电力，电力牵引供电工程，设备安装工程	25.82
Ⅳ类土	计算机设备安装调试	43.08

注：综合工费标准仅作为编制概（预）算的依据，不作为施工企业实发工资的依据。

（4）人工费计算。

$$人工费=\sum 工程数量\times 工日定额\times 综合工费标准$$
$$=\sum 定额人工消耗量\times 综合工费标准$$

其中，工程数量指编制对象的按工程量计算规则计算的单项、单位工程或分部分项工程的工程数量；工日定额是指完成相应工程在相关定额中规定所需的人工工日；综合工费标准则由表查得。

2. 材料费

（1）概念。

材料费是指施工过程中耗用的构成工程实体的原材料、辅助材料、构配件、零件和半成品的用量以及周转材料的摊销量等按相应的预算价格计算的费用。

（2）建筑材料的分类。

① 按材料列算范围分类。

a. 工程本身材料。指直接用于工程上，并构成建筑或结构本体的材料，可按定额计算其用量。如水泥、砂、石等。

b. 辅助材料。指在施工中必需的，但不构成建筑物或结构本体的材料。如路基石方、隧道石方开挖所需的炸药、引线、雷管等一次性消耗材料。可按定额计算其用量。

c. 周转性材料。是在施工过程中，为完成道筑物或结构本体而周转使用的材料，并不构成建筑物或结构本体，按倒用次数摊于定额计算。

d. 零星材料。由于定额中只列主要材料数量，至于零星材料均未详列，故综合为其他材料费，以“元”表示。

② 按供应渠道分类。

外来供应材料：指由材料供应部门供应的材料。按其不同供应方式又分为厂发料和直发料两种。

a. 厂发料：指铁路工程中由施工组织设计所拟定的材料厂、供料基地或既有线卸料地点前方办理货运业务的营业站发运的材料，这是以前铁路工程材料的主要供应方式，但现在该方式使用情况在逐步减少。

b. 直发料：指由用料单位直接从料源地组织运回的材料。

当地自备材料指不属材料供应部门供应范围而由施工部门自行组织采购、开采或制作的材料、构配件等。一般有以下几种情况：

a. 向其他企业采购的砖、瓦、石灰、砂、石等地方材料。

b. 由施工部门自行开采的砂、石或设厂预制的钢筋混凝土成品（包括半成品）等。

（3）铁路工程材料预算价格的组成。

铁路工程材料预算价格由材料原价、运杂费、采购及保管费组成。

$$预算价格=(材料原价+运杂费)\times(1+采购及保管费率)$$

① 材料原价。指材料的出厂价或指定交货地点的价格，对同一种材料，因产地、供应渠道不同而出现几种原价时，其综合原价可按其供应量的比例加权平均确定。

② 运杂费。是指材料自料源地（生产厂或指定交货地点）运至工地所发生的有关费用，

包括运输费、装卸费及其他有关运输的费用等。

③ 采购及保管费。指材料在采购、供应和保管材料过程中所需要的各种费用。包括采购费、仓储费、工地保管费、运输损耗费、仓储损耗费，以及办理托运所发生的费用（如按规定由托运单位负担的包装、捆扎、支垫等的料具损耗费，转向架租用费和托运签条）等。

采购及保管费率见表 6.3。

表 6.3　采购及保管费率

序　号	材料名称	费率/%	其中运输损耗费率/%
1	水　泥	3.53	1.00
2	碎石（包括道砟及中、小卵石）	3.53	1.00
3	砂	4.55	2.00
4	砖、瓦、石灰	5.06	2.50
5	钢轨、道岔、轨枕、钢梁、钢管拱、斜拉索、钢筋混凝土梁、铁路桥梁支座、电杆、铁塔、钢筋混凝土预制桩、接触网支柱、机柱	1.00	—
6	其他材料	2.50	—

（4）铁路工程材料预算价格的确定。

按照材料预算价格的组成及材料供应方式的划分，各项工程材料预算价格随各建设项目所到地区、修建年代的不同而不同。为统一概算编制工作，编制设计概算时一般采用统一发布的《铁路工程建设材料预算价格》作为基期材料价格。确定材料预算价格是计算材料费的关键，也是分析概（预）算单价的依据。正确确定材料预算价格，是为了正确合理地确定工程造价。材料预算价格是根据价格的组织及材料供应方式的不同，按下述方式分别确定。

① 水泥、木材、钢材、砖、瓦、砂、石、石灰、黏土、花草苗木、土工材料、钢轨、道岔、轨枕、钢梁、钢管拱、斜拉索、钢筋混凝土梁、铁路桥梁支座、钢筋混凝土预制桩、电杆、铁塔、机柱、接触网支柱、接触网及电力线材、光电缆线、给水排水管材等材料的基期价格采用现行的《铁路工程建设材料基期价格》,编制期价格根据设计单位实地调查分析采用，以上价格均不含来源地至工地的运杂费，来源地至工地的运杂费应单独计列。

② 施工机械用汽油、柴油，基期价格采用现行的《铁路工程建设材料基期价格》，编制期价格根据设计单位实地调查分析采用，以上均为含运杂费和采购及保管费的价格。

③ 除上述材料以外的其他材料，基期价格采用现行的《铁路工程建设材料基期价格》，其编制期与基期的价差按部颁材料价差系数调整。此类材料的基期价格已包含运杂费和采购及保管费，部颁材料价差系数也已考虑运杂费和采购及保管费因素，编制概（预）算时不应另计运杂费和采购及保管费。

（5）铁路工程建设材料价差系数的测算及使用方法。

① 适用范围及条件。

材料价差系数适用于国家铁路建设大、中型建设项目的新建和改扩建铁路工程的新建工程类别。凡按铁建〔1991〕36 号文、铁建〔1997〕55 号文、〔1998〕115 号和〔2006〕113

号文发布的《国家铁路基本建设工程设计概（预）算编制办法》以及铁建〔1990〕118号文、〔1996〕49号文发布的《铁路工程建设材料预算价格》编制设计概算的工程项目均可用部颁价差系数调整材料价差（不包括利用外资的项目）。外委铁路工程可按甲乙双方的合同执行或协商解决。

② 分类及作用。

根据用途在1996年及以前材料价差系数分为设计阶段用和施工阶段用。设计阶段用材料价差系数用于编制设计概算时计算材料价差，施工阶段用材料价差系数用于在建工程项目验工计价时计算材料价差。在1996年以后，材料价差系数可以分为以铁建〔1990〕118号文为材料基价的工程项目用和以铁建〔1996〕49号、铁建设〔2001〕28号文为材料基价的工程项目用，前者以工料机费为计算基数，后者以材料费为计算基数。

③ 工程类别的划分及权数。

材料价差系数工程类别的划分，是按铁建〔1991〕36号文发布的《铁路基本建设工程设计概算编制办法》中"综合概算章节表"节及以下的细目为基础确定，根据工程的特点，按方便适用的原则，适当具体化。以铁建〔1990〕118号文为材料基价的工程项目用的材料价差系数共54个工程类别，以铁建〔1996〕49号文为材料基价的工程项目，用材料价差系数，根据"55号文"和"115号文"进行了调整，共分67个工程类别。

材料价差系数的各工程类别的权数是根据若干条线路的统计资料，经综合分析各类工程的工料机消耗指标，将各类工程中占材料费比重较大，对各类工程的费用起主要作用的材料项目作为测算材料价差系数的主要材料，其余计入其他材料费。这就是测算材料价差系数的综合权数。

（6）材料价差的调整范围。

以"118号文"为基期价格的材料价差系数测算用的材料共271项，以"49号文"为基期价格的材料价差系数测算用的材料共383项，分别以这些材料为代表测算材料价差系数，用来调整除砖、石灰、砂、石、道砟等当地料的价差以外的所有外来料价差。

（7）地区划分。

为了反映地区差别，将全路划分为6个地区，分别测算材料价差系数，6个地区的具体范围以相应铁路局界为准（见表6.4）。地区之间价差系数的区别，主要表现在各个地区料价的不同和业务提成的差别。

表6.4 铁路工程建设材料价差系数地区划分表

Ⅰ	Ⅱ	Ⅲ	Ⅳ	Ⅴ	Ⅵ
沈阳局、哈尔滨局	北京局、呼和浩特局	上海局、南昌局、济南局	郑州局、广铁（集团）公司	成都局、柳州局、昆明局	乌鲁木齐局、兰州局

（8）测算步骤。

① 向全路各工程局、铁路局（集团公司）、通号总公司等单位发报价通知、报价表、软盘及有关报价要求。

② 对所报材料进行审核，对有疑问的地方及时查询。

③ 取定综合进料价。

④ 根据各区的业务费提成率和各工程类别的权数分别进行价差系数的测算。

（9）价差系数的计算基础。

① 1990 年度的材料价差系数按各类工程单项概算的建安工程费为计算基础。

② 除 1990 年度以外，以“118 号文”为基期价格的材料价差系数以各类工程单项概算的工料机费为计算基础。

③ 以“49 号文”及以后为基期价格的材料价差系数以各类工程单项概算的材料费为计算。

（10）确定铁路材料价格应注意的事项。

① 现行材料目录价格分类极细，材料的规格、品种、型号极其繁多，定额中凡注明“以内”、“以下”者，均包括本身；“以外”、“以上”者，均不包括本身；有符号“～”或“至”者，均包括大数，不包括小数。

② 再用轨料价格的计算规定。

修建正式工程使用的旧轨料（不包括定额规定使用的废轨、旧轨，如桥梁和平交道的护轮轨，车挡弯轨等），其价格按设计调查的价格分析确定；本工程范围内拆除后利用，一般只计运杂费；需整修的按相同规格型号新材料的 10%计算整修管理费。

（11）材料费的计算。

$$材料费=\sum(某种材料数量\times相应的材料预算价格)$$

在确定材料数量时，应注意概（预）算定额中工程数量及材料用量的有关说明。

3. 施工机械使用费

（1）概念。

施工机械使用费是指列入概（预）算定额的施工机械台班数量，按相应机械台班费用定额计算的建筑安装工程施工机械台班费和定额所列其他机械使用费，直接用于建筑安装工程施工中，简称机使费。根据有关规定，每台班工作时间按 8 h 计，不足 8 h 亦按一个台班计算，但每天最多为 3 个台班。因施工机械使用费是以台班为单位计算的，亦称为施工机械台班费。

（2）施工机械使用费的组成。

施工机械使用费是由不变费用和可变费用组成的。

① 不变费用（又称第一类费用或固定费用）。

不变费用是指不因施工机械的归属单位、施工地点和条件不同而变的费用。包括四项费用：

a. 折旧费。指机械在规定的使用期限（耐用总台班）内，陆续收回其原值（不含贷款利息）的费用。

b. 大修理费。指机械按规定的大修间隔台班进行必要的大修理，以恢复其正常功能所需的费用。

c. 经常修理费。指机械除大修理以外的各级技术保养、修理及临时故障排除所需的费用；为保障机械正常运行所需的替换设备、随机配备的工具与附具的摊销和维护费用；机械运转与日常保养所需的润滑、擦拭材料费用；机械停置期间的维护保养费。

d. 安装拆卸费。指机械在施工现场进行安装、拆卸与搬运所需的人工费、材料费、机具费和试运转费用；辅助设施（基础、底座、固定铺桩、走行轨道，枕木等）的搭拆与折旧费用等。

② 可变费用（又称二类费用）。

可变费用指机械工作过程中直接发生的费用，随工作地区的不同和物价的浮动而变化。它包括以下三项内容：

a. 人工费。指机上司机和相关操作人员的人工费，以及上述人员在机械规定的年工作台班以外的人工费。

b. 燃料动力费。指机械在运转施工作业中所耗用的液体燃料（汽油、柴油）、固体燃料（煤）、电和水的费用。

c. 其他费用。指机械按国家和有关部门规定应交纳的养路费、车船使用税、保险费及年检费用等。

（3）铁路工程施工机械台班单价的分析与取定。

铁建设〔2006〕113 号文规定：编制设计概（预）算以现行的《铁路工程施工机械台班费用定额》作为计算施工机械台班单价的依据。以现行《铁路工程建设材料基期价格》中的油燃料价格及本办法规定的基期综合工费标准计算出的台班单价作为基期施工机械台班单价；以编制期的综合工费标准、油燃料价格、水电单价及养路费标准计算出的台班单价作为编制期施工机械台班单价。编制期与基期的施工机械台班单价的差额按价差计列。

① 基期施工机械台班单价的取定。

基期施工机械台班单价可通过查《铁路工程施工机械台班费用基价表》（如 2000 年度、2005 年度）作为取定基期施工机械台班费的依据。基价表随着时间的推移不断更新，使用时应查明是否为当前最新的资料。

② 编制期施工机械台班单价的分析。

以《铁路工程施工机械台班费用定额》（如铁建〔1997〕35 号文）为依据。机械台班单价中不变费用可直接从《机械台班费用定额》中查出。可变化费用先在《机械台班费用定额》中查出人工、燃料、动力等定额数量，其中人工费按《113 号部令》规定的综合工费标准计算；燃料、动力费除水、电单价外，其余均按《机械台班费用定额》计算。如果机械台班费用定额、人工费标准、材料预算价格变动，则应按新规定分析计算机械台班单价。

③ 工程用水、电综合单价。

a. 工程用水综合单价。

工程用水基期单价为 0.38 元/t。特殊缺水地区或取水困难的工程，可按施工组织设计确定的供水方案，另行分析工程用水单价，分析水价与基期水价的差额，按差价计列。

b. 工程用电综合单价。

（4）施工机械使用费的计算。

① 计算各种机械台班消耗量。

$$施工机械台班消耗量=使用该种机械的工程数量\times该种机械的台班定额$$

② 按规定分析机械台班单价。

③ 计算施工机械使用费。

$$\text{施工机械使用费}=\sum\text{定额施工机械台班消费量}\times\text{施工机械台班单价}$$

4. 运杂费

铁路工程由于线长点多，分布区域广，大多工程地处荒僻地区，交通不便，材料来源广，品种杂，运输方法多，建设周期长，材料的运杂费占直接费比重比较大，很难统一将运杂费纳入料价中。因此，铁路工程的部分材料费和运杂费是分别列项的。

（1）概念。

铁路工程材料运杂费是指水泥、木材、钢材、砖、瓦、砂、石、石灰、蒙古土、土工材料、花草苗木、钢轨、道岔、轨枕、钢梁、钢管拱、斜拉索、钢筋预应力梁、铁路桥梁支座、钢筋混凝土预制桩、电杆、铁塔、机柱、接触网支柱、接触网及电力线材、光电缆线、给水排水管材等材料，自料源地运至工地所发生的有关费用（如火车运输的取送车费等）以及按运输费、装卸费、其他有关运输的费用之和计取的采购及保管费。

（2）运杂费的内容。

① 运输费：是指用各种运输工具运送各种材料物品所发生的运费。

② 装卸费：是运输过程中的装车和卸车的费用。材料运到工地料库或堆料地点，可能不止一次发生装卸，应有一次计算一次。如有的运输工具的装卸费已包括在运输费中，就不能另计装卸费，避免重复。

③ 材料管理费：指由施工单位负责采购、运输、保管和供应的材料、成品、半成品、构配件和机电设备等，在采购、运输、保管和供应过程中所发生的一切有关费用（不包括材料供应部门所发生的费用）。包括采买、办理托运所发生的费用（如按规定由托运单位负担的包装、捆扎、支垫等的料具耗损费，转向架租用费和托运签条），押运、运输途中的损耗，料库盘存，天然毁损和材料的验收、检查、保管等有关各项管理费以及看料工的工资。

④ 其他有关运输的费用（如火车运输的取送车费、过轨费，汽车运输的渡船费等）。

⑤ 运输损耗费：指砂、碎石（包括道砟及中、小卵石）、黏土砖、黏土瓦、石灰等 5 种材料，由于运输过程中损耗较大，需增加的运输损耗费。

⑥ 工地小搬运费：指工地范围内的材料、成品、半成品、构配件、和机电设备等，由工地料库或堆料地点至操作地点的短途搬运费。因新的铁路工程概（预）算定额中，人工用量除另有说明者外，均已包括了工地小搬运用工，故运杂费中不另计工地小搬运费了。

材料从供应地点至操作工点所发生的业务提成、运杂费和工地小搬运费三者之间的划分范围如图 6.6 所示。

（3）运输方法及运输单价计算规定。

① 火车运输及运价。

火车运输分为营业线火车、临管线火车、工程列车、其他铁路四种。

② 汽车运价。

原则上参照现行的《汽车运价规则》确定。为简化概（预）算编制工作，按下列计算公式分析汽车运价：

$$\text{汽车运价(元/t)}=\text{吨次费}+\text{公路综合运价率}\times\text{公路运距}+\text{汽车运输便道综运价率}\times\text{汽车运输便道运距}$$

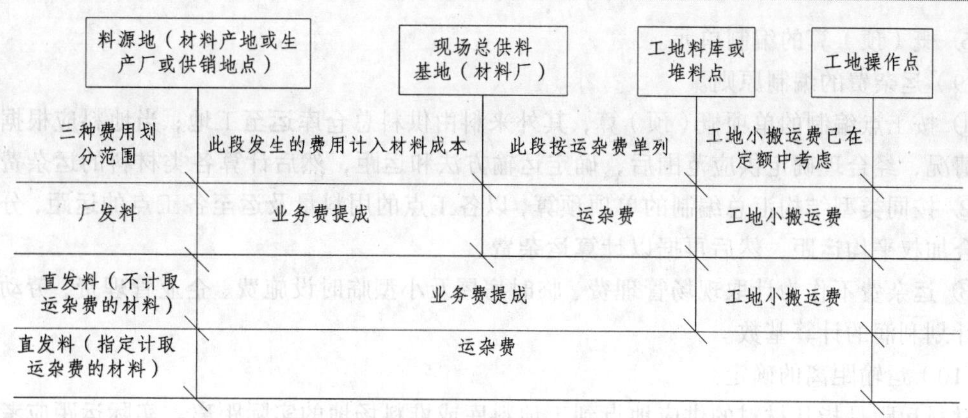

图 6.6 材料运输三种费用划分范围

（4）各种装卸费单价。

① 火车、汽车的装卸单价，按综合单价进行。

② 水运等的装卸费单价，按建设项目所在地的标准计列。

③ 双（单）轮车、单轨车、大平车、轻轨斗车、轨道平车、机动翻斗车等的装卸费单价，按有关定额资料分析确定。

（5）其他有关运输费用。

① 取送车费（调车费）。

用铁路机车往专用线、货物支线（包括站外出岔）或专用铁路的站外交接地点调送车辆时，核收取送车费。计算取送车费的里程，应自车站中心线起算，到交接地点或专用线最长线路终端止，进程往返合计（以千米计）。

② 汽车运输的渡船费。

应按建设项目所在地的标准计列。

（6）采购及保管费。

指按运输费、装卸费及其他有关运输的费用之和为基数计取的，应列入运杂费中的采购及保管费。

（7）运杂费计算的其他规定。

① 单项材料运杂费单价的编制范围，原则上应与单项概（预）算的编制单元相对应。

② 运输方式和运输距离要经过调查、比选，综合分析确定。以最经济合理并且符合工程要求的材料来源地作为计算运杂费的起运点。

③ 分析各单项材料运杂费单价，应按施工组织设计所拟定的材料供应计划，对不同的材料品类及不同的运输方法分别计算平均运距。

④ 各种运输方法的比例，按施工组织设计确定。

⑤ 旧轨件的运杂费，其重量应按设计轨型计算。

（8）运杂费的编制依据。

① 施工组织设计。

② 材料成品、半成品、构件和机电设备等的来源地点及工程分布。

③ 沿线交通运输条件的平面示意图。

④ 各种运输方法和费率。

⑤ 概（预）算的编制单元。

（9）运杂费的编制原则。

① 按工点编制的单项概（预）算，其外来料由供料总仓库运至工地；当地料应根据料源分布情况，经合理确定供应范围后，确定运输方法和运距，然后计算各类材料的运杂费。

② 按同类型结构汇总编制的单项预算，以各工点的用料量及运至各工点的运距，分析计算综合加权平均运距，然后再据以计算运杂费。

③ 运杂费不作为计取现场管理费、临时房屋及小型临时设施费、企业管理费、劳动保险费、计划利润的计算基数。

（10）运输距离的确定。

材料运距是指从材料的供应地点到工地料库或堆料场地的实际距离。实际运距应考虑规定的起码运距和进级。编制概（预）算，运距的确定是依据工程公布情况、运输方法和料源地而定。厂发料的发料运费应以施工组织设计确定的材料供应基地（总承包单位材料厂）为起算点，直发料和当地料的发料运费应按调查属实的生产厂家或料源地为起算点。根据材料供应起算点和工程分布情况，参考当地交通状况，有关铁路、公路、水路运输里程资料，或实际丈量确定从起算点到工地料库或堆料场地的距离。

往往一个施工单位在一段线路上施工，该施工区段内工点多，且又分散，各工业用料多少也不一样，所用的材料又分当地料和外来料。为了计算简便，对多工点用料，应综合求算出各类材料的运输重心的运距，即平均运距。那么，计算多工点范围内材料运输费中的运距都采用平均运距，也就是用平均运距来分析平均运杂费单价。必须注意，在计算平均运距前，各类材料起算点至工地料库或堆料点的距离已考虑起码运程并按规定进级，则计算的平均运距不应再进级；如计算前各规定距离未按规定进级，则计算结果后再进级。

作为一个编制单元的施工段若干工点，由一个料源供料，或特大桥、长隧道的两端进料，均可用加权平均法计算平均运距。

$$平均运距=\frac{\sum[各种所运材料的重量(t)\times该种材料的运距(km)]}{\sum各种所运材料的重量(t)}$$

如果一个施工段范围内有两个或两个以上料源供应，要先计算出各料源供应分界点，然后分别计算其供应材料的平均运距，最后计算几个料源供应全段时的加权平均运距。

（11）全程平均运杂费单价分析。

平均运杂费单价分析的编制范围，原则上应与单项概（预）算的编制单元相适应作为一个编制单元的施工段若干工点，由一个料源供料，或特大桥、长隧道的两端进料，均可用加权平均法计算平均运距。

（12）运输重量的确定及运杂费的计算。

在实际运输中，整车货物运输，除《33号运规》规定的情况外，一律按照货车标记载重量计算运费。而编制概（预）算运杂费，一律按工程材料（设备）实际重量计算确定。

运输重量和运杂费计算分两种形式：

① 按单项材料的平均运杂费单价计算运杂费时，该项材料运输重量按《铁路工程施工机械台班费用定额》中的单项材料的单位重乘以该项材料的数量，即为该项材料的运输重量，则：

$$\text{该工程运杂费}=\sum(\text{各类材料各自的全程平均运费单价}\times\text{各类材料运输重量})$$

② 按工程全部材料的综合平均运杂费单价计算运杂费时，该工程材料重按工程项目的概（预）算定额重量乘以该工作项目的工程数量，即为该工程项目的材料重量，求其和即为该工程材料总重，则：

$$\text{该工程运杂费}=\text{该工程全部材料综合平均运杂费单位}\times\text{该工程材料总重}$$

5. 填料费

指购买不作为材料对待的土方、石方、渗水料、矿物料等填筑用料所支出的费用。

以上 5 种费用组成为直接工程费，是指施工过程中耗费的构成工程实体的有助于工程形成的各项费用，其中的运杂费包括列入材料成本的运杂费和部分单列的运杂费。直接工程费是计算工程概（预）算一切费用的基础，必须确保其准确。

6. 施工措施费

铁建设〔2006〕113 号文将原〔1998〕115 号文中其他直接费中的冬季施工增加费及雨季施工增加费、夜间施工增加费、生产用工具用具及仪器仪表使用费、检验试验费、工程定位复测、工程点交、现场清理费等 6 项费用，及原现场经费中的小型临时设施费，另外补充的安全作业环境及安全施工措施费、文明施工及施工环境保护费、已完工程及设备保护费等 3 项费用，共计 9 项通常发生的费用组成施工措施费。

（1）施工措施费包括的内容。

① 冬、雨季施工增加费。

指建设项目的某些工程需在冬季、雨季施工，以致引起需采取的防寒、保温、防雨、防潮和防护措施，人工与机械的功效降低以及技术作业过程的改变等，所需增加的有关费用。

② 夜间施工增加费。

指必须在夜间连续施工或在隧道内铺砟、铺轨，敷设电线、电缆，架设接触网等工程，所发生的工作效率降低、夜班津贴，以及有关照明设施（包括所需照明设施的装拆、摊销、维修及油燃料、电）等增加的有关费用。

③ 小型临时设施费。

指施工企业为进行建筑安装工程施工所必须修建的生产和生活用的一般临时建筑物、构筑物和其他小型临时设施所发生的费用。

a. 小型临时设施包括：

• 为施工及施工运输（包括临管）所需修建的临时生活及居住房屋，文化教育及公共房屋（如三用堂、广播室等）和生产、办公房屋（如发电站，变电站，空压机站，成品厂，材料厂、库，堆料棚，停机棚，临时站房，货运室等）。

• 为施工或施工运输而修建的小型临时设施，如通往中小桥、涵洞、牵引变电所等工程和施工队伍驻地以及料库、车库的运输便道引入线（包括汽车、马车、双轮车道），工地内运输便道、轻便轨道、龙门吊走行轨，由干线到工地或施工队伍驻地的地区通信引入线、电力线和达不到给水干管路标准的给水管路等。

• 为施工或维持施工运输（包括临管）而修建的临时建筑物、构筑物。如临时给水（水井、水塔、水池等），临时排水沉淀池，钻孔用泥浆池、沉淀池，临时整备设备（给煤、砂、油、清灰等设备），临时信号，临时通信（指地区线路及引入部分），临时供电，临时站场建筑设备。

• 其他。大型临时设施和过渡工程项目内容以外的临时设施。

b. 小型临时设施费用包括：小型临时设施的搭设、移拆、维修、摊销及拆除恢复等费用，因修建小型临时设施而发生的租用土地、青苗补偿、拆迁补偿、复垦及其他所有与土地有关的费用等。

④ 工具、用具及仪器、仪表使用费。

指施工生产所需不属于固定资产的生产工具、检验用具及仪器、仪表等的购置、摊销和维修费，以及支付给生产工人自备工具的补贴费。

⑤ 检验试验费。

指施工企业按照规范和施工质量验收标准的要求，对建筑安装的设备、材料、构件和建筑物进行一般鉴定、检查所发生的费用，包括自设实验室所耗用的材料及化学药品费用等，以及技术革新的研究试验费。不包括应由研究试验费和科技三项费用支出的新结构、新材料的试验费；不包括应由建设单位管理费支出的建设单位要求对具有出厂合格证明的材料进行试验，对构件破坏性试验及其他特殊要求检验试验的费用；不包括设计要求的和需委托其他有资质的单位对构筑物进行检验试验的费用。

⑥ 工程定位复测、工程点交、场地清理费。

⑦ 安全作业环境及安全施工措施费。

是指用于购置施工安全防护用具及设施、宣传落实安全施工措施、改善安全生产环境及条件、确保施工安全等所需的费用。

⑧ 文明施工及施工环境保护费。

指现场文明施工费用及防噪声、防粉尘、防振动干扰、生活垃圾清运排放等费用。

⑨ 已完工程及设备保护费。

指竣工验收前，对已完工程及设备进行保护所需费用。

（2）施工措施费的计算。

施工措施费，以各类工程的基期人工费与基期施工机械使用费之和为计算基数，根据施工措施费地区划分表（见表 6.5），并按一定费率（见表 6.6）计列。

表 6.5　施工措施费地区划分表

地区编号	地域名称
1	上海，江苏，河南，山东，陕西（不含榆林地区），浙江，安徽，湖北，重庆，云南，贵州（不含毕节地区），四川（不含凉山彝族自治州西昌市以西地区、甘孜藏族自治州）
2	广东，广西，海南，福建，江西，湖南
3	北京，大泽，河北（不含张家口市、承德市），山西（不含大同市、朔州市、忻州地区原平以西各县），甘肃，宁夏，贵州毕节地区，四川凉山彝族自治州西昌市以西地区、甘孜藏组自治州（不含石渠县）
4	河北张家口市、承德市，山西大同市、朔州市、忻州地区原平以西各县，陕西榆林地区，辽宁

续表 6.5

地区编号	地域名称
5	新疆（不含阿勒泰地区）
6	内蒙古（不含呼伦贝尔盟—图里河及以西各旗），吉林，青海（不含玉树藏族自治州曲麻莱县以西地区、海北藏族自治州祁连县、果洛藏族自治州玛多县、海西蒙古族藏族自治州格尔木市辖的唐古拉山区），西藏（不含阿里地区和那曲地区的尼玛、班戈、安多、聂荣县），四川甘孜藏族自治州百渠县
7	黑龙江（不含大兴安岭地区），新疆阿勒泰地区
8	内蒙古呼伦贝尔盟—图里河及以西各旗，黑龙江大兴安岭地区，青海玉树藏族自治州曲麻莱县以西地区、海北藏族自治州祁连县、果洛藏族自治州玛多县、海西蒙古族藏族自治州格尔木市辖的唐古拉山区，西藏阿里地区和那曲地区的尼玛、班戈、安多、聂荣县

表 6.6　施工措施费

类别代号	地区编号 / 工程类别	费率/%								附　注
		1	2	3	4	5	6	7	8	
1	人力施工土石方	20.55	21.09	24.70	27.10	27.37	29.90	30.51	31.57	包括人力拆除工程，绿色防护、绿化，各类工程中单独挖填的土石方，爆破工程
2	机械施工土石方	9.42	9.98	13.83	15.22	15.51	18.21	18.86	19.98	包括机械拆除工程，填级配碎石、砂砾石、渗水土，公路路面各类工程中单独挖填的土石方
3	汽车运输土石方采用“定额”增运部分	5.09	4.99	5.40	6.12	6.29	6.63	6.79	7.35	包括隧道出砟洞外运输
4	特大桥、大桥	10.28	9.19	12.30	13.53	14.19	14.24	14.34	14.52	不包括梁部及桥面系
5	预制混凝土梁	27.56	22.14	37.67	41.38	44.65	44.92	45.42	46.31	包括桥面系
6	现浇混凝土梁	17.24	13.89	23.50	25.97	27.09	28.16	28.46	29.02	包括梁的横向联结和湿接缝，包括分段预制后拼接的混凝土梁
7	运架混凝土简支箱梁	4.68	4.68	4.81	5.16	5.25	5.40	5.49	5.73	
8	隧道、明洞、棚洞，自采砂石	13.08	12.74	13.61	14.75	14.90	14.96	15.04	15.09	
9	路基加固防护工程	16.94	16.25	18.89	20.19	20.35	20.59	20.80	20.94	包括各类挡土墙、抗滑桩

表 6.6 施工措施费

类别代号	地区编号 / 工程类别	费率/%								附 注
		1	2	3	4	5	6	7	8	
10	框架桥、中桥、小桥，涵洞，渡轮、码头，房屋、给排水、工务、站场、其他建筑物等建筑工程	21.25	20.22	23.50	25.53	26.04	26.27	26.47	26.65	不包括梁式中、小桥梁部及桥面系
11	铺轨、铺岔，架设混凝土梁（简支箱梁除外）、钢梁、钢管拱	27.08	26.96	27.83	29.50	30.17	32.46	34.12	40.96	包括支座安装，轨道附属工程，线路备料
12	铺　砟	10.33	9.07	12.38	13.71	13.94	14.52	14.86	15.99	包括线路沉落整修、道床清筛
13	无砟道床	27.66	23.60	35.25	38.90	41.35	41.55	41.93	42.60	包括道床过渡段
14	通信、信号、信息、电力、牵引变电、供电段、机务、车辆动车所有安装工程	25.30	25.40	25.80	27.75	28.03	28.30	28.70	29.55	
15	接触网建筑工程	25.12	23.89	27.33	29.26	29.42	29.74	30.20	30.46	

注：① 对于设计速度≤120 km/h 的工程，其机械施工土石方工程、铺架工程的施工措施费应按照表 6.7 的规定计算，其余工程类别的费率采用表 6.6 计算。

② 大型临时设施和过渡工程按表列同类正式工程的费率乘以 0.45 的系数计列。

表 6.7 设计速度≤120 km/h 的工程施工措施费率表

地区类别 / 工程类别	1	2	3	4	5	6	7	8
机械施工土石方	9.03	9.59	13.44	14.83	15.12	17.82	18.47	19.59
铺轨、铺岔，架设混凝土梁	25.33	25.21	26.08	27.75	28.42	30.71	32.38	39.21

7. 特殊施工增加费

铁建〔2006〕113 号文件将原〔1998〕115 号文件中其他直接费中不常发生的风沙地区施工增加费、高原地区施工增加费、原始森林地区施工增加费、行车干扰施工增加费等四项费用列为特殊施工增加费。特殊施工增加费具体内容：

（1）风沙地区施工增加费。

风沙地区施工增加费指在内蒙古及西北地区的非固定沙漠地区施工时，月平均风力在四级以上的风沙季节，进行室外建筑安装工程时，由于受风沙影响而增加的费用。其按照下列方式计算：

风沙地区施工增加费＝室外建筑安装工程的定额工天×编制期综合工费单价×3%

（2）高原地区施工增加费。

高原地区施工增加费指在海拔 2 000 m 以上的高原地区施工时，由于人工和机械受气候、气压的影响而降低工作效率所应增加的费用。本项费用根据工程所在地的不同海拔高度，不分工程类别，按下列算法计列：

高原地区施工增加费＝定额工天×编制期综合工费单价×高原地区工天定额增加幅度＋定额机械台班量×编制期机械台班单价×高原地区机械台班定额增加幅度（见表 6.8）

表 6.8 高原地区施工定额增加幅度

海拔高度/m	定额增加幅度/%	
	工天定额	机械台班定额
2 000～3 000	12	20
3 001～4 000	22	34
4 001～4 500	33	54
4 501～5 000	40	60
5 000 以上	60	90

（3）原始森林地区施工增加费。

在原始森林地区施工，由于受气候影响其路基土方工程应增加的费用。其计算按照下列公式：

原始森林地区施工增加费＝(路基土方工程的定额工天×编制期综合工费单价＋路基土方工程的定额机械台班量×编制期机械台班单价)×30%

（4）行车干扰施工增加费。

铁路工程行车干扰施工增加费指在不封锁的营业线上，在维持正常通车的情况下，进行建筑安装工程施工时，由于受行车影响造成局部停工或妨碍施工而降低工作效率等所需增加的费用。

① 计费范围：具体见表 6.9 规定。

在封锁的营业线上施工（包括要点施工在内，封锁期间邻线行车的除外），在未移交正式运营的线路上施工和在避难线、安全线、存车线及其他段管线上施工均不计列行车干扰施工增加费。

② 行车干扰施工增加费的计算。

每次行车的行车干扰施工定额人工和机械台班增加幅度按 0.31% 计（接触网工程按 0.40% 计）。行车干扰施工定额增加幅度包含施工期间因行车而应做的整理和养护工作，以及在施工时为防护所需的信号工、电话工、看守工等的人工费用及防护用品的维修、摊销费用在内。

本项费用，根据每昼夜的行车次数（以现行铁路局运输部门的计划运行图为准，所有计划外的小运转、轨道车、补机、加点车的运行等均不计算），按受行车干扰范围内的工程项目的工程数量，以其定额工天和机械台班量，乘以行车干扰施工定额增加幅度计算。

表 6.9 行车干扰施工增加费计算范围

工程名称	受行车干扰		附注	
	范围	项目	包括	不包括
路基	在行车线上或在行车中心平距 5 m 以内	填挖土方，填石方	路基抬高落坡全部工程	路基加固防护及附属土石方工程
	在行车线的路堑内	开挖土石方的全部数量以及路堑内的挡土墙、护墙、护坡、边沟、吊沟的全部砌筑工程数量	以临近行车线的一股道为限	路堤挡土墙、护坡
	平面跨越行车线运土石方	跨越运输的全部数量	隧道弃砟	
桥涵	在行车线上或在行车中心平距 5 m 及以内	涵洞的主体圬工，桥梁工程的下部建筑主体圬工	桥梁的锥体护坡和桥头填土	桥涵其他附属工程及桥梁架立和桥面系等，框架桥、涵管的挖土、顶进，框架桥内、涵洞内的路面及排水工程等
隧道及明洞	在行车线的隧道内施工	改扩建隧道或增设通风、照明设备的全部工程数量	明洞、棚洞的挖基及砌筑工程	明洞、棚洞拱上的回填及防水层、排水沟等
轨道	在行车线上或在行车中心平距 5 m 及以内或在行车线的线间距≤5 m 的邻线上施工	全部数量	包括拆铺、改拨线路，更换钢轨、轨枕及线路整修作业	线路备料
电力牵引供电工程	在行车线上或在行车线两侧中心平距 5 m 及以内或在行车线的线间距≤5 m 的邻线上施工	在既有线上非封闭线路作业的全部数量和邻线上未封闭线路作业的全部数量		封闭线路作业的项目（邻线未封闭的除外）；牵引变电及供电段的全部工程
其他室外建筑安装工程及拆除工程	在站内行车线两侧中心平距 5 m 及以内	全部数量	靠行车线较近的基本站台、货物站台、天桥、灯桥，地道的上下楼梯，信号工程的室内安装	站台土方不跨线取土者

③ 土石方施工及跨股道运输的行车干扰施工增加费，不论施工方法如何，均按下列算法计列：

行车干扰施工增加费＝行车干扰工天×编制期综合工费单价×受干扰土石方数量×每昼夜行车次数×0.31%

其中，行车干扰工天按表 6.10 计。

表 6.10 土石方施工及跨股道运输计行车干扰的工天

单位：工日/100 m^3 天然密实体积

序号	工作内容	土方	石方
1	仅挖、装（爆破石方仅为装）在行车干扰范围内	20.4	8.0
2	仅卸在行车干扰范围内	4.0	5.4
3	挖、装、卸（爆破石方为装、卸）均在行车干扰范围内	24.4	13.4
4	平面跨越行车线运输土石方，仅跨越一股道跨越双线、多线股道的第一股道	15.7	23.0
5	平面跨越行车线运输土石方，每增跨一股道	3.1	4.6

④ 接触网工程的行车干扰施工增加费按下列方式计列：

行车干扰施工增加费＝受行车干扰范围内的工程数量×(所对应定额的应计行车干扰的工天×编制期综合工费单价＋所对应定额的应计行车干扰的机械台班量×编制期机械台班单价)×每昼夜行车次数×0.40%

⑤ 其他工程的行车干扰施工增加费按下列算法计列：

行车干扰施工增加费＝受行车干扰范围内的工程数量×(所对应定额的应计行车干扰的工天×编制期综合工费单价＋所对应定额的应计行车干扰的机械台班量×编制期机械台班单价)×每昼夜行车次数×0.31%

8. 大型临时设施和过渡工程费

大型临时设施和过渡工程费指施工企业为进行建筑安装工程费及维持既有线正常运营，根据施工组织设计确定所需的大型临时建筑和过渡工程修建及拆除恢复所发生的费用。

（1）项目及费用内容。

① 大型临时设施（简称大临）。

a. 铁路岔线、便桥。指通往混凝土成品预制厂、材料厂、道砟场（包括砂、石场）、轨节拼装场、长钢轨焊接基地、钢梁拼装场、制（存）梁场的岔线，机车转向用的三角线和架梁岔线，独立特大桥的吊机走行线，以及重点桥隧等工程专设的运料岔线等。

b. 铁路便线、便桥。指混凝土成品预制厂、材料厂、道砟场（包括砂、石场）、轨节拼装场、长钢轨焊接基地、钢梁拼装场、制（存）梁场等场（厂）内为施工运料所需修建的便线、便桥。

c. 汽车运输便道。指通行汽车的运输干线及其通往隧道、特大桥、大桥和轨节拼装场、混凝土成品预制厂、材料厂、砂石场、钢梁拼装场、制（存）梁场、混凝土集中拌和站、填料集中拌和站、大型道砟存储场、长钢轨焊接基地、换装站等的引入线，以及机械化施工的重点土石方工点的运输便道。

d. 运梁便道。指专为运架大型混凝土成品梁而修建的运输便道。

e. 轨节拼装场、混凝土成品预制厂、材料厂、制（存）梁场、钢梁拼装场、混凝土集中拌和站、填料集中拌和站、大型道砟存储场、长钢轨焊接基地、换装站等的场地土石方、均工及地基处理。

f. 通信工程。指困难山区（起伏变化很大或比高 > 80 m 的山地）铁路施工所需的临时通信干线（包括由接轨点最近的交接所为起点所修建的通信干线）、不包括由干线到工地或施工地段沿线各施工队伍所在地的引入线、场内配线和地区通信线路。当采用无线通信时，其费用应控制在有线通信临时工程费用水平内。

g. 集中发电站、集中变电站（包括升压站和降压站）。

h. 临时电力线（供电电压在 6 kV 及以上）。包括临时电力干线及通往隧道、特大桥、大桥和混凝土成品预制厂、材料厂、砂石场、钢梁拼装场、制（存）梁场等的引入线。

i. 给水干管路。指为解决工程用水而铺设的给水干管路（管径 100 mm 及以上或长度 2 km 及以上）。

j. 为施工运输服务的栈桥、缆索吊。

k. 渡口、码头、浮桥、吊桥、天桥、地道。

l. 铁路便线、岔线、便桥和汽车运输便道的养护费。

m. 修建“大临”而发生的租用土地、青苗补偿、拆迁补偿、复垦及其他所有与土地有关的费用等。

n. 过渡工程。

指由于改建既有线、增建第二线等工程施工，需要确保既有线（或车站）运营工作的安全和不间断地运行，同时为了加快建设进度，尽可能地减少运输与施工之间的相互干扰和影响，从而对部分既有工程设施必须采取的施工过渡措施。内容包括临时性便线、便桥和其他建筑物及设备，以及由此引起的租用土地、青苗补偿、拆迁补偿、复垦及其他所有与土地有关的费用等。

（2）费用计算规定。

① 大型临时设施和过渡工程，应根据施工组织设计确定的项目、规模及工程量，按 113 号文规定的各项费用标准，采用定额或分析指标，按单项概（预）算计算程序计算。

② 大型临时设施和过渡工程，均应结合具体情况，充分考虑借用本建设项目正式工程的材料，以尽可能节约投资，其有关费用的计算规定如下：

a. 借用正式工程的材料：

钢轨、道岔计列一次铺设的施工损耗，钢轨配件、轨枕、电杆计列铺设和拆除各一次的施工损耗（拆除损耗与铺设同），便桥枕木垛所用的枕木，计列一次搭设的施工损耗。

借用水泥、木材、钢材、给水排水管材、砂、石、石灰、黏土、土工材料、花草苗木、钢轨、道岔、轨枕、钢梁、钢管拱、斜拉索、钢筋混凝土梁、铁路桥梁支座、钢筋混凝土预制桩、电杆、铁塔、机柱、接触网支柱、接触网及电力线材、光电缆线等材料，计列由材料堆放地点至使用地点和使用完毕由材料使用地点运至指定归还地点的运杂费，其余材料不另计运杂费。

借用正式工程的材料，在概（预）算中一律不计折旧费，损耗率均按《铁路工程基本定额》执行。

b. 使用施工企业的工程器材。

使用施工企业的工程器材，按施工器材年使用率计算使用费（见表 6.11）。

表 6.11 临时工程施工器材年使用费率

序号	材料名称	年使用费率/%
1	钢轨、道岔	5
2	钢筋混凝土枕、钢筋混凝土电杆	8
3	钢铁构件、钢轨配件、铁横担、钢管	10
4	油枕、油浸电杆、铸铁管	12.5
5	木质构件	15
6	素枕、素材电杆、木横担	20
7	通信、信号及电力线材（不包括电杆及横担）	30

注：① 不论按摊销或按照折旧计算，均一律按照表列费率作为编制概（预）算的依据。其中，通信、信号及电力器材的使用年限超过 3 年时，超过部分的年使用费率按 10% 计。困难山区使用的钢筋混凝土电杆，不论使用年限多少，均按照 100% 摊销。

② 计算单位为季节，不足一季度按一季度计算。

表中材料、构件的运杂费，属水泥、木材、钢材、给水排水管材、砂、石、石灰、黏土、土工材料、花草苗木、钢轨、道岔、轨枕、钢梁、钢管拱、斜拉索、钢筋混凝土梁、铁路桥梁支座、钢筋混凝土预制桩、电杆、铁塔、机柱、接触网支柱、接触网及电力线材、光电缆线等材料计算由始发地点至工地的往返运杂费，其余不再另计运杂费。

c. 利用旧道砟，除计运杂费外，还应计列必要的清筛费用。

d. 不能倒用的材料，如圬工用材料，道砟（不论倒用时），计列全部价值。

③ 铁路便线、便桥的养护费计费标准。

为使铁路便线、岔线、便桥经常保持完好状态，其养护费（见表 6.12）按规定的标准计列。

表 6.12 铁路便线、岔线、便桥养护费

项目	人　工	零星材料费	道砟/[m^3/（月·km）]		
			3 个月以内	3～6 个月	6 个月以上
便线岔线	32/[工日/（月·km）]	—	20	10	5
便桥	11/[工日/（月·百换算米）]	1.25/[元/（月·延长米）]	—	—	—

注：① 人工费按编制期概算综合标准计算；

② 便桥换算长度的计算。钢桥梁 1 m = 1 换算米；木便桥 1 m = 1.5 换算米；圬工及钢筋混凝土桥梁 1 m = 0.3 换算米。

③ 便线长度不满 100 m 者，按 100 m 计；便线长度不满 1 m 者，按 1 m 计；计算便线长度，不扣除道岔及便桥长度。

④ 养护的期限，根据施工组织设计确定，按月计算，不足一个月，按一个月计算。

⑤ 道砟数量采用累计法计算。

⑥ 费用内包括冬季清除积雪和雨季养护等一切有关的养护费用。

⑦ 架梁及架梁岔线等，均不计列养护费。

⑧ 便线、便桥、岔线，如通行工程列车或临管列车，并按有关规定计列运费者，因运费已经包含了养护费用，不应另计养护费；如修建的临时岔线（如运土、运料岔线等）只计取送车费或机车、车辆费者，可计列养护费。

⑨ 营业线上施工，为保证不间断行车而修建通行正式列车的便线、便桥，在未办理交接前，其养护费按照表列规定加倍计算。

④ 汽车便道养护费计费标准。

为使通行汽车的运输便道经常保持完好的状态，其养护费（见表 6.13）按规定的标准计算。

表 6.13 汽车便道养护费计费标准

项 目		人 工	碎石或粒料
		工日/（月·km）	m^3/（月·km）
土 路		15	—
粒料路（包括泥结碎石路面）	干 线	25	2.5
	引入线	15	1.5

注：① 人工费按编制期概算综合标准计算。
② 计算便道长度，不扣除便桥长度。不足 1 km 者，按 1 km 计列。
③ 养护的期限，根据施工组织设计确定，按月计算，不足一个月，按一个月计算。
④ 费用内包括冬季清除积雪和雨季养护等一切有关的养护费用。
⑤ 便道中的便桥不另计养护费。

9. 间接费

间接费指虽不直接由建筑安装工艺过程所引起的，但与总体条件有关，是施工企业为组织、管理施工和为施工生产工作服务必须间接消耗一定的人力、物力和财力等有关费用。铁建设〔2006〕113 号文规定铁路工程间接费由企业管理费、规费和利润三项组成。

（1）间接费用组成。

① 企业管理费。

企业管理费指建筑安装企业为组织施工生产和经营管理所需的费用。企业管理费主要包括：

a. 企业管理人员工资。是指管理人员的基本工资、津贴和补贴、辅助工资、职工福利费、劳动保护费等。

b. 办公费。指管理办公用的文具、纸张、账表、印刷、邮电、书报、宣传、会议、水、电、烧水和集体取暖用煤等费用。

c. 差旅交通费。指企业职工因公出差、调动工作的差旅费，助勤补助费，市内交通费和午餐补助费，职工探亲路费，劳动力招募费，职工离退休、退职一次性路费，以及企业管理部门使用的交通工具的油燃料费、养路费、牌照费等。

d. 固定资产使用费。是指管理和试验部门及附属生产单位使用的属于固定资产的房屋、车辆、设备仪器等的折旧、大修、维修或租赁费。

e. 工具用具使用费。指企业管理使用的不属于固定资产的工具、用具、家具、交通工具、检验、试验、消防用具等的摊销和维修费用等。

f. 财产保险费。是指施工管理用财产、车辆保险。

g. 税金。是指企业按规定交纳的房产税、车船使用税、土地使用税、印花税等各项税费。

h. 施工单位进退场及工地转移费。指施工单位根据建设任务需要，派遣人员和机具设备从基地迁往工程所在地或从一个项目迁至另一个项目时发生的往返搬迁费用及施工队伍在同一建设项目内，因工程进展需要，在本建设项目内往返转移，以及民工上、下路所发生的费用。包括：承担任务职工的调遣差旅费，调遣期间的工资，施工机械、工具、用具、周转性材料及其他施工装备的搬运费用；施工队伍在转移期间所需支付的职工工资、差旅费、交通费、转移津贴等；民工的上、下路所需车船费、途中食宿补贴及行李运费等。

i. 劳动保险费。指由企业支付离退休职工的易地安家补助费、职工退职金、6个月以上病假人员的工资、职工死亡丧葬补助费、抚恤费以及按规定支付给离休干部的各项经费等。

j. 工会经费。指企业按照职工工资总额计提的工会经费。

k. 职工教育经费。指企业为职工学习先进技术和提高文化水平，按职工工资总额计提的费用。

l. 财务费用。指企业为筹集资金而发生的各种费用，包括企业经营期间发生的短期贷款利息净支出，金融机构手续费，以及其他财务费用。

m. 其他。包括技术转让费、技术开发费、业务招待费、绿化费、广告费、公证费、法律顾问费、审计费、咨询费、无形资产摊销费、技标费、企业定额测定费等。

② 规费。

规费是指政府和有关部门规定必须缴纳的费用（简称规费）。其内容组成如下：

a. 社会保障费。是指企业按规定缴纳的基本养老保险费、失业保险费、基本医疗保险费、工伤保险费、生育保险费。

b. 住房公积金。是指企业按规定缴纳的住房公积金。

c. 工程排污费。是指施工现场按规定缴纳的工程排污费用。

③ 利润。

指施工企业完成所承包的工程获得的盈利。

（2）间接费用计算。

间接费用＝(基期人工费＋基期施工机械使用费)×间接费率（见表6.14）

表6.14 间接费用

类别代号	工程类别	费率/%	附注
1	人力施工土石方	59.7	包括人力拆除工程，绿色防护、绿化，各类工程中单独填挖的土石方，爆破工程
2	机械施工土石方	19.5	包括机械拆除工程，填级配碎石、砂砾石、渗水土，公路路面，各类工程中单独挖填的土石方
3	汽车运输土石方采用定额“增运”部分	9.8	包括隧道出砟洞外运输
4	特大桥、大桥	23.8	不包括梁部及桥面系
5	预制混凝土梁	67.6	包括桥面系
6	现浇混凝土梁	38.7	包括梁的横向联结和湿接缝，包括分段预制后拼接的混凝土梁
7	运架混凝土简支箱梁	24.5	
8	隧道、明洞、棚洞，自采砂石	29.6	

续表 6.14

类别代号	工程类别	费率/%	附　注
9	路基加固防护工程	36.5	包括各类挡土墙及抗滑桩
10	框架桥、中桥、小桥，涵洞，轮渡、码头，房屋、给排水、工务、站场、其他建筑物等建筑工程	52.1	不包括梁式中、小桥梁部及桥面系
11	铺轨、铺岔，架设混凝土梁（简支箱梁除外）、钢梁、钢管拱	97.4	包括支座安装，轨道附属工程，线路备料
12	铺　砟	32.5	包括线路沉落整修、道床清筛
13	无砟道床	73.5	包括道床过渡段
14	通信、信号、信息、电力、牵引变电、供电段、机务、车辆、动车，所有安装工程	78.9	
15	接触网建筑工程	69.5	

注：大型临时设施和过渡工程按表列同类正式工程的费率乘以 0.8 的系数计列。

10. 税　金

税金指按国家税法规定应计入建筑安装工程造价内的营业税，城市维护建设税及教育费附加（简称“三税”)。

计算方法与计列标准：

（1）营业税按营业额的 3% 计。

（2）城市维护建设税以营业税税额作为计税基数，其税率随纳税人所在地区的不同而异，即市区按 7%，县城、镇按 5%，不在市区、县城或镇者按 1%。

（3）教育费附加按营业税的 3%。为简化概（预）算编制，铁路工程税金统一按建筑安装工程费（不含税金）的 3.35% 计列。

11. 设备购置费

（1）设备。

凡是经过加工制造，由多种材料和部件按各自用途组成独特结构，积累功能、容量传递和转换性能的机器、容器和其他机械、成套装置（使用期在 1 年以上，其单位价值在 2 000 元以上），以及虽未达到固定资产标准而必须列入设备清单者，统称为设备。

① 分类。

a. 设备按使用形式分类，分为需要安装与不需要安装的设备。

b. 按制造方法分类，分为标准与非标准设备。

c. 按购入渠道分类，分为国内设备与进口设备。

d. 按设备结构组成分类，分为单机与机组。

② 标准设备。有国家统一规定的名称、规格、型号的机电设备及其设备价格称为标准设备。

③ 非标准设备。国家尚无定型标准，制造厂不批量生产，又不易通过贸易关系购买，由使用单位提供设计图纸，再委托制造厂制造或由施工单位就地制造生产的设备，此类设备无统一标准，称为非标准设备。

（2）设备购置费概念。

设备购置费指构成固定资产标准的设备和虽低于固定资产标准，但属于设计明确列入设备清单的设备，按设计规定的规格、型号、数量，以设备原价加设备运杂费计算的购置费用。在竣工验交时，设备（包括备品备件）应移交运营部门。购买计算机硬件设备时所附带的软件若不单独计价，其费用应随设备硬件一起列入设备购置费中。

设备购置费包括：标准和非标准设备主体，随设备到货的配件、备件及附属于设备本体制作成型的梯子、平台、栏杆及管道等；各种仪器、仪表及自动化控制装置；实验室内的设备仪器及属于设备本体部分的仪器仪表等；附属于设备本体的油类、化学药品等；以及用于生产生活并附属于建筑物或构筑物的设备，如水泵、锅炉及水处理设备、电器通风设备等的购置费用。因此，在确定设备本体外，还需掌握设备本体附带的各种附件的范围、种类和数量，以免在概（预）算中重复或漏列费用。

（3）设备购置费的内容构成。

由于设备投资在固定资产建设中占有一定的比重，因此正确确定设备的预算价格，对于准确编制工程概（预）算、合理使用建设资金、提高固定资产投资效果，都具有重要的意义。

设备的预算价格是根据设计的设备名称、规格、型号，按照设备原价、运杂费计算，还应包括连同设备随带的备品、备件费。

① 设备原价。

设备原价指设计单位根据生产厂家的出厂价及国家机电产品市场价格目录和设备信息价格等资料综合确定的设备原价。内容包括按专业标准规定的保证在运输过程中不受损失的一般包装费，及按产品设计规定配带的工具、附件和易损件的费用。非标准设备的原价（包括材料费、加工费及加工厂的管理费等）可按厂家加工订货价格资料，并结合设备信息价格，经分析论证后确定。

设备原价的确定如下：

a. 国内标准设备原价（即产品目录价格或出厂价）。

• 国家统一管理设备：按国家规定的设备出厂价格确定。

• 中央各主管部门管理的设备：按各主管部门规定的设备出厂价格确定。

• 各省、自治区、直辖市管理的设备：按各省、自治区、直辖市管理的设备出厂价格确定。

• 各制造厂新产品：按经上级批准的新产品的计划价格即产品目录价格确定。

• 无上述资料，可参考类似设备的价格估价确定。

b. 国内非标准设备原价。非标准设备没有统一价格依据，定价有以下三种方法。

• 询价：到生产过该产品的制造厂询问现行出厂价。

• 估价：按类似设备的价格估定，也可按其重量和“元/t”指标估价计算。

• 计算：按成本内容（设备材料费、加工费、辅助材料费、专用工具费、废品损失费、外购配件费、包装费、利润及税金等）分项计算。

c. 由国外进口的设备原价。以合同签订的到岸价计算，包括到岸价、关税、增值税、调节税、进出口公司手续费、外贸手续费等。或者按离岸价加进口费用确定设备原价，包括离岸价、海运费，海运保险费、关税、增值税、调节税、进出口公司手续费、人民币保证金和银行手续费、外贸手续费等。

② 设备运杂费。

设备自生产厂家（来源地）运至施工工地料库（或安装地点）所发生的运输费、装卸费、供销部门手续费、采购及保管费等统称为设备运杂费。

a. 国内设备（标准与非标准设备）运杂费。该项费用是指设备从供料基地或存货地点运往工地设备堆放地或安装点所发生的运输及杂项费用，亦称为设备发出运杂费。包括运输费、包装费、装卸费、手续费、保管费、办理托运等所发生的费用。该工地设备堆放地点与安装地点之间的距离应在预算定额包括的运距范围之内。

b. 国外进口设备运杂费。通过海上运输方式到货的进口设备，其国内运杂费由港口费、外运公司劳务费、设备运杂费三项费用组成。

• 港口费。是指进口设备到达港按设备重量（或体积）收取的费用。它按各港口自行编制的《港口费定额》收费。

• 外运公司劳务费。是指外运公司为办理进口设备业务而按设备重量（或体积）收取的劳务费。

• 设备运杂费。是指设备由到达港仓库或交货地点，运至工地仓库或设备存放地点所发生的运输及杂项费用。其计算方法与国内设备运杂费计算方法一样。

c. 设备运杂费不包括以下内容：

• 运输设备发生的道路补修及加固费。

• 设备成套公司供应设备的加成费。

• 应用旧有固定设备的拆除费（应计入设备安装费内）。

• 设备制造的图纸费用（应在设备原价中支付）。

（4）设备购置费的计算规定。

① 编制设计概（预）算时，采用现行的《铁路工程建设设备预算价格》中的设备原价，作为基期设备原价。编制期设备原价由设计单位根据调查资料确定。编制期与基期设备原价的差额按价差处理，直接列入设备购置费中。缺项设备由设计单位进行补充。

② 设备运杂费：为简化概（预）算编制工作，设备运杂费以基期设备原价为计算基数，一般地区按 6.1% 计列，新疆、西藏按 7.8% 计列，即

设备运杂费 = 设备原价 × 运杂费率（%）

12. 其他费

工程建设其他费用不是直接用于工程项目施工的费用，但在整个工程项目的实施过程中，凡是与该项目有关而又不在上述两大部分费用（建安费和购置费）中的费用都属其他费用，它是总概（预）算的组成部分。

铁路工程其他费由土地征用及拆迁补偿费、建设项目管理费、建设项目前期工作费、研究试验费、计算机软件开发与购置费、配合辅助工程费、联合试运转及工程动态检测费、生产准备费、其他等 9 项组成。其费用计算应按照国家相关规定，结合各省、市等不同地区的规定来计算。

13. 土地征用及拆迁补偿费

指按照《中华人民共和国土地管理法》规定，为进行铁路建设所支付的土地征用及拆迁补偿费用。主要内容包括：

（1）土地征用补偿费。土地补偿费，安置补助费，被征用土地地上、地下附着物及青苗补偿费，征用城市郊区菜地缴纳的菜地开发建设基金，征用耕地缴纳的耕地开垦费，耕地占用税等。

（2）拆迁补偿费。被征用土地上的房屋及附属构筑物、城市公共设施等迁建补偿费等。

（3）土地征用、拆迁建筑物手续费。在办理征地拆迁过程中，所发生的相关人员的工作经费及土地登记管理费等。

（4）用地勘界费。委托有资质的土地勘界机构对铁路建设用地界进行勘定所发生的费用。

土地征用及拆迁补偿费按照下列办法计算：

（1）土地征用补偿费、拆迁补偿费应根据设计提出的建设用地面积和补偿动迁工程数量，按工程所在地区的省（自治区、直辖市）人民政府颁发的各项规定和标准计列。

（2）土地征用、拆迁建筑物手续费按土地补偿费与征用土地安置补助费的 0.4% 计列。

（3）用地勘界费按国家和工程所在地区的省（自治区、直辖市）人民政府的有关规定计列。

14. 建设项目管理费

（1）建设单位管理费。

建设单位管理费指建设单位从筹建之日起至办理竣工财务决算之日止发生的管理性质开支。其内容包括：工作人员工资、基本养老保险费、基本医疗保险费、失业保险费、工伤保险费、生育保险费、住房公积金，办公费、差旅交通费、劳动保护费、工具用具使用费、固定资产使用费、零星购置费、招募生产工人费、技术图书资料费、印花税、业务招待费、施工现场津贴、竣工验收费和其他管理性质开支。本项费用以其第二章至第十章费用总额为基数，按规定的费率（见表 6.15）采用累进法进行计算。

表 6.15　建设单位管理费率

第二章至第十章费用总额/万元	费率/%	算　例	
		基数	建设单位管理费
500 及以内	1.74	500	500×1.74%＝8.7
501～1 000	1.64	1 000	8.7＋500×1.64%＝16.9
1 001～5 000	1.35	5 000	16.9＋4 000×1.35%＝70.9
5 001～10 000	1.10	10 000	70.9＋5 000×1.10%＝125.9
10 001～50 000	0.87	50 000	125.9＋40 000×0.87%＝473.9
50 001～100 000	0.48	100 000	473.9＋50 000×0.48%＝713.9
100 001～200 000	0.20	200 000	713.9＋100 000×0.20%＝913.9
200 000 以上	0.10	300 000	913.9＋100 000×0.10%＝1 013.9

（2）建设管理其他费。

主要包括建设期交通工具购置费，建设单位前期工作费，建设单位招标工作费，审计（查）费，合同公证费，经济合同仲裁费，法律顾问费，工程总结费，宣传费，按规定应缴纳的税费，以及要求施工单位对具有出厂合格证明的材料进行试验、对构件破坏性试验及其他特殊要求检验试验的费用等。建设期交通工具购置费按规定所列的标准计列（见表 6.16），其他费用按其第二章至第十章费用总额的 0.05% 计列。

表 6.16　建设期交通工具购置标准

线路长度/正线千米	交通工具配置情况		
	数量/台		价格 /（万元/台）
	平原丘陵区	山 区	
100 及以内	3	4	20～40
101～300	4	5	
301～700	6	7	
700 以上	8	9	

注：① 平原丘陵区是指起伏小或比高≤80 m 的地区；山区是指起伏大或比高＞80 m 的山地。

② 工期 4 年及以上的工程，在计算建设期交通工具购置费时，均按 100%摊销；工期小于 4 年的工程，在计算建设期交通工具购置费时，按每年 25%计算。

③ 海拔 4 000 m 以上的工程，交通工具价格另行分析。

（3）建设项目管理信息系统购建费。

建设项目管理信息系统购建费指为利用现代信息技术，实现建设项目管理信息化需购建项目管理信息系统所发生的费用，包括有关设备购置与安装、软件购置与开发等。本项费用按铁道部有关规定计列。

（4）工程监理与咨询服务费。

工程监理与咨询服务费是指由建设单位委托具有相应资质的单位，在铁路建设项目的招投标、勘察、设计、施工、设备采购监造（包括设备联合调试）等阶段实施监理与咨询的费用。其计算标准如下：

① 招投标咨询服务费，按国家和铁道部有关规规定计列。

② 勘察监理与咨询费，本项费用按国家和铁道部有关规定计列。

③ 设计咨询服务费，本项费用按国家和铁道部有关规定计列。

④ 施工监理费，以其第二章至第九章建筑安装工程费用总额为基数，按规定的费率（见表 6.17）采用内插法计列。

⑤ 施工咨询费，按国家和铁道部有关规定计列。

⑥ 设备采购监造监理与咨询费，本项费用按国家和铁道部有关规定计列。

（5）工程质量检测费。

工程质量检测费指为保证工程质量，根据铁道部规定由建设单位委托具有相应资质的单位对工程进行检测所需的费用。本项费用按国家和铁道部有关规定计列。

表 6.17 施工监理费率

第二章至第九章建筑安装工程费用总额 M/万元	费率 b/%	
	新建单线、独立工程、增建一线电气化改造工程	新建双线
$M \leqslant 500$	2.5	0.7
$500 < M \leqslant 1\,000$	$2.5 > b \geqslant 2.0$	
$1\,000 < M \leqslant 5\,000$	$2.0 > b \geqslant 1.7$	
$5\,000 < M \leqslant 10\,000$	$1.7 > b \geqslant 1.4$	
$10\,000 < M \leqslant 50\,000$	$1.4 > b \geqslant 1.1$	
$50\,000 < M \leqslant 100\,000$	$1.1 > b \geqslant 0.8$	
$M > 100\,000$	0.8	

（6）工程质量安全监督费。

工程质量安全监督费是指按国家有关规定实行工程质量安全监督所发生的费用。本项费用按第二章至第十章费用总额的 0.02%～0.07% 计列。

（7）工程定额测定费。

工程定额测定费指为制定铁路工程定额和计价标准，实现对铁路工程造价的动态管理而发生的费用。本项费用按其第二章至第九章建筑安装工程费用总额的 0.01%～0.05% 计列。

（8）施工图审查费。

施工图审查费指建设主管部门认定的施工图审查机构按照有关法律、法规，对施工图涉及公共利益、公共安全和工程建设强制性标准的内容进行审查所需的费用。本项费用按国家和铁道部有关规定计列。

（9）环境保护专项监理费。

环境保护专项监理费指为保证铁路施工对环境及水土保持不造成破坏，而从环保的角度对铁路施工进行专项检测、监督、检查所发生的费用。本项费用按国家有关部委及建设项目所经地区省（自治区、直辖市）环保监理部门的有关规定计列。

（10）营业线施工配合费。

营业线施工配合费指施工单位在营业线上进行建筑安装工程施工时，需要运营单位在施工期间参加配合工作所发生的费用（含安全监督检查费用）。

本项费用按不同工程类别的计算范围，以编制期人工费与编制期施工机械使用费之和为基数，乘以相应费率计列（见表 6.18）。

（15）建设项目前期工作费。

① 项目筹融资费。是指为筹措项目建设资金而支付的各项费用。主要包括向银行借款的手续费以及为发行股票、债券而支付的各项发行费用等。本项费用根据项目融资情况，按国家和铁道部的有关规定计列。

② 可行性研究费。是指编制和评估项目建议书（或预可行性研究报告）、可行性研究报告所需的费用。本项费用按国家和铁道部有关规定计列。

表 6.18 营业线施工配合费费率表

工程类别		费率/%	计算范围	说明
一、路基	1. 石方爆破开挖	0.5	既有线改建、既有线增建二线需要封锁线路作业的爆破	不含石方装、运、卸及压实、码砌
	2. 路基基床加固	0.9	挤密桩等既有基床加固及基床换填	仅限于行车线路基，不含土石方装、运、卸
二、桥涵	1. 架梁	9.1	既有线改建、增建二线拆除和架设成品梁	增建二线限于线间距 10 m 以内
	2. 既有桥涵改建	2.7	既有桥梁墩台、基础的改建、加固，既有桥梁部加固，既有涵洞接长、加固、改建	
	3. 顶进框架桥、顶进涵洞	1.4	行车线加固及防护，行车线范围内主体的开挖及顶进	不包括主体预制、工作坑、引道、土方外运及框架桥、涵洞内的路面、排水等工程
三、隧道及明洞		4.1	需要封锁线路作业的既有隧道及明、棚洞的改建、加固、整修	
四、轨道	1. 正线铺轨	3.5	既有股道拆除、起落、重铺及拨移；换铺无缝线路	仅限于行车线
	2. 铺岔	5.5	既有道岔拆除、起落、重铺及拨移	仅限于行车线
	3. 道床	2.4	既有道床扒除、清筛、回填或换铺、补砟及沉落整修	仅限于行车线
五、通信、信息		2	通信、信息改建建安工程	
六、信号		24.4	信号改建建安工程	
七、电力		1.1	电力改建建安工程	
八、接触网		2	既有线增建电气化接触网建安工程和既有电气化改造接触网建安工程	已含牵引变电所，供电段等工程的施工配合费
九、给排水		0.5	全部建安工程	

③ 环境影响报告编制与评估费。是指按照有关规定编制与评估建设项时影响报告研发生的费用。本项费用按国家和铁道部有关规定计列。

④ 水土保持方案报告编制与评估费。是指按照有关规定编制与评估建设项目水土保持方案报告所发生的费用。本项费用按国家和铁道部有关规定计列。

⑤ 地质灾害危险性评估费。是指按照有关规定对建设项目所在地区的地质灾害危险性进行评估所需的费用。本项费用按国家有关规定计列。

⑥ 地震安全性评估费。是指按照有关规定对建设项目进行地震安全性评估所需费用。本项费用按国家有关规定计列。

⑦ 洪水影响评价报告编制费。是指按照有关规定就洪水对建设项目可能产生的影响和建设项目对防洪可能产生的影响做出评价，并编制洪水影响评价报告所需的费用。本项费用按国家有关规定计列。

⑧ 压覆矿藏评估费。是指按照有关规定对建设项目压覆矿藏情况进行评估所需的费用。本项费用按国家有关规定计列。

⑨ 文物保护费。是指按照有关规定对受建设项目影响的文物进行原址保护、迁移、拆除所需的费用。本项费用按国家有关规定计列。

⑩ 森林植被恢复费。是指按照有关规定缴纳的所征用林地的植被恢复费用。本项费用按国家有关规定计列。

⑪ 勘察设计费。

a. 勘察费。指勘察单位根据国家有关规定，按承担任务的工作量应收取的勘察费用。本项费用按国家主管部门颁发的工程勘察收费标准和铁道部有关规定计列。

b. 设计费。指法计单位根据国家有关规定，按承担任务的工作量应收取的设计费用。本项费用按国家主管部门颁发的工程设计收费标准和铁道部有关规定计列。

c. 标准设计费。指采用铁路工程建设标准设计图所需支付的费用。本项费用按国家主管部门颁发的工程设计收费标准和铁道部有关规定计列。

（16）研究试验费。

研究试验费指为建设项目提供或验证设计数据、资料等所进行的必要的研究试验，以及按照设计规定在施工中必须进行的试验、验证所需的费用。它不包括：

① 应由科技三项费用（即新产品试制费、中间试验费和重要科学研究补助费）开支的项目。

② 应由检验试验费开支的施工企业对建筑材料、设备、构件和建筑物等进行一般鉴定、检查所发生的费用及技术革新的研究试验费。

③ 应由勘察设计费开支的项目。

本项费用应根据设计提出的研究试验内容和要求，经建设主管单位批准后按有关规定计列。

（17）计算机软件开发与购置费。

计算机软件开发与购置费指购买计算机硬件所附带的单独计价的软件，或需另行开发与购置的软件所需的费用。但不包括项目建设、设计、施工、监理、咨询工作所需软件。本项费用应根据设计提出的开发与购置计划，经建设主管单位批准后按有关规定计列。

（18）配合辅助工程费。

配合辅助工程费指在该建设项目中，凡全部或部分投资由铁路基本建设投资支付修建的工程，而修建后的产权不属铁路部门所有者，其费用应按协议额或具体设计工程量，按本办法的有关规定计算完整的第一章至第十一章概（预）算费用。

（19）联合试运转及工程动态检测费。

联合试运转及工程动态检测费是指铁路建设项目在施工全面完成后至运营部门全面接收前，对整个系统进行负荷或无负荷联合试运转或进行工程动态检测研发生的费用。包括所需的人工、原料、燃料、油料和动力的费用，机械及仪器、仪表使用费用，低值易耗品及其他物品的购置费用等。本项费用的计算方法如下：

① 需要临管运营的按 0.15 万元/正线千米计列。

② 不需临管运营而直接交付运营部门接收的，按下列指标计列：

新建单线铁路：3.0 万元/正线千米；

新建双线铁路：5.0 万元/正线千米。

③ 时速 200 km 及以上客运专线铁路联合试运转费另行分析确定。

（20）生产准备费。

① 生产职工培训费。

生产职工培训费指新建和改扩建铁路工程，在交验投产以前对运营部门生产职工培训所必需的费用。主要内容包括培训人员的工资、津贴和补贴、职工福利费、差旅交通费、劳动保护费、培训及教学实习费等。本项费用按铁道部规定的标准计列（见表 6.19）。

表 6.19　生产职工培训费标准

单位：元/正线千米

铁路类别 / 线路类别	非电气化线路	电气化线路
新建单线	7 500	11 200
新建双线	11 300	16 000
增建第二线	5 000	6 400
既有线增建电气化	—	3 200

注：时速 200 km 及以上客运专线铁路的生产职工培训费另行分析确定。

② 办公和生活家具购置费。

办公和生活家具购置费指为保证新建、改扩建项目初期正常生产、使用和管理，所必须购置的办公和生活家具、用具的费用。其范围包括行政、生产部门的办公室、会议室、资料档案室、文娱室、食堂、浴室、单身宿舍、行车公寓等的家具用具。但不包括应由企业管理费、奖励基金或行政开支的改扩建项目所需的办公和生活家具购置费。本项费用按铁道部规定的标准计列（见表 6.20）。

表 6.20　办公和生活家具购置费标准

单位：元/正线千米

线路类别 / 铁路类别	非电气化线路	电气化线路
新建单线	6 000	7 000
新建双线	9 000	10 000
增建第二线	3 500	4 000
既有线增建电气化	—	2 000

注：时速 200 km 及以上客运专线铁路的办公和生活家具购置费另行分析确定。

③ 工器具及生产家具购置费。

工器具及生产家具购置费指新建、改建项目和扩建项目的新建车间，验交后为满足初期正常运营必须购置的第一套不构成固定资产的设备、仪器、仪表、工卡模具、器具、工作台（框、架、柜）等的费用。但不包括构成固定资产的设备、工器具和备品、备件和已列入设备购置费中的专用工具和备品、备件。本项费用按铁道部规定的标准计列（见表 6.21）。

表 6.21 生产工器具购置费标准

单位：元/正线千米

铁路类别＼线路类别	非电气化线路	电气化线路
新建单线	12 000	14 000
新建双线	18 000	20 000
增建第二线	7 000	8 000
既有线增建电气化	—	4 000

注：时速 200 km 及以上客运专线铁路的工器具及生产家具购置费另行分析确定。

（21）其他。

指以上费用之外的，经铁道部批准或国家和部委及工程所在省（自治区、直辖市）规定应纳入设计概（预）算的费用。

（22）基本预备费。

铁路工程基本预备费属于静态投资部分，是指在初步设计阶段，编制总概（预）算时，由于设计限制而发生的难以预料的工程和费用。本项费用由建设单位统筹管理。其主要用途包括：

① 在进行设计和施工过程中，在批准的初步设计范围，必须增加的工程和按规定需要加的费用。本项费用不含 I 类变更设计所增加的费用。

② 在建设过程中,未投保工程遭受一般自然灾害所造成的损失和为预防自然灾害所采取的措施费用，以及为了规避风险而投保全部或部分工程的建筑安装工程一切险和第三者责任险的费用。

③ 验收委员会（或小组）为鉴定工程质量，必须开挖和修复隐蔽工程的费用。

④ 由于设计变更所引起的废弃工程,但不包括施工质量不符合设计要求而造成的返工用和废弃工程。

⑤ 征地、拆迁的价差。

本项费用以第一章至第十一章费用总额为基数，初步设计概算按 5%计列，施工图预算、投资检算按 3% 计列。

（23）工程造价增涨预留费。

工程造价增涨预留费指为正确反映铁路基本建设工程项目的概（预）算总额，在设计概（预）算编制年度到项目建设竣工的整个期限内，因形成工程造价诸因素的正常变动（如材料设备价格的上涨，人工费及其他有关费用标准的调整等），导致必须对该建设项目所需的总资额进行合理的核定和调整，而需预留的费用及外资贷款汇率变动部分的费用。此项费用在铁路工程中属于动态投资，其计算可以根据建设项目施工组织设计安排，以其分年度投资额及不同年限，按国家及铁道部公布自工程造价年上涨指数计算。

（24）建设期投资贷款利息。

本项费用指建设项目中分年度使用国内贷款，在建设期内应归还的贷款利息。其具体计算可以参照国家财政部关于工程建设期投资贷款利息的相关文件规定来计列。

（25）机车车辆购置费。

机车车辆购置费用应根据铁道部铁路机车、客车投资有偿占用暂行办法有关规定，在新建铁路、增建二线和电气化技术改造等基建大中型项目总概（预）算中，增列按初期运量所需要的新增机车车辆的购置费。

本项费用按设计确定的初期运量所需要的新增机车车辆的型号、数量及编制期机车车辆购置价格等计算。

（26）铺底流动资金。

为保证新建铁路项目投产初期正常运营所需流动资金有可靠来源而计列本项费用，它主要用于购买原材料、燃料、动力，支付职工工资和其他有关费用。

对下列费用按下列标准计列：

① 地方铁路。

新建Ⅰ级地方铁路：6.0 万元/正线千米。

新建Ⅱ级地方铁路：4.5 万元/正线千米。

既有地方铁路改扩建、增建二线以及电气化改造工程不计列铺底流动资金。

② 其他铁路。

新建单线Ⅰ级铁路：8.0 万元/正线千米。

新建单线Ⅱ级铁路：6.0 万元/正线千米。

新建双线：12.0 万元/正线千米。

如初期运量较小，上述指标可酌情核减。既有线改扩建、增建二线以及电气化改造工程不计列铺底流动资金。

6.5 铁路工程概（预）算的编制方法

6.5.1 铁路工程概（预）算编制的基本方法

单项（分项）概（预）算的编制一般采用两种办法，即地区单价分析法和调整系数法。地区单价分析法内容细致，项目具体，条件符合实际，计算比较正确，便于基层开展核算，因此它是编写概（预）算的基本方法；调整系数法虽然计算时的工作量小一些，出成果较快，但内容、项目比较粗，与实际出入较大，不便于基层开展核算，一般只作为编制概（预）算和比较方案时采用。

1. 地区单价分析法

（1）地区定额单价分析。

① 根据汇总工程量内的工作项目，查阅有关的定额。

② 从定额中查得的工、料、机单位定额数量乘以该建设项目所分析出的工、料、机地区单价，即可算出该项目的地区定额单价及重量（利用单价分析表分析）。

③ 将全部工作项目的地区定额单价分析成果，填入“单价汇总表”以便编制单项（分项）概（预）算时查用，加快编制速度。

（2）计算人工、材料、机械台班数量。

① 根据汇总工程量中的工作项目，查单项定额得数工、料、机的定额数量。

② 用工作项目工程量分别乘以相应的工、料、机的定额数量，即得出该工作项目所需的人工工天、消耗材料数量及使用机械台班数量。

③ 将各工作项目的人工工天、材料数量及使用机械台班数量分别相加就可求出该单项工程所需的总劳力，各种材料消耗数量及各种机械使用的台班数量（利用工、料、机数量表计算）。计算工、料、机数量，其作用就是分析平均运杂费，提供各种材料所占运量的比重，为计算各种机械台班提供台班数量，为编制施工计划进行基层核算提供可靠依据。

（3）运杂费单价分析。

① 根据材料供应计划和运输线路，确定外来料和当地材料的运输方式、运距以及各种运输方式的联运关系，并在此技术上计算全运输过程每吨材料的运杂费单价。

② 根据工、料、机数量计算表中的材料重量，并据以分析各类材料的运输重量比重。

③ 将各类材料的每吨全程运杂费单价分别乘以相应的材料重量比例，然后汇总其价值，再加上工程材料管理费及碎石等 5 种材料，在运输过程中损耗过大，另加其运杂费（不含材料管理费）的 2.5% 的运输损耗费即为每吨材料的平均运杂费单价。

平均运杂费单价的计算方法和步骤如下：

a. 取出“主要材料（设备）平均运杂费单价分析表”，填写表头。

b. 根据各种材料运输方法及运价、装卸次数及装卸单价计算除各种材料每吨的全程运价。

c. 根据各种材料的运输方法所占的比重计算出每吨材料的综合运价。

d. 计算出各种材料在总运量中所占的比例。

e. 各种材料运杂费等于总运量比重乘以综合运杂费。

f. 将运杂费加总之后，加上其材料保管费，即得出主要材料平均运杂费单价。

2. 调整系数法

用调整系数法编制单项（分项）概（预）算，其方法和地区单价分析法基本相同，所不同之处是调整系数法不进行单价分析，而直接采用定额基价编制单项概（预）算，算出工、料、机费用后用一个系数进行调整，此系数即为调整系数。

求算调整系数主要有两种方法：

（1）用工、料、机费用分析法计算调整系数。

用“地区单价分析法”，分析计算出人工、材料消耗及使用台班的总数量，分别乘以地区单价中的人工单价、各种材料单价及各种机械台班使用单价，加总后求出地区总价值；分别乘以地区采用基价中的人工单价、各种材料单价及各种使用机械台班单价，加总后求出基价总价值，地区总价值（设计价）与基价总价值之比即为调整系数。

$$调整系数=\frac{地区总价值}{基价总价值}$$

① 核算工程数量。核算方法同单价分析法。

② 按照定额基价及工程数量计算各工程项目的合价，加总求出单项工程的数量。

③ 计算工、料、机数量。统计出该单项工程的人工、各种材料、各种机械台班的总数量。

④ 用对比系数法求调整系数。即用工、料、机数量表中统计的各级人工，各种材料、各种机械台班，分别乘以定额基价及工程所在地的单价，计算出合价各自加总，求出按定额基价及工程所在地单价（地区价、设计价）的工、料、机总费用，后者与前者之比即为调整系数。

⑤ 用调整系数法乘以按定额基价计算工、料、机总费用，即为工程所在地单项工程工、料、机总费用。

⑥ 以下按单价分析法的步骤继续完成平均运杂费单价的分析，计算运杂费、其他直接费等单项工程应计算的费用。

（2）价差系数调整方法。

价差系数调整方法是编制综合概（预）算的另一种方法。其单项概（预）算的编制，是利用定额基价乘以相应的工程数量，得出整个单项工程的工料机总费用，然后计算运杂费，其他直接费、现场经费、间接费、计划利润、税金等列入各章。由基期年度至概（预）算编制年度所发生的价差，则根据铁道部每年制定、发布的不同地区、不同工程类别的价差系数，在各章、节各工程类别工料机费用的基础上计算，这种方法是铁路概（预）算普遍采用的方法。

6.5.2 概（预）算编制原则与要求

1. 编制原则

（1）《编制办法》的适用范围。铁路工程适用于铁路基本建设工程大中型项目。公路工程适用于新建和改建的公路工程基本建设项目，对于公路养护的大、中修工程，可参考使用。

（2）编制概算的原则。

① 应全面了解工程所在地的建设条件，掌握各项基础资料。

② 正确使用规定的定额、取费标准、工资单价和材料设备价格。

③ 按《编制办法》的各项规定进行编制。

④ 概算或修正概算能完整、准确地反映设计内容。

⑤ 以批准的初步设计进行施工招标工程，其标底应在批准的总概算范围之内。

⑥ 设计概算应控制在已批准的建设项目可行性研究报告投资估算的允许的幅度(不大于10%）范围内。

（3）编制施工图（投资检算）原则。

① 根据施工图设计的工程量和施工方法编制。

② 按照规定的定额、取费标准、工资单价、材料设备预算价格编制。

③ 按照《编制办法》的规定，在开工前编制并报请批准。

④ 以施工图设计进行施工招标的工程，施工图预算经审定后，是编制工程标底的依据。

⑤ 施工图预算的编制必须正确，以使其成为考核施工图设计经济合理的依据。

⑥ 施工图设计应控制在批准的初步设计及概算范围内。

（4）概算和施工图预算的编制必须严格执行党和国家的政策、方针和制度，符合工程建设，施工技术规范。

（5）概（预）算文件应达到的质量要求是符合规定、结合实际、经济合理、提交及时、不重不漏、计算正确等。

（6）设计单位应加强基本建设的管理工作，配备和充实工程经济专业人员，切实做好概（预）算的编制工作。

（7）工程经济专业人员应具备本专业的能力，掌握设计、施工情况，做好设计方面的经济技术比较，使技术工作和经济工作结合起来，全面有效地提高设计质量。

（8）概（预）算编制工作要符合市场经济的规律和特点，切实反映工程实际，估算要大于预算，预算要大于决算。

2. 编制依据

（1）批准建设项目的任务书和主管部门的有关规定及设计项目一览表。

（2）施工设计文件，包括设计说明书、设计图表、工程数量或审核意见，设计过程中有关各方签订的涉及费用的协议、纪要。

（3）基本建设概（预）算的编制办法。铁路工程现执行铁建〔2006〕113号文件。

（4）各种定额，包括消耗定额和费用定额。

（5）施工组织设计防止相互脱节。

（6）施工调查资料，包括地质、水文、气象、各种费用及协议等。

（7）有关设计规划、施工技术规划、工程质量验收标准、安全操作规程等。

3. 计算工程数量应注意的问题

（1）计算前应熟悉设计文件、资料及有关规范，弄清设计标准、规格，按图计算。

（2）熟悉定额的内容及应用方法。

（3）了解有关文件、规定及协议。

（4）设计断面以外并为施工规范所允许的工程数量，应计算在内。

（5）由于地形、地质等原因，常会出现设计与实际情况不符的情况，因此，计算前应进行核对。

（6）由于沉落、涨余、压缩而引起的数量变化应计列。

（7）由于施工原因，不可避免地造成数量增加应予以考虑。

（8）由于客观原因造成的特殊情况处理所增加的数量应计算。

（9）有关术语的含义要符合规定。

（10）工程数量计列范围要符合规定。

（11）铺轨的工程数量按设计图示每股道的中心线长度（不含道岔）计算。

（12）铺设道岔的工程量按设计图示数量计算；铺道砟的工程量按设计断面的尺寸计算。

4. 基础资料收集与确定

主要包括编制原则、方法和定额、工资、材料单价、工程数量等。

5. 应具备的基础资料

（1）根据已审核的施工设计图和施工组织设计确定的施工方法、程序、土石方调配方案、临时工程规模等，按照单项工程概（预）算的编制范围，汇总各类工程数量。

（2）确定本建设项目所采用的编制方法，预算定额及补充预算定额。

（3）本建设项目各类工程综合工资等级的工资与工资性津贴标准。

（4）本建设项目所采用的各种外来材料的标准料价，当地料的调查价及分析料价。

（5）本建设项目内所使用的各种机械台班单价。

（6）各种运输方法的运距、运价、装卸单价以及材料管理费等。

（7）工程用电、用水的综合分析单价。

（8）确定特殊时期（冬、雨）施工的工程量、期限及费率，以及影响概（预）算编制的各有关系数。

6. 概（预）算编制计算精度

（1）人工、材料、机械台班单价。

单价的单位为“元”，取 2 位小数，第 3 位四舍五入。

（2）定额（补充）单价分析。

单价和合价的单位为“元”，取 2 位小数，第 3 位四舍五入；单重和合重的单位为“t”，单重取 6 位小数，第 7 位四舍五入，合重取 3 位小数，第 4 位四舍五入。

（3）运杂费单价分析。

汽车运价率的单位为“元/（t · km）”，取 3 位小数，第 4 位四舍五入；火车运价率的单位及运价率按现行《铁路货物运价规则》执行；装卸费单价单位为“元”，取 2 位小数，第 3 位四舍五入；综合运价单位为“元/t”，取 2 位小数，第 3 位四舍五入。

（4）单项概（预）算。

单价和合价的单位为“元”，单价取 2 位小数，第 3 位四舍五入，合价取整数。

（5）材料重量。

材料单重和合重的单位为“t”，均取 3 位小数，第 4 位四舍五入。

（6）人工、材料、机械台班数量统计。

按定额中的单位，均取 2 位小数，第 3 位四舍五入。

（7）综合概（预）算。

概（预）算价值和指标的单位为“元”，概（预）算价值取整，指标取 2 位小数，第 3 位四舍五入。

（8）总概（预）算。

概（预）算价值和指标的单位均为“万元”，均取 2 位小数，第 3 位四舍五入，费用比例的单位为“%”，取 2 位小数，并应检算是否闭合。

（9）工程数量。

① 计量单位为“m^3、m^2、m”的取 2 位，第 3 位四舍五入。

② 计量单位为“km”的，轨道工程取 5 位，第 6 位四舍五入，其他工程取 3 位，第 4 位四舍五入。

③ 计量单位为“t”的取3位，第4位四舍五入。

④ 计量单位为“个、处、组、座或其他可以明示的自然计量单位”取整。

6.5.3 铁道工程概（预）算编制内容及要求

1. 拆迁工程

一般以总承包单位或独立工程段（标段）担负的施工范围进行编制。

（1）拆迁建筑物。因施工必须拆除或迁移的房屋、附属建筑物（如围墙、水井）、坟墓、瓦窑、灰窑、水利设施（如水闸），无论属于公产、私产、路产或集体所有，均列本项。在其费用中，房屋按拆迁数量、种类，根据当地政府有关规定协议及单价编列，其他拆迁可按调查资料编列。

拆迁工程属于工程前期工作，由业主负责完成，它是整个建设项目概（预）算的重要组成部分，其编制方法一般是根据国家或当地行政主管理部门补偿标准及现场测量确定的“量”进行计算。

（2）改移道路所发生的工程费用均列入本项。其费用根据工程数量进行定额单价分析计列。

（3）迁移通信、电力线路等。本项费用可以按照设计数量和分析单价计列，也可以按照相关单位提出的预算资料进行计列。

（4）砍树及除草处理一般地区不计列，但通过森林等地区要按照相关标准计列。如无调查资料时可以按照类似线路综合指标计列。

2. 路　基

路基工程一般以总承包单位或独立工程段担负的施工范围和根据基层的核算要求，分别编列各段的区间路基土石方、路基附属工程、挡土墙等项目，要分别编制单项概（预）算。

（1）区间路基土石方、站场土石方的编制内容及要求。

① 土石方工程数量，必须根据土壤的成分（6类）划分，如遇有填渗水土壤及永久冻土、可增列项目，按土石方调配所确定的施工方法、运输距离等条件进行编制。因土方与石方、机械与人工的各种管理费率不同，所以这几项必须分别编列。

② 特大桥和大、中桥的桥头锥体土石方及桥台台后缺口土石方不包括在本项目之内，应列入第三章的桥涵项目中。

③ 填土压实数量为路堤填方数量减去设计中规定的石质路堤数量。无论采用人工或机械施工，均计列填土压实费。利用石方填筑的路堤（非设计的填石路堤），均计列填土打夯费。

④ 码头填心路基，按照设计要求分别计列码头边坡和填心费。

（2）路基附属工程编制内容及要求。

① 路基附属工程。包括区间、站场的天沟、排水沟等数量，其费用根据设计数量，定额单价分析计列。附属土石方无资料时，可按正、站线路基土石方费用的5%计列。

② 路基的加固和防护。包括区间及站场等加固及防护设施，其费用按设计工程数量，进行定额单价分析编制。

③ 挡土墙。挡土墙分浆砌片石挡土墙及混凝土挡土墙，其费用按设计圬工类型，分别计算工程数量，然后进行定额单价分析编列。大型的挡土墙以座编列，一般的挡土墙按施工管段范围编列。

3. 桥　涵

（1）特大桥、大桥、复杂中桥以及 50 m 以上的高桥，按座编列。

（2）一般小桥、中桥按标段或总承包单位施工范围，汇总工程数量，分析定额单价编列单项工程概（预）算。

（3）可分为明渠、管涵等，按标段或总承包单位施工范围编列，或根据基层核算单位分类编列，并根据工程设计数量，进行设计汇总，分析定额单价编列单项工程概（预）算。

（4）有挖基应增列基坑抽水费。

（5）要考虑计列围堰筑岛的数量。

（6）上部结构因桥跨种类和桥梁方法繁多，费用标准各不相同，应按照下列分类编制。

① 拱桥。上部工程数量由拱脚起算，因系现场浇砌，故相关管理费应与下部建筑相同。

② 钢梁。指钢梁结构及其架设费用。钢梁按出场价格计算，钢梁的栏杆、支座以及检查设备的钢构件，若已经包括在钢梁价格中则不宜重复计列，而未包括者单独计列。

③ 钢筋混凝土梁。就地浇筑钢筋混凝土梁，指在桥位上直接浇筑或在桥边、桥头预先浇筑者，包括制作与架设全部费用。施工单位预制的成品混凝土梁，按预算定额分析单价计列。

④ 架设钢筋混凝土梁。应包括由存梁场或预制成品运至桥梁工点的运杂费和架设钢筋混凝土梁的费用，但不包括梁本身的费用。

⑤ 桥面。指桥面上的栏杆，人行道、避车台、压梁木、步行板等。

（7）桥长在 500 m 以上的特大桥，应编制单独概（预）算。工程项目和数量的确定，除设计图纸及施工组织设计所列的特大桥本身主体建筑工程外，还应包括实验墩、梁等的费用，在基础施工中的封底等工程及数量；在洪水期间进行防洪措施费用等。由于特大桥工程复杂，工程细目较多，要注意做到不重不漏列。

4. 隧道及明洞

（1）隧道及明洞均以座编列。

（2）隧道单项概（预）算分别按正洞、压浆、明洞、辅助坑道、洞门附属工程、整体道床、设备器具购置工程细目分别编制，然后再汇总成一个隧道单项概（预）算。

（3）隧道内整体道床工程量列入隧道（包括短枕），但不包括钢轨与扣件以及过渡段的道砟道床。

（4）隧道正洞开挖数量应按照《铁路工程技术规范》计算允许超挖部分和施工误差的范围，并与设计部门协商确定。

（5）利用隧道弃砟填筑路堤的运输费用应列入隧道内。

（6）隧道内使用的施工机械（如通风机、发电机等）要考虑备用机械台班。

（7）设备工器具购置费。是指隧道永久通风及照明设备，按设计数量、单价计列，永久设备安装费用列入隧道安装工程项目内。

5. 轨 道

（1）正、站线铺轨长度按设计标准进行计算；正、站线铺砟数量按照道床设计断面计算；新铺钢筋混凝土轨枕地段，要考虑预铺道砟数量，一般每千米预铺 400 ~ 500 m^3。道砟单价按道砟来源、运输方式，以定额进行分析。

（2）永久石道砟，应同永久砟场一起编制单项概（预）算。

（3）道口、线路标志及正、站线沉落修正等其他有关线路工程，原则上按设计工程数量分析单价编列。当资料不全时，按正线铺轨总值的 2% 估列，枢纽按站线铺轨总值（不含铺砟）的 1% 计列。

（4）线路备料应根据《铁路工务修理规则》标准计列。正线每千米 25 m 钢轨 2 根，轨枕 2 根，站线每千米 25 m 钢轨 1 根，轨枕 1 根；每 100 组道岔，配备道岔 1 组。

（5）利用旧轨时，按照〔2006〕113 号文《概（预）算编制办法》中规定计列。

6. 站后工程

站后工程包括通信、信号、电力等运营生产设备及建筑物的建筑安装工程及设备，它是形成运输力的配套设备，其内容已经列入概（预）算章节中。

（1）站后工程的特点是面广、琐碎、复杂、专业性强、设备安装工程量大。

（2）房屋工程包括供水、照明以及卫生设备等。

（3）车站地区建筑物等。

7. 价差调整规定

（1）价差调整是指基期至编制期、工程决算期间，对基期价格所作的合理调整。

（2）价差调整阶段划分。铁道工程造价价差调整的阶段，分为基期到设计概（预）算编制期和设计概（预）算编制期至工程结算期两个阶段。

① 基期至概（预）算编制期所发生的各项价差，由设计单位在编制概（预）算时调整，列入单项概（预）算。

② 概（预）算编制期至工程决算期所发生的各项价差的调整，应符合国家有关政策，充分体现市场价格机制，应按合同约定办理。

（3）人工费、材料费、机械台班使用费、设备费等主要项目基期至设计概（预）算编制期价差调整方法。

① 人工费价差调整方法。

按定额统计的人工消耗量（不包括施工机械台班中的人工）乘以编制期综合工费单价的差额计算。

② 材料价差调整方法。

a. 材料的价差按照定额的统计的消耗量乘以编制期价格与基期价之间的差额计算。

b. 水电价差，按定额统计的消耗量乘以编制期价格与基期价格之间的差额计算。

c. 其他材料的差价以定额消耗的基期价格为基础，按照分部颁发的材料差价系数调整，系数中不含机械台班中的油料差价。

③ 施工机械使用费价差调整方法。

按定额统计的机械台班消耗量，乘以编制期施工机械台班单价与基期施工机械台班单价的差额计算。

④ 设备费的价差调整方法。

编制设计概（预）算时，以现行的《铁路工程建设设备预算价格》中的设备原价作为基期设备原价。编制期设备原价由设计单位按照国家或主管部门发布的信息价和生产厂家的现行出厂价分析确定。基期至编制期设备原价的差额，按价差处理，不计取运杂费。

6.5.4 铁道工程概（预）算的编制步骤与方法

1. 概（预）算基础数据表格的编制

（1）预算基础数据表。

① 单价分析表。主要分析机械台班单价，自行开采的砂、石或自制成品、半成品单价，工作项目或补充定额单价，主要材料设备平均运杂费单价。如采用地区单价分析法编制单项概（预）算，应先利用单价分析表逐个分析各个工作项目的地区定额单价。当定额缺项时，还需按定额单价编制工作项目或补充定额单价分析表。

② 工程数量表或工程数量汇总表。

③ 主要工料机数量计算表。

④ 主要工料机数量汇总表。

⑤ 调整系数计算表。

（2）建筑工程单项概（预）算表。

（3）设备及安装工程单项概（预）算表。

2. 编制程序

（1）制定编制原则，确定基础资料。

① 确定工制机及运杂费单价；

② 确定各类费用计算费率和标准；

③ 补充分析定额单价；

④ 计算地区基价表；

⑤ 编写编制说明与要求。

（2）编制单项概（预）算。

（3）编制综合概（预）算。

填写综合概（预）算表，计算第十章大临及过渡工程费，第十一章其他费用，汇总静态投资；计算第十二章基本预备费，第十三章工程造价增长预留费；第十四章建设期投资贷款利息，第十五章机车车辆购置费；第十六章铺底流动资金汇总全部工料机数量，填写工料机汇总表。

（4）编制总概（预）算表，编写说明书。

3. 单项（分项）概（预）算的编制

（1）编制单元。

大单元：单独的工程类别如区间路基土石方、大桥、中桥等，或规定要单独编制单项概（预）算的独立工点。

小单元："章节表"上最小的工程子项。如路基土石方中的人力施工、机械施工等。

（2）基期工料机费（定额基价）的计算方法。

可采用地区单价编制法，也可采用调整系数法。

（3）工程数量的整理与归纳。

统一计量单位；划分工作细目；补充应计费项目。

（4）补充定额，做单价分析表。

指定额不配套或缺项时的补充需随概（预）算一并送审。

（5）填制单项概（预）算表。

① 取出"建筑工程单项概（预）算表"，按规定填好表头。

② 根据工程项目、划分工作细目，选套定额编号、名称、单位、单价及单位重。把"工、料、机数量计算表"中的定额编号，工程项目，单位工程数量分别填入"建筑工程单项概（预）算表"相应项目内。

③ 把各工程项目的"定额分析"单价、重量分别填入"单项概（预）算表"中单价和单位重栏内。

④ 用工程数量乘以工、料、机单价（基价）及单位重量即可求出工、料、机合价及合重；如采用调整系数法，则填写"调整系数计算表"求算调整系数、调整工料机费用小计。

⑤ 把单项概（预）算表中各工程项目的合价及合计重量累加，即可得出定额直接费用及材料总重。

⑥ 计算运杂费。

a. 综合平均运杂费单价计算法。

$$\text{运杂费} = \text{工程材料总重（t）} \times \text{综合平均运杂费单价（元/t）}$$

b. 单项平均运杂费单价计算法

$$\text{运杂费} = \sum[\text{某种(类)材料总重量(t)} \times \text{该种(或类)材料平均运杂费单价(元/t)}]$$

c. 综合费率计算法，主要是针对一些难以估算重量的材料和设备采用（如一些新材料等）。

⑦ 计算人工费、材料费及施工机械使用费价差。

⑧ 汇总价差费用。

⑨ 计算填料费。

⑩ 汇总直接工程费。

⑪ 计算施工措施费。

⑫ 计算特殊施工增加费。

⑬ 汇总本单元单项概（预）算价值，求算综合指标。

⑭ 把若干小单元的单项概（预）算总价汇总为大单元单项概（预）算总价。

（6）单项概（预）算计算程序。

铁路建安工程单项概（预）算计算程序表见（表 6.22）。

表 6.22 铁路建安工程单项概（预）算计算程序表

序号	费用名称		计算方式
1	基期人工费		按设计工程量和基期价格水平计列
2	基期材料费		
3	基期施工机械费		
4	定额直接工程费		1+2+3
5	运杂费		指需要单独计列的运杂费，按施工组织设计的材料供应方案及本办法的有关规定计算
6	价差	人工费价差	基期至编制期价差按有关规定计列
7		材料费价差	
8		施工机械使用费价差	
9		价差合计	6+7+8
10	填料费		按设计数量和购买价格计算
11	直接工程费		4+5+9+10
12	施工措施费		(1+3)×费率
13	特殊施工增加费		（编制期人工费+编制期施工机械使用费）×费率或编制期人工费×费率
14	直接费		11+12+13
15	间接费		(1+3)×费率
16	税　金		(14+15)×费率
17	单项概（预）算合计		14+15+16

注：表中直接费未含大临设施和过渡工程，大临设施和过渡工程需单独编制单项概（预）算，其计算程序见相关规定。

6.6 线路设备大修工程预算定额与大修预算

6.6.1 线路设备大修与工程预算定额

铁路线路设备大修工程预算定额，铁道部没有统一的标准，是各铁路局根据《铁路运输固定资产大修理支出管理办法》以及铁道部和本铁路局的有关规定而制定的。

1. 大修定额的作用

主要用于线路大中修预算确定直接生产人工和大型养路机械设备消耗量的依据。

2. 制定依据和原则

根据大修施工作业条件（施工能力、技术水平、施工组织、设备条件、行车速度与行车密度以及施工给点等情况），汇总分析施工单位实际用工情况，本着平均、简明、实用的原则来制定。

例如某铁路局的大修定额是按封锁施工“天窗”180 mm 为基准（成组更换提速道岔 240 mm）制定的。当封锁“天窗”+15 mm 以上时，对有影响的作业项目视具体情况增减定额。

3. 定额的分类

各铁路局基本上是按照《铁路线路修理规则》中线路大修的工作内容来制定相应的定额的。

线路大修工程预算定额分为综合作业定额、分项作业定额和单项作业定额三大类。

综合作业定额以线路大修工作内容为依据进行划分，分为龙门架铺轨排线路大修、线路换新轨大修、铺设新轨无缝线路、铺设无缝线路前期工程、线路中修、成段更换混凝土轨枕、成组更换道岔及岔枕、线路换再用轨大修共计 8 项；分项作业定额以综合定额中的主要线路大修作业项目进行划分，分为铺设新轨桥上无缝线路等 17 大项；单项作业定额指铁路线路设备大修施工中主要作业项目以外或遇到的零星作业以及配套单项定额，分为钢轨作业等 6 项。

4. 定额示例

为了加深对大修定额的认识和理解，在此借助某铁路局的《线路大修工程预算定额》加以说明。因篇幅有限，仅从该定额中围绕综合作业定额、分项作业定额和单项作业定额各抽取几项进行叙述。

（1）线路大修综合作业定额。

线路大修综合作业定额见表 6.23 和表 6.24。

（2）线路大修分项作业定额。

线路大修分项作业定额见表 6.25 和表 6.26。

（3）线路大修单项作业定额。

线路大修单项作业定额见表 6.27、表 6.28 和表 6.29。

5. 定额应用示例

工程名称：线路换新轨大修。

工程地点：某线上行 DK373 + 900—DK386 + 000。

设计工程量：

（1）本段全长 12.1 km，道岔 9 组，换轨长度 11.57 km，全部更换为 60 kg/m，25 m 标准轨。

（2）补充石砟：换轨区 6 207 m^3，换岔区 633 m^3。

（3）轨枕：本段配置Ⅱ型混凝土枕 20 698 根，木枕 520 根，Ⅱ型混凝土中桥枕 73 根，其中混凝土枕失效 1 036 根，木枕失效 26 根，桥枕失效 4 根。

（4）道口：本段共有道口 9 处，全长 75 m，起道均小于或等于 10 cm，符合大修设计要求。

表 6.23　线路大修综合作业定额

序　号	定额名称	计量单位	50 kg 轨人工定额/工日		60 kg 轨（钢筋混凝土枕）人工定额/工日	60 kg 轨（钢筋混凝土枕）机械作业定额		说　明
			木枕	钢筋混凝土枕		人工工日	机械消耗	
一	龙门架铺轨排线路大修							Ⅲ型枕地段 1 071 工日
Ⅰ101	人工清筛抬道	km	930	935	935			
Ⅰ102	机械清筛抬道	km	※	※	※	554	24 500 元	Ⅲ型枕地段 798 工日
Ⅰ103	组装换铺轨枕	km	665	675	675	675		Ⅲ型枕地段 530 工日
Ⅰ104	人工综合整理	km	480	485	485			
Ⅰ105	机械综合整理	km	※	※	※	291	16 000 元	
Ⅰ106	卸石砟	m^3	0.125	0.125	0.125	0.125		按实际情况编列
Ⅰ107	道岔清筛附加工	组	25	50	50～55	50～55		按实际情况编列
Ⅰ108	整修道岔附加工	组	30	40	40～50	40～50		
Ⅰ109	整修路肩及排水	km	50	50	50	50		
Ⅰ110	顺撬	km	20	20	20	20		
Ⅰ111	竣工线路西整	km	40	40	40	40		
Ⅰ112	巡养	km	80	80	80	80		
Ⅰ113	防护及其他	km	50	50	50	50		
Ⅰ114	其他单项作业项目	km						按实际情况编列
Ⅰ115	施工难度、干扰附加	km						按实际情况编列
合　计		km					40 500 元	

附注：1. 采用大型养路机械进行线路清筛作业时，可机械清筛、综合整理地段与人工清筛、综合整理地段由设计单位调查确定，并分别采用各自定额编　预算。

2. 清筛垫砂地段，按人工清筛作业计列，并另增加 200 工/km。

3. 道岔清筛、整修附加工，根据设计调查情况，按道岔类型编列。

4. 其他单项作业项目、施工难度与施工干扰附加，根据设计调查情况，按单项作业定额编制。

表 6.24　线路大修综合作业定额

序号	定额名称	计量单位	50 kg 轨人工定额/工日		60 kg 轨（钢筋混凝土枕）人工定额/工日	60 kg 轨（钢筋混凝土枕）机械作业定额		说　明
			木枕	钢筋混凝土枕		人工工日	机械消耗	
二	线路换新轨大修							
I 201	钢轨作业	km	330	300	330	330		Ⅲ型枕地段 1 071 工日
I 202	人工清筛抬道	km	930	935	935			
I 203	机械清筛抬道	km	※	※	※	554	24 500 元	Ⅲ型枕地段 530 工日
I 204	人工综合整理	km	480	485				
I 205	机械综合整理	km	※	※	※	291	16 000 元	
I 206	卸石砟	m^3	0.125	0.125	0.125	0.125		按实际情况编列
I 207	道岔清筛附加工	组	25	50	50～55	50～55		按实际情况编列
I 208	整修道岔附加工	组	30	40	40～50	40～50		
I 209	整修路肩及排水	km	50	50	50	50		
I 210	顺　撬	km	20	20	20	20		
I 211	竣工线路西整	km	40	40	40	40		
I 212	巡　养	km	80	80	80	80		
I 213	防护及其他	km	50	50	50	50		
I 214	其他单项作业项目	km						按实际情况编列
I 215	施工难度、干扰附加	km						按实际情况编列
合　计		km					40 500 元	

附注：1. 采用大型养路机械进行线路清筛作业时，可机械清筛、综合整理地段与人工清筛、综合整理地段由设计单位调查确定，并分别采用各自定额编：预算。
2. 清筛垫砂地段，按人工清筛作业计列，并另增加 200 工/km。
3. 道岔清筛、整修附加工，根据设计调查情况，按道岔类型编列。
4. 其他单项作业项目、施工难度与施工干扰附加，根据设计调查情况，按单项作业定额编制。

表 6.25　线路大修分项作业定额

编　号	作业项目	计量单位	人工定额/工日		机械设备消耗定额	说　明
			Ⅱ型地段	Ⅲ型地段		
七	清筛道床（人工作业）	km				
Ⅱ701	清筛道床及方枕	km	610	702		
Ⅱ702	回填均匀石砟	km	60	66		
Ⅱ703	起道串镐、捣固	km	125	138		
Ⅱ704	整理道床	km	50	75		
Ⅱ705	拨　道	km	30	30		
Ⅱ706	清除道床污土	km	20	20		
Ⅱ707	回收石砟	km	20	20		
Ⅱ708	顺　撬	km	20	20		
计		km	935	1 071		

附注：1. 清筛垫砂地段另增加 200 工/km。

2. 清筛道床作业，按线路限速 3 日考虑。

表 6.26 线路大修分项作业定额

编 号	作业项目	计量单位	人工定额/工日		机械设备消耗定额	说 明
			Ⅱ型地段	Ⅲ型地段		
十	综合整理线路（人工）	km				
Ⅱ1001	起道捣固	km	220	260		
Ⅱ1002	拨 道	km	45	50		
Ⅱ1003	均匀道砟、细整道床	km	90	90		
Ⅱ1004	直 轨	km	10	10		
Ⅱ1005	细整扣件及涂油	km	45	45		
Ⅱ1006	埋设、油写线路标志	km	15	15		
Ⅱ1007	回收及堆码旧料	km	5	5		
Ⅱ1008	抬摆线上料	km	5	5		
Ⅱ1009	线路找细	km	50	50		
计		km	485	530		

附注：清筛道床作业，按线路限速 3 日考虑。

表 6.27　线路大修单项作业定额

编　号	作业项目	计量单位	人工定额/工日		说　明
			50 kg/m 轨	60 kg/m 轨	
一	线路作业				
Ⅲ125	预铺道岔纵、横向移位附加	组	15	20	预铺与更换地点相距每 10 m 增加 5 工日
Ⅲ126	预铺道岔平台搭设附加	组	15	20	窄路肩、高路基地段
Ⅲ127	无缝道岔（冻、胶结与焊接）	组			单独分析编列
Ⅲ128	拉轨均匀轨缝（木枕）	km	40	40	
Ⅲ129	整修明桥面	m	1	1	
Ⅲ130	拆铺道口	m	5	5	
Ⅲ131	道岔捣固附加（普通单开木枕）	组	20	20	本定额为 1/12 道岔定额。1/9 与 1/18 道岔分别乘系数，交分道岔与交叉渡线按单开进行拆算计列
Ⅲ132	道岔捣固附加（普通单开混凝土枕）	组	30	30	
Ⅲ133	道岔捣固附加（TSⅠ型单开）	组	30	30	
Ⅲ134	道岔捣固附加（TSⅡ型单开）	组	30	30	
Ⅲ135	大桥上大修施工线路巡养防附加	km	50	50	大修清筛、换轨、成段更换轨枕施工时计列
Ⅲ136	隧道内大修施工线路巡养防附加	km	45	50	
Ⅲ137	夜间大修施工线路巡养防附加	km	50	50	

表 6.28 线路大修单项作业定额

编　号	作业项目	计量单位	人工定额/工日	说　明
三	轨枕作业			
Ⅲ301	单根抽换木枕	根	0.25	
Ⅲ302	成段更换木枕	根	0.15	
Ⅲ303	单根抽换木岔枕	根	0.4	长度大于 2.6 m
Ⅲ304	单根更换混凝土岔枕	根	1.5	长度大于 2.6 m
Ⅲ305	单根抽换混凝土Ⅱ型轨枕	根	0.77	
Ⅲ306	单根更换混凝土Ⅲ型轨枕	根	1.05	
Ⅲ307	更换混凝土轨宽枕	根	2	
Ⅲ308	小桥上更换混凝土Ⅱ型桥枕	根	1	
Ⅲ309	中桥更换混凝土Ⅱ型桥枕	根	1.2	
Ⅲ310	大桥更换混凝土Ⅱ型桥枕	根	1.5	
Ⅲ311	特大桥更换混凝土Ⅱ型桥枕	根	2	
Ⅲ312	小桥更换混凝土Ⅲ型桥枕	根	1.2	

表 6.29　线路大修单项作业定额

编　号	作业项目	计量单位	人工定额/工日	说　明
四	路基与排水			
Ⅲ401	整修路肩边坡及排水	km	50	
Ⅲ402	落低路肩	m^3	1	
Ⅲ403	铲平修补路肩	km	25	
Ⅲ404	清理侧沟	m^3	0.5	
Ⅲ405	清理截水沟	m^3	0.5	
Ⅲ406	清除封闭栅栏内污土	m^3	0.5～1.0	
Ⅲ407	清除站内与路堑内污土	m^3	1～1.5	
Ⅲ408	清除隧道内污土	m^3	1.5	
Ⅲ409	跨线清除污土	m^3	1.5	
Ⅲ410	推平抛出污砟（换砟施工）	m^3	0.3	
Ⅲ411	开挖横向侧水沟（换砟施工）	km	70	每千米 70 处，每处 1 工
Ⅲ412	开挖纵、横向排水沟	m^3	1	

（5）路肩及排水：4.18 km。

（6）整修明桥面 32 m。

（7）线路在夜间施工。

要求：借助前面列举的定额，利用大修工程人工分析表分析换轨区段所需的直接工的数量。

分析过程见表 6.30。由表 6.30 知，按上述资料完成 11.57 km 的换新轨大修所需的直接人工数为 24 973.8 工日。

表 6.30 线路设备大修工程人工分析表

工程名称：线路换新轨大修

工程地点：某线上行 DK373＋900—DK386＋000

序号	定额工作项目及内容	定额编号	工率	单位	工程数量	合计（工日）	附注
1	钢轨作业	Ⅰ201	330	km	11.57	3 818.10	
2	人工清筛抬道	Ⅰ202	935	km	11.57	10 817.95	
3	人工综合整理	Ⅰ204	485	km	11.57	5 611.45	
4	卸石砟	Ⅰ206	0.125	m^3	6207	775.88	
5	整修路肩及排水	Ⅰ207	50	km	4.18	209.00	
6	顺撬	Ⅰ210	20	km	0.6	12.00	
7	竣工线路细整	Ⅰ211	40	km	11.57	462.80	
8	巡养	Ⅰ212	80	km	11.57	925.60	
9	防护及其他	Ⅰ213	50	km	11.57	578.50	
	其他单项作业						
10	单根抽换木枕	Ⅲ301	0.25	根	26	6.50	
11	单根抽换混凝土枕	Ⅲ305	0.77	根	1036	797.72	
12	单根抽换Ⅱ型混凝土桥枕	Ⅲ309	1.2	根	4	4.8	
13	拆铺道口	Ⅲ130	5	m	75	375.00	
14	夜间施工线路巡养防附加工	Ⅲ137	50	km	11.57	578.50	
合计						24 973.80	

6.6.2 线路设备大修预算的编制原则

1. 预算编制依据

线路大修施工预算，应根据已批准的设计说明书、设计图表、工程数量、施工方法和有关规定定额，本着节约的精神进行编制。

编制预算应采用先进定额及先进施工方法，以提高效率，降低成本，少投入，多产出。

在施工过程中，由于各种原因引起的预算总额的变动，或更改设计标准和方案时，应由施工单位提出变更理由，报原设计单位签注意见后，由原批准单位批准。

2. 预算文件组成

大修施工预算，应包括下列文件：

（1）大修工程预算书。包括工程名称、施工地点、工程总量、预算总额及预算指标等。

（2）详细预算表。包括各项直接费、间接费、其他费等的明细。

（3）主要附件。包括直接人工计算表、材料数量计算表、运杂费计算表、工程数量汇总表、工程数量计算统计表、补充单价分析表等。

3. 预算的编制原则

（1）施工预算的编制应按线别、工程类别和施工单位分别编制，原则上以一个计划件名编制一份预算。也可根据技术设计分段编制分预算。如同一件名地段遇有性质不同的附属工程或需委托其他单位配合施工的项目，可单独编列预算，汇总费用并装订一起。如轨型、道岔型号不一致，清筛及换砟在一个件名中应分别编列。

（2）定额标准：

① 线路大中修、成段更换混凝土轨枕、成段更换钢轨、成组更换道岔及岔枕等工程项目定额标准按铁路局颁布的定额标准执行。

② 线路大中修工程中的路基土石方，有关通信、信号、电力、房建等工程项目，参照现行基建、修缮定额办理。引起圬工桥涵工程时参照铁路局桥梁大修现行定额执行。

③ 线路大中修中的路基和道口土方、养路机械平台、路基刷坡、清理整修、新设排水沟、修补栅栏及其他零小路基防护设施，根据调查工作量按单项定额编入预算内。工程数量大的，技术性复杂的，根据件名单独设计另编预算。

6.6.3 线路大修预算费用内容与计算

线路大修施工预算费用的划分及其内容，各铁路局虽不尽相同，但大同小异，这里，作为参以某铁路局大修费用的组成为例（见图 6.7），并分别说明如下。

1. 线路设备大修预算费用的组成

预算费用由直接工程费、间接费、其他工程费、勘测设计费，预备费等组成。

2. 线路大修预算费用内容与计算

（1）直接工程费。

由直接用于各项工程的直接费和其他直接费组成。直接费包括人工费、材料费、运杂费、机械使用费。

① 人工费。

指从事线路大修施工的生产工人开支的各项工资性质费用。由直接工费、辅助工费、间接工费组成。

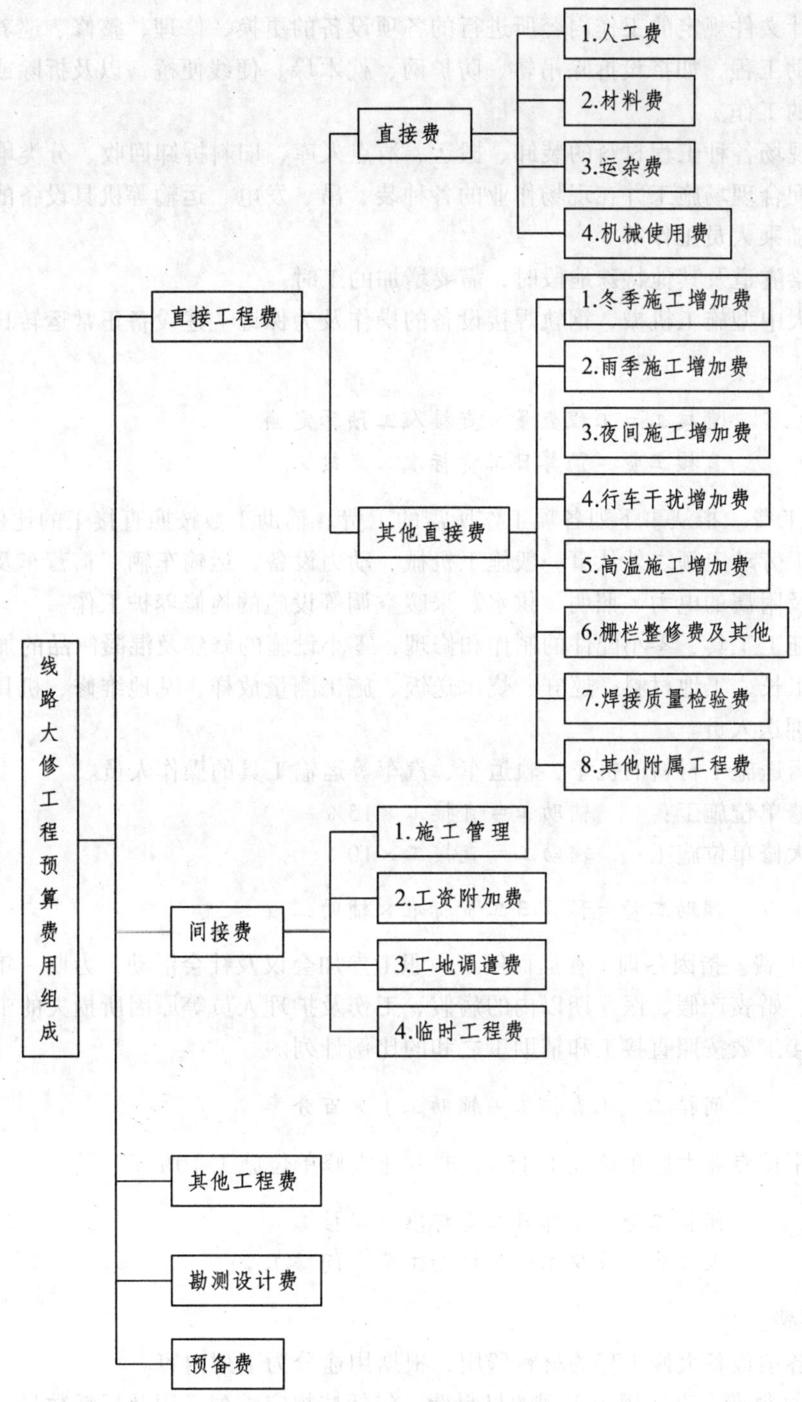

图 6.7 线路大修工程费用项目组成表

$$人工费=(直接工+辅助工+间接工)\times 预算日工资$$

预算日工资标准由铁路局测定颁布。

a. 直接工费。指从事下列各项工作所需的工费。直接工数按大修定额和工程量计算编列。

• 按设计文件规定的工作内容所进行的各项设备的更换、修理、整修、巡养、防护等项工作及其辅助工程，如搭设拆除吊轨、防护网、枕木垛、便线便桥，以及拆除或恢复原有建设物及设备的工作。

• 施工现场各种工程材料的装卸、搬运、清点入库、旧料拆卸回收、分类堆码等。

• 直接配合现场施工并在现场作业的各种装、吊、发电、运输等机具设备的使用及各种工程车辆的随乘人员工作等。

• 在桥梁隧道及其他特殊地段时，需要增加的工时。

• 从事大中型施工机械、钢轨焊接设备的操作及为保证上述设备正常运转日常检测检修工人的工作。

直接工＝工程数量×直接人工预算定额

直接工费＝预算日工资标准×直接工

b. 辅助工费。指从事下列各项工作所需的工费。辅助工数按照直接工的比例编列。

• 直接工劳动定额之外从事一般施工机械、动力设备、运输车辆、宿营车及其停车线、临时工棚以及附属的电力、照明、供水、采暖空调等设施的检修养护工作。

• 各种施工工具、零小配件的制作和修理，零小设施的修建及混凝制品的加工。

• 脱产工长、工地材料、巡守、烧水送饭、施工测量放样，基地维修、机具设备及专用车辆厂修的押送人员。

• 后方运送施工材料的机车、轨道车、汽车等运输工具的操作人员。

专业大修单位施工：　辅助工＝直接工×15%

非专业大修单位施工：　辅助工＝直接工×10%

辅助工费＝预算日工资标准×辅助工

c. 间接工费。指因冬训、春运而停工，职工参加会议及社会活动，为期一年以下的脱产学习、探亲、婚丧产假、医疗期以内的病假、工伤及护理人员等原因所损失的工日需要支付的工费。间接工数按照直接工和辅助工之和的比例计列。

间接工＝（直接工＋辅助工）×百分率

式中，百分率按专业大修单位施工 15%，非专业大修单位施工 10%。

间接工费＝预算日工资标准×间接工

人工费＝直接工费＋辅助工费＋间接工费

② 材料费。

指用于各项设备大修工程的材料费用，根据用途分为下列内容。

a. 主要材料费。直接用于工程的材料费，包括按规定编列备用及损耗数量。按大修工程用料的名称、规格、数量、单价及消耗定额分项计算。

• 直发料：按实际进料价格计算，由物资部门通过招标等方式确定价格。

• 部管产品：按铁道部批准价格办理。

• 厂发料：按铁路局规定价格计算。

• 砂石等地方料：按铁路局核定价格计算。

b. 周转材料费。可多次使用不能一次列销的材料。由设计单位根据大修项目进行分类核算，经铁路局审定后纳入大修预算。

c. 再用轨料费。按铁路局规定旧轨料管理规定计列整修管理费。计算勘测设计费时基数中应考虑新轨料费。

d. 零星材料费。指施工需要的抬筐、工具把、麻绳、油漆防锈脂、铁板、铁线钉、木板等费用。可按工程性质列为定额材料费用，不列细目。

- 铺设无缝线路：800 元/km。
- 铺设无缝线路前期工程：大机 900 元/km，中机（人 22）1 000 元/km。
- 成段更换混凝土轨枕：D 型枕 600 元/km，Ⅲ型枕 800 元/km。
- 成组更换新道岔：低值易耗料 500 元/组。
- 线路中修（包括站线中修）：大机 800 元/km，中机（人 32）900 元/km。
- 成段更换再用轨：800 元/km。

e. 钢轨焊接料费：厂内焊接 4000 元/km，工地焊接料费 800 元/km。

f. 焊缝淬火费：500 元/km。

材料费 = 主要材料费 + 周转材料费 + 再用轨料费 + 零星材料费 +
钢轨焊接料费 + 焊缝淬火费

③ 运杂费。

运杂费为各项材料由供应地点运到工地所发生的运费、保险费、调车费、加固费、包装费、材料管理费、装卸费（包括二次装卸费），定额外收集材料费和工地小搬运。运杂费应与材料目录确定的供料地点或采购的交货地点及自行开采或烧制材料的堆存地点相衔接，不应重复或漏列。该项费用在施工定额中已计入的，不再计列。

a. 运费。根据不同运输方式进行计算。分段装运时应分别计算。

- 铁路运输按《铁路货物运价规则》的有关规定计算。计算运价的运距，以装车站算至卸车站的最短里程，区间卸车时，里程计算到前方站。一个件名合并计算时，可按照本件名的中间站计算运价里程。钢轨、轨枕、道岔（岔枕）、石砟、河砂路基（垫砂用）等大宗物资按整车运价率计算。按整车计算时因装车技术条件限制达不到车辆标定载重吨位时，应以实际吨数乘以欠载系数。钢轨欠载系数对于 50 kg/m 轨为 1.18，对 60 kg/m 轨为 1.14，石砟为 36 m^3/60 t，Ⅱ型枕 221 根/60 t，Ⅲ型枕（新Ⅱ型枕）184 根/60 t，道岔岔枕等其他材料的欠载根据实际调查确定。
- 汽车运输、水运等其他方式运输按当地县及以上政府物价部门的规定运价计算。
- 材料单价为到站价时，不计运费。

b. 杂费。装卸费、调车费及其他杂费按现行规定计算，需多次装卸的分别计列。

c. 工地地小搬运费。指工地范围内的材料、成品、半成品等由工地料库或堆料地点至工作地点的短途搬运，在施工操作基本运距（轨道工程 100 m，其他工程 50 m）以外的材料搬运工日及卸在基地或车站上的钢轨、轨枕分类堆码、倒货位等费用，可以根据不同工程性质制定人工定额纳入到综合人工定额中计算工费，也可制定综合定额单价单独计算。定额已含部分不重列。

- 铺设无缝线路及前期工程：10 工/km。
- 成段更换混凝土轨枕：Ⅱ型混凝土轨枕 20 工/km，Ⅲ型混凝土轨枕 30 工/km。

• 成组更换新道岔：普通道岔 5 工/组，TS 固定型 20 工/组，TS 可动心轨 30 工/组。

• 成段更换再用轨：10 工/km。

• 线路中修（站线中修）：8 工/km。

d. 其他运杂费。

• 定额外收集材料运杂费根据现场实际情况分析计列（含再用轨及再用混凝土枕运杂费）。

• 路用车使用费、长钢轨运输车运费及空车挂运费，按《铁路运价规则》及铁道部、铁路局相关规定计列。

运杂费＝运费＋杂费＋工地小搬运＋定额外材料收集运杂费＋其他运杂费

④ 机械使用费。

指各项大修工程在施工过程中使用机械设备所发生的人工费以外的费用。它包括基本折旧费、大修理费、养护维修费、燃料动力费（柴油、汽油、电力、煤、水等）、养路费、牌照税及其他费用。机械使用费可分为大中型施工机械使用费、一般生产机械使用费、机车车辆及施工机械租用费等。施工机械的折旧费、大修理费由铁路局统一考虑，不纳入预算。

a. 大中型专用机械使用费。大型养路机械（捣固车、清筛机、动力稳定车、道床配砟整形车）、中型清筛机、钢轨接触焊机（包括配套机械设备）、移动气压焊机（配套设备）、道岔更换专用机械等使用费按消耗定额计列。

b. 一般施工机械使用费。主要包括工地运送材料和施工人员的重型轨道车、汽车、发电机组、长轨应力拉伸机、小型液压捣固机等。其使用费可按人工费的 2% 计列。

c. 机车车辆使用费。机车使用费指施工中必须使用机车配合作业所发生的费用，按照机车运营成本计算，其费用包括乘务员工资、奖金、机车使用期间发生的燃料、油脂消耗等。机车厂修、折旧一律不计入机车使用费。费用标准由铁路局核定发布并计入预算。车辆使用费指根据铁道部《铁路运价规则》有关规定计取的费用及 K 车、长轨车、宿营车日常使用维护费，按工费的 2% 计入预算。

d. 施工机械租用费。施工需要租用施工机械时，按规定租费标准和设计台班数经铁路局主管部门核准后列入预算。

机械使用费＝大中型专用机械使用费＋一般施工机械使用费＋
机车车辆使用费＋施工机械租用费

⑤ 其他直接费。

指预算定额未包括而应属于直接工程费范围内的其他费用。除行车干扰增加费外，按直接费的百分比计列。

a. 冬季施工增加费。指在冬季施工，由于防寒措施以及人工、机械工作效率降低等因素所增加的费用。

• 线路换新轨大修、铺设无缝线路、成段更换轨枕、成组更换道岔及岔枕：直接费 × 0.06%。

• 铺设无缝线路前期工程：直接费 × 0.6%。

b. 雨季施工增加费。指在雨季施工，由于防雨措施以及人工、机械工作效率降低等因素所增加的费用。

• 线路换新轨大修、铺设无缝线路、成段更换轨枕、成组更换道岔及岔枕：直接费×0.035%。

• 铺设无缝线路前期工程：直接费×0.35%。

c. 夜间施工增加费。指线路大修天窗安排在夜间，由于人工、机械作业效率降低及夜间施工照明和防护措施等因素所增加的费用。实际发生时列入预算。

• 线路换新轨大修、铺设无缝线路、成组更换道岔及岔枕：直接费×1.5%。

• 铺设无缝线路前期工程：直接费×3.5%。

• 成段更换轨枕：直接费×1.5%。

d. 行车干扰增加费。指因邻线行车干扰达不到线路大修施工定额要求，降低作业效率所损失的工费符合下列条件之一者列行车干扰费（具备两个及以上条件时不重列）：

• 在行车线上或在其中心平距 5 m 范围内施工。

• 在与行车线的线间距等于或小于 5 m 的邻线上施工。

• 在车站内正线和到发线范围内务股道间施工。

• 平面跨越行车线搬运材料或运弃土石。

为简化计算，按工费的百分率计列。百分率的取值见表 6.31。

表 6.31 线路大修施工行车干扰系数表

每昼夜行车对数	18 及以下	19～36				37～60				61 对及以上			
行车速度 /（km/h）	120 及以下	120 及以下	121～140	141～160	161～200	120 及以下	121～140	141～160	161～200	120 及以下	121～140	141～160	161～200
干扰系数/%	1.5	3	3.5	4	4.5	4.5	5	5.5	6	6	6.5	7	7.5

e. 高温季节施工增加费。指夏季施工，天窗时间在 10：00～16：00，由于人工、机械施工降效而增加的费用。按全年施工情况综合计列。

• 线路换新轨大修、铺设无缝线路、成段更换轨枕、成组更换道岔及岔枕直接费×0.06%

• 铺设无缝线路前期：直接费×0.6%。

f. 路基栅栏整修费及其他。指线路大修地段的路肩整修（列入定额的不计），排水系统的整修疏通清理，以及道口、养路机械化平台、栅栏修补、桥梁栏杆油漆等零星工程费。大修施工污土外运费用。该项费用根据设计调查计列，定额中已含部分不得重列。

g. 焊接质量检验费。正常情况下的焊接质量检验费用列于其他直接费，轨型、焊轨设备变化时的形式检验费根据实际发生在其他工程费中计列。正常情况下的焊接质量检验费用列于其他直接费，按 500 元/km 计列。

h. 其他附属工程费。不在上述规定之内的直接附属工程费用，如土石方及其他零小附属工程工程费用如线路、桥梁、道岔加强费用。根据勘测设计工作量计列。

其他直接费＝冬、雨、夜间、高温施工增加费＋行车干扰增加费＋
路基栅栏整修及其他费＋焊接质量检验费＋其他附属工程费

（2）间接费。

分为施工管理费、工资附加费、宿营车大修费、基地建设费、基地看守及维修保养费、工地调遣及临时工程费等。预算中计列施工管理费、工资附加费、工地调遣及临时工程费等。

① 施工管理费。

指施工单位组织和管理施工所发生的全部行政管理费用。

a. 管理人员和服务人员（政工、行政、保卫、技术、生活服务人员等）及由施工管理费项下开支的其他人员的基本工资、企业工资、工龄工资及工资性质的各种津贴和奖金。

b. 按照上级规定发放的劳动保护用品的购置和修理费、体检保健费、防暑降温及采暖费、卫生费、安全技术设施费等。

c. 职工出差、调转的差旅费、住宿费、市内交通补贴、探亲路费，及行管部门使用的交通工具的燃料、油脂、养路牌照、过桥过路及保养维修费等。

d. 办公用的文具、纸张、图书、报刊、杂志、邮电通信、水电、空调采暖、燃料、家具备用品的购置、修理等费用。

e. 低值易耗品购置、维修费，行管生活部门管理的低值易耗品，如办公用品、家具、公寓化备品、交通工具、通信工具、检测用具、测绘用具及其备品的购置和维修费。

f. 施工单位自行管理和使用的属于固定资产的房屋、设施、仪器仪表（施工机械除外）等的养护维修费。固定资产的大修理费及折旧由铁路局统筹考虑，不含在预算中。

g. 施工单位进行技术革新和研究试验，对主要工程材料进行例行随机抽检计量器具和标准器进行鉴定等项费用。

h. 政工宣传、计划生育需要支出的费用。

i. 环保、绿化、卫生、治安、警卫消防、社会办学、民兵活动，业务招待、事故损失等需要行政开支的费用。

施工管理费按人工费的百分比计列：

a. 专业大修单位施工线路大中修按预算工费的 80% 计列。

b. 非专业大修单位施工线路大中修按预算工费的 40%。

② 工资附加费。

专业大修单位根据规定按职工工资总额提取的福利费 6%、工会经费 2%、职工教育费 1.5%、职工基本养老保险金 20%、基本医疗保险金 8%、补充医疗保险金 2%、失业保险金 2%、工伤保险金 0.8%、住房公积金 7% 等规定费用，该费用按工费的 49.3% 计入预算。非专业大修单位工资附加费不计。

③ 宿营车大修费。

大修职工的宿营车更新购置费用及宿营车轴检、辅修、段修费用由铁路局统筹考虑预算。

④ 基地建设费。

大修施工需设有足够的股道适于轨排的组新拆旧，材料的存放，工程列车的编组、停放、调车等作业及职工生活、文体活动的场地。根据工程需要修建。修建费用由铁路局按计划权限审批，不列入预算。

⑤ 工地调遣费。

转移工地所耽误的工时损失和机具什物、宿营车搬迁所发生的费用等。

该项费用按直接费与施工管理费之和的百分率计算。铺设无缝线路、更换标准轨、更换道岔、成段换枕按 0.1% 计列，线路大修清筛按 0.5% 计列。

⑥ 临时工程费。

指施工单位进行施工所必须修建的生产和生活用的临时建筑物、构筑物和其他临时设施所发生的费用。包括临时搭建的生产生活用房屋费，临时给排水、供电、通信、生活照明、便线、便桥及临时道路的修建养护费，租地、拆迁、补偿费及其他为施工准备、组织生产管理所必需的临时性费用。

该项费用按照直接费的百分比计列。专业大修施工单位铺设无缝线路、更换标准轨、更换道岔、成段换枕按 0.5% 计列，线路大修清筛按 2% 计列，由施工单位包干使用。非专业大修施工单位按照直接费的 0.4% 列入预算包干使用。

间接费 = 施工管理费 + 工资附加费 + 工地调遣费 + 临时工程费

施工管理费 = 人工费 × 百分率

工资附加费 = 人工费 × 百分率

工地调遣费 =（直接费 + 施工管理费）× 百分率

临时工程费 = 直接费 × 百分率

（3）其他工程费。

① 为大修生产需要购置的不构成固定资产的小型机具购置费。

小型机具购置费按直接费的比例计取。无缝线路前期工程、铺设无缝线路、更换标准轨、更换道岔、成段换枕按预算直接费的 0.3%计取。

② 特殊工程检算设计咨询费。根据铁路局核定的标准计列，或由设计单位提出申请，经铁路局主管部门审查批准，按批准额度列入预算。

③ 轨型、焊轨设备变化时的形式检验费及特殊的一次性的试验费。轨型、焊轨设备变化时的形式检验费及特殊的一次性的试验费，由发生单位提出申请，列出明细，经铁路局主管部门审查批准，按批准额度列入预算。

④ 施工配合费。指大修工程施工中必须由其他部门配合时，引起实物工作量增加而发生的费用。线路大修施工需其他单位配合时，根据线路设备大修设计要求、需配合的工程数量和铁路局的有关规定列入该工程预算中。

⑤ 环保及青苗补偿费。指大修施工时损坏的青苗补偿，施工对当地环境污染引起的环境保护补偿费。青苗补偿费及环境保护补偿费在大修施工中应尽量避免，发生之前必须经铁路局主管部门批准后方能列入预算。

其他工程费 = 小型机具购置费 + 特殊工程检算咨询费 + 一次性试验费 + 施工配合费 + 环保及青苗补偿费

（4）勘测设计费。

指按规定提取的支付设计单位的费用。勘测设计费由直接工程费、间接费之和的百分比计算。局管内的计划大修项目，独立大修设计单位按 1% ~ 2% 计列勘测设计费。

勘测设计费 =(直接工程费 + 间接费)× 百分率

（5）预备费。

指在设计时不可预见而在施工中必须增加的工程费用，材料价格和工资单价的价差、设计和施工计划的变更（非施工单位责任）而引起的废弃工程和新增工作量等。预备费按直接工程费、间接费之和的 1%计列，由铁路局主管部门掌握使用。

$$预备费=(直接工程费+间接费)\times 百分率$$

（6）预算总额。

$$预算总额=直接工程费+间接费+其他工程费+勘测设计费+预备费$$

3. 其他几个问题的规定（铁道部相关规定）

① 线路大修使用的机车，属运营性质，不应以出租机办理，但需交纳机车使用费。交费标准按机车运营成本计算，其费用包括乘务员工资、奖金、机车洗架修和使用期间发生的燃料、油脂消耗等。机车厂修费、折旧费一律不收费。

② 重点病害审批。投资在500万元以上的计划任务书和概算由铁路局审查后报铁道部批准。

③ 概预算审查。概预算审查要严格把关。各铁路局应根据具体情况采取下列不同方式进行审批：

a. 由计划外组织审查，业务处会签。

b. 由业务处组织审查，计划处会签。

c. 按定额单价包干项目，由业务处审批，抄送计划处。

无论哪种方式，都必须按铁道部下达的计划综合单价限额控制大修成本。

6.6.4 线路设备大修预算的编制

1. 编制程序

预算的编制，可参考下列程序进行：

① 确定每千米工作数量，逐千米列出各项工作的工作量，最后汇总。

② 确定劳力及材料数量，根据单价分析计算各项工作所需的人工及材料数量并汇总。

③ 计算工费。根据各项工作所需的人工，按直接工、辅助工、间接工等，分别计算各项工作所需的工费并汇总。

④ 计算材料费。根据各项工作所需的各种材料，按不同规格、数量、单价及损耗定额，分项计算每项材料的材料费及其重量并汇总。

⑤ 计算运杂费。根据施工所用材料，按运距、运价、单价，分项计算由供应地运至工地所需的运输费、调车费、装卸费等运杂费并汇总。

⑥ 编制详细预算书。

⑦ 编写工程预算书。

2. 线路大修预算详细预算书的计价程序

线路大修工程预算计价程序见表6.32。

3. 线路大修预算费用的取费标准

因铁道部没有制定统一的取费标准，各铁路局在工、料、机等各项费用的取值上均按各局的情况来制定，在此，不再对此项内容作详细说明。

表 6.32 线路大修工程预算计价程序

序号	名称				计算公式	备注
1	一、直接工程费	（一）直接费	1.人工费	直接工费	直接工×工费单价	
2				辅助工费	直接工×系数×工费单价	专业大修单位、非专业大修单位费率不同
3				间接工费	（直接工＋辅助工）×系数×工费单价	
4				人工费合计	序号 1～3 合计	
5				主要材料费	材料数量×单价	
6			2.材料费	周转材料费	工程数量×单价	
7				零星材料费	工程数量×单价	
8				焊接料费	按规定标准计列	
9				材料费合计	序号 5～8 合计	
10			3.运杂费	运　费	按照现行运价规则计算	按照设计考虑亏吨系数
11				杂　费	按照现行运价规则计算	按照设计考虑亏吨系数
12				工地小搬运费	按照规定定额计算	
13				其他运杂费	按照规定分析计算	
14				运杂费合计	序号 10～13 合计	
15			4.机械使用费	大中型专用机械使用费	按定额计算	
16				一般施工机械使用费	序号 4×百分比	
17				机车车辆使用费	按照规定标准及批准费用计列	
18				施工机械租用费	按照路局核定标准计列	
19				机械使用费合计	序号 15～18 合计	
20			直接费合计		序号 4＋9＋14＋19	

续表 6.32

序号	名称			计算公式	备注
21	一、直接工程费	（二）其他直接费	1. 冬雨季夜间高温施工增加费	序号 20×系数	
22			2. 行车干扰施工增加费	序号 4×系数	
23			3. 路基栅栏整修费及其他	根据实际工程量	含污土外运等
24			4. 焊接质量检验费	按 500 元/km（实际换轨数量）	
25			5. 其他附属工程费	根据设计工程量	
26			其他直接费合计	序号 21～25 合计	
27		直接工程费合计		序号 20＋26	
28	二、间接费	（一）施工管理费		序号 4×百分比	
29		（二）工资附加费		序号 4×百分比	
30		（三）工地调遣费		序号（20＋28）×百分比	
31		（四）临时工程费		序号 20×百分比	
32		间接费合计		序号 28～31 合计	
33	直接工程费＋间接费			序号 27＋32	
34	三、其他工程费	（一）小型机具购置费		序号 20×系数	
35		（二）特殊工程检算咨询费		按实际发生经批准计列	
36		（三）焊接型式检验费及特殊试验费		按照实际发生经主管部门批准计列	
37		（四）施工配合费		按路局规定标准计列	
38		（五）环保及青苗补偿费		按照实际发生经主管部门批准计列	
39		其他工程费合计		序号 34～38 合计	
40	四、勘测设计费			序号 33×百分比	
41	五、预备费			序号 33×百分比	
42	六、预算总额			序号 33＋39＋40＋41	

6.6.5 线路中修清筛示例

1. 工程概况

（1）示例说明。

① 通过本例主要是使读者熟悉线路设备大修预算的计算程序和方法，不追求各铁路局预算价格的实施性，故本例中的材料费是按实例原设计价格计取，人工费按 22 元/工日计算，其他各项费用内容和费率标准是按本章第 3 节的计算方法计算的。

② 本例的预算详细表是按本章第 4 节讲述的计价程序编制的。

③ 在本例中未附其设计资料，人工、材料的数量未列其计算过程，直接将其总量列于人工数量汇总表和材料数量汇总表中。

④ 在本例中材料的价格已含运杂费，故不再另计。

⑤ 本例中，线路每昼夜的行车对数为 46 对，行车速度在 120 km/h 以下。

⑥ 在本例中，线路设备大修预算汇总表、线路设备大修预算详细表均采用某铁路局的表。

本次线路中修清筛工程，工程地点在甲线上行 K381 + 500—K383 + 500，乙线 K0 + 000—K27 + 000 共计 29 km。本工程地段曲线 17 处，全长 10.770 km，占整个工程的 37.1%，最小半径 450 m，隧道 6 座，其中甲地 1 号、2 号，红崖隧道、红星明洞位于半径 500 m 的曲线上，乙地 1 号、2 号隧道位于半径 450 m 的曲线上，桥、隧、涵共计 70 座，通过 4 个站场，正线道岔 21 组。

（2）线路纵断面。

本工程地段最大坡度 12‰，最大坡长 3 250 m。

（3）钢轨及配件。

①本工程地段钢轨及连接零配件基本完好，钢轨为 60 kg/m 钢轨，扣件类型为弹条扣件，其中甲线上行 K381 + 500—K383 + 500 为 60 kg/m 钢轨无缝线路。

② 轨枕除桥梁、道岔区为木枕外，其余全部为钢筋混凝土枕，轨枕配置为 1 840 根/km，桥梁、道岔、木枕失效率 9.6%。

③ 扣件及螺纹道钉基本完好，大胶垫磨耗、压溃失效率为 36.7%。

④ 道床为碎石道床，一级道砟，枕下石砟厚度一般为 250 ~ 300 mm，爬低线路 1.2 km，占本工程地段的 4.1%，个别下沉地段道床较厚，枕下道床厚度达 600 ~ 700 mm，道床脏污率 36% ~ 42%。

（4）桥隧。

大中小桥 10 座，隧道 6 座，全部位于曲线上。

（5）道口。

道口共计 12 处，有 2 处为有人看守道口，有一处道口位于省级公路上，宽度为 9.3 m，是有人看守道口，其他道口均是通往乡村公路的道口。

（6）线路标志及技术标准。

线路标志齐全，备用轨及站场备用轨料部分短缺。

2. 设计原则及技术标准

（1）线路平面不作变动，曲线用绳正法拨正。

（2）线路纵断面：本工程以破底清筛道床为主。尽量尊重原设计标准，做到不抬道或少抬道，对于爬低线路采用适量抬道或落路肩处理，使线路纵坡稍有变动，对相邻坡度代数差大于 3‰ 的均以圆曲线形竖曲线连接。

（3）轨道：

① 零配件失效和损坏的予以补充，大胶垫更换率为 40%。

② 对严重混凝土枕失效地段进行成段更换，其他地段进行个别抽换，对通过的正线道岔失效岔枕进行全部更换。

（4）道床：清筛后进行补充石砟，满足道床断面要求，普通线路道床顶面宽度达到 3.1 m，无缝线路顶面宽度达到 3.4 m，并满足堆高要求，道床边坡坡度 1 : 1.75，曲线上股砟肩按规定加宽，道床顶面应低于枕底 20 mm，混凝土轨枕地段枕盒内道砟中部应凹下并低于枕底 20 mm。枕底清筛高度为 250 ~ 300 mm。清筛出的污土应弃到适当地点，不得留在路肩，侧沟及道口平台上，保证外观整齐、清洁。

（5）道口：道口板拆除后将石砟清筛干净并及时将道口板铺设稳固，按规定填筑道口两侧平台，整修补齐道口标志。

（6）桥涵：桥上、隧道内全部清筛补充石砟。

（7）整平路肩，做到平整、无反坡，疏通侧沟，断面符合《技规》要求，以利排水。

（8）整修补充备用轨架，备用轨全部上架。

3. 施工注意事项

（1）中修清筛破坏了道床基础，由于施工季节轨温偏高，应事先调查施工地段的前后轨缝，无缝线路地段应遵循二清三测四不超的规定，每日收工应测量位移。适时进行钢轨应力放散。清筛完毕应迅速进行全面捣固、夯拍道床边坡，防止胀轨跑道发生。

（2）严格执行各项规章制度和技术要求，加强施工管理和施工组织，保证施工过程中的行车和人身安全。

（3）做好施工前的调查准备工作，提前预想，及早防范，提高作业效率和作业质量，做好旧料回收工作，搞好修旧利废和增收节支工作。

（4）每日施工完毕应由施工负责人组织进行质量回检，确认设备无故障后方可开通放行列车，确保施工地段的行车安全。

4. 线路中修清筛各项预算费用

各项预算费用的计算见表 6.33 ~ 表 6.38。

表 6.33　线路设备大修预算汇总表

主管单位		预算总价值	4 548 587.15 元
施工单位		工程数量	29 km
接管单位		平均单价	156 847.83

续表 6.33

计划件名编号						平均工率	
项目名称			项目合计				
			中修清筛				
费别							
直接工程费	直接费	工费	1 412 762.1 元				
		材费	1 023 860 元				
		运杂费					
		机械使用费	28 255.2 元				
		小计	2 464 877.3 元				
	其他直接费		100 547.49 元				
	合计		2 565 424.79 元				
间接费	施工管理费		1 130 209.68 元				
	工资附加费		696 491.72 元				
	工地调遣费		17 975.43 元				
	临时工程费		49 297.55 元				
	合计		1 893 974.38 元				
其他工程费							
勘测设计费			44 593.99 元				
预备费			44 593.99 元				
预算总计			4 548 587.15 元				
文件编制	编制者 月日		复合者 月日	专业负责人 月日		总工程师 月日	
备注							

工程概要：

线路中修清筛工程，工程地点在甲线上行 K381＋500—K383＋500，乙线 K0＋000—K27＋000 共计 29 km。本工程地段曲线 17 处，全长 10.770 km，占整个工程的 37.1%，最小半径 450 m。隧道 6 座，其中甲地 1 号、2 号，红崖隧道、红星明洞位于半径 500 m 的曲线上，乙地 1 号、2 号隧道位于半径 450 m 的曲线上，桥、隧、涵共计 70 座，通过 4 个站场，正线道岔 21 组

表 6.34 线路设备大修工程预算详细表

编号	费用或项目名称	说　明	单位	数量	单价/元	合　计	附注
一	直接工程费						
（一）	直接费						
1	工　费						
	直接工		工	48 556.9	22	1 068 251.8 元	
	辅助工	直接工×15%	工	7 283.5	22	160 237 元	
	间接工	（直接工＋辅助工）×15%	工	8 376.1	22	184 273.3 元	
	小　计					1 412 762.1 元	

续表 6.34

编号	费用或项目名称	说　明	单位	数量	单价/元	合　计	附注
2	料　费	材料名称及费用见表 6.36				10 238 600 元	
3	运杂费	已含在材料费用					
4	机械使用费	工费×2%				28 255.2 元	
直接费小计						2 464 877.3 元	
（二）	其他直接费						
（1）	夜间施工增加费	直接费×1.5%				36 973.20 元	
（2）	行车干扰增加费	工费×4.5%				63 574.29 元	
	小　计					100 547.49 元	
直接工程费合计						2 565 424.79 元	
二	间接费						
（一）	施工管理费	工费×80%				1 130 209.68 元	
（二）	工资附加费	工费×49.3%				696 491.72	
（三）	工地调遣费	（直接费＋施工管理费）×0.5%				17 975.43	
（四）	临时工程费	直接费×2%				49 297.55	
间接费合计						1 893 974.38 元	
三	其他工程费	本例不计该费用					
四	勘测设计费	（直接工程费＋间接费）×1%				44 593.99 元	
五	预备费	（直接工程费＋间接费）×1%				44 593.99 元	
六	预算总值					4 548 587.15 元	
	平均单价					156 847.83 元	

表 6.35　人工数量汇总表

工程名称：线路中修清筛工程

工程地点：甲线上行 K381＋500—K383＋500，乙线 K0＋000—K27＋000

序　号	工程项目名称	单位	数　量	备　注
一	人工（直接工）	工日	48 556.9	参照北京局有关标准确定
1	综合用工	工日	4 1095	
2	运输影响补工（综合×8%）	工日	3 352.4	
3	无缝线路补工（综合×10%）	工日	4 109.5	
二	辅助用工（见预算详细表）			按照济南局办法计算
三	间接用工（见预算详细表）			按照济南局办法计算

表 6.36 线路中修清筛主要材料数量表

顺序	材料编号名称及规格	单位	总数量	材料费/元						总重量/t
				单价	合价					
1	2	3	4	5	6	7	8	9	10	11
1	60 kg 大胶垫	块	7 560	5.7	43 092					
2	60 kg 弹条扣件	套	1 740	8.5	14 790					
3	石　砟	m³	10 150	84	852 600					
4	石砟筛	个	400	13.0	5 200					
5	抬　杠	根	400	6.5	2 600					
6	抬　筐	个	1 500	4.5	6 750					
7	捣　镐	个	700	22.0	15 400					
8	扒　镐	个	1 780	17.0	30 260					
9	铁　锹	个	260	10.0	2 600					
10	铁　叉	个	300	21.0	6 300					
11	镐　把	根	1 000	3.2	3 200					
12	扒镐把	根	750	3.2	2 400					
13	锹　把	根	300	3.2	960					
14	麻　绳	kg	420	5.0	2 100					
15	叉　把	根	440	3.2	1 408					
16	各色油漆	kg	180	12.0	2 160					
17	其他零星材料				32 000					
	合　计				1 023 860					

表 6.37 线路大中修每千米工作数量及材料补充数量表

甲线上行

序号	工作项目及材料名称	规格	单位	数量	km 381	km 382	km 383	km	km	km
1	综合用工		工日		722.5	1445	722.5			
2	补充石砟		m³		175	350	175			
3	补充弹条扣件	60 kg	套		30	60	30			
4	补充大胶垫	60 kg	套		130	260	130			

表 6.38　线路大中修每公里工作数量及材料补充数量表

乙线上行

序号	工作项目及材料名称	规格	单位	数量	km 0	km 1	km 2	km 3	km 4	km 5	km 6	km 7	km 8	km 9	km 10	km 11	km 12	km 13	km 14	km 15
1	综合用工		工日		1 445	1 445	1 445	1 445	1 445	1 445	1 445	1 445	1 445	1 445	1 445	1 445	1 445	1 445	1 445	1 445
2	补充石砟		m^3		300	350	400	340	350	360	350	340	360	350	350	350	300	350	370	330
3	补充弹条扣件	60 kg	套		60	60	75	60	45	50	70	82	60	38	60	60	70	60	50	55
4	补充大胶垫	60 kg	套		260	260	260	260	260	260	260	260	260	260	260	260	260	280	240	250
序号	工作项目及材料名称	规格	单位	数量	km 16	km 17	km 18	km 19	km 20	km 21	km 22	km 23	km 24	km 25	km 26	km 27	km	km		
1	综合用工		工日		1 445	1 445	1 445	1 445	1 445	1 445	1 445	1 445	1 445	1 445	1 445	0				
2	补充石砟		m^3		400	350	360	340	380	320	350	350	350	350	350	0				
3	补充弹条扣件	60 kg	套		65	70	65	50	48	64	65	65	60	65	55	0				
4	补充大胶垫	60 kg	套		270	260	290	230	260	280	240	260	260	260	260	0				

复习思考题

1. 简述铁路定额的组成及其基本内容。
2. 简述定额使用过程中为什么要进行定额换算。
3. 简述概算与预算之间的关系。
4. 简述铁路工程概（预）算的编制范围。
5. 说明铁路建筑安装费都包括哪些内容。
6. 说明铁路的运杂费如何计算。
7. 铁路大型临时设施和过渡工程主要包括哪些主要内容？如何计算？
8. 计算工程数量需要注意哪些问题？
9. 编制概（预）算需要准备哪些基本资料？
10. 线路设备大修定额的作用是什么？
11. 线路大修预算费用的组成有哪些？
12. 线路大修预算费用如何计算？
13. 简述线路大修预算的编制程序。

7 高速铁路工程工程量清单计价

7.1 工程量清单及计价规则

随着铁路建设的发展，2007 年 5 月铁道部发布《铁路工程工程量清单计价指南》(以下简称《07 指南》)，明确规定今后铁路工程基本建设大中型项目计价都应采用该指南。工程量清单计价方法是一种区别于定额计价模式的新的计价模式，传统定额计价模式以部颁定额、取费标准和指导价格来确定工程造价，只能反映铁路建设平均水平，无法反映承包商技术、施工、管理水平等因素对铁路工程造价的影响，而工程量清单计价由承包商按业主提供的工程量清单，自主运用企业定额，依据市场信息报价，因此，可以说清单计价是企业自主报价和公平竞争的招投标模式，更适合市场发展的需要。

7.1.1 工程量清单

1. 工程量清单的概念

工程量清单是统计拟建工程的分部分项工程项目、措施项目及其他项目的名称和相应数量的明细清单。工程量清单是按统一规定进行编制的，是一套注有拟建工程各分部分项工程名称、性质、特征、单位、数量及措施项目、税、费等相关表格组成的文件。在性质上，工程量清单是招标文件的组成部分，是招投标活动的重要依据。招标人或由其委托的代理机构按照招标要求和施工设计图纸规定将拟建招标工程的全部项目和内容，依据《07 指南》中统一项目编码、项目名称、计量单位和工程量计算规则进行编制，作为承包商进行投标报价的主要参考依据之一。一经中标且签订合同，即成为合同的组成部分。

2. 工程量清单内容

工程量清单作为招标人所编制的招标文件的一部分，是签订工程合同、支付工程款、调整工程量和办理工程结算的基础，因此，作为一个合格的计价依据，工程量清单中必须具有完整详细的信息披露。为了达到这一要求，招标人编制的工程量清单应该包括以下内容：

（1）明确的项目设置。

为了保证投标报价的合理性，在业主提供的工程量清单计价中必须明确清单项目的设置情况，除明确说明各个清单项目的名称外，还应阐释各个清单项目的特征和工程内容，以保证清单项目设置的特征描述和工程内容没有遗漏，也没有重叠。招标单位进行项目设置时可以依据我国《07 指南》。

（2）清单项目的工程数量。

在招标人提供的工程量清单中必须列出各个清单项目的工程数量，这也是工程量清单招标与定额招标之间的一个重大区别。

采用定额方式进行投标报价，由于设计或图纸的缺陷，不同投标人员理解不一，计算出的工程量也不同，报价相距甚远，容易产生纠纷。而工程量清单报价由招标单位统一确定工程量，由企业根据自身的实力来填报不同的单价，使得投标人之间的竞争完全属于价格的竞争，其投标报价能反映出自身的技术能力和管理能力，也能使招标人的评标标准更加简单明确。

同时，在招标人提供的工程量清单中提供工程数，还可以实现承发包双方合同风险的合理分担。采用工程量清单报价方式后，投标人只对自己所报的成本、单价等负责，而对工程量的变更或计算错误等不负责任；相应地，对于这一部分风险则应由业主承担，这种格局符合风险合理分担与责权利关系对等的一般原则。

（3）提供基本的表格格式。

工程量清单的表格格式是附属于项目设置和工程量计算基础上的，它为投标报价提供一个合适的计价平台，投标人可以根据表格之间的逻辑联系和从属关系，在其指导下完成分部组合计价的过程。

7.1.2 工程量清单计价

1. 工程量清单计价的基本原理

工程量清单计价的基本过程可以描述为：在统一的工程量清单项目设置的基础上，制定工程量清单计量规则，根据具体工程的施工图纸计算出各个清单项目的工程量，再根据各种渠道所获得的工程造价信息和经验数据计算得到工程造价。这一基本的计价过程如图 7.1 所示。

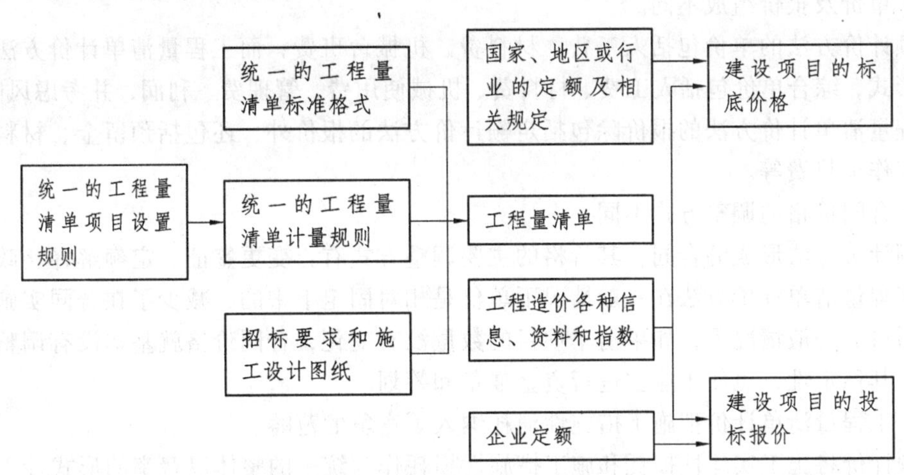

图 7.1 工程量清单计价过程示意图

从工程量清单计价过程示意图可以看出，其编制过程可以分为两个阶段：工程量清单的编制和利用工程量清单来编制投标报价（或标底价格）。投标报价是在业主提供的工程量计算结果的基础上，根据企业自身所掌握的各种信息、资料，结合企业定额编制得出的。

2. 工程量清单计价的特点

与定额计价方法相比，工程量清单计价方法有一些重大区别，这些区别也体现出工程量清单计价方法的特点。

（1）两种模式的最大差别在于体现了我国建设市场发展过程中的不同定价阶段。

定额计价模式更多地反映了国家定价或国家指导价阶段。在这一模式下，工程价格或直接由国家决定，或是由国家给出一定的指导性标准，承包商可以在该标准的允许幅度内实现有限竞争。

清单计价模式则反映了市场定价阶段。在该阶段中，由工程承发包双方根据工程市场中建筑产品供求关系变化自主确定工程价格。而只有这样才能把投标定价自主权真正交给招标和投标单位，投标单位才会对自己的报价承担相应的风险与责任，从而建立起真正的风险制约和竞争机制，避免合同实施过程中发生推脱和扯皮现象，为工程管理提供方便。清单计价模式下其价格的形成可以不受国家工程造价管理部门的直接干预，此时工程造价是根据市场的具体情况有竞争地形成，具有自发波动和自发调节的特点。

（2）两种模式的主要计价依据及其性质不同。

定额计价模式的主要计价依据为国家、省（自治区、直辖市）、有关专业部门制定的各种定额，其性质为指导性。定额的项目划分一般按施工工序分项，每个分项工程项目所含的工程内容一般是单一的。

清单计价模式的主要计价依据为《07 指南》，其性质是含有强制性条文的国家标准。清单的项目划分一般是按“综合实体”进行分项的，每个分项工程一般包含多项工程内容。

（3）编制工程量的主体不同。

在定额计价方法中，建设工程的工程量分别由招标人和投标人分别按设计图纸计算。而在工程量清单计价方法中，工程量由招标人或受委托具有工程造价资质的单位统一计算。

（4）单价及报价组成不同。

定额计价方法的单价包括人工费、材料费、机械台班费；而工程量清单计价方法采用综合单价形式，综合单价包括人工费、材料费、机械使用费、管理费、利润，并考虑风险因素。

工程量清单计价方法的报价除包括定额计价方法的报价外，还包括预留金、材料购置费和零星工作项目费等。

（5）合同价格的调整方式不同。

定额计价方法形成的合同，其价格的主要调整方式有：变更签证、定额解释、政策性调整。而工程量清单计价方法在一般情况下单价是相对固定下来的，减少了在合同实施过程中的调整活口。一般情况下，如果清单项目的数量没有变化，合同价格就基本没有调整，这样就保证了其稳定性，也便于业主进行资金准备和筹划。

（6）工程量清单计价把施工措施性消耗纳入了竞争的范畴。

定额计价将施工实体性损耗和施工措施性损耗作为统一的整体以费率的形式计入，而工程量清单计价把施工措施与工程实体项目进行分离，这项改革的意义在于突出了施工措施费用的市场竞争性。清单计价指南的工程量计算规则的编制原则一般是以工程实体的净尺寸计算，也没有包含工程量的合理损耗，这一特点也就是定额计价的工程量计算规则与工程量清单计价规范的工程量计算规则的本质区别。

如前所述，我国铁路建设尤其高铁建设推行工程量清单计价既有利于规范铁路建设市场的计价，也有利于提高铁路建设项目的管理水平，更有利于推动铁路工程造价管理的改革和发展。

7.2 铁路工程工程量清单及计价的编制

7.2.1 铁路工程工程量清单编制

工程量清单是施工招标文件的组成部分，是投标人编制投标报价的依据，是发包人编制标底或参考价的依据，也是签订工程合同、支付工程款、调整工程量和办理工程结算的基础。所以一般由具有编制招标文件能力的招标人或受其委托具有相应资质的中介机构依据《07 指南》按照统一格式编制。

1. 工程量清单编制格式

（1）工程量清单内容组成。

① 封面。

② 填表须知。

③ 总说明。

④ 工程量清单表。

⑤ 计日工表。

⑥ 甲供材料数量及价格表。

⑦ 甲控材料表。

⑧ 设备清单表。

⑨ 补充工程量清单计量规则表。

工程量清单主要内容由 11 章 29 节组成，详见“工程量清单投标报价汇总表”（见附录 1）。

（2）工程量清单格式的填写规定。

① 工程量清单格式应由招标人填写，随招标文件发至投标人。

② 填表须知除《07 指南》指定内容外，招标人可根据具体情况进行补充。

③《07 指南》工程量清单以外的清单子目应按《07 指南》的规定编制补充工程量清单计量规则表，并随工程量清单发给投标人。

④ 总说明应按下列内容填写：

a. 工程概况：建设规模、工程特征、计划工期、施工现场实际情况、交通运输情况、自然地理条件、环境保护和安全施工要求等。

b. 工程招标和分包范围。

c. 工程量清单编制依据。

d. 工程质量、材料、施工等的特殊要求。

e. 其他需说明的问题。

⑤ 甲供材料数量及价格表由招标人根据拟建工程的具体情况，详细列出甲供材料名称及

规格、交货地点、计量单位、数量、单价等。

⑥ 甲控材料表由招标人根据拟建工程的具体情况，详细列出甲控材料名称及规格、技术条件等。

⑦ 甲供设备数量及价格表应由招标人根据拟建工程的具体情况，详细列出甲供设备名称及规格型号、交货地点、计量单位、数量、单价等。

⑧ 甲控设备数量表由招标人根据拟建工程的具体情况，详细列出甲供设备名称及规格型号、技术条件和计量单位、数量等。

⑨ 自购设备数量表由招标人根据拟建工程的具体情况，详细列出自购设备名称及规格型号、技术条件和计量单位、数量等。

⑩ 甲供材料、甲供设备的单价应为交货地点的价格。

2. 工程量清单编制规则

（1）编码。

费用类别和新建、改建以英文字母编码：建筑工程费—J，安装工程费—A，其他费—Q，新建—X，改建—G。其余编码采用每 2 位阿拉伯数字为 1 组，前 4 位分别表示章号、节号，如：第一章第 1 节为 0101，第三章第 5 节为 0305，依次类推。后面各组按主从属关系顺序编排。

（2）名称。

名称包括了各章节名称和费用名称，子目划分特征为“综合”的子目名称一般是指形成工程实体的名称。

（3）计量单位。

计量单位一般采用以下基本单位：

① 以体积计算的子目——立方米。

② 以面积计算的子目——平方米。

③ 以长度计算的子目——米、千米。

④ 以重量计算的子目——吨。

⑤ 以自然计量单位计算的子目——个、处、孔、组、座或其他可以明示的自然计量单位。

⑥ 没有具体数量的子目——元。

（4）计量精度。

① 计量单位为“立方米”、“平方米”、“米”的取 2 位，第 3 位四舍五入。

② 计量单位为“公里”的，轨道工程取 5 位，第 6 位四舍五入；其他工程取 3 位，第 4 位四舍五入。

③ 计量单位为“吨”的取 3 位，第 4 位四舍五入。

④ 计量单位为“个、处、孔、组、座或其他可以明示的自然计量单位”和“元”的取整，小数点后第 1 位四舍五入。

（5）子目划分特征。

是指对清单子目的不同类型、结构、材质、规格等影响综合单价的特征的描述，是设置最低一级清单子目的依据。

子目划分特征为“综合”的子目，即为编制工程量清单填写工程数量（计量单位为“元”的子目除外）的清单子目，也是投标报价和合同签订后工程实施中计量与支付的清单子目。

（6）工程量计算规则。

① 工程量计算规则是对清单子目工程量的计算规定和对相关清单子目的计量界面的划分。在工程实施过程中，计量与支付必须严格执行工程量计算规则。

a. 子目划分特征为“综合”的是最低一级的清单子目，与其相关的工程内容属子细目，不单独计量，费用计入该清单子目。

b. 作为清单子目的土方和石方，除区间路基土石方和站场土石方外，仅指单独挖填土石方的子目和无需砌筑的各种沟渠等的土石方。如改河、改沟、改渠、平交道土石方，刷坡、滑坡减载土石方，挡沙堤、截沙沟土方，为防风固沙工程预先进行处理的场地平整土石方。与砌筑等工程有关的土石方挖填属于子细目，不单独计量。

c. 路桥分界：不设置路堤与桥台过渡段时，桥台后缺口填筑属桥梁范围，设置路堤与桥台过渡段时，台后过渡段属路基范围。

d. 室内外界线划分。

• 给水管道：以入户水表井或交汇井为界，无入户水表井或交汇井而直接入户的，以建筑物外墙皮为界。水表井或交汇井的费用计入第九章第 21 节的给水管道。

• 排水管道：以出户第一个排水检查井或化粪池为界。检查井的费用计入第九章第 21 节的排水管道，化粪池在第九章第 21 节的排水建筑物下单列清单子目。

• 热网管道、工艺管道：以建筑物外墙皮为界。

• 电力、照明线路：以入户配电箱为界。配电箱的费用计入房屋。

e. 除另有规定及说明外，清单子目工程量均以设计图示的工程实体净值计算。施工中的各种损耗和因施工工艺需要所增加的工程量，应由投标人在投标报价时考虑，计入综合单价，不单独计量。计量支付仅以设计图示实体净值为准。

• 计算钢筋（预应力）混凝土的体积时，不扣除钢筋、预埋件和预应力筋张拉孔道所占的体积。

• 普通钢筋的重量按设计图示长度乘理论单位重量计算，不含搭接和焊接、绑扎料、接头套筒、垫块等材料的重量。

• 预应力钢筋（钢丝、钢绞线）的重量按设计图示结构物内的长度乘理论单位重量计算，不含结构物以外张拉所需的部分和锚具、管道、锚板及联结钢板、压浆、封锚、捆扎、焊接材料等的重量。

• 钢结构的重量按设计图示尺寸计算，不含搭接、焊接材料、下脚料、缠包料和垫衬物、涂装料等的重量。

• 各种桩基如以体积计量时，其体积按设计图示桩顶（混凝土桩为承台底）至桩底的长度乘以设计桩径断面积计算，不得将扩孔（扩散）因素或护壁圬工计入工程数量。如需试桩，按设计文件的要求计入工程数量。

• 以面积计量时，除另有规定外，其面积按设计图示尺寸计算，不扣除在 1 平方米及以下固定物（如检查井等） 的面积。

• 以长度计量时，除另有规定外，按设计图示中心线的长度计算，不扣除接头、检查井等所占的长度。

f. 在新建铁路工程项目中，与路基、桥梁、隧道等工程同步施工的电缆沟、槽及光（电）缆防护、接触网滑道，应在路基、桥梁、隧道等工程的清单子目中计量，五电部分不得重复计列。对既有线改造项目，应根据工程实际情况计列。

g. 第八章以外的地基处理仅指各章节室外工程的地基处理，所有室内工程的地基处理应在第八章房屋相应的清单子目中计量。

（7）工程（工作）内容。

工程（工作）内容是指完成该清单子目可能发生的具体工程（工作）。除工程量清单计量规则列出的内容外，均包括场地平整、原地面挖台阶、原地面碾压，工程定位复测，测量、放样，工程点交、场地清理，材料（含成品、半成品、周转性材料）和各种填料的采备保管、运输装卸，小型临时设施，按照规范和施工质量验收标准的要求对建筑安装的设备、材料、构件和建筑物进行检验、试验、检测、观测，防寒、保温设施，防雨、防潮设施，照明设施，文明施工（施工标识、防尘、防噪声、施工场地围栏等）和环境保护、水土保持、防风防沙、卫生防疫措施，已完工程及设备保护措施、竣工文件编制等内容。编制过程中应注意的问题如下：

① 当施工组织设计采用的施工方案与《07 指南》所描述的工程（工作）内容界面不一致时，应在招标文件中明确，对工程（工作）内容的界面描述进行调整。如桥面垫层、防水层、保护层是按包含在制梁工程（工作）内容中考虑的，当施工组织设计采用先架梁后做桥面垫层、防水层、保护层的施工方案时，应在招标文件中明确，对预制梁和架设梁的工程（工作）内容进行调整。

②《07 指南》所列工程（工作）内容仅供投标人参考，投标人在投标报价时，应按照现行国家和铁道部产品标准、设计规范和施工规范（指南）、施工质量验收标准、安全操作规程、设计图纸、招标文件、补遗文件等要求完成的全部内容来考虑。

③ 对于改建工程的清单子目或靠近既有线（既有建筑物）较近的清单子目，除另有说明或单列清单子目外，应包括既有线（既有建筑物）的拆（凿）除（凿毛）、整修、改移、加固、防护、更换构件和与相关产权单位的协调、联络、封锁线路要点施工或行车干扰降效等内容。

④ 对于使用旧料修建的工程，还应包括对旧料的整修、选配等内容。

⑤ 除另有说明或单列清单子目外，施工中引起的过渡费用应计入该清单子目。如修建涵洞引起的沟渠引水过渡费用计入涵洞等。

⑥ 除另有说明或单列清单子目外，部分小型设备的基础费用计入相应的安装工程清单子目。如给水排水设备基础。

7.2.2 铁路工程工程量清单计价编制

工程量清单计价是一种市场定价体系，在发达国家已经很流行，在我国建筑工程也得到广泛应用，但是在铁路行业还处于应用初期，《07 指南》规定工程量实行工程量清单计价招标投标的铁路建设工程，除招标文件另有规定外，其招标标底、投标报价的编制、合同价款确定与调整、工程结算应按本指南执行。

1. 工程量清单计价格式

工程量清单计价应采用统一格式，随招标文件发至投标人。工程量清单计价格式应由下列内容组成：

（1）封面。

（2）投标报价总额。

（3）工程量清单投标报价汇总表。

（4）工程量清单计价表。

（5）工程量清单子目综合单价分析表。

（6）计日工费用计算表。（总价承包和工程总承包，此款删除）

（7）甲供材料费计算表。

（8）甲控材料价格表。

（9）主要自购材料价格表。

（10）设备费计算表。

2. 工程量清单计价计价方式

工程量清单计价应包括按招标文件规定，完成工程量清单所列子目的全部费用，应采用综合单价和工程量相结合的总价来进行计算，而工程量清单子目的综合单价，应根据《07 指南》规定的综合单价组成，工程量则根据招标文件的工程量清单及施工现场实际情况确定。

（1）综合单价。

综合单价是指完成最低一级的清单子目计量单位全部具体工程（工作）内容所需的费用。综合单价应包括但不限于以下费用：

① 人工费。指直接从事建筑安装工程施工的生产工人开支的各项费用。包括基本工资、津贴和补贴、生产工人辅助工资、职工福利费、生产工人劳动保护费。

② 材料费。指购买施工过程中耗用的构成工程实体的原材料、辅助材料、构配件、零件、半成品、成品所支出的费用和不构成工程实体的周转材料的摊销费。包括材料原价、运杂费、采购及保管费。投标报价时，材料费均按运至工地的价格计算。

材料分为甲供材料、甲控材料和自购材料三类。甲供材料是指在工程招标文件和合同中约定，由铁道部或建设单位招标采购供应的材料；甲控材料是指在工程招标文件和合同中约定，在建设单位监督下工程承包单位采购的材料；自购材料是指在工程招标文件和合同中约定，由工程承包单位自行采购的材料。

③ 施工机械使用费。包括折旧费、大修理费、经常修理费、安装拆卸费、人工费、燃料动力费、其他费用。

④ 填料费。指购买不作为材料对待的土方、石方、渗水料、矿物料等填筑用料所支出的费用。

⑤ 措施费。包括施工措施费和特殊施工增加费。

⑥ 间接费。包括施工企业管理费、规费和利润。

⑦ 税金。包括营业税、城市维护建设税和教育费附加等。

⑧ 一般风险费用。指投标人在计算综合单价时应考虑的招标文件中明示或暗示的风险、责任、义务或有经验的投标人都可以及应该预见的费用。包括招标文件明确应由投标人考虑的一定幅度范围内的物价上涨风险，工程量增加或减少对综合单价的影响风险，采用新技术、新工艺、新材料的风险以及招标文件中明示或暗示的风险、责任、义务或有经验的投标人都可以及应该预见的其他风险费用。

（2）合价。

$$合价=工程数量\times综合单价$$

最低一级计量单位为“元”的清单子目，由投标人根据设计要求和工程的具体情况综合报价，费用包干。

3. 工程量清单计价注意问题

（1）工程量清单中所列工程数量是估算的或设计的预计数量，仅作为投标的共同基础，不能作为最终结算与支付的依据。实际支付，应根据合同约定的计量方式，按本指南的工程量计算规则，以实际完成的工程量，按工程量清单的综合单价计量支付；计量单位为“元”的清单子目可根据具体情况以工程进度按比例支付或一次性支付。

（2）合同中综合单价因工程量变化或设计标准变更需调整时，除合同另有约定外，应按照下列办法确定。

① 发包人提供的工程量清单漏项，或设计变更引起新的工程量清单子目，其相应综合单价的确定方法为：

a. 合同中已有适用于变更工程的价格，按合同已有的价格变更合同价款。

b. 合同中只有类似于变更工程的价格，可以参照类似价格变更合同价款。

c. 合同中没有适用或类似于变更工程的价格，由一方提出适当的变更价格，经双方协商确认后执行。

② 由于工程量清单的工程数量有误或设计变更引起工程量增减，属合同约定幅度以内的，应执行原有的综合单价；属合同约定幅度以外的，其增加部分的工程量或减少后剩余部分的工程量的综合单价由一方提出，经双方协商确认后，作为结算的依据。（总价承包和工程总承包，此款删除）

③ 当施工合同签订后，由于发包人的原因，要求承包人按不同于招标时明确的设计标准进行施工或对其清单子目的实质性内容进行调整或在招标时部分清单子目的技术标准、技术条件尚未明确，即使所涉及的该部分清单子目的工程数量未发生改变，其综合单价亦应由一方提出调整，经双方协商确认后，按调整后的综合单价作为结算的依据。（总价承包和工程总承包，此款删除）

（3）由于工程量和设计标准的变更，且实际发生了除《07 指南》规定以外的费用损失，承包人可提出索赔要求，经双方协商确认后，由发包人给予补偿。（总价承包和工程总承包，此款删除）

7.3 高速铁路工程报价技巧在工程量清单模式下的应用

工程量清单计价是在招标文件中附有统一的工程量清单，并规定作为投标企业报价的统一依据，由各企业自行制定每个分项的综合单价得到相应的总价，是编制标底和投标的依据，在这种模式下工程计价具有自主报价、价格多元化、企业自主确定、提高竞争力等优点，所以在报价的过程中，企业可以根据自身的特点采取相应的策略和报价技巧。

7.3.1 投标策略

1. 生存策略

投标报价以克服生存危机为目标，可以不考虑各种影响因素，但由于社会、整治、经济环境的变化和投标人自身经营管理不善，都可以造成投标人的生存危机。这种危机表现在：

（1）经济状况不佳，投标项目减少。

（2）政府调整基建投资方向，使某些投标人擅长的工程项目减少。这种危机常常危害到营业范围单一的专业工程投标人。

（3）随着中国建筑市场的不断发展，会有更多大型的有竞争力的外国施工企业进入，如果投标人不加强管理，会存在投标邀请越来越少的危机，这时投标人应以生存为重，采取不盈利甚至赔本也要争取中标的策略，只要暂时维持生存，渡过难关，就有东山再起的希望。

2. 竞争性策略

这种策略是大多数企业通常采用的，也叫保本薄利策略，投标报价以竞争为手段，以赢得市场为目标，在精确计算成本的基础上，充分估价各竞争对手的报价情况，以有竞争力的报价达到中标的目的。投标人处在几种情况下可以取竞争型的报价：经营状况不景气，近期接受的投标减少；施工条件好，施工工艺简单、工程量大，一般公司都能做的项目；投资项目风险小，社会收益好；试图打入新的市场地区，或在该地区面临工程结束，机械设备等无工地转移；开拓新的工程施工类型，投标对手多，竞争激烈的工程；支付条件好的工程。

3. 盈利性策略

这种策略是投标报价充分发挥企业自身优势，以实现最佳盈利为目标，对效益小的项目兴趣不大，对利润大的项目充满信心，有几种情况可用盈利型目的的报价：投标人在该地区已经打开局面，施工任务多，社会信誉度高，专业要求高的技术密集型工程，投标人在这方面有技术优势，容易吸引招标单位，施工条件差，难度高的项目，支付条件不好的工程项目。

7.3.2 报价技巧

在注意报价策略的同时，还要注意报价技巧，才能使企业获得自己预期的利润，常见的报价技巧如下：

1. 不平衡报价法

指一个工程项目的投标报价在总价基本确定后，如何调整工程各个项目的报价，以期既不提高总价影响中标，又能在结算时得到更理想的利润，一般可以考虑在以下几方面采用不平衡报价：

（1）能够早日结账的项目可考虑报高价，如土方工程、基础工程、桩基等。相反，后期结账的项目可适当报低价，如后期的安装工程等，这样有利于获取资金时间价值和资金周转。

（2）经核算，预计工程量会增加的项目，单价可适当提高，这样在工程最终结算时可多盈利，而工程量可能减少的项目单价适当降低，工程结算时损失不大。

2. 无利润算标

竞争优势缺乏的企业，在不得已的情况下，投标报价只能按实际成本报价，根本不考虑利润以求中标，这种方法一般是处于以下条件时采用：

（1）希望进入一个新的市场，为了更快更好地打开局面。

（2）对于分期建设的项目，先以低价获得首期工程，而后赢得机会创造后期工程中标的竞争优势，以期在以后的工程中获得更大的利润。

（3）较长时间内没有工程项目，如再不中标，就难以维持生存。

3. 多方案报价法

对于一些招标文件，如果发现工程范围划分不明确，条款含糊不清楚或很不公平，或技术规范要求过于苛刻的，则要在充分估计投标风险的基础上，按多方案报价法处理，即按照原招标文件报一个价，然后再提出如果工程说明书和合同条件等可作出某些改变时的另一个较低的报价，这样可以降低总价，吸引业主，同时可以体现投标单位良好的信誉。有时招标文件中文件规定，可以提出一个建议方案，即可以修改原设计方案，提出投标者的方案，这时投标者应该抓住机会，对原招标文件的设计和施工方案进行仔细研究，提出更为合理的方案吸引业主，促使自己的方案中标。这种新的方案可以降低总造价或缩短工期，或使工程功能更加合理，但是对原招标文件也要报价以供业主比较，但要注意增加建议方案时不要写得太具体，要保留方案的技术关键，防止业主将此方案交给其他承包商。同时要强调的是，建议方案一定要比较成熟或过去有这方面的实践经验，有很好的可操作性。

随着市场经济的发展，发现传统定额计价模式确定工程造价，只能反映铁路建设平均水平，无法反映承包商技术、施工、管理水平等因素对铁路工程造价的影响，所以近年来在铁路建设过程中工程量清单计价的方法也逐渐得到广泛应用，本章主要介绍了工程量清单及计价的规则，编制方法及在工程中的应用。

复习思考题

1. 简述工程量清单计价的优点。
2. 简述工程清单的主要内容。
3. 简述工程量清单计价的主要内容。

8 铁路工程各单项工程工程量计算

8.1 铁路拆迁工程工程量计算

8.1.1 拆迁工程含义

拆迁工程又称动迁工程，通常属于工程前期工作，由业主负责完成，但它是铁路建设工程一项重要的工作内容。铁路建设项目施工前，沿线及其两侧设计规定距离范围内，土地需要征用、建筑物需要拆迁、树木需要砍伐，均需按国家土地管理法及当地省（自治区、直辖市）、市政府规定的补偿原则，进行拆迁工程概预算编制。《07 指南》清单格式中拆迁工程仅指产权不属于路内的拆迁工程（含防护）。对于属路内产权建筑物的拆除或防护，在改建工程中考虑。具体内容包括改移道路、砍伐、挖根、管线路防护、既有建筑物拆除后的垃圾清运、青苗补偿费。

改移道路是指原有道路因修建铁路而必须另外修建新路代替时所发生的工程。改移道路中的道路过渡工程是指为了不中断既有道路交通，确保施工、运营安全所修建的过渡工程，包括桥涵。

砍伐、挖根是指修建铁路正式工程所发生的砍伐、挖根或移栽。

管线路防护是指修建铁路时须对属路外产权的管线路进行防护、加固。

青苗补偿费是指在铁路用地界以外修建正式工程发生的有关补偿费用。

8.1.2 拆迁工程工程量计算规则

拆迁工程费用计算范围主要有建筑工程费及其他费用，而建筑工程费主要包括改移道路、砍伐、挖根、管线路防护及既有建筑物拆除后的垃圾清运；而其他费用主要指青苗补偿费，具体拆迁工程工程量计算原则如下：

1. 建筑工程费

（1）改移道路。

① 等级公路。

a. 路基土石方。工作内容包括土石方挖填（含路基附属工程的土石方）。按设计图示断面尺寸，挖方以天然密实体积计算，填方以压实体积计算。

b. 路基附属工程。

• 砌体及（钢筋）混凝土。工作内容主要包括：基坑挖填；脚手架搭拆；砌体砌筑；选取片（块）石、制作各种笼，装片（块）石，安砌；模板制安拆；钢筋及预埋件制安；混凝土浇筑或预制构件制安；反滤层铺设；变形缝、泄水管（孔）设置，包括各种笼装片（块）石。按设计图示砌体尺寸计算。

• 绿色防护、绿化。工作内容主要包括：翻土，挖土回填，围护；铺草皮，喷播植草，喷混植生；栽植花草，灌木，乔木等；浇水，养护。按设计绿色防护、绿化面积计算。

• 地基处理。工作主要内容包括换填，各类地基处理桩，夯实等。按设计要求综合计算。

c. 路面。

• 垫层、基层。工作内容主要包括：混合料拌制、摊铺、洒水、压实；修正。按设计图示面积计算。

• 面层。

沥青混凝土路面。工作内容主要包括：沥青混凝土的拌制、铺筑、碾压、整形；路缘石制安；培路肩，包括桥梁和隧道的路面面层。按设计车行道和人行道面层面积计算。

水泥混凝土路面。工作主要内容包括：模板制安拆；混凝土浇筑；钢筋及预埋件制安；变形缝设置；路缘石制安；培路肩，含桥梁及隧道的路面面层。按设计车行道和人行道面层面积计算。

d. 公路桥。工作内容主要包括：

基础：钻（挖）孔桩的成孔，钢筋笼制安，浇筑混凝土；沉入桩；承台或明挖基础的基坑挖填，脚手架及支架搭拆，模板制安拆，钢筋及预埋件制安、混凝土浇筑。

墩台：脚手架及支架搭拆；模板制安拆；钢筋及预埋件制安；混凝土浇筑；砌体砌筑；防水层铺设。

钢筋（预应力）混凝土梁制作：模板制安拆；脚手架搭拆；钢筋及预埋件制安；支座垫板安设，泄水管及盖制安；锚具安设，制孔，预应力钢筋（钢丝、钢绞线）制安及张拉，压浆、封锚；混凝土浇筑；防护层、垫层、防水层铺设；场内起落及移位存放；就地浇筑梁的就位、固定，支座安装，盖板制安，横隔板连接。

钢筋（预应力）混凝土梁架设：吊梁、落梁、移位，支座安装，梁部就位、固定，盖板制安，横隔板连接。

桥面：车行道铺设；人行道铺设伸缩装置制安，湿接缝、变形缝、泄水管（孔）设置；综合管沟等设置。

附属工程：土石方挖填；砌体及（钢筋）混凝土的基坑挖填，脚手架搭拆，砌体砌筑，选取片（块）石、制作各种笼，装片（块）石，安砌，模板制安拆，钢筋及预埋件制安，混凝土浇筑或预制构件制安，反滤层铺设，变形缝、泄水管（孔）设置，台后及锥体填筑。

按设计图示桥面面积计算，含车行道和人行道的面积。

e. 涵洞。工作内容主要包括：

基坑挖填；地基处理；模板制安拆；钢筋及预埋件制安；基础圬工砌筑；脚手架搭拆；（钢筋）混凝土构件制安；涵身混凝土浇筑；防水层、防护层铺设，变形缝制作。

进出口及附属：土石方挖填，端翼墙圬工砌筑，锥体填筑、铺砌，上下游铺砌及顺沟、顺渠；立交涵的路面铺设，沿线设施的设置。

按设计图示进出口帽石外边缘之间中心线长度计算。

f. 隧道。

• 开挖。工作内容主要包括：

开挖：脚手架搭拆；挖土，石方钻眼、爆破，找顶，通风，出砟（含弃砟远运）、监控量测；防尘，照明，三管两线及轨道安拆、养护；排水（含反坡排水）；道路养护。

施工支护：钻孔、清孔，超前锚杆、小导管制安；钻孔，浆液制作、灌注，锚杆制安、锚固。

喷射混凝土：脚手架搭拆，钢筋网制安，混凝土（含耐腐蚀混凝土、纤维混凝土）配料、拌制、喷射及养护，收回弹料；（各种支撑（包括格栅钢架、型钢拱架、钢轨钢架等）制安拆。

注浆（包括周边预注浆、全断面封闭浆）：钻孔、清孔，浆液制作、灌注，压水试验，止浆墙的浇筑等。

管棚支护：混凝土导向墙的浇筑，钻孔、清孔，钢管制安，脚手架搭拆，浆液制作、灌注、检查、堵孔。

按图示不含设计允许超挖、预留变形量的设计断面计算。含沟槽和各种附属洞室的开挖数量。

• 衬砌。工作内容主要包括：

衬砌：脚手架及衬砌平台制安拆，模板制安拆钢筋及预埋件制安，混凝土（防水混凝土、耐腐蚀混凝土、气密性混凝土）浇筑，沟槽盖板制安边墙砌筑。

防水板、土工布（膜）：工作平台搭拆、敷设及安装（焊接）。

透水软管、止水带、盲沟：制安、检查。

变形缝设置不含挂网喷射混凝土的钢筋网按图示不含设计允许超挖回填、预留变形量的设计断面计算。含沟槽及盖板和各种附属洞室的衬砌数量。

• 洞门。工作内容主要包括：

土石方、基坑挖填；脚手架搭拆；模板制安拆；钢筋及预埋件制安；混凝土浇筑；砌体砌筑；镶面；隧道洞门牌、号标及检查梯制安，涂装。

地基处理：换填砂夹石、夯填碎石、夯填黏土、抛填石（片石）等。

按设计图示洞门圬工体积计算。包括端翼墙和与洞门连接的挡墙。

• 附属工程。工作内容主要包括：

洞门边仰坡及基础：边仰坡土石方和基坑挖填，圬工砌筑。

挡土墙、支撑墙 拦石墙：基坑挖填，脚手架搭拆，钢筋及预埋件制安，墙身混凝土浇筑，砌体砌筑，反滤层、垫层、封闭层铺设，变形缝、泄水孔设置。

锚索桩：成孔、桩身混凝土浇筑、锚索制安、张拉、灌浆、锚固。

土钉墙：基坑挖填，圬工砌筑；面层喷射混凝土；钢筋网制安；排水沟挖填、砌筑；钻孔、清孔；浆液制作、灌注；锚杆制安、锚固。

坡面防护：喷射混凝土——脚手架搭拆，钢筋网制安，混凝土配料（含外加剂）、拌制、喷射及养护，收回弹料；锚杆加固——钻孔、清孔，浆液制作、灌注，锚杆制安、锚固；护坡——基坑挖填，圬工砌筑，反滤层、封闭层、垫层铺设，变形缝设置。

抗滑桩：桩孔开挖；模板制安拆，钢筋（笼）及预埋件制安，混凝土浇筑。

排水沟挖填、沟身砌筑。

绿化。

按设计要求综合计算。

g. 沿线设施。

工作内容主要包括：护栏、隔离带（栅、块）、标志牌、标线、界牌、标桩，路面标线、轮廓标，路面及中央分隔带、排水设施等的设置。

按设计图示公路中心线长度计算。

② 泥结碎石路。工作主要内容包括：

土石方填挖、整理路槽、培路肩。

路面垫层、基层、面层混合料制作及摊铺、压实、修整。

排水及防护设施：基坑挖填、脚手架搭拆、砌体砌筑、模板制安拆、钢筋及预埋件制安、混凝土浇筑，选取片石、编竹笼或铁丝笼、装片石、安砌，封闭层、反滤层铺设，变形缝、泄水管（孔）设置。

绿色防护：翻土、挖土还填、围护，铺草皮、喷播植草、喷混植生，栽植花草、灌木、乔木等，浇水、养护（包括桥梁）。

按设计断面计算。

③ 土路。工作主要内容包括：

土石方填挖、整理路槽、培路肩。

排水及防护设施：基坑挖填、脚手架搭拆、砌体砌筑、模板制安拆、钢筋及预埋件制安、混凝土浇筑，选取片石、编竹笼或铁丝笼、装片石、安砌，封闭层、反滤层铺设，变形缝、泄水管（孔）设置。

绿色防护：翻土、挖土还填、围护，铺草皮、喷播植草、喷混植生，栽植花草、灌木、乔木等，浇水、养护（包括桥梁）。

按设计图示面层面积计算。

④ 道路过渡工程。工作主要内容包括：

租用土地（含耕地占用税、青苗补偿费）、拆迁补偿。

场地平整及土石方、圬工工程，路面及沿线设施修建，道路养护。

便涵修建；便桥的基础、墩台、梁部、桥面等工程，便桥养护；便道、便桥、便涵拆除、清理，复垦等（包括桥梁）。

按设计要求综合计算。

⑤ 取弃土（石）场处理。

工作主要内容包括：基坑挖填；脚手架搭拆；模板制安拆；钢筋及预埋件制安；混凝土浇筑；砌体砌筑；封闭层、反滤层铺设；变形缝、泄水管（孔）设置；护栏、爬梯制安，涂装；绿化。

按设计要求综合计算。

（2）砍伐、挖根。

工作内容主要包括：修建铁路正式工程所发生的砍伐、挖根或移栽及清运。按设计要求综合计算。

（3）管线路防护。

指修建铁路时须对属路外产权的管线路进行的防护、加固。主要工作内容包括：① 基坑、管沟挖填；② 脚手架搭拆；③ 管套及支架制安；④ 圬工砌筑等。按设计防护长度计算。

（4）既有建筑物拆除后的垃圾清运。

指为修建铁路正式工程须对建筑物拆除后的垃圾进行的清运综合。按设计要求综合计算。

2. 其他费用

其他费用指在铁路用地界以外修建正式工程发生的青苗补偿费用。按设计要求和具体情况综合计算。

8.2 铁路路基工程工程量计算

8.2.1 路基构造

铁路路基主要是由路基主体、路基防护和加固建筑物、路基排水设备三部分建筑物所组成。

1. 路基主体

路基主体是路基的主要部分，它是在天然的地层里挖成的堑槽或在地面上用土石堆成的堤埂。路基的组成如下：

（1）路基面：是指路堤两边坡起点之间的表面或半堤半堑一边坡起点与侧沟边坡。

（2）轨道基础：是指路基面中部为铺设轨道需要而被道床覆盖的部分。

（3）路肩：是指路基面两侧未被道床覆盖的部分，它起到加强路基稳定性、保障道床稳固以及方便养护维修作业的作用。

（4）路基面宽度：是指两路肩边缘（即路基面的边缘）之间的距离。

（5）路基边坡：是指路堤两侧的斜坡或半堤半堑各侧的斜坡以及路堑侧沟两侧的斜坡。

（6）路基边坡高度：是指路基的边坡线与地面线的交点（坡脚）处到路肩边缘的竖直距离，如果左右两侧的边坡高度不等，则规定以大者代表该横断面的边坡高度。

（7）路基高度：是指路基中心线的地面高程与该处的路肩高程之间的竖直距离。

（8）路基基底：路堤基底是指堤身所覆盖的地面线以下的地层；路堑基底是指路堑路基面下的天然地层。

（9）天然护坡：是指路基边坡线与地面线的交点以外的一定距离，在此距离内不许开垦或引水灌溉，以维持路基边坡原有湿度，从而稳定边坡。

最常见的路基基本断面是路堤和路堑，此外还有半路堤、路堑、半路堤半路堑或不填、不挖路基。

2. 路基的防护与加固

路基边坡是路基稳定的主要因素之一。边坡最容易受到自然因素的作用而遭到破坏，从而直接影响路基的稳固，因此，要对边坡加以防护，在必要时要设置相应的支挡工程。

边坡的防护与加固主要有植物防护及工程防护。常见的植物防护主要有播草籽、铺草皮、喷播植草、喷混植生、栽植乔木、栽植灌木、栽植花草、穴植容器苗等。常见工程防护主要有喷混凝土、喷水泥砂浆、金属防护网、土工合成、抹面、设置砌石护坡等。

在边坡不稳定的地方可以视情况设置支挡工程，即设置挡土墙，目前常用的挡土墙按重量可分为重力式挡土墙和轻型挡土墙。重力式挡土墙的建筑材料主要有普通混凝土、浆砌片石、片石混凝土、钢筋混凝土等，而轻型挡土墙主要有锚杆钢筋混凝土挡土墙、板桩挡土墙、加筋土挡土墙、锚定板钢筋混凝土挡土墙、土钉、抗滑桩即预应力锚索等。

3. 路基排水

路基排水主要有地表排水及地下排水两部分。

（1）地表排水。

地表排水设施主要包括侧沟、天沟、截水沟、排水沟、跌水与急流槽等沟槽。

（2）地下排水。

除了地面水外，地下水也是破坏路基良好状态的一个重要原因（尤其是在路堑地段）。为了拦截、排除地下水，通过地下水位来保持路基的干燥，通常采用渗沟、盲沟、渗管（常见的主要有混凝土管、钢筋混凝土管、聚氯乙烯管、铸铁管等）等地下排水设备。

8.2.2 特殊地区路基处理

特殊地区路基主要指软土地区路基、滑坡地段路基、岩溶地区路基、膨胀土地区路基、黄土地区路基和盐渍土地区路基等。在这些地区要对地基及路基做相应的处理才能保证路基的稳定，处理方式如下：

1. 软土地区路基

软土在我国滨海平原、河口三角洲、湖盆地周围及山洞谷地均有广泛分布，其强度低、压缩性高，严重影响路基的稳定性，所以当路堤经稳定性验算或沉降计算不能满足设计要求时，必须对软土地基进行加固。常用的方法有换填法、抛石挤淤法、塑料排水板法、袋装砂井、砂桩、石灰桩、碎石桩、旋喷桩、粉喷桩、水泥搅拌桩、水泥土挤密桩、CFG 桩、钢筋（预应力）混凝土管桩、钢筋混凝土方桩、夯实、重锤夯实、重型碾压、填（片石）混凝土真空预压、堆载预压、排水砂垫层法等。

2. 滑坡地段路基

在山坡地段，大量土体或岩石在重力作用下沿着一定软弱面、带整体向下滑动的现象，称为滑坡。滑坡是山区公路的主要病害之一。由于滑坡体的形成主要是由水引起的，因而在处置过程中必须做好地下水和地表水的处理。滑坡地区路基在施工前，应对滑坡地区作详细的调查、分析，并结合路基通过滑坡体的位置及文、地质条件，选定处理措施和方法，且宜在旱季施工。在防治措施中以排水、力学平衡和改善滑带土的工程性质为主。

3. 膨胀土地区路基

膨胀土是指土中蒙古粒成分主要由亲水性矿物组成，同时具有吸水膨胀、失水收缩两种变形的高液限蒙古土。凡液限大于 40%的蒙古土，都可判断为膨胀土。膨胀土具有土的蒙古土矿物成分中含有亲水性矿物成分，有较强的胀缩性，有多裂隙性结构，有显著的强度衰减性，含有钙质或铁锺质结构，呈棕、黄、褐、红和灰白等色，自然坡度平缓、无直立陡坡，对路基及工程建筑物有较强的潜在破坏作用等特性。

4. 黄土地区路基

黄土具有湿陷性，根据湿陷原因又可分为自重湿陷和非自重湿陷两类。在黄土地区路基施工中，基底处理应按照设计要求和黄土的湿陷类型进行。

当基底为非湿陷性黄土且无地下水活动时，按一般黏性土的要求进行施工，并做好排水、防水措施；当基底土具有强湿陷性时，除采取排水、防水措施外，还应考虑地基加固措施，以提高基底土层的承载力。

黄土路堤应分层填筑、分层压实，大于 100 m 的土块必须打碎，并应在最佳含水量范围时碾压密实。湿陷性黄土路基应采用拦截、排除地表水等措施，并防止地表水下渗。

5. 盐渍土地区路基

盐渍土地区路基施工应根据盐渍土的工程性质及其对路基稳定的危害和应采取的防治措施来制订施工方案。盐渍土地区路基施工应注意以下几个方面：

（1）在盐渍土地区施工，盐渍土作为路堤填料时，其含盐量不得超过规范中所规定的允许值，且不得夹有盐块和其他杂物。

（2）在施工时应及时合理地做好排水系统，不致使路基及其附近有积水现象。

（3）当盐渍土含水量超过规范时，应换填渗水性土，当基底含水量超过液限的土层厚度 l m 以内时，必须全部换填渗水性土，并应在路堤下部设置封闭隔水层。

（4）盐渍土在压实时，其压实度应尽可能提高一些，以防止盐分的转移和保证路基的稳定，且分层铺填、分层压实。限制压实层松铺厚度是保证压实度的重要措施，要求每层松铺厚度不大于 20 cm，砂类土松铺厚度不大于 30 cm。

8.2.3 路基工程工程量计算规则

《07 指南》规定路基工程工程计算包括区间路基土石方、站场土石方和路基附属工程三个方面。

1. 区间路基和站场土石方计算规则

区间路基及站场路基土石方主要包括土方、石方、渗水土壤、改良土、级配碎石、挖淤泥、挖多年冻土七个部分。计算规则如下：

（1）挖方以设计开挖断面按天然密实体积计算，含侧沟的土石方数量。

（2）填方以设计填筑断面按压实后的体积计算，利用土、石填方，如挖方未直接运至填筑点，工作内容应包含从利用方临时堆放点运至填筑点的内容。

（3）因设计要求清除表土后或原地面压实后回填至原地面高程所需的土石方按设计图示确定的数量计算，纳入路基填方数量内。

（4）路堤填筑按照设计图示填筑线计算土石方数量，护道土石方、需要预留的沉降数量计入填方数量。

（5）清除表土的数量和路堤两侧因机械施工需要超填帮宽等而增加的数量，不单独计量，其费用应计入设计断面。

（6）既有线改造工程所引起的既有路基落底、抬坡的土石方数量应按相应的土石方的清单子目计量。

2. 路基附属工程工程量计算原则

路基附属工程工程量主要分附属土石方及加固防护和支挡结构两大部分工程量进行统计。

（1）附属土石方及加固防护工程量计算原则。

路基附属土石方及加固防护工程量主要包括附属工程土石方、工程及植物防护、地基的处理、地下洞穴处理、取弃土场处理、地下排水设置、降噪工程、线路防护栅栏、路基护轮轨、路基地段电缆槽、路基地段接触网支柱基础、基床表层隔水层、综合接地引入地下、光（电）缆过路基防护、路基地段综合接地贯通地段及其他工程等 22 项工程量，具体计算规则如下：

① 对于各类工程的挖基数量，不单独计量，其费用计入相应的清单子目。

② 防护的砌体及圬工，按设计图示砌体体积计算。绿色防护的植物数量按设计图示防护范围的表面面积计算。

③ 路基地基处理中基底所设的垫层按清单子目单独计量，按设计图示压实体积计算；地基处理抛填石、换填土按设计图示压实体积计算；袋装砂井和塑料排水板按设计图示井长或塑料排水板长计算；砂桩、石灰桩、碎石桩、旋喷桩、粉喷桩、CFG 桩等按设计图示桩顶至桩底的长度计算；钢筋混凝土（预应力）管桩按设计图示承台至桩底的长度计算；钢筋混凝土方桩按设计图示承台底至桩底的长度乘以桩断面面积计算；夯实、重锤夯实及重型碾压、真空预压均按设计图示处理的地表水平面积计算；堆载预压按设计图示预压填筑的压实体积计算，其中填筑的砂垫层、井或塑料排水板应采用地基处理的清单子目计量。

④ 土工合成材料处理、金属防护网及基础表面隔水层的工程量按设计图示面积计算，各清单子目中设计要求的回折长度计量，搭接长度不计量。除土工网垫外，其下铺的各种垫层或其上填筑的各种覆盖层等应采用地基处理的清单子目计量。支挡结构（挡土墙等）中的受力土工材料（如加筋土挡土墙中拉筋条等）在支挡结构的清单子目中计量。

⑤ 地下洞穴处理仅适用于对地下洞穴进行直接处理，对于通过挖开后回填处理，应采用地基处理的清单子目计量。地下洞穴处理的填土方、填石方等清单子目，适用于通过地下巷道进入施工现场进行填筑的工程。非地下洞穴处理、取弃土（石）场处理的工程，不得采用地下洞穴处理、取弃土（石）场处理的清单子目计量。

⑥ 地下排水设施中混凝土管、钢筋混凝土管、聚氯乙烯管、铸铁管不分管径，按设计图示管道中心线长度（含检查井）计算；盲沟按设计图示长度计算；渗沟按设计渗沟中的各种砌体、圬工及各种填料的体积计算。

⑦ 降噪音工程如加高围墙、隔声墙、路基声屏障、桥上声屏障等按设计图示表面面积计算。

⑧ 线路防护栅栏、路基护轮轨、路基地段电缆槽、路基地段综合接地贯通地线等均按设计图示长度计算。

⑨ 路基地段接触网支柱基础、综合接地引入地下包括路基、桥梁及隧道段、光（电）缆过路基防护按设计图示数量计算。

（2）支挡结构。

支挡结构包括各类挡土墙、土钉、抗滑桩、预应力锚索等工程，其工程量计算原则如下：

① 锚杆挡土墙、桩板挡土墙、加筋土挡土墙、锚定板挡土墙、抗滑桩、预应力锚索、预压力锚索、预应力锚索桩等特殊形式的支挡结构采用独立的清单子目计量；其余重力式挡土墙、扶臂式挡土墙、悬臂式挡土墙等一般形式的支挡结构及抗滑桩间挡土墙按工程材料类别划分，应采用挡土墙浆砌石、挡土墙片石混凝土、挡土墙混凝土、挡土墙钢筋混凝土四种清单子目计量。

② 挡土墙浆砌石、挡土墙片石混凝土、挡土墙混凝土、挡土墙钢筋混凝土均按设计图示圬工尺寸计算。

③ 挡土墙喷射混凝土按设计图示喷射面积乘以厚度计算。

④ 土钉墙分别按土钉、基础圬工和喷射混凝土的清单子目计量。

⑤ 加筋土挡土墙包括面板及拉筋。其中面板按设计图示各类面板的圬工体积计算；拉筋主要有钢筋混凝土拉筋带和聚丙烯编织带拉筋带，钢筋混凝土拉筋带按设计图示圬工尺寸计算，聚丙烯编织带拉筋带按设计图示长度计算。而加筋土挡土墙中填筑的土石方，应采用区间或站场土石方的清单子目计量。

⑥ 锚杆钢筋混凝土挡土墙、桩板挡土墙、锚定板钢筋混凝土挡土墙均按设计图示各类混凝土和砌体尺寸计算。

⑦ 抗滑桩按设计图示抗滑桩桩身圬工尺寸计算。含格梁体积，不含护壁的圬工体积。

⑧ 预应力锚索包括预应力锚索、预应力锚索桩、预应力锚索桩板挡土墙三种形式。其中预应力锚索桩桩身的混凝土按抗滑桩清单子目计量，桩间挡土墙的混凝土和砌体按一般形式的支挡结构的清单子目计量；预应力锚索桩板挡土墙的混凝土砌体按桩板挡土墙清单子目计量；预应力锚索单独计量，按设计图示预应力锚索长度（不是钢丝的长度）计算。

⑨ 挡土墙、护墙等砌体圬工的基础、墙背所设垫层不单独计量，其费用计入相应的清单子目；挡土墙等的基础垫层以下的特殊地基处理按地基处理项目下的清单子目单独计量。

8.2.4 路基土石方数量计算及调配

1. 路基横断面面积计算

地面平坦、规则的断面，可划分成矩形、梯形、三角形等分别计算。地面不规则的断面，常用两脚规量算法求横断面面积。两脚规量算法步骤如下：

（1）从横断面中心向两侧每隔 1 m 画一竖线，如图 8.1 中 a，b，c，…，b_1，a_1 等（可利用方格厘米纸上印好的格线）。

（2）用两脚规逐次量其纵距 a，b，c，…，b_1，a_1 等的长度。

（3）由图 8.1 可知纵距 a 及 a_1 为左右两侧小三角形的底边，同时 b，c，…，b_1 等为中间各梯形的底边，由于这些纵距的间隔为 1 m，即中间各梯形的高均为 1 m，两端小三角形的高也为 1 m，则路基横断面的面积 A 为

$$A=\frac{1}{2}\times a\times 1+\frac{1}{2}\times(a+b)\times 1+\frac{1}{2}\times(b+c)\times 1+\cdots+\frac{1}{2}\times(a_1+b_1)\times 1+\frac{1}{2}\times a_1\times 1$$
$$=\frac{a}{2}+\left(\frac{a}{2}+\frac{b}{2}\right)+\left(\frac{b}{2}+\frac{c}{2}\right)+\cdots+\left(\frac{a_1}{2}+\frac{b_1}{2}\right)+\frac{a_1}{2}$$
$$=a+b+c+\cdots+b_1+a_1$$

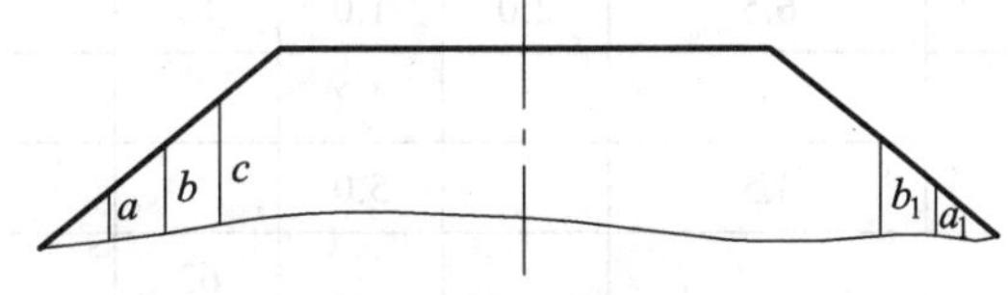

图 8.1 路基横断面分割图

利用两脚规量算路基横断面面积时，每个断面应量算 2 次，取平均值，其 2 次数值差不

得超过断面积的 2%，否则应重新量算。

2. 路基土石方数量计算

计算土石方数量的常用方法有平均断面法、平均距离法两种。

（1）平均断面法。

按照线路测量桩号分段计算。每段土石方的体积，等于该段前后两个断面的平均面积乘以该段的长度。如图 8.2 所示，该段土石方的体积为

$$V=\frac{A_1+A_2}{2}\times l$$

（2）平均距离法。

① 计算方法。

由于路基横断面的面积数值较距离数值复杂，故在实际工作中常采用平均距离法计算土石方数量。如图 8.3 所示，该段土石方的体积为

$$V=A_1\times\frac{l_1}{2}+A_2\times\frac{l_1+l_2}{2}+A_3\times\frac{l_2+l_3}{2}+A_4\times\frac{l_3+l_4}{2}+\cdots$$

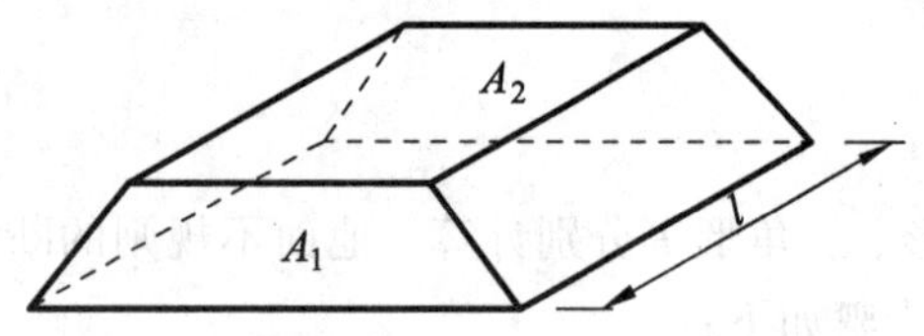

图 8.2 平均断面法

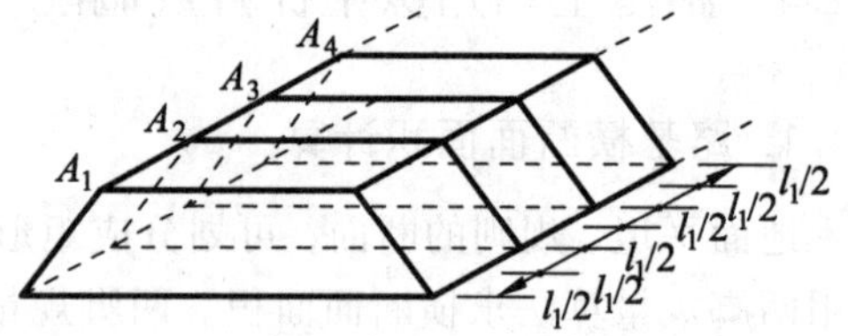

图 8.3 平均距离法

【例 8.1】 （1）见表 8.1，根据工程实际选择有代表性的横断面里程填入表中，采用两脚规量算法计算其横断面面积，并列出相应中心填挖高。

表 8.1 土石方数量计算表（平均距离法）

里 程	中心高度/m	平均距离/m	断面面积/m²		土石方数量/m³				
					填 方		挖 方		合 计
			填	挖	土	石	土	石	
K2＋020	＋0.5	5	4.2		21				21
＋030	＋0.3	9	3.2	1.3	29		12		41
＋038	＋0.1	6.5	2.0	1.0	13		7		20
＋043	－0.5	6		4.2			25		25
K2＋050	－0.3	3.5		5.0			18		18
合 计					63		62		125

（2）计算平均距离。

K2 + 020 断面的平均距离为：(30 − 20) / 2 = 5；

K2 + 030 断面的平均距离为：(30 − 20) / 2 + (38 − 20) / 2 = 9；

K2 + 038 断面的平均距离为：(38 − 20) / 2 + (43 − 30) / 2 = 6.5；

依此类推。

（3）最后计算土石方数量各里程的填、挖横断面面积分别乘其平均距离，即为该里程的填、挖土石方数量，最后合计填挖土石方总量。

以 K2 + 030 断面为例，填方量为 32 × 9 = 28.8，四舍五入得 29 m^3；挖方量为 1.3 × 9 = 11.7，四舍五入得 12 m^3；填挖土石方合计 29 + 12 = 41 m^3，其他以此类推。

3. 路基土石方调配

路基施工前必须做好路堤的填料从哪里来，路堑挖出的土、石运到哪里去，路堑的土、石可否利用来填路堤等项工作的安排。如果移挖作填，当距离很近时，是省工、经济而合理的；若距离相当远时，就会出现不省工、不经济的不合理现象。因此，在处理各路基工点的挖、填方时，必须进行合理调配，确定哪些挖方要移挖作填、哪些挖方要运到弃土堆、哪些填方要从取土场借土等。

按照各路基横断面面积及断面间的距离所计算出来的路基土石方数量（所有填方和挖方数量的总和）称为断面方数。在施工中，常因移挖作填而使施工土石方数小于断面方数。路堑挖方及取土场借方的总和，称为施工方数。路堑挖方中，利用该土来填筑路堤的，称为利用方；不能利用，应运至弃土堆弃掉的，称为弃方。施工方数是路基土石方施工的数量，是施工结算的依据。合理的土石方调配，就是要尽可能地移挖作填，增加利用方，减少施工方数，节省工程投资。现在工程中常用的土石方调配方法为线法，具体做法如下：

（1）线法的基本原理。

线法即沿线路中心线调配土石方，主要解决路基土石方调配（线法）弃土、取土或移挖作填，究竟如何才算合理，在多大范围内可利用路堑挖方纵向运土到路堤，到多大距离应改为横向弃土和横向借土的问题。

从经济上考虑，当从路堑挖一方土纵向运到路堤的费用，低于从路堑挖一方土横向运到弃土堆弃掉，并同时从取土场借一方土横向运到路堤的总费用时，则纵向运土是经济的。若纵向运土的距离大到一定程度，从路堑挖一方土运到路堤的费用，大于弃一方土再借一方土的总费用时，则纵向运土利用应改为横向弃土。上述合理的纵向运土最大运距叫做最大经济运距。在最大经济运距内应选择移挖作填，当大于经济运距，应考虑从取土坑取土，同时将路堑土弃于弃土坑。

（2）最大经济运距的计算。

纵向移挖作填的最大经济运距是根据工程费用计算的，即当纵向移挖作填（利用方）的单价等于借土填方单价与弃土挖方单价之和时，其利用方的运距即为最大经济运距，可表示为

$$a_c + b \times l_g = a_j + b_j \times l_j + a_c + b_z \times l_z$$

$$l_g = \frac{a_j + b_j \times l_j + a_c + b_z \times l_z - a_c}{b} = \frac{a_j + b_j \times l_j + b_z \times l_z}{b}$$

式中　a_c——在路堑中开挖 1 m^3 土的费用（元）；

a_j——横向取土，在取土坑开挖 1 m^3 土的费用（元）；

b——纵向移挖作填时，1 m^3 土运送 1 m 距离的费用（元/m）；

b_j——横向取土时 1 m^3 土运送 1 m 距离的费用（元/m）；

b_z——弃土时 1 m^3 土运送 1 m 距离的费用（元/m）；

l_g——利用方的最大经济运距（m）；

l_j——由取土场到路堤的运输距离（m）；

l_z——由路堑到弃土堆的运输距离（m）。

各种费用的单价可直接查阅有关的施工定额进行计算。

当路堑与取土场的土质相同并采用同一种施工方法时，两处土体的开挖单价和运输单价均应相等，即 $a_c = a_j$，$b = b_j = b_z$，上式可简化为

$$l_g = \frac{a + b\times(l_j + l_z)}{b}$$

若借土、弃土必须占用农田及毁损青苗时，应在上式中列入占用土地费及青苗补偿费，此时，上式应改为

$$l_g = \frac{a + b\times(l_j + l_z) + C\times(F + S)}{b}$$

式中 C——弃土 1 m^3 和借土 1 m^3 所占农田面积总数（m^2）；

F——占用土地费（元/m^2）；

S——青苗补偿费（元/m^2）。

路基施工的运土方式，除纵向和横向外，还有其他不同方式。如将路堑挖方纵向运至填挖交界处的两侧横向弃土，利用地形在路堑中间适当地点开挖马口弃土等。用这种运土方式，其运距应分别按照运土路线的实际长度计算，没有固定的公式。因此在确定 l_g、l_z、l_j 时，必须进行实地调查，结合工地的地形，采用合适的施工方法和填挖时分层、分段的顺序，将移挖作填的路堑、路堤划分为许多填挖平衡的土体，分别计算 l_j、l_z 和相应的 l_g，与利用方实际运距相比较，以求得移挖作填的界线和确定土石方调配方案，不能单凭图纸和主观想象。

【例 8.2】 以表 8.2 所列情况为例，计算经济运距，确定土石方调配方案。

表 8.2 土石方调配方案计算表

路堑起止里程：K985+08—K986+61，全长 153 m	路堤起止里程：K984+00—K985+08，全长 108 m	
由路堑运至路堤（纵向）	路堑土质种类	一般黏性土
	运输方法	手推车运土
	每 m^3 土每 m 运费（b_1）	0.001 7 元/m
由取土场挖运至路堤（横向）	取土场土质种类	一般黏性土
	运输方法	人力挑运
	运输距离（l_j）	50 m
	每 m^3 土每 m 运费（b_j）	0.004 4 元/m
	每 m^3 土开挖费（a_j）	0.134 元

续表 8.2

由路堑运至弃土堆（横向）	路堑土质种类	一般黏性土
	运输方法	手推车运土
	每 m^3 土每 m 运费（b_z）	0.001 7 元/m
	运输距离（l_z）	50 m
青苗补偿与占用土地费	弃、借每 m^3 土占用耕地面积（C）	1 m^2
	每 m^2 青苗补偿费	0.04 元/m^2
	每 m^2 占用土地费	0.12 元/m^2

由以上公式计算出最大经济运距为 352 m，路堑中心至路堤中心的距离为 130 m，在经济运距范围内。因此路堑的土石方纵向运至路堤填筑是合理的，即此段路基可采用纵向移挖作填调配方案。

8.3 铁路桥涵工程工程量计算

8.3.1 桥梁构造

1. 桥梁相关概念

桥梁的组成包括桥面、桥跨结构、墩台及基础三大部分，如图 8.4 所示。

桥面：桥梁上铺设的轨道及人行道和护栏部分。

桥跨结构：桥梁承受荷载、跨越障碍的部分。

墩台：桥跨结构的支承体，即桥梁的支座部分，其中设于桥梁中部的支座称为桥墩，设于桥梁两端的支座称为桥台。

基础：桥墩与桥台的底部。

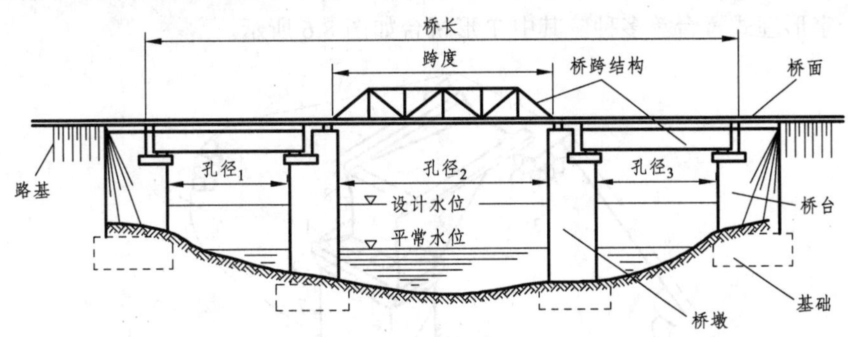

图 8.4 桥梁结构图

桥孔：两个相邻墩台之间的空间。

孔径：墩台之间在设计水位处的距离。

桥下净空：从桥跨结构底部到设计水位的高度，以及两相邻墩台之间的限界空间。孔径和桥下净空的大小应满足泄洪、排水及通航等要求。

跨度：每一桥跨两端支点间的距离。

桥长：桥台挡砟墙之间的长度。

2. 桥梁组成

（1）下部结构。

下部结构包括桥墩（台）及基础。

① 桥墩（台）。

桥墩一般由墩身、顶帽及基础三部分组成。桥台由台顶、台身及基础三部分组成，其中台顶包括道砟槽及顶帽。道砟槽承托道砟、轨枕、钢轨等。此外，桥台还有防排水、检查台阶和锥体护坡等附属设备。

桥梁墩台类型可分为重力式墩台和轻型墩台两大类。

a. 重力式墩台。

重力式墩台主要是靠自身重力来平衡外荷载而保持其稳定，因此墩台的截面尺寸较大，使用较重的圬工材料如混凝土、砌石等建造。

重力式桥墩按其截面形状不同主要有圆端形、圆形、矩形和尖端形等四种，如图 8.5 所示。

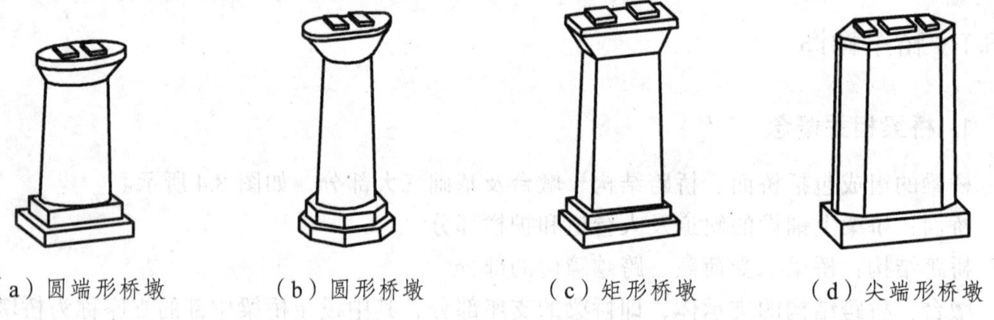

图 8.5　重力式桥墩形式

重力式桥台按其截面形状不同主要有矩形桥台、U 形桥台、T 形桥台、耳墙式桥台、矩形埋式及十字形埋式桥台等多种。其中 T 形桥台如图 8.6 所示。

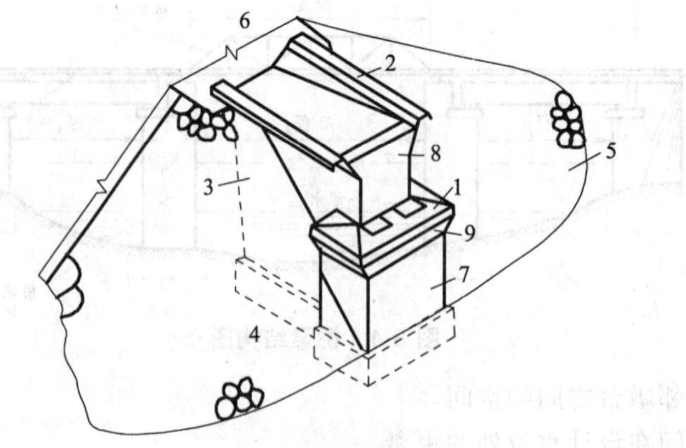

图 8.6　T 形桥台

1—顶帽；2—道砟槽；3—后墙；4—基础；5—锥体护坡；6—路堤；7—前墙；8—胸墙；9—托盘

b. 轻型墩台。

常用轻型桥墩主要有空心墩、板式墩、桩柱式墩、双柱式墩及各式柔性墩（见图 8.7）等。

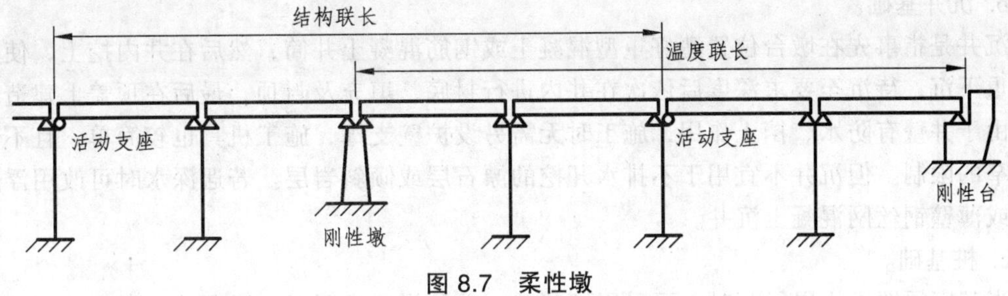

图 8.7 柔性墩

铁路上已采用的轻型桥台主要有桩柱式桥台和锚定板式桥台，如图 8.8、图 8.9 所示。

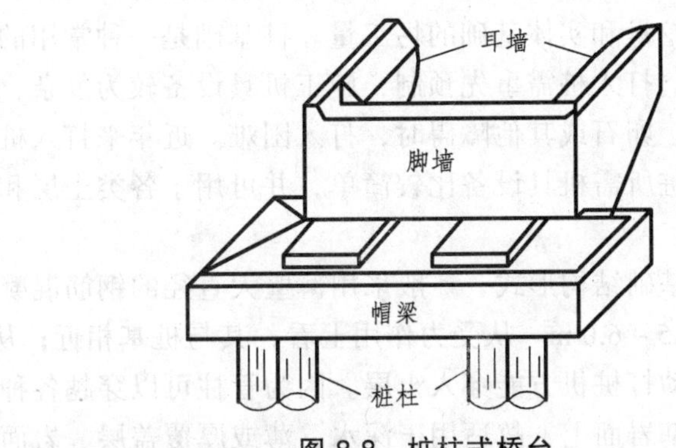

图 8.8 桩柱式桥台

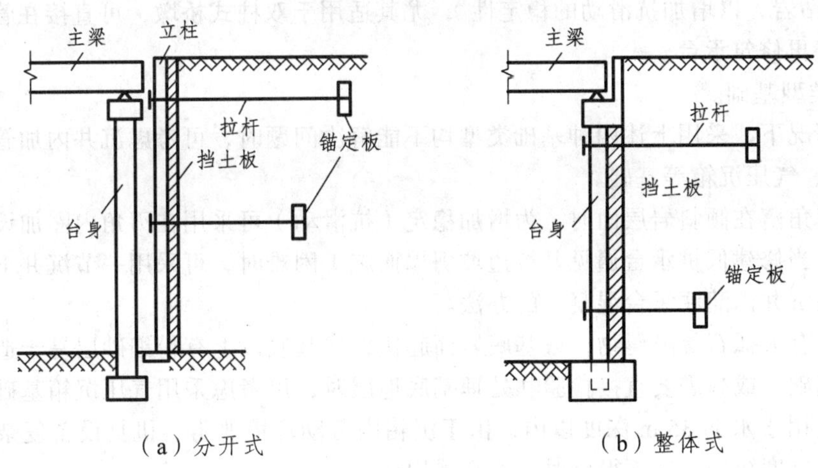

图 8.9 锚定板式桥台

② 基础。

基础是墩台与地基连接的部分，因施工方法、结构形式和入土深度的不同，有多种分类方法。依结构形式和施工方法的特征可分为明挖基础、沉井基础、桩基础、管柱基础及其他类型的基础，前三种类型的基础应用得最普遍。

a. 明挖基础。

明挖基础一般是指采用敞坑放坡开挖基坑，然后砌筑圬工的扩大基础，其基底埋深多在

5 m 以内。近年来采用喷射或灌注混凝土护壁，竖直开挖深度可达 10 m 以上。明挖基础施工中的防水和排水工作较为困难，故一般只宜于无水、少水或浅水河流且无涌砂现象的基础工程。

b. 沉井基础。

沉井是指事先在墩台位置灌好重型混凝土或钢筋混凝土井筒，然后在井内挖土，使井筒靠自重下沉，待沉至要求深度后依次在井内进行封底、填充及封顶，最后在顶盖上建造墩台身。由于井壁有防水、挡土作用，施工时无需另设护壁支撑，施工机具也较简单，且不受地形狭窄的限制。但沉井不宜用于不排水开挖的漂石层或倾斜岩层。若遇深水时可改用浮运钢沉井或薄壁钢丝网混凝土沉井。

c. 桩基础。

当基底须埋入土层很深时，可采用桩基础。它是将桩尖下至土层深处，再在桩顶灌筑混凝土承台，使基桩与承台形成整体结构，然后在承台上砌筑墩台身。这样，既可将荷载传至土层深处，又可减少基坑开挖量和实体基础的圬工量。桩基础是一种常用的深基础，分为打毛入桩和钻（挖）孔桩两种。打入桩需事先预制，施工机具设备较为复杂，施工技术要求较高，当土层中夹有大量碎石、卵石或其他障碍时，打入困难。近年来打入桩逐渐被钻（挖）孔桩所取代，因钻（挖）孔桩所需机具设备比较简单，并可用于各类土层和岩层。

d. 管柱基础。

管柱基础是一种新型的基础结构形式，一般采用薄壁大直径的钢筋混凝土管柱（比桩粗而比沉井小），直径一般为 1.5 ~ 6.0 m。从受力作用上看，其与桩基相近；从施工下沉上看，由于其直径大，需用大型振动打桩机方能穿入土层。因为管柱可以穿越各种土质覆盖层或溶洞，支承于较密实的土上或基岩面上，故适用于深水、薄或厚覆盖层、岩面起伏等桥址条件（可在管柱内钻岩，以增加抗滑动的稳定性），尤其适用于双柱式桥墩，可直接在管柱顶上修建墩身，不必再修筑承台。

e. 其他类型基础。

在特殊情况下，采用上述四种基础类型均不能解决问题时，可考虑沉井内加管桩（或桩群外加沉井）、气压沉箱等基础。

当沉井刃角落在倾斜岩层面时，为增加稳定（抗滑动）可采用在刃角内圈加设钻（挖）孔桩的办法，当修建低桩承台遇见基坑边坡坍塌而施工困难时，可采用一节沉井下沉至承台底面以上，在沉井内灌注承台混凝土的办法。

当地层中有大孤石等障碍物，或基底岩面起伏，或基底以上有粉细砂层易于造成翻砂不能采用沉井基础，或当需要直接检验和处理基底地层时，可考虑采用气压沉箱基础。气压沉箱基础一般适用于水下 35 m 深度以内，由于沉箱内劳动环境恶劣、机具设备复杂、工程费用高昂、施工进度缓慢，非不得已时，不宜采用。

（2）上部结构。

桥梁上部结构按施工方法大致可分为预制安装和现场灌筑两大类。

① 预制安装法。

预制安装法可分为预制梁整孔安装和预制节段式块件拼装两种类型。预制梁整孔安装法有架桥机安装法、跨墩龙门安装法、自行式吊车安装法和浮运整孔架设法等。预制节段式块件拼装法有悬臂拼装法、逐孔拼装法、扒杆吊装法、缆索吊装法和提升法。另外，浮吊架设法根据情况可整孔架设，也可进行节段式块件拼装。

② 现场灌筑法。

现场灌筑法包括脚手架法、悬臂灌筑法、逐孔现浇法、顶推法等，还有一些特殊方法如转体施工法。

铁路桥梁主要采用预制安装法施工。其中简支梁桥是铁路上最常用的钢筋混凝土梁桥，除非限于当时当地的运输和吊装条件而只能采用就地现浇外，一般都采用装配式结构（分片式梁）。

简支梁的截面形式主要由受力要求决定。小跨度（$L \leqslant 6$ m）梁，由于跨度小，梁高也小，为了使截面形式简单、制造方便，采用板式截面；较大跨度的梁（$L \geqslant 8$），一般采用肋式截面，如Π形截面和 T 形截面。目前 T 形梁是分片式梁广泛采用的一种截面形式，如图 8.10 所示。

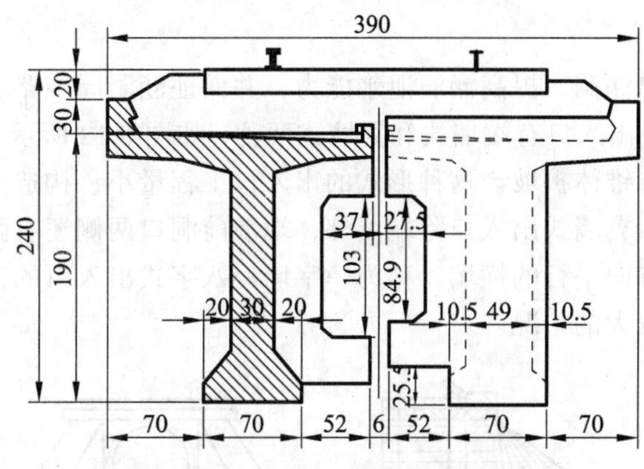

图 8.10 分片式简支 T 形梁截面形式

（3）支座。

桥梁支座包括桥梁板式橡胶支座、盆式橡胶支座和球形支座等类型。

8.3.2 涵洞构造

1. 涵洞分类

（1）按修建材料不同分，有石涵、混凝土涵、钢筋混凝土涵等。

（2）按其截面形状的不同分，有箱涵、圆涵、拱涵等。

2. 涵洞组成

涵洞是横穿路堤内的建筑物，它包括涵洞的主体工程及附属工程。主体工程由洞身、出入口和基础三部分组成，如图 8.11 所示；附属工程由出入口河床和路堤边坡加固部分组成。

（1）主体工程。

① 洞身。

洞身是水流的通道，为充分发挥洞身截面的泄水能力，有时在涵洞入口处采用提高节。一般涵洞的洞身部分为若干节。因入口节和出口节埋置较深，故需单独分节，其余每节长度为 2 ~ 5 m。各节间用 3 cm 宽的沉降缝断开，以便各节在承受不均匀压力时可自由沉落，避免涵洞纵向弯曲产生开裂。岩石地基上的涵洞可不设沉降缝。

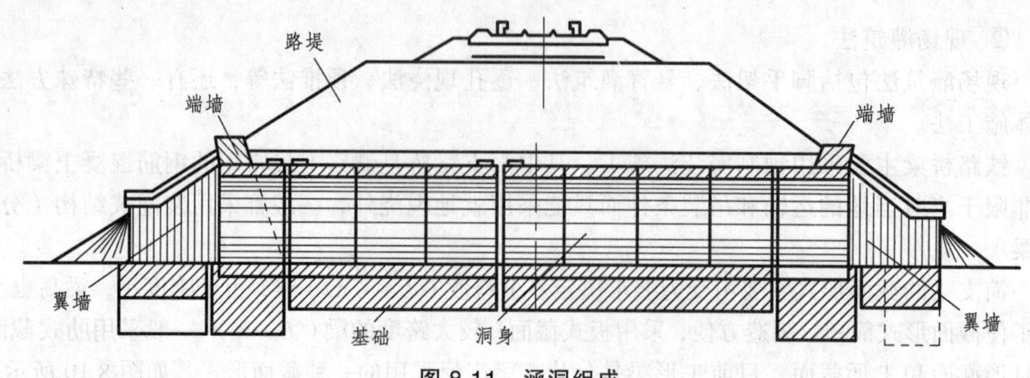

图 8.11　涵洞组成

② 出入口。

为使水流顺利进出涵洞，提高涵洞泄水能力，并保证涵洞周围路堤的稳固，设置涵洞出入口建筑。常用的洞身出入口有端墙式和翼墙式两种，如图 8.12 所示。端墙是一道垂直于涵洞轴线的矮墙，两侧有锥体护坡。这种形式的出入口工程量小，构造简单，但水力性能差，仅在流量较小时采用。翼墙式出入口除端墙外，端墙前洞口两侧还有张开成八字形的翼墙。翼墙端部折成与线路方向平行的横墙，称为一字墙。八字式出入口的工程量较大，但泄水条件较好，适用于流量较大的情况。

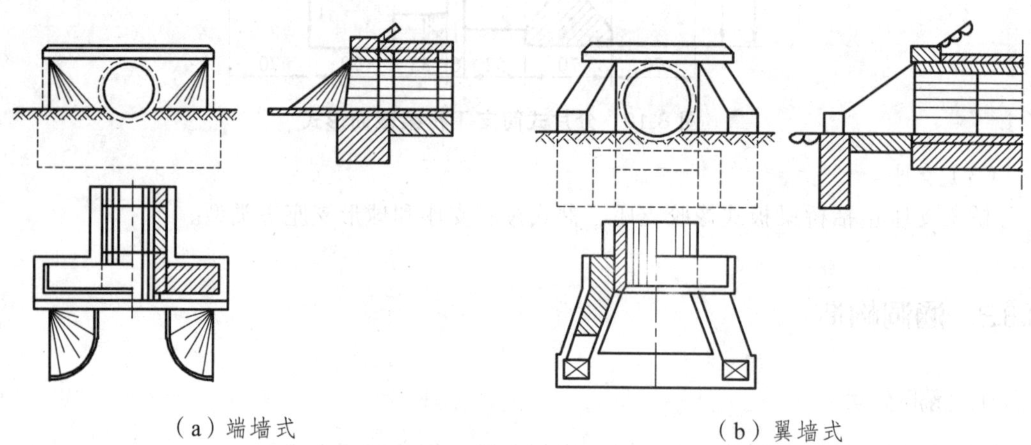

（a）端墙式　　（b）翼墙式

图 8.12　涵洞出入口形式

③ 基础。

涵洞的基础分为整体式与非整体式（分离式）两种。当涵洞孔径较小时，一般采用整体式基础；当涵洞孔径较大，并且基底土质良好时，可采用非整体式基础。非整体式基础在分离的边墙基础之间，用片石砌成流水坡，流水坡与边墙基础之间留有 3 cm 宽的缝隙，坡底设有砂垫层。

（2）附属工程。

水流进入涵洞时流速加大，可能冲刷路堤边坡，因此在入口顶部及两侧一定范围内，路堤边坡要用片石铺砌防护。为了防止洞口基底受冲刷淘空而毁坏，涵洞出入口的沟床均应铺砌加固。入口处冲刷力较小，多采用干砌片石；出口处流速大，冲刷力强，多采用浆砌片石。为减少铺砌加固的长度，可在加固地段末端设置浆砌片石垂裙。

8.3.3 桥涵工程工程量计算规则

《07 指南》清单格式中桥涵按特大桥（桥长 500 m 以上）、大桥（桥长 100 m 以上至 500 m（含））、中桥（桥长 20 m 以上至 100 m（含））、小桥（桥长 20 m 及以下）及涵洞分列各节。

各章节包括基础、基础施工辅助设施、墩台、支座、各种梁形结构、桥面系、附属工程等。

对于桥梁长度，梁式桥是按桥台挡砟前墙之间的长度计算，拱桥是按拱上侧墙与桥台侧墙间两伸缩缝外端之间的长度计算，框架式桥是按框架顺跨度方向外侧间的长度计算，其中单线、双线、多线桥应分别编制。桥梁基础有“水上”字样的清单子目是指设计采用船舶等水上专用设备方可实施施工的子目。河滩、水中筑岛施工按“陆上”施工考虑。基础施工辅助设施包括筑岛，筑堤坝，土、石围堰，木板桩、钢板桩围堰，混凝土、给围堰，双壁钢围堰、吊箱围堰、套箱围堰，围埋下水滑道，水上工作平台等。桥面系是按桥梁的设计长度计量。混凝土梁桥面系含钢-混凝土结合梁和钢管（箱）系杆拱的桥面系。梁的运输费用计入架设清单子目中。

刚构连续梁与桥墩的分界规定为桥墩顶部变坡点（0 号块底）以上属梁部，以下属桥墩。制架梁辅助设施包括枕木垛、支架、支墩、膺架、顶推导梁、平衡梁、滑道，钢析梁架设用吊索塔架，架设拱肋的旋转架设转盘等。

附属工程包括锥体填筑及护坡、不设置路堤与桥台过渡段的桥台后缺口填筑、桥头搭板，与工程本身有关的改河、改沟、改渠、导流设施，消能设施，挑水坝，河床加固及河岸防护，地下洞穴，取弃土（石）场处理等；不包括由于防洪需要所发生的相关工程。指南清单格式桥梁工程章节中的洞穴处理，钻孔与注浆、灌砂配套使用，适用于通过钻孔进行的注浆、灌砂处理；填土、填袋装土、填石（片石）及填（片石）混凝土等清单子目，适用于对洞穴挖后的填筑处理；钻孔填筑子目仅适用于对钻孔通过洞穴时，需对洞穴进行的填筑处理。

清单格式第九节涵洞的上下游铺砌及顺沟、顺渠、顺路（仅为非等级公路），是指为保证涵洞两端上下游通畅，避免对环境产生不利影响而需向铁路用地界以外延伸部分的工程。与涵洞主体分列，单独计量，但不适合于清单其他章节的涵洞工程。

具体工程量计算规则如下：

（1）桥梁基础、墩台混凝土、片式等工程按设计图示圬工尺寸计算；钢筋按设计图示长度计算重量，其中挖井基础不含护壁消耗的混凝土及钢筋数量，而钢筋混凝土沉井包括封地、井盖和填充的圬工数量；钢沉井按设计图示钢料尺寸计算；各种桩、管按设计图示承台底至桩底的长度计算。

（2）各种桥形中消耗的混凝土均按设计图示圬工尺寸计算；普通钢筋按设计图示长度计算重量；预应力筋按设计图示结构内长度计算重量，不含锚具的重量。

（3）预应力混凝土简支箱梁、制架（钢筋）预应力混凝土 T 形梁预制、架设或现浇，构架（钢筋）预应力混凝土梁按设计图示数量计算；钢桁梁（钢桁拱）、钢板梁、钢-混凝土结合梁中的钢梁均按设计构件（含节点板）重量计算，不含支座、高强度螺栓或铆钉和附属钢结构及检修设备走行轨的重量；斜拉桥由斜拉桥索塔、斜拉索及桥面系组成，其中斜拉桥索塔中的混凝土、普通钢筋及预应力钢筋按其相应的清单子目计算，劲性钢骨架按设计钢骨架的重量计算，斜拉索按设计图示斜拉索重量计算。不含锚具、锚板、锚箱、防腐料、缠包带的重量，钢梁及预应力混凝土梁分别按其相应的清单子目计算；钢管（箱）系杆拱中钢管（箱）拱肋按计图示钢管（箱）（含横撑等）重量计算，拱肋内混凝土按设计图示混凝土体积计算，钢梁及预应力混凝土梁按其相应的清单子目计算，系（吊）杆按设计的系（吊）杆重量计算，不含锚具、防腐料、缠包带的重量；道岔梁及其他特殊梁的混凝土、普通钢筋及预应力钢筋按相应的清单子目计算，钢材按设计图示尺寸计算重量。不含零星预埋件的重量。

（4）支座按设计数量计算。

（5）附属工程。

桥面按设计图示桥梁长度计算工程量。

涵洞工程涵身及附属工程量按设计图示出入口帽石外边缘之间中心线长度计算。

8.4 铁路隧道工程工程量计算

8.4.1 隧道及明洞构造

铁路隧道主要由主体建筑及附属部分组成。

隧道的主体部分由洞身和洞门组成，如图 8.13 所示。

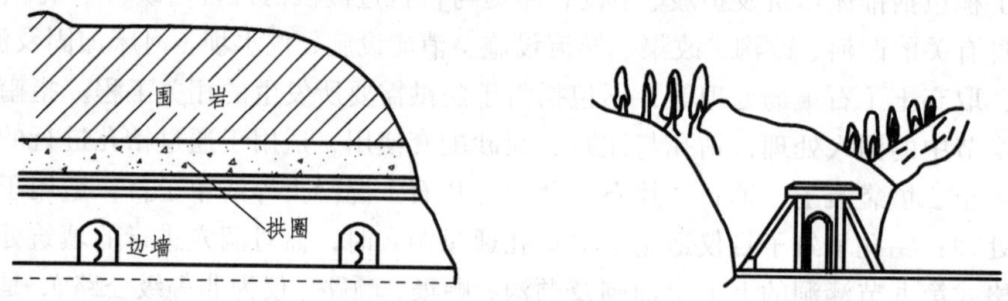

图 8.13 隧道的主体结构

隧道的附属建筑物主要包括：防排水设施、大小避车洞、电缆槽、长大隧道的通风道和通风机房；无人增音站洞；在电气化铁路上，在隧道较长或隧道群地段，为了将接触线和承力索进行锚固而设置的下锚装置，用于存放维修接触网用的绝缘梯车的专门洞室等。

隧道的施工主要包括隧道的开挖、支护及衬砌。

1. 衬砌类型

隧道开挖后，为了保持围岩的稳定性，一般需要进行支护和衬砌，支护及衬砌的方式有：

外部支护：从外部支撑着坑道的围岩，常见的有整体式混凝土衬砌、砌石衬砌、拼装式衬砌、喷射混凝土支护等。

内部支护：对围岩进行加固以提高其稳定性，如锚杆支护、锚喷支护、压入浆液等。

混合支护：内部与外部支护混合在一起的衬砌。

（1）整体式混凝土衬砌。

整体式混凝土衬砌是指就地灌筑混凝土衬砌，也称模筑混凝土衬砌，其工艺流程为：立模—灌筑—养生—拆模。

模筑衬砌的特点是：对地质条件的适应性较强，易于按需要成型，整体性好，抗渗性强，并适用于多种施工条件，如可用木模板、钢模板或衬砌台车等。因此，它在我国铁路隧道工程中被广泛采用。

整体式混凝土衬砌按不同围岩类别分为直墙式衬砌和曲墙式衬砌。

直墙式衬砌一般设计成等截面的衬砌，通常用于地质条件比较好、垂直围岩压力为主而水平围岩压力很小的情况，主要适用于Ⅱ、Ⅲ类围岩。衬砌由上部拱圈、两侧竖直边墙和下部铺底三部分组合而成，如图 8.14 所示。

曲墙式衬砌适用于地质条件较差、有较大水平围岩压力的 W 类及以上围岩。它由顶部拱圈、侧面曲边墙和底部仰拱组成。除在 W 类围岩无地下水且基础不产生沉降的情况下可不设仰拱，只做平铺底外，一般均设仰拱，以抵御底部围岩压力和防止衬砌沉降，并使衬砌形成一个环状的封闭整体结构，以提高衬砌的承载能力，如图 8.15 所示。

（2）装配式衬砌。

装配式衬砌是将衬砌分成若干块构件，这些构件在现场或工厂预制，然后运到坑道内用机械将它们拼装成一环接着一环的衬砌。

装配式衬砌的特点是：拼装成环后立即受力，便于机械化施工，改善劳动条件，节省劳力，目前多在使用盾构法施工的城市地下铁道中采用。在铁路隧道中由于装配式衬砌要求有一定的机械化设备，施工工艺复杂，衬砌的整体性及抗渗性差，而未能推广使用。

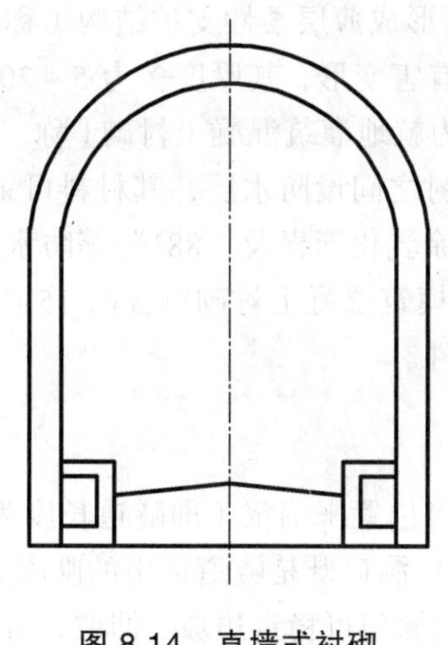

图 8.14 直墙式衬砌

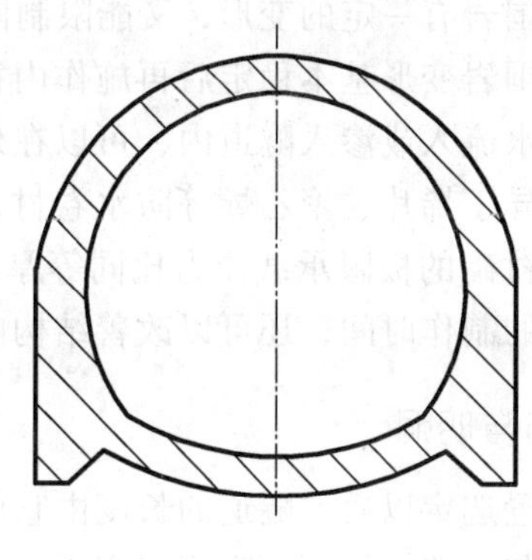

图 8.15 封闭式曲墙衬砌

（3）锚喷支护。

锚喷支护是目前常用的一种围岩支护手段。采用锚喷支护可充分发挥围岩的自承能力，并有效地利用洞内净空，提高作业安全性和作业效率，并能适应软弱和膨胀性地层中的隧道开挖，还能用于整治坍方和隧道衬砌的裂损。

锚喷支护包括：锚杆支护、喷射混凝土支护、喷射混凝土锚杆联合支护、喷射混凝土钢筋网联合支护、喷射混凝土与锚杆及钢筋网联合支护、喷钢纤维混凝土支护、喷钢纤维混凝土锚杆联合支护，以及上述几种类型加设型钢支撑（或格栅支撑）而成的联合支护等，如图 8.16 所示。

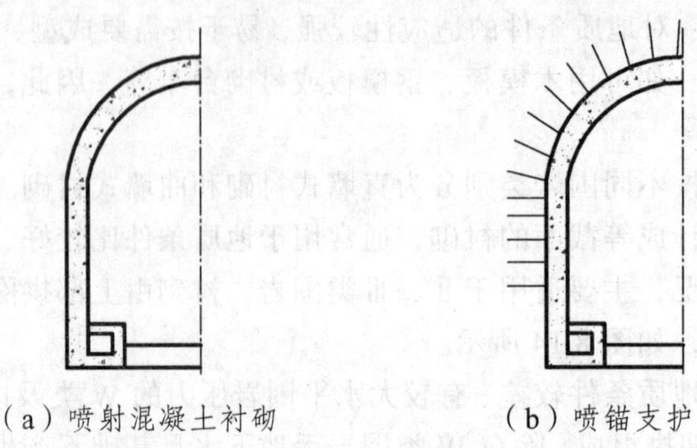

（a）喷射混凝土衬砌　　（b）喷锚支护

图 8.16　喷射衬砌与喷锚衬砌

（4）复合式衬砌。

复合式衬砌不同于单层厚壁的模筑混凝土衬砌，它把衬砌分成两层或两层以上，可以是同一种形式、方法和材料制作的，也可以是不同形式、方法、时间和材料制作的。目前大都采用内外两层实体衬砌。

按内外衬的组合情况可分为：锚喷支护与混凝土衬砌、锚喷支护与喷射混凝土衬砌、可缩性钢架（或格栅钢构拱架）喷射混凝土与混凝土衬砌、装配式衬砌与混凝土衬砌等多种组合形式。

目前最通用的是锚喷支护与整体式混凝土衬砌。具体做法是先在开挖好的洞壁表面喷射一层早强的混凝土（有时也同时制作锚杆），凝固后形成薄层柔性支护结构（称初期支护）。它既能容许围岩有一定的变形，又能限制围岩产生有害变形，其厚度多为 5 ~ 20 cm。一般待初期支护与围岩变形基本稳定后再施作内衬，通常为就地灌筑混凝土衬砌（称二次衬砌）。为了防止地下水流入或渗入隧道内，可以在外衬和内衬之间设防水层，其材料可采用软聚氯乙烯薄膜、聚异丁烯片、聚乙烯等防水卷材，或用喷涂乳化沥青及“881”等防水剂。

复合式衬砌的极限承载能力比同等厚度的单层模筑混凝土衬砌可提高 15% ~ 25%，如能调整好内衬的制作时间，还可以改善结构的受力条件。

2. 洞门与明洞

隧道位置选定以后，隧道的长度由它的两端洞口位置来确定（即隧道长度为其进出口洞门墙外表面与线路内轨顶面高程线交点之间的距离）。洞口既是隧道进出的咽喉，又是隧道建筑物唯一暴露部分，也是整个隧道的薄弱环节。修建洞门可稳定边坡、仰坡，引离地表流水。一般洞门形式有端墙式、柱式、翼墙式、带耳墙翼墙式、台阶式等。

用明挖法修建的隧道称为明洞，明洞一般修筑在隧道的进出口处，当遇到地质差且洞顶覆盖层较薄，用暗挖法难以进洞且不宜做立交桥或涵渠时，均需要修建明洞。它是隧道洞口或线路上起防护作用的重要建筑物，在铁路线上使用得较多。

明洞的结构类型常因地形、地质和危害程度的不同而具有多种形式，采用最多的为拱式明洞和棚式明洞两种。

（1）拱式明洞。

拱式明洞由拱圈、边墙和仰拱（或铺底）组成，其内轮廓与隧道一致，但结构截面厚度要比隧道大一些，结构坚固，可抵抗较大的推力。具体可分为路堑式拱形明洞、偏压直墙式拱形明洞、偏压斜墙式拱形明洞、半路堑单压式拱形明洞，如图 8.17 所示。

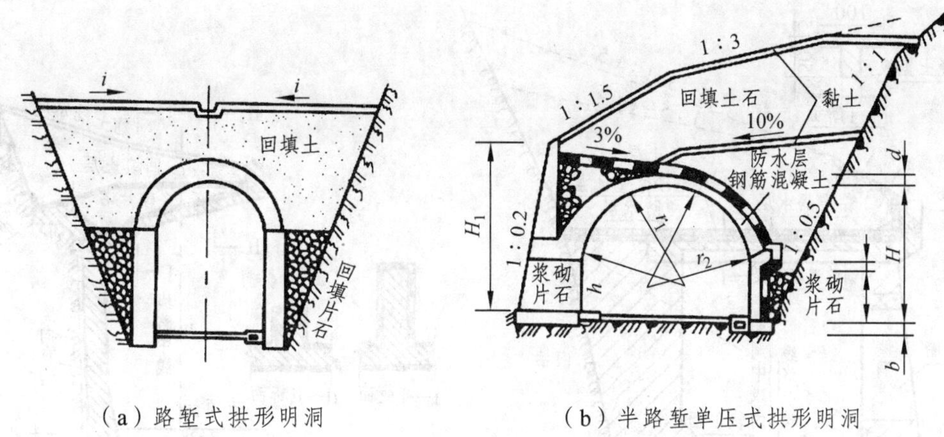

（a）路堑式拱形明洞　　（b）半路堑单压式拱形明洞

图 8.17　拱式明洞

路堑式拱形明洞适用于路堑边坡处于对称或接近对称，边坡岩层基本稳定，仅防边坡有少量坍塌、落石，或用于隧道洞口岩层破碎，覆盖层较薄而难以用暗挖法修建隧道时。此种明洞承受对称荷载，拱、墙均为等截面，边墙为直墙式。洞顶做防水层，上面夯填土石后，覆盖防水蒙古土层，并在其上做纵向水沟，以排除地表流水。

偏压直墙式拱形明洞适用于两侧边坡高差较大的不对称路堑。它承受不对称荷载，拱圈为等截面，边墙为直墙式，外侧边墙厚度大于内侧边墙的厚度。

偏压斜墙式拱形明洞适用于地形倾斜、低侧处路堑外侧有较宽敞的地面供回填土石，以增加明洞抵抗侧向压力的能力。此种明洞承受偏压荷载，拱圈等厚，内侧边墙为等厚直墙式，外侧边墙为不等厚斜墙式。

半路堑单压式拱形明洞适用于傍山隧道洞口或傍山线路上半路堑地段。因外侧地形狭小，地面陡峻，无法回填土石，以平衡内侧压力。此种明洞荷载不对称，承受偏侧压力，拱圈为等截面，内侧边墙为等厚直墙，外侧边墙为设有耳墙的不等厚斜墙。由于外墙尺寸较大，为节省圬工，可做成连拱墙式。另外，特别要注意处理好外墙基础，以防因外墙下沉而使结构开裂。

（2）棚式明洞（简称棚洞）。

当山坡的塌方、落石数量较少，山体侧向压力不大，或因受地质、地形限制，难以修建拱式明洞时可以采用棚式明洞。棚式明洞常见的结构形式有盖板式、钢架式、悬臂式三种，如图 8.18 所示。

盖板式棚洞由内墙、外墙及钢筋混凝土盖板组成简支结构，其上方填土石，以保护盖板，少受山体落石的冲击。这种棚洞的内侧应置于基岩或稳定的地基上，一般为重力式墩台结构，厚度较大，以抵抗山体的侧向压力。当基岩层完整、坡面较陡、地面水不大或采用重力式内墙开挖量较大时，可采用钢筋混凝土锚杆式内墙，外墙只承受由盖板传来的垂直压力，厚度较薄，要求的地基承载力较小。外墙也可做成梁式，以适应地形和节省圬工。

当地形狭窄、山坡陡峻、基岩埋深较深而上部地基稳定性差时，为了使基础至于基岩上且减小基础工程，可采用钢架式外墙，此时称棚洞为钢架式棚洞，这种棚洞主要由外侧钢架、内侧重力式墩台结构、横顶梁、底横撑及钢筋混凝土盖板组成，并做防水层及回填土石处理。

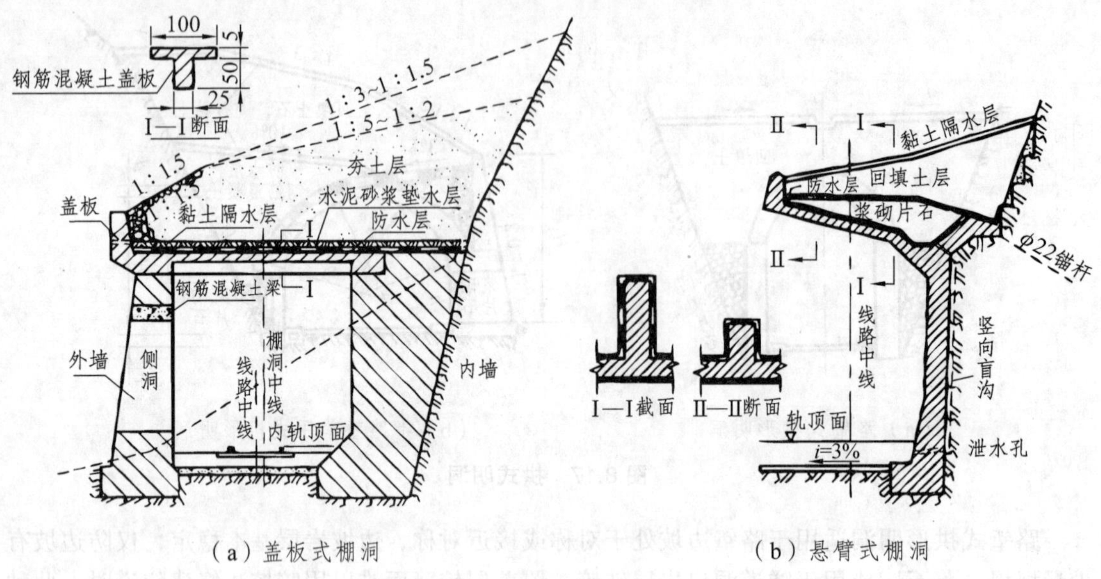

（a）盖板式棚洞　　（b）悬臂式棚洞

图 8.18　棚式明洞

当山坡较陡峻但是坡体稳定，外侧地形难以满足一般棚洞的地基要求，且落石不太严重的情况，可修建悬臂式棚洞。它的内墙为重力式，上端修筑悬臂式横梁，其上铺以盖板，在盖板的内端设平衡重来维持结构受外荷载作用下的稳定性；同时为了保证棚洞的稳定性，要求悬臂必须伸入稳定的基岩内。

8.4.2　隧道工程工程量计算规则

《07 指南》清单格式中隧道工程分隧道、明洞两部分。

1. 隧　道

隧道长度 $L>4$ km 的按座单独编制，长度 $L\leqslant 4$ km 的分别按 3 km $\leqslant L\leqslant$ 4 km，2 km $\leqslant L\leqslant$ 3 km，1 km $\leqslant L\leqslant$ 2 km，$L\leqslant$ 1 km 为单元编列。单线、双线、多线隧道分别编列。瓦斯隧道、地质复杂隧道单独编列。

隧道长度，是指隧道进出口（含与隧道相连的明洞）洞门端墙墙面之间的距离，以端墙面或斜切式洞门的斜切面与设计内轨顶面的交线同线路中线的交点计算。双线隧道按下行线长度计算，位于车站上的隧道以正线长度计算，设有缓冲结构的隧道长度应从缓冲结构的起点计算。

隧道建筑工程量清单项目主要包括正洞、明洞及棚洞、辅助坑道、洞门、附属工程、洞穴处理、隧道内地基处理、帷幕注浆等八大部分。各部分的相关子目及工程量计算规则如下：

（1）正洞按不同围岩级别设置清单子目，每个围岩级别包括开挖、支护、衬砌及拱顶压浆四个子目。其中开挖按图示不含设计允许超挖、预留变形量的设计断面计算（含沟槽和各种附属洞室的开挖数量）；支护按设计图示隧道长度计算；衬砌按图示不含设计允许超挖回填、预留变形量的设计断面计算（含沟槽及盖板和各种附属洞室的衬砌数量，不含挂网喷射混凝土的钢筋网）；拱顶压浆按设计图示隧道长度计算（不含与隧道相连的明（棚）洞的长度）。

（2）明洞及棚洞按设计图示明（棚）洞长度计算。

（3）辅助坑道包括平行导坑、斜井、横洞、竖井。各辅助坑道均按设计开挖断面大小，以 16 m^2、25 m^2 为界分三部分。各部分又按围岩级别划分为 6 个子目。其中平行导坑按设计图示平行导坑长度计算，平行导坑的横通道不单独计量，其费用计入平行导坑；斜井按设计图示斜井井口至斜井井身与井底车场中心线相交点的斜长加井底车场到隧道边墙内轮廓线的长度计算；横洞按设计图示横洞洞口至隧道边墙内轮廓线的中心线长度计算；竖井按设计图示竖井锁口至井底长度计算，竖井的横通道不单独计量，其费用计入竖井。

（4）洞门按设计图示洞门圬工体积计算，包括端翼墙、缓冲结构和与洞门连接的挡墙。

（5）附属工程主要包括洞口的防护、地表加固、洞口绿化、隧道照明、永久通风、消防安全、供水管路、弃渣场处理、光（电）缆过隧道防护、接触网滑道等。

（6）洞口防护的浆砌石、混凝土均按相应的体积计算；土钉、锚索按长度计算；抗滑桩按设计图示抗滑桩桩身圬工尺寸计算（含格梁体积，不含护壁的圬工体积）；喷混凝土按设计图示喷射面积计算，边坡加固锚杆按土钉清单子目计量；钢筋按设计长度计算重量。

（7）地表加固注浆按设计图示钻孔的长度计算；钢管桩、钻（挖）孔桩按设计图示承台底至桩底的长度计算；旋喷桩、碎石桩按设计图示桩顶至桩底的长度计算；锚杆按设计图示打入地下的锚杆长度计算；锚索同上。

（8）洞口绿化按设计图示洞门绿化面积计算；隧道照明、永久通风、消防安全均按设计图示数量计算；供水管路按设计图示供特长隧道、供消防使用的水源点（或蓄水池）至洞内所铺设的供水管路长度计算；弃渣场处理、光（电）缆过隧道防护按设计要求综合计算；接触网滑道按设计图示长度计算。

（9）洞穴处理中的圬工、桩、锚杆等的工程量计算原则同其他；涵洞按设计图示出入口帽石外边缘之间中心线长度计算；泄水洞按设计图示泄水洞中心线长度计算；梁式桥按设计图示桥台挡砟前墙之间的长度计算；拱桥按设计图示拱上侧墙与桥台侧墙间两伸缩缝外端之间的长度计算；防排水按设计图示排水管长度计算。

（10）隧道内的地基处理常见的有注浆、钢管桩、旋喷桩、钻挖、孔桩、CFG 桩，工程量计算规则同路基加固。

（11）帷幕桩将按设计图示小导管的长度计算。

2. 明洞及棚洞

明洞及棚洞建筑工程量清单项目主要包括开挖、衬砌、拱顶回填、洞门及附属工程。

（1）开挖按设计图示平均断面乘以明洞长度计算。

（2）衬砌按设计图示断面计算（含钢筋混凝土、混凝土、浆砌圬工）。

（3）拱顶回填按设计图示回填压实体积（含土石、碎石、干砌石浆砌石等）计算。

（4）其他的工程量计算规则同隧道。

3. 改　建

隧道、明洞及棚洞改建建筑工程量清单项目主要包括开挖、支护、衬砌、圬工凿除、衬砌背后压浆、漏水处理、洞门、附属工程。

（1）圬工凿除包括浆砌石、混凝土、钢筋混凝土均按设计图示凿除尺寸计算。

（2）衬砌背后压浆按设计图示压浆数量计算。

（3）其他工程量计算规则同新建隧道。

8.5 铁路轨道工程工程量计算

8.5.1 轨道结构

铁路轨道由钢轨、轨枕、道床、联结零件、防爬设备和道岔等部件组成。

1. 钢 轨

（1）钢轨的类型。

正线轨道分为特重型、重型、次重型、中型和轻型。按照《线路设计规范》正线轨道类型见表 8.3。

（2）钢轨的选择。

① 无缝线路宜采用 50 kg/m 及以上的焊接钢轨。

② 长度为 1 m 以上的隧道内，宜采用比洞外轨道重一级的钢轨，或同级的耐腐蚀的钢轨。

③ 正线曲线半径为 450 m 及以下时，宜采用同级耐磨钢轨。

④ 特重型、重型轨道应采用 25 m 标准长度钢轨，其他各类轨道应采用 25 m 或 12.5 m 标准长度钢轨。

（3）铺轨长度计算。

正线铺轨长度 = 线路终点里程 − 线路起点里程 + 长链 − 短链 − 车站正线上各类道岔长度的总和。

（4）无缝线路。

无缝线路也叫长钢轨线路，是把若干根标准长度钢轨焊接成 1 000 ~ 2 000 m 长钢轨而铺设的铁路线路。通常是在焊轨厂先将标准轨焊接成 250 ~ 500 m 的长轨条，运到现场再就地焊接后铺设。

与普通线路相比，无缝线路在其长钢轨段内消灭了轨缝，从而消除了车轮对钢轨接头的冲击，使得列车运行平稳、旅客舒适，延长了线路设备和机车车辆的使用寿命，减少了线路养护维修工作量，并能适应高速行车的要求，是轨道现代化的发展方向。铺设无缝线路的关键是设法克服长钢轨因轨温变化而产生的温度力问题。为此，无缝线路上长钢轨的两端是用钢轨联结零件和防爬设备加以强制性固定的，其他部分也是采用扣压力大的中间联结零件使之紧扣于钢筋混凝土轨枕之上的，这称为锁定线路。线路锁定后，当温度变化时，钢轨不能自由伸缩，于是在钢轨内部产生的力，叫做温度力，它作用在钢轨的全长上。夏天轨温升高，钢轨内部产生压力；冬天轨温降低，钢轨内部产生拉力。当温度力没有超过临界值时，长钢轨可以承受；温度力超过临界值时，线路就会被破坏。因此在无缝线路设计施工时，必须严格控制长钢轨所受的温度力。

表 8.3 正线轨道类型

项目					单位	特重型	重型		次重型	中型	轻型
运营条件	年通过总质量				Mt	> 50	25 ~ 50		15 ~ 25	8 ~ 15	< 8
运营条件	旅客列车最高设计行车速度				km/h	≤140	140	≤120	≤120	≤100	≤80
轨道结构	钢轨				kg/m	75 或 60	60	60	50	50	50 或 43
轨道结构	轨枕	混凝土枕	型号		—	Ⅲ	Ⅲ	Ⅱ或Ⅲ	Ⅱ	Ⅱ	Ⅱ
轨道结构	轨枕	混凝土枕	铺枕根数		根/km	1 680 ~ 1 720	1 680	1 840 或 1 680	1 680 ~ 1 760	1 600 ~ 1 680	1 520 ~ 1 640
轨道结构	碎石道床厚度	非渗水土路基	双层	道砟	cm	30	30	30	25	20	20
轨道结构	碎石道床厚度	非渗水土路基	双层	底砟	cm	20	20	20	20	20	15
轨道结构	碎石道床厚度	岩石、渗水土路基	单层	道砟	cm	35	35	35	30	30	25

注：年通过总质量包括净载、机车和车辆的质量，单线按往复总质量计算，双线按每一条线的通过总质量计算。

随着无缝线路施工技术的完善，为满足列车提速的需求，尽量减少钢轨接头的存在，把原来 1 000 ~ 2 000 m 的长轨条焊连延长，使长轨条达到或接近两个车站之间的区间长度，这种形式的无缝线路叫区间无缝线路。当把区间无缝线路的长轨条延长与车站道岔焊连在一起，就形成穿越车站的跨区间无缝线路。目前，线路上大量铺设区间无缝线路和跨区间无缝线路。

2. 钢轨联结零件

联结零件分接头联结零件和中间联结零件（也称钢轨扣件）两类。

（1）接头联结零件。

接头联结零件是用来联结钢轨与钢轨间接头的零件，它包括接头夹板，接头螺栓、螺帽和弹性垫圈等。接头夹板形式按部颁标准应为双头式。不同类型的钢轨联结采用异型接头夹板及异型垫板，使两钢轨顶面平顺，钢轨每一接头安装 6 个螺栓，螺栓分为普通接头螺栓和高强度接头螺栓两种，普通接头螺栓用于 12.5 m 的钢轨接头，高强度接头螺栓用于长度为 25 m 的或长无缝钢轨。为了防止螺栓松动，应增设弹簧垫圈。

（2）中间联结零件。

中间联结零件的作用是将钢轨紧扣在轨枕上，使钢轨与轨枕连为一体。常见的钢筋混凝土轨枕用的扣件有扣板式、弹条式两种基本类型。弹条式扣件因其弹性好、扣压力大，在主要干线上大量采用。

3. 轨　枕

轨枕的类型按材质分为钢筋混凝土枕、木枕及钢枕三类，目前线路上使用的多为钢筋混凝土枕。

（1）常见的钢筋混凝土枕。

目前各型轨道采用钢筋混凝土枕如下：

① 中型、轻型轨道采用混凝土Ⅱ型枕。

② 重型、次重型轨道采用混凝土Ⅱ型枕或Ⅲ型枕。

③ 特重型轨道用 75 kg/m 钢轨配套的高强度轨枕，即 S-3 型预应力混凝土轨枕。

（2）轨枕铺设数量。

混凝土枕为 1 840 根；每千米轨枕最少为 1 440 根。在 1 440 ~ 1 920 根，轨枕的级差为每千米 80 根，分别有 1 920 根/km、1 840 根/km、1 760 根/km、1 680 根/km、1 600 根/km、1 520 根/km、1 440 根/km。每千米采用哪种数量来铺设，与线路等级有关，正线线路见表 8.3。在既有线上，线路标准略有提高，每千米混凝土枕的数量与木枕相同；在站内的到发线、驼峰溜放线，木枕线路不少于 1 600 根/km，混凝土枕不少于 1 520 根/km；其他站线及次要站线一律不少于 1 440 根/km，混凝土宽枕一律为 1 760 根/km。

在下列地段条件之一者，正线轨道应加强，如表 8.3 列出的每千米根数，对于混凝土枕每千米增加 80 根，对于木枕每千米增加 160 根，当条件重合时，只增加一次，当然不能超过允许最大铺设数量。

① 在混凝土枕轨道 $R \leqslant 600$ m 的曲线（包括缓和曲线和困曲线）或木枕轨道-电力牵引线路及 $R \leqslant 800$ m 的曲线地段。

② 坡度 > 12‰ 的下坡制动地段。

③ 长度 ≥ 300 m 的隧道内线路。

4. 防爬设备

在列车运行所产生的纵向力的作用下，钢轨会产生纵向运动，有时还会带动轨枕一起移动，这种现象叫做轨道爬行。轨道爬行常出现在单线铁路的重车方向、双线铁路的行车方向、长大下坡道及进站前的制动距离内。

轨道爬行往往引起轨缝不匀、轨枕歪斜等线路病害，对轨道的破坏性极大，严重时还会危及行车安全。因此，必须采用有效措施加以防止。通常的做法是，一方面加强钢轨与轨枕间的扣压力和道床阻力，另一方面就是设置防爬器与防爬撑。常用的防爬器为穿销式防爬器，如图 8.19 所示。

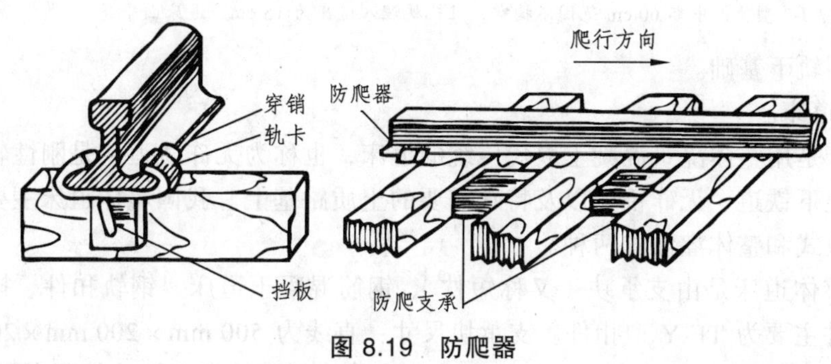

图 8.19 防爬器

5. 道 床

（1）道床断面。

道床断面呈梯形，其顶面宽度、边坡坡度、道床厚度等尺寸按轨道类型而定。

道床厚度一般为 0.25 ~ 0.40 m。

道床顶宽：顶宽决定于轨枕长度和道砟肩的宽度。道砟肩的作用是阻止道砟从枕端下面挤出，提高轨道横向阻力，保证轨道的稳定。一般肩宽为 0.30 ~ 0.45 m。

道床坡度：中型轨道及以上为 1∶1.75，轻型为 1∶1.5。

道床顶面宽度及边坡坡度见表 8.4。

表 8.4 道床顶面宽度及边坡坡度

线路种类		道床顶宽/m	曲线外侧加宽/m		边坡坡度
			曲线半径	加宽量	
正弦	无缝线路	3.3	≤800	0.05	1∶1.75
	普通线路	3.1	≤800	0.10	1∶1.75
	年通过总重量密度，小于 8 Mt · km/km 线路	3.0	600	0.10	1∶1.75
站 线		2.9			1∶1.50

（2）道床体积计算。

可利用铁路道砟体积表计算道砟数量，同时扣除相应的轨枕所占的体积。每千米道床中钢筋混凝土枕占用体积见表 8.5。混凝土宽枕端头埋入道床 8 cm，中部 60 cm 范围掏空计算。

表 8.5　每千米道床中钢筋混凝土枕占用体积　m^3

每千米线路铺设轨枕根数	69、79 型	S-2、J-2 型	82 型宽枕
1 840	102.5	154.8	
1 760	98.0	148.0	185.0
1 630	93.5	141.3	176.6
1 600	89.1	134.6	168.2
1 520	84.6	127.9	

注：① 69、79 型轨枕按端部埋入道床深度 15 cm。其中部 60 cm 范围内掏空计算。
② S-2、J-2 型轨枕中部 60 cm 范围不掏空，且轨枕埋入道床为 15 cm，道床面平齐。

（3）新型轨下基础。

① 整体道床。

整体道床是用整体浇筑混凝土取代传统的道床，也称为无砟轨道，是刚性轨下基础，常用于隧道、地下铁道、无砟桥梁以及特殊需要的土质路基上。我国整体道床主要有预制钢筋混凝土支承块式和整体灌注式两种。

支承式整体道床是由支承块（又称短枕）、钢筋混凝土道床、钢轨扣件、排水设施及基底组成。扣件主要为 TF-Y 型扣件。支承块尺寸：直线为 500 mm × 200 mm × 200 mm（长 × 宽 × 高），曲线为 600 mm × 240 mm × 200 mm，支承块间距按规定轨枕间距布置。

② 沥青道床。

沥青道床是用沥青或其他聚合材料将散粒道砟固化成整体的。这种新型轨下基础具有以下优点：道床下沉量和永久变形的积累比碎石道床少得多，因此可以用调整扣件的调高垫板来满足两股钢轨水平的要求；道床稳定性好，支承均匀，位移阻力大；具有较好的弹性，能减少道床的压力和振动；可防水、防脏，整齐、美观；在隧道内应用，可以减少隧道开挖面积，争取净空；可大大减少维修工作量，达到“少维修”的目的。沥青道床按其使用材料与施工方法，可分为铺装式沥青道床和填充沥青道床两类。填充沥青道床，就是用沥青灌入碎石的道床，沥青填充了道砟的空隙，并使之成为整体，可以不用中断行车，就能施工。铺装沥青道床是分层铺设由各种材料组成的承重层，最后用沥青封闭处理，再铺上混凝土枕或宽枕。

③ 宽钢筋混凝土轨枕。

宽钢筋混凝土轨枕（又叫轨枕板）外形与普通钢筋混凝土轨枕相似，但要比其宽而又稍薄，是在混凝土枕的基础上发展起来的一种新型轨下基础，它仍保留原有碎石道床形式。混凝土宽枕的长度与混凝土枕相同，宽度约为混凝土枕的 2 倍。其特点是：底面积大，因而道砟应力小，轨道的永久变形比木枕或混凝土枕轨道大为减少；具有平顺、稳定的特性，有利于高速行车；道床不易脏污，外表整洁美观。这种轨枕主要铺设在隧道内、大桥上及大型客运站内，主要类型有弦 76、筋 76、弦 82、筋 82 等几种，其中“76”、“82”表示设计的年代。

6. 道　岔

道岔因其构造不同而形式多样，最常见的是普通单开道岔。

（1）普通单开道岔。

普通单开道岔有左开和右开之分，组成包括转辙器、辙叉及护轨、连接部分，如图 8.20 所示。

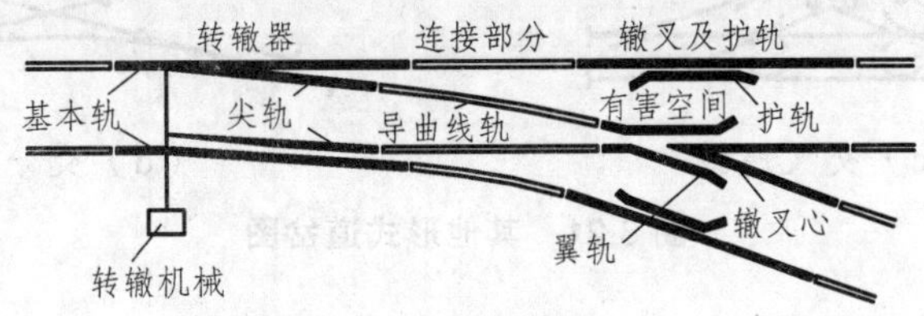

图 8.20 普通单开道岔

① 转辙器，由两根尖轨、两根基本轨及转辙机械组成。尖轨是转辙器的主要部件，通过连接杆与转辙机械相连，操纵转辙机械就可变换尖轨的位置，以确定道岔的开通方向。

② 辙叉及护轨，包括辙叉心、翼轨及护轨。其作用是保证车轮安全通过两条钢轨的相互交叉处。

从两翼轨最窄处到辙叉心实际尖端之间，有一段钢轨中断的空隙，叫做辙叉的有害空间。当机车车辆轮对通过辙叉有害空间时，车轮轮缘就有走错辙叉轮缘槽而导致脱轨的可能。因此，必须设置护轨，以强制引导车轮的运行方向，保证车轮安全过岔。道岔上的有害空间是限制列车过岔速度的一个重要因素。为消除有害空间，减轻车轮对翼轨和心轨的冲击，适应列车高速运行，现已设计铺设了活动心轨辙叉道岔。当尖轨开通某一方向，活动心轨的辙叉心就与开通方向一致的翼轨密贴，与另一翼轨分开，从而消除有害空间。

③ 连接部分，即连接转辙器和辙叉及护轨的部分。它包括直线轨和导曲线轨。由于导曲线的半径较小，又不能在导曲线上设置缓和曲线和超高，所以列车在侧向过岔时，速度要受到严格的限制。

（2）道岔号数。

道岔因其辙叉角的大小不同，有不同的道岔号（N），道岔号数表明了道岔各部分的主要尺寸。道岔号数用辙叉角（α）的余切值来表示。辙叉角α越小，N值就越大，导曲线半径也相应越大，机车车辆侧线通过道岔时允许速度也就越高。采用大号码道岔对于列车运行是有利的，然而，道岔号越大，道岔全长就越长，铺设时占地就越多。因此，采用多大号的道岔来连接线路，应根据线路的用途来决定。

目前，我国定型生产的普通单开道岔主要有 9、12、18、30 号等型号，它们所允许的侧向过岔最高速度分别为 30 km/h、45 km/h、80 km/h、140 km/h。

（3）其他类型的道岔。

除了单开道岔外，按照用途和构造形式的不同，还有对称双开道岔、菱形交叉、交叉渡线和交分道岔（见图 8.21）等。

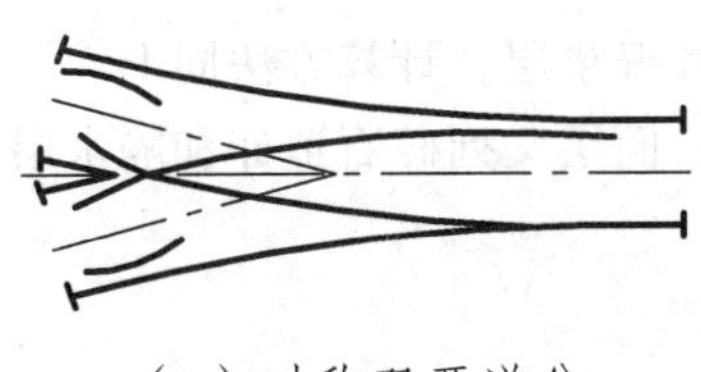

（a）对称双开道岔

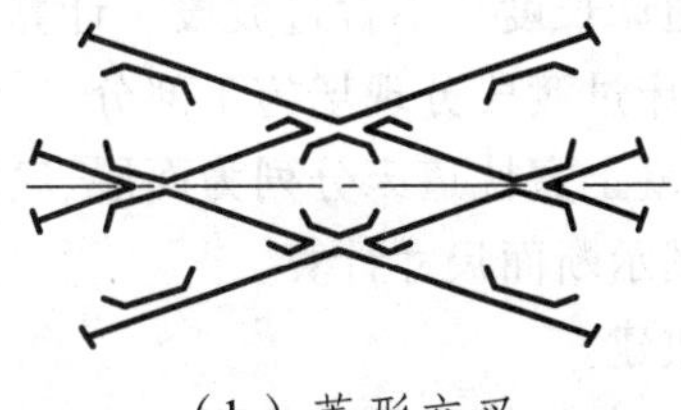

（b）菱形交叉

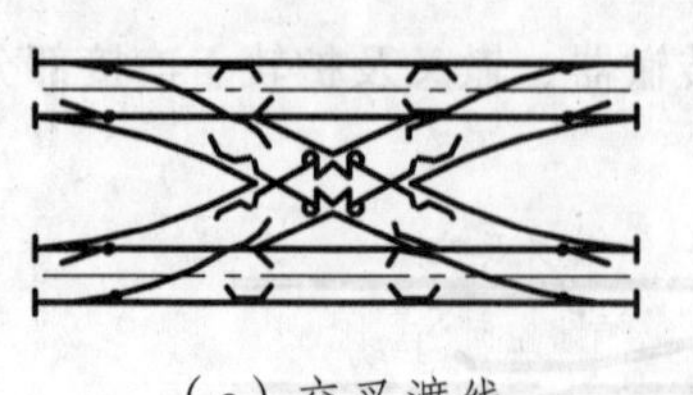

（c）交叉渡线　　（d）交分道岔

图 8.21　其他形式道岔图

对称双开道岔的特点是相衔接的两条线路各自向两侧对称分岔。

菱形交叉即两条线路平面相交时引渡列车由一条线路跨越另一条线路的设备。机车车辆通过交叉设备时，只能沿原线路继续运行而不能转线。

交叉渡线是将四组单开道岔和一组菱形交叉组合在一起的设备。

交分道岔是在菱形交叉的基础上，增设两组转辙器和两条侧线，使机车车辆既可以顺交叉轨道直向运行，也可以沿曲线转入侧线运行的道岔。

8.5.2　轨道工程工程量计算规则

《07 指南》轨道工程列正线、站线、线路有关工程分三部分。站场中的正线列入清单格式中第 12 节正线。清单格式中第 13 节站线包括通往机务段、车辆段、动车段、材料厂的线路（不包括厂房、库房内的轨道）以及三角线、回转线、套线、安全线、避难线、厂库线、石群场、牵引变电所、供电段专用线等。具体的工程量计算规则如下：

1. 正　线

（1）新建。

① 正线建筑安装工程费清单项目分新建和改建两种情况，新建正线列新铺轨、铺旧轨、铺道床三项，改建正线列线路及道床两项。

② 新建正线铺新轨和旧轨均主要依轨枕的类型及所处位置划分为七个子目，每个子目下又分为标准轨及长钢轨两个子目，工程量均按设计图示长度（不含过渡段，不含道岔）计算。

③ 新建正线铺道床包括粒料道床、无砟道床、道床过渡段、混凝土宽枕道床。粒料道床包括面砟、底砟、减振橡胶垫层三个子项目，均按设计图示断面尺寸计算。面砟含无砟道床与粒料道床过渡段和无砟道床两侧铺设的数量，底砟含线间石砟。

④ 无砟道床包括路基、桥梁、隧道地段的无砟道床，每部分又按不同类型的无砟道床分列子项目，每种类型的无砟道床又分现场施工部分、构件预制、减振垫层三个子项目，均按设计图示道床长度（不含过渡段）计算。

⑤ 道床过渡段分现场施工部分、构件预制、减振垫层，计算方法同上。

⑥ 混凝土宽枕道床分列为面层、底砟两个部分，面层又列碎石道砟和隔水层两个子项目，均按设计图示断面尺寸计算。

（2）改建。

① 改建包括线路及道床两部分。

② 线路分列拆除线路、重铺线路、起落道、拨移线路、换轨、换枕、无缝线路应力放散、无缝线路锁定八部分。拆除线路、重铺线路、起落道、拨移线路、换轨均按长度计算，而换枕、无缝线路应力放散、无缝线路锁定按数量计算。

③ 道床包括粒料道床和无砟道床两部分，粒料道床列为清筛道砟和补充道砟，按设计清筛或补充道砟的数量计算；无砟道床按设计图示长度（包括过渡段）计算。

2. 站　线

（1）新建。

① 站线建筑安装工程费清单项目分新建和改建两种情况，新建站线列新铺轨、铺旧轨、铺新岔、铺旧岔、铺道床五项，改建站线列线路、道岔及道床三项。

② 站线新铺轨和铺旧轨同正线。

③ 站线铺新岔和铺旧岔包括单开道岔、特种道岔；单开道岔和特种道岔又分为有砟道床铺道岔和无砟道床铺道岔，均按设计图示道岔组数计算。

④ 铺道床其他的同正线，但在无砟道床中考虑道岔区无砟道床子目，单开道岔及特种道岔均按设计图示道岔组数计算。

（2）改建。

① 改建包括线路、道岔和道床三部分。

② 线路和道床同正线改建。

③ 道岔部分又列拆除道岔、重铺道岔、起落道岔、拨移道岔四部分，每部分又分为单开道岔和特种道岔两个子目，均按道岔数量计算。

线路有关工程建筑工程费清单项目包括附属工程及线路备料，均按设计铺轨长度计算。

复习思考题

1. 简述桥梁的组成。
2. 简述新建正线的工程量计算规则。
3. 简述路基工程清单计价和定额的区别。

9 铁路工程施工组织设计与概预算示例

9.1 铁路工程施工组织与管理设计示例

某特大桥实施性施工组织设计

第一章 编制依据、范围及原则

一、编制依据

（1）中铁电化局编写的改建铁路西安至安康增建二线某标段投标书。

（2）《某大桥设计图》西康增施桥（特）。

（3）国家、铁道部、陕西省铁路公司颁发的现行规范、规程、规则、验标及有关规定。

（4）对现场进一步踏勘调查所获得的有关资料。

（5）我单位拥有的科技工法成果和现有管理水平、劳力、设备、技术能力，长期从事铁路工程桥梁施工所积累的丰富施工经验。

二、编制范围

改建铁路西安至安康增建二线某标段某大桥，工程起讫里程 D1K57 + 619.49—D1K48 + 360.99，长 741.5 m。

三、编制原则

（1）严格遵守招标文件所规定的工程施工工期，招标合同条款以及招标文件的各项要求，根据工程的特点，在工期安排上尽可能提前完成。

（2）坚持在实事求是的基础上，力求技术先进、科学合理、经济适用的原则。在确保工程质量标准的前提下，积极采用新技术、新工艺、新机具、新材料、新测试方法。

（3）合理安排工程项目的施工程序，做到布局合理，重点突出，全面展开，采取平行与流水作业相结合的方式；正确选用施工方法，科学组织，均衡生产。各项目工序紧密衔接，避免不必要的重复工作，以保证施工连续、均衡、有序地进行。

（4）安排施工进度时注意各项目、各工序间的协调和配合，并充分考虑整体工期的安排。

（5）结合现场实际情况，因时因地制宜，尽量利用原有设施或就近已有的设施，减少各种临时工程。

（6）坚持自始至终对施工现场全过程严密监控，以科学的方法实行动态管理，并按动静

结合的原则，精心进行施工场地规划布置，节约施工临时占道。严格组织，精心管理，文明施工，创标准化施工现场。

（7）坚决贯彻“百年大计、质量第一”的质量方针，建立健全质量保证体系，确保“工程一次验收合格率达到 100%”，混凝土结构达到“内实外美”的质量目标，制定创优规划及保证措施，达到本工程“开工必优，一次成优、全部工程项目达到国家、铁道部现行的工程质量验收标准，确保工程质量达到优良，创优质工程”的质量标准。

（8）坚持“安全第一，预防为主，综合治理”的指导思想。建立健全安全保证体系，制定安全保证措施和防护措施，坚持标准化作业，确保安全生产。实现“消灭重伤以上人身伤亡事故，消灭一切机械设备重大损失事故，消灭交通责任运输重大事故，消灭等级火灾事故，创安全生产文明施工的标准化工地，确保地下管线和周边建筑物的安全和既有交通的畅通”的安全目标。

（9）根据国家“全面规划、合理布局、综合利用、化害为利、依靠群众、大家动手、保护环境、造福人民”的环境保护工作方针，以及本工程建造环保路、生态路的目标。施工期间严格遵守国家和陕西省所有关于控制环境污染的法律和法规，采取有效的措施防止施工中的燃料、油、化学物质、污水、废料、垃圾、泥浆以及弃方等有害物质的污染，防止扬尘、噪音和汽油等物质对大气的污染，创建文明施工现场。

第二章 工程概况

一、工程概述

改建铁路西安至安康增建二线某特大桥，工程起讫里程 D1K57 + 619.49—D1K58 + 360.99，全长 741.5 m，跨越雁引路。全桥中心里程 D1K57 + 989.00，孔跨布置为：3 ~ 32 m 简支 T 梁 + 1 ~ 24 m 简支 T 梁 + 6 ~ 32 m 简支 T 梁 +（32 + 48 + 32）m 连续梁 + 9 ~ 32 m 简支 T 梁，位于 $R = 1\,600$ m 的圆曲线上，线路纵坡为 – 7‰及 – 3‰。1 ~ 9 号墩设横向预偏心 40 cm，14 ~ 21 号墩设横向预偏心 40 cm，连续梁 12 号墩设固定支座。

24 m、32 m 简支 T 梁采用厂制成品梁，架桥机架设施工；（32 + 48 + 32）m 连续梁采用挂篮悬臂浇注施工。

本桥桥台采用单线 T 形桥台，1 ~ 21 号墩采用单线圆端形实体桥墩，24 m、32 m 简支 T 梁均采用钢支座，连续梁采用球形钢支座。基础均为 ϕ125 cm 的摩擦桩。

二、工程地质

本段线路为巨厚的第四系地层。主要为黄土台塬及山前洪积扇，沉积了巨厚的黄土和膨胀土。本桥桩基础地质情况由上至下依次为：

第四系全新统冲积黏质黄土：硬塑，Ⅱ级普通土，$\sigma = 120$ kPa；

细砂：稍密—中密；饱和，Ⅰ级松土，$\sigma = 100 \sim 120$ kPa；

中砂：中密，饱和，Ⅰ级松土，$\sigma = 200$ kPa：

粗砂：中密，饱和，Ⅰ级松土，$\sigma = 300$ kPa；

细圆砾土：中密，潮湿—饱和，Ⅱ级普通土，$\sigma = 350$ kPa；

粗圆砾土：中密，潮湿—饱和，Ⅲ级硬土，$\sigma = 450$ kPa；

卵石土：中密，潮湿—饱和，Ⅲ级硬土，$\sigma = 600$ kPa；

漂石土；中密，潮湿—饱和，Ⅳ级软石，$\sigma = 800$ kPa；

第四系中更新统冲积细圆砾土：中密—密实，饱和，Ⅱ级普通土，$\sigma = 400$ kPa；

粗圆砾土：中密—密实，饱和，Ⅲ级硬土，$\sigma = 550$ kPa；

漂石土：漂石颗粒风化严重，中密—密实，饱和，Ⅳ级软石，$\sigma = 350$ kPa 。

黄土场地具湿陷性，湿陷等级为Ⅰ级非自重，湿陷土层厚度 1 ~ 3 m。

三、水文地质

本段施工主要为地下水。地下水主要有第四系松散堆积层孔隙潜水、风化裂隙水、构造裂隙水和岩溶水。主要接受大气降水和地表水的补给，地下水位埋深 3 ~ 10 m，水质良好，对混凝土不具氯盐侵蚀及化学侵蚀。

四、气象资料

长安地区为亚湿润温暖气候区，年平均气温 12 °C ~ 14 °C，年平均降水量 570 ~ 670 mm，年平均蒸发量 1 100 ~ 1 200 mm，四季冷暖干湿分明，春季气温波动较大，常出现寒潮及春旱现象，夏季炎热，降水集中，初秋多连阴雨，冬季寒冷，干燥少雨。土壤最大冻结深度 50 cm。

五、地震动参数

地震动峰值加速度 0.15*g*（相当于地震基本烈度七度），地震动反应谱特征周期 0.4 s。

六、技术标准

序号	项 目	标 准
1	铁路等级	Ⅰ级
2	正线数目	单 线
3	设计荷载	中-活载
4	曲线半径	全桥位于曲线上
5	轨面设计坡度	1.6%
6	设计行车速度	160 km/h
7	牵引种类	电 力
8	本桥主体结构设计使用年限	100 年

七、主要工程数量

序号	部 位	C50（m^3）	C40（m^3）	C35（m^3）	C30（m^3）	C15（m^3）
1	接触网支柱			45.6		
2	下锚平台			13		
3	支撑垫石	26.1				
4	顶 帽			234.5		
5	托 盘			308.5		
6	道砟槽			21.7		

续 表

序号	部 位	C50（m^3）	C40（m^3）	C35（m^3）	C30（m^3）	C15（m^3）
7	台 顶		2.2			
8	台 身				1 830.8	
9	承 台				2 682.7	
10	钻孔桩				3 107.1	
11	基坑回填					49.2
合 计		26.1	2.2	623.3	7 620.6	49.2

八、施工条件

1. 交通运输条件

桥梁位于下河滩及其一级阶地，沿途大部分地区地势较缓，便于修建施工便道，充分利用雁引路及下河滩到引镇的乡道。西安台位置地势陡峭，高差达 25 m，增加了桥台施工难度，在利用西安台大里程方向施工便道的基础上，利用既有西引路至施工便道到达西安台。考虑到重载车的行驶安全及施工进度，施工便道全线修通，所有新建便道均需硬化。为确保施工安全，便道纵坡控制在 10% 以下。临时便道宽 4 m，便道靠山侧设临时排水沟，施工便道为泥结碎石路面。

2. 混凝土

采用商品混凝土：西安中诚商品混凝土有限公司。

3. 临时工程及施工用水用电

某特大桥跨越雁引路，施工驻地包括施工队驻地、材料库、钢筋加工厂、机修库等均为新建，共 3 533 m^2，全线施工便道约 741.5 m，共设 500 kV · A 变压器 2 台，施工大电全线拉通，施工用水采用当地地下水。临时道路及场地布置详见表 9.1 及图 9.1。

表 9.1 某特大桥临时工程一览表

项目名称	单 位	数 量	备 注
一、施工用电			
1. 500 kV · A 变压器	个	2	
2. 电力线	km	1.5	
二、临时便道			
1. 新建便道	km	1.5	
三、临时房屋			
1. 施工队驻地	m^2	700	
2. 材料库	m^2	300	
3. 钢筋加工厂	m^2	300	
4. 机修库	m^2	200	
5. 其他设施	m^2	500	
四、其他临时用地	m^2	2 000	

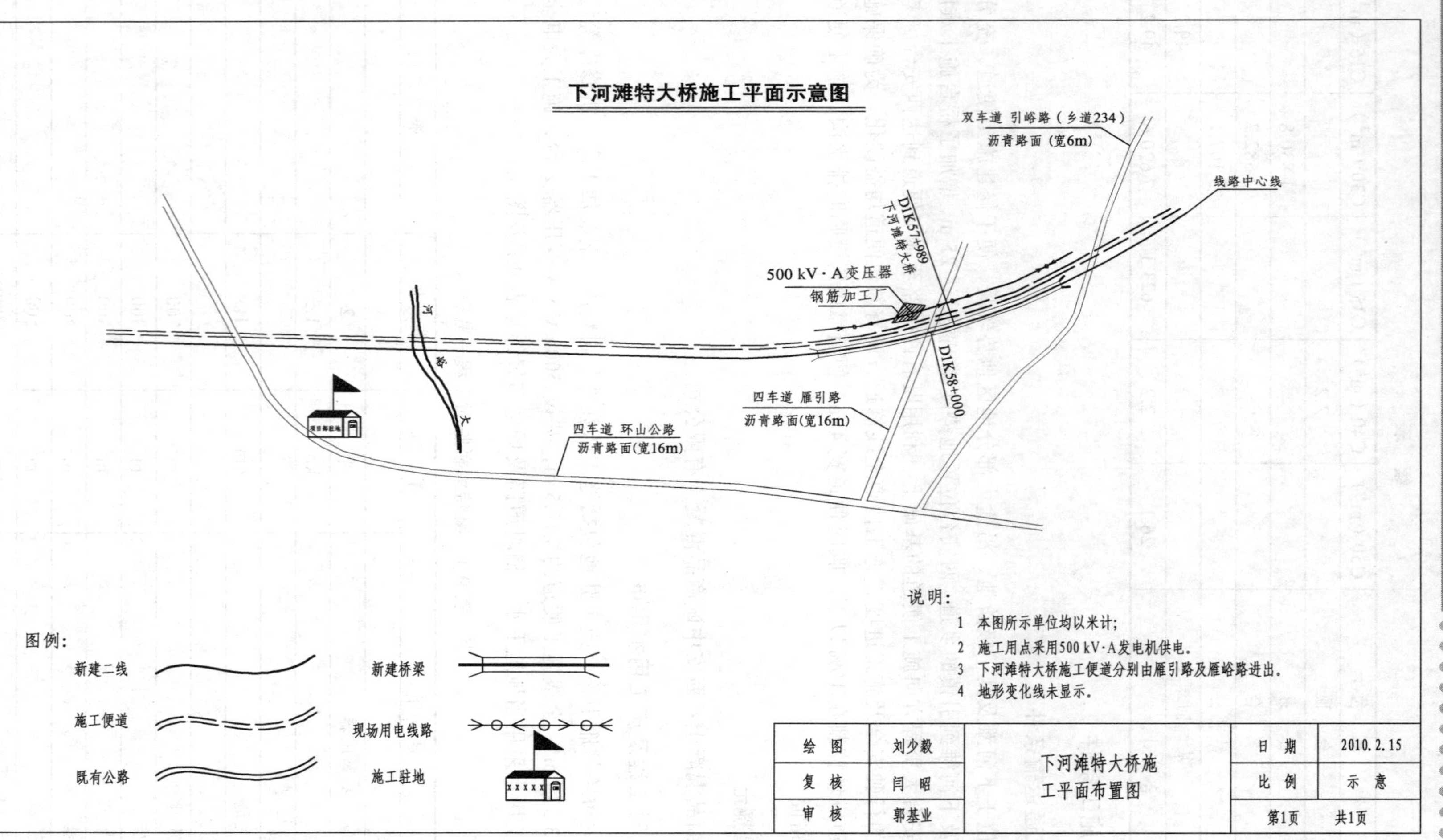

图 9.1 某特大桥施工平面布置图

第三章 施工总体布置

一、施工组织机构

成立“某项目四分部”对本合同段工程项目的质量、安全、进度和成本等生产经营活动进行全面管理、组织指挥、内外协调。办公地点设在长安区雁引路 K58 + 000 处路北侧。针对 × × 特大桥施工任务下设一个项目部管理桥梁施工队。具体如图 9.2 所示。

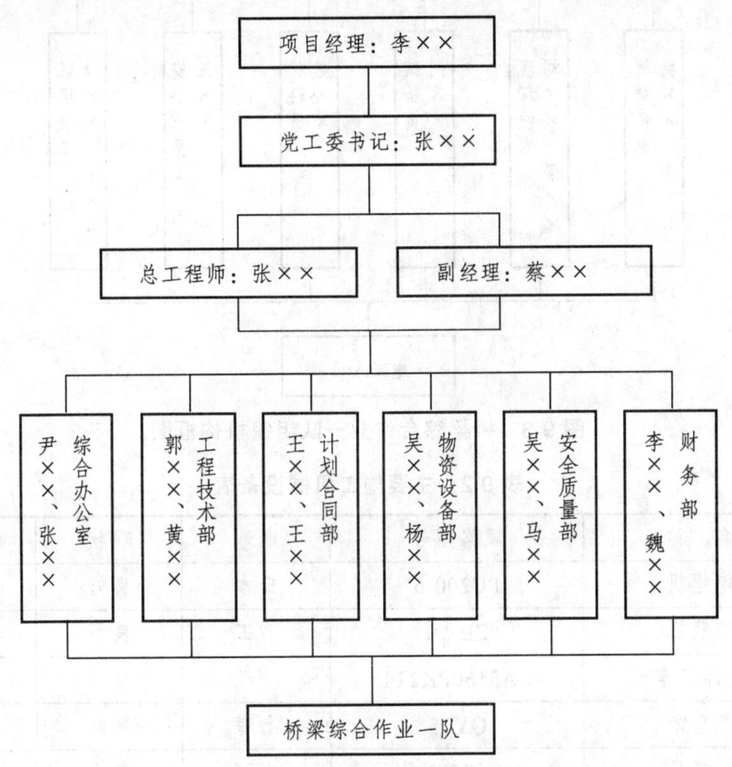

图 9.2 某项目四分部组织机构框图

二、施工人员安排

本桥由桥梁作业一队负责施工，现场施工负责人 1 人，技术主管 1 人，技术人员 3 人，现场领工 4 人，挖掘机司机 1 人，装载机司机 2 人，吊车司机 1 人，生活车司机 1 人，电工 1 名，桩基工班 30 人，钢筋工班 15 人，模板工班 15 人，混凝土工班 15 人，普工 20 人，总共 110 名施工人员。

具体施工负责人员如图 9.3 所示。

三、机械设备配置

按机械化作业的原则组织施工，主要施工机械设备的配备要重点选择能够适应本工程实际施工要求的专项设备，确保工程项目的施工能力和质量要求。具体安排见表 9.2、表 9.3。

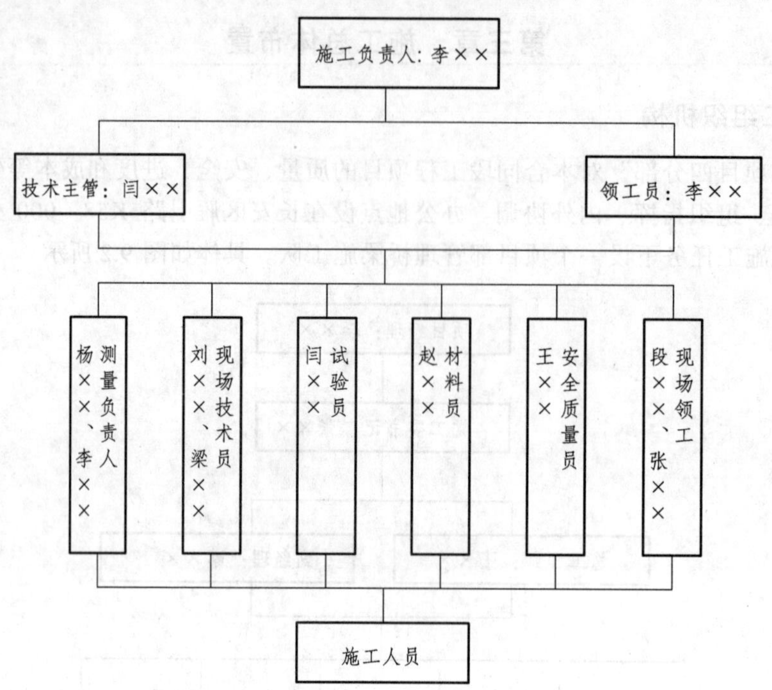

图 9.3　桥梁综合作业一队组织机构框图

表 9.2　主要施工机械设备表

序号	名　称	规格型号	产地	现状	数量	备注
1	挖掘机	PC200-6	日本	良好	1	
2	装载机	ZL-50	柳工	良好	2	
3	自卸汽车	CA3160PK2T1	一汽	良好	2	
4	汽车吊	QY25	上海	良好	1	
5	汽车吊	QY12	沈阳	良好	1	
6	混凝土输送泵车	HB50S	中联	良好	1	
7	混凝土搅拌输送车	JC6A	华东	良好	4	
8	滚筒搅拌机	JW-350	西安	良好	1	
9	插入式振动棒	ZX-50	中国	良好	10	
10	平板振动器	PZ-50		良好	2	
11	冲击钻机	YKC-31	徐州	良好	3	
12	旋挖钻机			良好	2	
13	卷扬机	JM2.5	西安	良好	1	
14	水　泵	2B19A 17m^3/h	宝鸡	良好	2	
15	泥浆泵	BW-240	天津	良好	5	
16	闪光对焊机	UN-150	马鞍山	良好	1	
17	交流电焊机	BX6-250 型	西安	良好	4	

续表 9.2

序号	名　称	规格型号	产地	现状	数量	备注
18	电渣压力焊机	HYS-630	西安	良好	2	
19	钢筋调直机	6-12 型	西安	良好	1	
20	钢筋切断机	40/40-2 型	西安	良好	2	
21	钢筋弯曲机	GB40B	西安	良好	2	
22	钢筋除锈机		西安	良好	1	
23	型钢剪断机	GQ65	西安	良好	2	
24	多用木工床	YC90S-2	西安	良好	1	
25	木工圆锯机	MJ106	西安	良好	1	
26	刨　床	MB206A	西安	良好	1	
27	木工钻床	MK515	西安	良好	1	
28	砂轮机		西安	良好	1	
29	电动打夯机	HY60	西安	良好	2	
30	空气压缩机		西安	良好	4	
31	预应力张拉设备	YCW150	西安	良好	4	
32	压浆机	D114	西安	良好	1	
33	发电机	200 kW	西安	良好	1	
34	发电机	75 kW	西安	良好	1	

表 9.3　主要检测和试验仪器仪表配备表

序号	名　称	规格型号	产地	现状	数量	备注
1	电子天平	LP2102	上海	良好	1 台	
2	混凝土试模	150×150×150	无锡	良好	30 组	
3	砂浆试模	70.7×70.7×70.7	无锡	良好	10 组	
4	全站仪	拓普康 GTS 720	日本	良好	1 台	
5	水准仪	DSZ2	北京	良好	2 台	
6	泥浆密度测试仪		西安	良好	2 个	
7	回弹仪	ZC3-A	山东	良好	1 个	

为保证工程施工高效有序地进行，所有施工机械设备提前 5 天进场进行现场调试检修，以满足施工要求。

四、主要材料供应计划

1. 招标采购

除甲供物资外，本工程所用的材料须遵循铁道部《铁路建设物资设备管理办法》（铁建设〔2006〕83 号）规定，选择国内质量信誉良好的大型企业的名牌产品，由建设单位组织施工单位招标选定供应商，施工单位与中标的供应商签订合同。

成立项目经理任组长，各部门主管为成员的招标小组，以招标形式选择供货商。所有采购的材料、设备必须满足设计和规范要求，并能提供产品合格证及检验资料。

2. 供应计划及组织方案

甲供物资，直接运往工地。其他材料在施工现场设立临时料场和料库，库容量将满足施工高峰期供应需要量。这些材料由供应商组织汽车直接运至施工现场；火工品经当地公安部门审批后，联系供货厂商直接组织运至工地火工品库。进场（入库）物资分类存放，上盖下垫，堆码整齐，标识清楚，干净卫生，达到建设单位规定要求。

施工材料计划由施工技术部按年度施工计划，结合当地水文地质条件、天气情况，合理进行现场施工进度计划安排，提前 1 个月提交物资设备部，确保材料充足，满足日常施工需要。根据施工安排及进度计划，工程材料采取提前组织，分批次进场。确保工程施工保质保量完成。

3. 保证材料供应的措施

项目部成立物资设备部，专职从事材料和机械配件的调查、采购、管理、发放及监控工作。

按采购计划制定书面的招标采购订货单，招标选择供应商，预定交货地点和日期。

坚持一个“早”字，即“早准备、早上场、早施工”。开工前，认真搞好施工调查，积极与建设单位沟通，确定施工材料供应商，并备足施工需用的材料，避免因材料供应不及时而造成的停工待料。

材料采购计划具有超前性，按建设单位和监理批复的满足进度要求的交货计划提前安排材料的采购、进场，并经工程技术人员确认，防止材料采购的种类、型号出现错误或采购的时间不对，避免出现采购不及时或库存时间过长等现象。

4. 材料供应的应急预案

充分考虑雨季影响，提前做好物资的储备工作，保证物资的供应，不影响施工进度。

提前做好节假日期间的材料采购，并做好充足的准备，材料库存量应能满足节假日施工的正常需要。加强对材料供应商了解，确定它们在节假日期间的业务管理制度，在节假日期间随时保持联系，做好应急准备工作，确保在特殊情况下仍能保证材料的正常供应。

设立专项资金用于材料的采购工作，确保材料的供应不受资金影响。

五、施工测量

1. 轴线测设

控制网的测设：在布置控制点位置时充分考虑不同的施工阶段和施工作业对场地的需要，控制点尽量布置在高处、通视良好、不易被施工机械破坏的地方；另外还将考虑控制点的精度以保证道路位置的准确。控制网用全站仪测设，坐标计算采用计算机程序化计算及人工计算双复核。

（1）首先对铁一院的测量交底桩进行复核，复核时须注意相邻标段控制点的校核，复核结果经现场监理复核认可后方可使用。为保证控制网的可靠性，控制点都选在施工作业范围外的地方，用混凝土护桩，做到各控制点的通视良好，符合施工需要。在施工阶段定期复核整个控制网。

（2）其次根据业主所交的导线桩按照施工需要测设平面曲线特殊点，如直曲线起点或终点。

（3）再次测设平面控制网，在道路两侧布置轴线控制点，并用混凝土护桩，平面控制网以起点设计点 ZD31-5、ZD31-6 至终点设计点 ZD36-2、ZD36-3 设一条附和导线，并根据此导线设立独立坐标系，依据曲线要素及实地测量数据定出一条导线及导线间导线点的坐标，满足《新建铁路工程测量规范》（TB10101—99）要求。

（4）根据设计图纸使用全站仪，依据平面控制网可直接测设出本区段任意里程线路中心、承台墩身的横纵向轴线、各钻孔桩中心以及支座中心等的位置。

2. 标高测设

（1）按照测规加密临时水准点，每 200 m 左右布置临时水准点，并根据施工阶段定期复核。

（2）根据施工图计算和测设施工标高。

3. 测量仪器的检查

开工前，对所有进入工地的测量仪器统一进行一次强制的全面检测校验，确保工程中使用的仪器的误差控制在标准范围内，减少其在施工中的系统误差。

六、工期安排

为保证桥梁施工高效有序地进行，拟定桥梁墩、台施工从小里程方向向大里程方向推进施工；桥台先施工安康台，后施工西安台。

1. 总工期计划

本标段工程总工期为 33 个月，本桥总工期为 12 个月，计划于 2010 年 3 月 10 日正式开工，2011 年 3 月 10 日前完成该桥下部工程及连续梁施工。

进度计划的总体控制详见《××特大桥施工计划进度图》。

2. 阶段性工期控制

为实现总体工期目标，根据合同工期要求，对本桥工期实行分阶段控制，具体形象进度安排如下：

（1）施工准备：包括机械设备调遣、临时设施、定线测量、图纸复核等工作，便道修筑，道路改移等内容。临时驻地及便道 2010 年 3 月 10 日前完成。

（2）本桥桩基承台：计划于 2010 年 3 月 10 日开工，2010 年 10 月 1 日前全部完成。

（3）本桥墩台：计划于 2010 年 5 月 15 日开工，2011 年 2 月 1 日前完成。

（4）连续梁施工：本桥 32 m + 48 m + 32 m 连续梁施工定于 2010 年 7 月 1 日开始施工，2010 年 10 月 1 日前完成。

（5）后续修整施工：计划于 2011 年 2 月 1 日开工，2011 年 3 月 10 日前全部完成。

第四章　施工方案、方法及措施

本桥桩基础采用冲击钻机、旋挖钻机成孔，钢筋笼采用汽车吊吊装入孔，导管法浇筑桩身混凝土；承台采用组合钢模板，人工组装加固，一次性浇注；单线圆端形墩身采用整体大块钢模板，汽车吊配合一次性或分段组装；单线桥台采用整体大块钢模板，汽车吊配合一次性组装；悬臂梁采用挂篮施工，两墩两侧同时浇筑施工。

混凝土采用商品混凝土，混凝土输送车运输，承台混凝土采用溜槽入模，墩台采用吊车入模或混凝土输送泵泵送入模，插入式振动棒振捣。

一、钻孔桩施工

本工程桩基共 105 根，直径均为 1.25 m，桩长为 17 ~ 35 m 不等。根据桥址地质情况，分为 21 个陆上墩，陆上墩施工均采用冲击钻和旋挖钻，选用冲击钻机 3 台、旋挖钻机 2 台同时开始施工。桩基钻孔顺序采用跳跃法施工，示意图如图 9.4 所示。

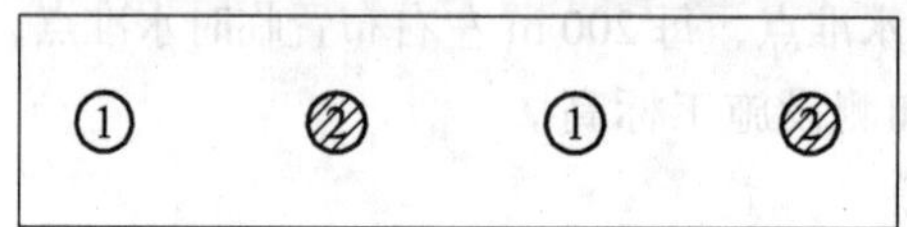

图 9.4　桩基钻孔顺序图

为保证孔型正直，成孔后采用探孔笼检孔；终孔后及时换浆清孔，汽车吊吊装钢筋笼，导管法灌注水下混凝土。桩身的完整性检测按业主要求由指定检测中心测试。具体施工工艺见附图 9.1《钻孔桩施工工艺流程图》。

钻孔桩施工方法如下：

（1）平整场地：钻机设备进场前，对整个施工场地采用人工和机械进行平整，为钻孔作业提供所必需的场地，并根据桩顶设计标高和地面标高等情况进行局部填挖。场地面积要满足施工及机械作业的需要。

（2）测定桩位：根据设计坐标及现场导线控制网，用经过检验的全站仪，定出孔位中心桩，并测放护桩。

（3）埋设护筒：根据测定的孔位中心桩，埋置护筒，程序如下。

① 留桩位开挖护筒位土方。

② 安装护筒：按照孔位中心桩和护筒高度，将护筒固定，护筒外堆填黏土，用弦线拉十字，将孔位中心桩反映到护筒上。

③ 挖弃中心留土。

④ 护筒采用 5 ~ 10 mm 厚钢板制作，护筒内径应大于钻孔桩设计直径，当使用旋挖钻机时应大于 20 cm，当使用冲击钻机时应大于 40 cm，护筒接头处要求内部无突出物，能耐拉、压，不漏水。

⑤ 护筒顶端至少应高出地面 0.3 m。护筒埋设在黏土中不少于 1 m，砂性土中不少于 2 m。当表面土层松软时，宜将护筒埋置在较坚硬密实的土层中至少 0.5 m，水中筑岛时，护筒宜埋入河床面以下 1 m 左右。护筒顶面中心与放样桩位偏差不大于 5 cm，倾斜度不大于 1%。

⑥ 护筒就位后，要选用土质好、易于压实的黏土对护筒周边及时回填并夯实。

（4）钻机就位：钻机就位时，要认真验证桩的中心标志，正确对准桩心。钻机沿场内便道自行就位后，要使其底座平稳、水平，钻架竖直，且保持钻机顶部的钻杆、钻头与桩位中心在铅垂位置，以保证钻孔的垂直精度。孔口处钻杆中心与桩位中心的平面偏差控制在 5 mm 以内。

（5）钻孔：钻孔作业采用三班倒连续作业。按钻进工艺、机械技术要求及钻孔操作要点进行，钻进过程中，要随时根据钻进地质情况，及时改变钻孔方法。及时排除钻砟，并添加黏土造浆。同时，钻孔班组负责人认真填写钻孔记录表。

① 护筒内的泥浆顶面应始终高出筒外水位或地下水位至少 1.0 m。

② 泥浆池的位置待开工后根据现场情况确定。泥浆性能指标应符合规范要求，钻孔泥浆应经常检测，对不符合规定的泥浆，必须及时调整。

③ 临桩钻孔时，在距该桩的中心距离 5 m 以内的其他任何桩的混凝土浇注 24 h 以后，才能开始。

④ 正常钻进时，参考地质资料掌握土层变化情况，及时捞取钻砟取样，判断土层，记入钻孔记录表，并与地质资料进行核对。根据核对判定的土层及时调整钻机的转速和进尺。若钻孔位置处的地质情况与设计图纸上描述的有明显差别时，及时上报，待批准后再行施工。

⑤ 为保护环境，泥浆经沉淀处理合格后应将钻砟及时运往指定地点。

⑥ 钻孔应连续操作，不得中途停止。

（6）终孔：当钻孔深度达到设计要求后，用检孔器测孔径、孔深、垂直度等，孔径、孔深必须符合图纸要求，未经检查不得安装钢筋笼，浇注混凝土。

（7）清孔：成孔检查完成后，采用换浆清孔法清孔。目的是降低孔内泥浆比重，便于灌注水下混凝土。不得用加深孔底的办法代替清孔。

（8）检孔：使用自制长度 6 ~ 8 m，外径为 1.25 m 钢筋探笼对成孔深度、孔径、垂直度进行检查。钻孔成孔质量标准见表 9.4。

表 9.4 钻孔成孔质量标准

项 目	允许偏差
孔的中心位置/mm	50
孔径/mm	不小于设计桩径
倾斜度	钻孔：小于 1%
孔 深	摩擦桩：不小于设计规定
沉渣厚度/mm	≤300
钻孔时泥浆指标	相对密度：冲击钻机，1.1 ~ 1.3；旋挖钻机，1.05 ~ 1.15
清孔后泥浆指标	相对密度：1.03 ~ 1.10

（9）加工、安放钢筋笼：钢筋笼制作除按设计图纸进行下料绑扎以外，还应按有关规范进行施工，并应注意以下事项。

① 钢筋骨架的制作。

钢筋笼采用现场加工，工程开工或每批钢筋正式焊接前，必须有原材料合格证，并进行现场条件下的钢筋焊接性能试验。雨天、大风天气不得在现场进行施焊，必须施焊时，要采取有效的遮蔽措施。焊后热处理完毕，让其在环境温度下自然冷却。钢筋笼主筋接头采用双面搭接焊，要求主筋平直，箍筋圆顺，尺寸准确，主筋接头互相错开，保证同一截面内（35*d* 长度范围内，但不少于 500 mm）的接头不多于主筋总数的 50%，加强箍筋与主筋连接全部焊接。

为使钢筋笼达到图纸要求的保护层，在钢筋笼主筋上每隔 2 m 对称绑扎 4 个同标号砂浆垫块。

钢筋笼根据设计要求分节加工，钢筋笼下端应整齐，用加强箍筋全部封住不露头，使混凝土导管和吸泥管能顺利升降，防止与钢筋笼卡挂。

如设计需要安装声测管的桩基钢筋笼，将声测管按照 120° 的位置均匀绑扎在钢筋笼上。检测管每节长度一般为 8 m，采用套管连接，下端用钢板封底焊牢，要求不漏水；安装声测管的钢筋笼在孔口完成钢筋笼对接后，用比声测管外径大 2 mm 的钢管上下套住声测管，然后焊接套管，焊接焊缝必须饱满且不得烧穿声测管；浇注混凝土时，将检测管灌满水，上口用塞子密封。

② 钢筋骨架的安装。

采用汽车吊安装，孔口焊接接长。起吊时可用三吊点，吊点位置恰当。第一吊点设在骨架的 1/4 位置，第二吊点设在骨架的中点到三分点之间，第三吊点设置在钢筋笼尾部，第二吊点与第三吊点之间用滑轮连接。起吊时，同时起吊三点，使骨架稍提起，离开底面一定高度后，第一吊点继续起吊。停止提升或第二、三吊点。直到骨架与地面垂直后停止起吊。解除第一吊点后，检查钢筋笼是否顺直，如有弯曲应调直。

吊入钢筋笼时应对准孔位，轻放慢放，若遇阻碍，可徐起直落和正反旋转使之下放防止碰撞孔壁，而引起坍塌。下放过程中要注意观察孔内水位情况，如发生异样马上停止，检验是否坍孔。

钢筋笼接长时，首先在下一节钢筋骨架的上端加强筋下插上钢管，作为临时支撑，将其安放在护筒或井口上，确认下一节钢筋骨架垂直无误后，再与吊起的上节骨架焊接。焊接时应满足钢筋搭接长度要求，先点焊固定后再进行搭接焊，焊接时宜采用单面搭接焊，以利施工。

钢筋笼吊装完毕后，使用 2 根吊环筋固定钢筋笼，吊环筋用钢管横担在护筒上口。

（10）导管安装。

① 导管要求。

灌注水下混凝土采用钢导管灌注，导管内径为 25 ~ 35 cm。导管内壁应圆滑、顺直、光洁、无局部凹凸，且内径一致、接口严密。导管使用前应进行水密承压和接头抗拉试验，严禁用压气试压。进行水密试验的水压不应小于孔底静水压力的 1.5 倍。

表 9.5　钻（挖）孔桩钢筋骨架的允许偏差和检验方法

序号	项　　目	允许偏差	检验方法
1	钢筋骨架在承台底以下长度	±100 mm	尺量检查
2	钢筋骨架直径	±20 mm	
3	主钢筋间距	±0.5*d*	尺量检查不少于 5 处
4	加强筋间距	±20 mm	
5	箍筋间距或螺旋筋间距	±20 mm	
6	钢筋骨架垂直度	1%	吊线尺量检查

② 安装导管。

导管中间节每节 2 ~ 3.5 m，底节为 4 m，顶节配 1 ~ 2 节 1 ~ 1.5 m 的短管。导管按自下而上顺序编号和标示尺度。导管组装后轴线偏差，不超过钻孔深的 0.5% 并不大于 10 cm。

导管长度按孔深和工作平台高度决定。漏斗底距钻孔上口，大于一节中间导管长度。导管接头采用螺旋丝扣型接头，设防松装置。

导管应位于钻孔中央，在浇筑混凝土前，应进行升降试验。导管吊装升降设备的能力，应与全部导管充满混凝土后的总重量和摩阻力相适应，并应有一定的安全储备。

导管安装后，其底口距孔底应有 30 ~ 60 cm 的悬空。

（11）灌注水下混凝土

① 导管法灌注水下混凝土详见图 9.5。

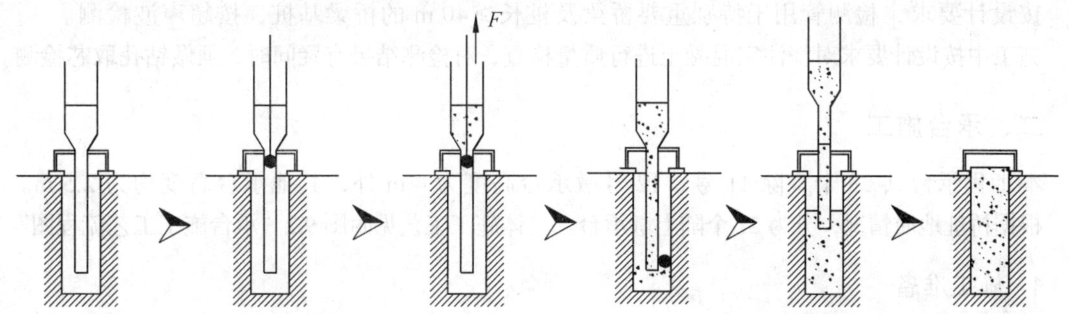

图 9.5　导管法灌注水下混凝土工艺

② 水下混凝土用的水泥、集料、水、外加剂以及混凝土的配合比，拌和、运输等必须符合设计及规范规定。混凝土采用商品混凝土，混凝土运输车运至工地入斗，逐桩完成浇筑。

③ 计算和控制首批封底混凝土数量，确保混凝土的初存量应满足首批混凝土入孔后，导管下口埋入混凝土不小于 1 m 并不宜大于 3 m。根据计算的需用量，将隔水栓以上的导管、漏斗内灌满，并准备足够的混凝土在混凝土运输车内，再剪断隔水栓上的悬挂铅丝进行灌注，以防在清孔过程中出现的孔底扩径而要增加的灌入量，确保导管插入深度和封底成功。

首批混凝土灌入孔底后，立即探测孔内混凝土面高度，计算出导管内埋置深度，如符合要求，即可正常灌注。如发现导管内大量进水，表明出现灌注事故，需重新清孔后方可灌注混凝土。

④ 水下混凝土入孔坍落度应控制在 18 ~ 22 cm。

⑤ 导管的埋置深度应控制在 3 ~ 5 m。同时应经常测探孔内混凝土面的位置，及时调整导管埋深，严禁把导管底端提出混凝土面。测量水中混凝土面高度可用测锤，其规格为：圆锥形，钢板焊接，砂填心，底面直径 14 cm，高 20 cm，质量 3.6 kg。

⑥ 水下混凝土必须连续浇注，浇注间隙不能超过 30 min，灌注速度 5 ~ 10 m/h，同时认真填写水下混凝土灌注记录，随时测量并记录导管埋置深度和混凝土的表面高度。

⑦ 浇注过程中，应将孔内溢出的泥浆引流至适当地点处理，防止污染周围的环境。

⑧ 灌注混凝土时，应采取必要措施防止钢筋笼上浮：采用在横担上加重或使用定位筋将吊环筋焊接在护筒或工作平台上等方法，防止浮笼；当灌注混凝土顶面距钢筋分节处时，应降低混凝土浇注速度，当混凝土上升到分节处以上 4 m 时，提升导管，使导管底部高于骨架 2 m，再恢复正常灌注速度。

⑨ 混凝土灌注高度必须高出设计桩顶标高以上 0.5 ~ 1.0 m，确保桩顶混凝土质量。在灌注将近结束时，如出现混凝土顶升困难时，可在孔内加水稀释泥浆，并掏出部分沉淀土，使

灌注工作顺利进行。在拔除最后一段长导管时，拔管速度要慢，以防桩顶沉淀的泥浆挤入导管下，形成泥心。灌注中按规定制作试件。

（12）桩头处理。

桩身混凝土达到终凝后，采用风镐和人工辅助凿除的方法，凿掉高出桩顶设计高程部分的混凝土，其凿掉高度不小于 50 cm，并保证凿面处的混凝土具有良好的质量。既要平整，又要有一定的毛面，以利新旧混凝土的有效连接。

（13）桩基检测。

按设计要求，检测管用于特别重要桥梁及桩长≥40 m 的桥梁基桩，按超声波检测。

施工中按设计要求对浇注完混凝土进行质量检查，对检测结果有疑问时，须做钻孔取芯检测。

二、承台施工

本工程承台共 23 个，除 11 号、12 号墩承台高度为 4 m 外，其他承台高度均为 2.5 m。根据桥址地质情况，分为 21 个陆上墩承台。具体施工工艺见附图 9.2“承台施工工艺流程图”。

1. 施工准备

准确测定基坑横纵中心线及地面标高。根据开挖深度和边坡，确定开挖范围。根据基坑四周地形，做好地面防水、排水工作。

2. 基坑开挖

基坑采用挖掘机开挖，人工配合修整，可采用直接开挖法施工或放坡与支护相结合开挖法施工。基坑挖好后将原基底整平夯打密实。

承台基坑开挖时如有出水，根据出水量采用适当功率水泵进行抽水。对于靠近既有公路的承台，在基坑开挖时根据情况采用钢筋混凝土护壁，对受开挖影响的公路进行防护，保证运营安全。

在开挖至承台基底标高基础上，多开挖 20 ~ 30 cm，将破除桩头混凝土碎片铺于基坑内。

3. 承台基底处理

基坑开挖后进行桩头处理，并按设计要求进行桩基检测。检测合格后，再次按设计标高清理基底，承台底铺 10 cm 碎石垫层，用砂浆抹面，待砂浆终凝后，立模绑扎钢筋，桩顶主筋伸入承台长度须满足设计要求。

4. 钢筋加工及安装

钢筋采用集中加工成型。钢筋加工前对钢筋进行清理，保证钢筋表面无锈蚀、油脂等杂物，主筋采用闪光对焊集中焊接。

钢筋绑扎采用现场就地绑扎的方法进行施工，如承台底部钢筋网格与桩顶主筋有抵触时，可适当调整钢筋网格但不得任意截断钢筋。施工中于主筋底部及外侧交错布置同标号混凝土垫块，以保证浇注混凝土时钢筋保护层厚度。钢筋绑扎时按照施工规范及技术规范进行施工，绑扎安装要符合设计并按规定预埋墩台构造钢筋。

5. 模板加工及安装

侧模采用组合钢模板，模板表面均匀涂刷脱模剂，四周采用管架及方木进行加固，支撑牢固。

6. 承台基础混凝土浇注

承台混凝土应一次连续浇筑，当混凝土温度与环境之差大于 25 °C 时或设计有规定时，应按大体积混凝土施工，在承台中设置散热管，以均匀降低混凝土水化热，避免承台混凝土开裂。

混凝土采用商品混凝土，由混凝土运输车运到浇筑现场，在承台的四周分别使用溜槽，中间浇注不到部分使用吊车配合入模，在混凝土罐车直接浇注困难的情况下选择泵送入模。混凝土采用插入式振动棒振捣，分层连续浇筑，振捣时应避免触碰模板与钢筋。

混凝土分层连续浇注，分层厚度不得大于 0.3 m，分层浇注时，上下层之间水平间距不得小于 1.5 m。混凝土的振捣采用插入振捣器，振捣密实的标志是混凝土表面泛光，不再出现气泡，混凝土表面不再下沉。混凝土灌注过程中，设专人随时检查模板、支架、钢筋和预埋件情况，发现问题及时处理。

混凝土初凝前，进行混凝土面的提浆、压实、抹光工作，初凝后、终凝之前进行二次压光，以提高混凝土抗拉强度，减少收缩量。

7. 承台与墩台身接缝的处理

承台混凝土终凝后，将承台与墩台身接缝处混凝土表面凿毛，并使用高压水冲洗，其凿掉高度不小于 50 mm，既要平整，又要有一定的毛面，以利新旧混凝土的有效连接。

8. 承台养护、拆模及回填

承台施工完毕 12 h 内，应及时对混凝土进行洒水养护，保证混凝土表面湿润，防止干缩裂缝的出现。在施工完毕的承台上覆盖土工布等，始终保证土工布表面的湿润。洒水养护但不能使混凝土表面呈流水状态。洒水养护的时间不得低于 14 天。当日平均气温低于 5 °C 时，不得洒水。

如采用大体积混凝土施工设置散热管时，在混凝土初凝后，开始对散热水管通水降温，冷却水管的间距按照 1.0 m 进行设置。散热管通水的过程中必须实时测定承台中心温度，保证水管入口温度与混凝土内部最大温度差不超过 20 °C。

拆模前进行试件试压，拆模强度达到 2.5 MPa 以上。拆模后及时回填养护。基础回填的填料按设计要求选取，设计未规定时回填粗颗粒土，并采用电动打夯机、人工配合分层夯填密实，每层填筑厚度控制在 0.15 m 以内。

9. 承台的允许偏差和检验方法（表 9.6）

表 9.6 承台的允许偏差和检验方法表

项 目	允许偏差/mm	检验方法
尺 寸	±30	尺量长、宽、高各 2 点
顶面高程	±20	测量 5 点
轴线偏位	15	测量纵横各 2 点
前后、左右边缘距设计中心线尺寸	±50	尺量各边 2 处

三、实心墩台施工方法

本桥包含桥台 2 个，桥墩 21 个，均为单线圆端形实心桥墩，实心墩高度最低 4 m，最高

12 m。墩、台身施工采用大块定型钢模板，墩身混凝土采用一次性浇注完毕。

墩、台身钢筋、模板采用汽车吊完成垂直提升。施工时需注意要根据设计图纸要求对钢筋混凝土的钢筋采取相应的防锈措施，并按设计及规范要求施工。

混凝土通过泵送入模，墩身模板和钢筋采用汽车起重机垂直吊装作业。墩身浇筑完成后先带模浇水养生，拆模后覆塑料膜养生。具体工艺见附图 9.3“墩台施工工艺流程图”。

1. 施工准备

墩身施工前应首先清理场地，放设十字线，为保证模板拆模方便，于墩台底部浇注 15 cm 宽、3 cm 高的砂浆垫圈，并于垫圈中部设排水孔。

下河滩墩身均采用单排脚手架，四周用直径 8 mm 的钢丝绳的风揽，每增高 10 m 设一处。脚手架内侧采用 ϕ50 mm 钢管搭设便梯供施工人员上下，脚手架四周做好防护措施。

2. 钢筋加工及安装

（1）所有进场钢筋必须经过检验合格后方可使用，并要有出厂质量合格证。

（2）认真阅读图纸，制订合理的加工安装方案。设计有明确规定时，按设计施工；设计无明确规定时，钢筋采用闪光对焊于钢筋加工厂集中加工，现场绑扎。高墩施工时，上部主筋采用现场电渣压力焊进行焊接。钢筋绑扎与焊接需按照施工规范及技术规范要求进行施工。

（3）钢筋接头应相互错开，无论任何情况下，同截面（焊接时在 35d，且不小于 500 mm 长度范围）内的接头数量与钢筋总截面面积的百分比不超过 50%。

（4）桥墩顶帽及托盘钢筋按结构要求一次加工成型，起重机吊起就位时，必须设专人配合。成型的钢筋骨架必须具有足够的刚度和稳定性，不得松散、移位、变形。

（5）钢筋保护层：采用定型塑料垫块绑扎于主筋之上。

3. 模板加工及安装

（1）模板制作。

单线圆端形实体桥墩模板采用大块整体定型钢模，模板选用 6 mm 厚钢板面板，框架采用［10 槽钢，加劲肋采用 2［10 槽钢。要求模板表面平整，接缝密贴，确保不漏浆，尺寸偏差符合设计要求，模板节与节之间、相邻模板间用高强螺栓连接，并设好内部支撑及对拉杆。模板具有足够的刚度、强度、稳定性和精确的结构尺寸，且拆装方便，接缝严密，不漏浆。

单线圆端形桥墩共采用 2 套墩身模板用于 21 个桥墩施工，采用 1 套单线桥台模板用于 2 个单线桥台施工，模板均在工厂定点加工。

模板为了安装方便，分节制作，分节高度一般按照 2 m 每节，自墩顶向下，墩身底部最下一节根据墩身高度分别制作调节块，调节块的高度一般不超过 2 m。墩身模板直线段高度按照 2 m 分节，宽度方向按照两节制作，圆弧端的模板按照 90° 分为两部分。墩顶墩帽部分为了减少错台，墩帽模板下部向下延伸 50 cm，保证墩颈连续光滑过渡。单块模板重量不超过 1 000 kg，以便于施工过程中的吊装以及调整。模板四周用直径 8 mm 的钢丝绳的风揽，每增高 10 m 设一处。

（2）模板及支架安装。

模板使用汽车吊配合人工进行安装。模板安装好后，检查轴线、高程符合设计要求后加固，保证模板在灌注混凝土过程受力后不变形、不移位。模内干净无杂物，拼合平整严密。支架结构的立面、平面安装牢固，并能抵挡振动时偶然撞击。支架立柱在两个互相垂直的方向加以固定，支架支承部分安置在可靠的地基上。模板检查合格后，刷脱模剂。

4. 混凝土浇注

墩身混凝土采用商品混凝土，混凝土罐车运输，泵送入模。振捣采用插入式振捣棒振捣，灌注高度大于 2 m 时，设置串筒，以避免混凝土混合料从高处向模板内倾卸时产生离析。

浇注前对支架、模板、钢筋和预埋件进行检查，并将模板内的杂物、积水和钢筋上的污垢清理干净；模板的缝隙填塞严密，内面涂刷脱模剂。浇筑时检查混凝土的和易性以及含气量等指标。

混凝土分层进行浇筑，每层厚度不得超过 30 cm。用插入式振捣器振捣要仔细，以免漏振，同时须避免碰触模板。振捣密实的标志是混凝土停止下沉，不再冒出气泡，表面呈平坦泛浆。

在混凝土浇筑过程中，随时观察所设置的预埋螺栓、预留孔、预埋支座的位置是否移动，若发现移位时及时校正。注意模板、支架等支撑情况，设专人检查，如有变形，移位或沉陷立即校正并加固。

混凝土的浇筑连续进行，如因故必须间断时，其间断时间小于前层混凝土的初凝时间或能重塑的时间，并经试验确定，若超过允许间断时间，须采取保证质量措施或按工作缝处理。

混凝土浇筑完成后，及时用塑料薄膜包裹并定时洒水养护。

5. 拆模及混凝土养护

混凝土初凝后带模浇水养生，同时在墩顶进行覆盖养护，以保证混凝土表面经常处于湿润状态为准，养护期为 14 天。墩身底部混凝土在浇注 24 h 后方可拆模，墩帽牛腿底部模板须待牛腿混凝土强度达到设计强度后方可拆模。脱模时从下往上，先凿除模板底部砂浆垫层，再松开大块模板的联结扣件，用倒链配合人工逐块拆下各块模板，并对板面进行清理及涂刷脱模剂后备下次周转使用。

拆模后在混凝土表面包裹塑料薄膜，并于墩顶设水箱滴灌养护，使混凝土表面延续保持湿润，养护用水及材料不能使混凝土产生不良外观质量影响。在混凝土强度达到 2.5 MPa 前，不得在其上踩踏或安装模板及支架。

混凝土表面不便浇水或使用塑料布时，宜涂刷养护剂。

四、支承垫石和锚栓孔

支承垫石在支座安装前采用定制钢模板浇注完成。采取全桥联测和跟踪测量的方法，精确控制各墩支承垫石顶面相对标高和绝对标高，以满足设计要求。

预留孔洞采用自制钢筒预留，在混凝土浇注前将钢筒根据测量点预埋并固定，施工完毕时拆除模具，清理空洞，检查平面位置、深度，如不合格再进行二次处理。

五、桥面系及附属工程

桥面系及附属工程施工包括泄水孔安装，防水层铺设，水沟及电缆槽、人行道栏杆、避车台、检查梯、人行道板的预制和安装，接触网支柱、桥台锥坡等项目。

水沟及电缆槽、人行道盖板预制时所有钢筋、混凝土等施工按设计和现行规范要求施工；构件安装前逐块检查，安装时采用挂线控制，保证构件安装位置正确、外轮廓清晰、线条优美。

桥面基层表面质量符合规范的规定要求，平整度用 1 m 长的靠尺检查，空隙平缓变化不大于 5 mm。

防水层施作前清除基层表面的浮砟、浮灰和积水。

第五章　确保工程质量和工期的措施

一、确保工程质量的措施

1. 工程质量创优规划

工程施工确保实现整体创优目标。各类原材料、成品、半成品符合设计要求及规范规定，各类试验、检测资料齐全，砂浆、混凝土试件强度的合格率达 100%，分项工程一次评审合格率 100%，优良率达 90% 以上；单位工程达到省优标准。

2. 工程质量创优措施

（1）强化全员质量意识，加强质量教育和管理，牢固树立“百年大计，质量第一”的思想，按照 ISO9001：2000 质量管理体系程序加强全面质量管理。具体如图 9.6 所示。

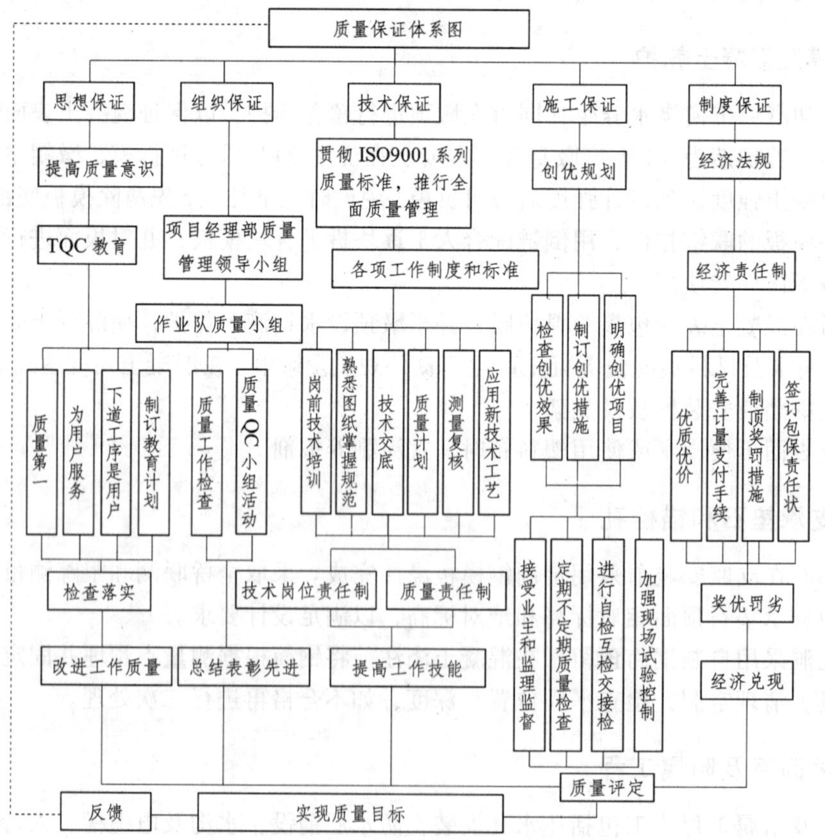

图 9.6　质量保证体系框图

（2）施工过程必须以设计规范、技术规范、设计文件为依据，精心组织施工，必须体现和执行质量否决权，体现质量是企业的生命线。推行质量管理岗位责任制、逐级负责制，层层把关，层层负责。建立创优检查、分析评比制度，开展创优竞赛活动，做到月有检查分析，季有质量评比，年有总结奖惩。

（3）进入本标段施工的各作业队，必须要有工程质量创优规划，要有工程质量创优的具体措施，建立责任制，把创优项目层层分解，落实到人。

（4）坚决杜绝质量通病，做到“内实外美”，以“内实”为根本。本工程要以主攻质量通病为重点，加强管理，加大力度，实实在在地提高工程质量的综合水平。施工过程严格按施工规范操作，针对不同质量通病进行攻关，制定防范措施，使质量通病得到克服和控制。

（5）进入本工程的每一个管理人员和施工人员，必须接受建设单位和监理工程师的检查监督，并严格认真地执行监理工程师的指令和命令，确保工程质量。

（6）严格执行施工现场试验工作制度，尤其是混凝土配合比，水泥浆配合比的计量工作。

（7）各作业队的专职质检员必须做到不离施工现场，尽职尽责，对违章作业、不重视施工质量的现象和行为及时纠正和制止，并有权责令其停止施工。

（8）严把工程材料进场检验关，严格执行检查、检测制度，并逐级检查和验收，严防不合格产品和材料进场。

（9）对工程所需材料都必须进行试验和检验，合格后并报请监理工程师同意后方可使用。

3. 工程质量保证措施

质量是企业的生命，工程质量是施工企业的立足之本。我公司始终以“百年大计，质量第一”为指导思想，用忠实的行动创建了一个个优质工程，为企业的持续、稳步、健康发展创造了良好的内部和外部环境条件及稳固的基础。

本工程实施中，我们将一如既往地继续保持和发扬优良传统，抱着对业主高度负责的态度，采用具有针对性的先进技术及工艺、设备，从组织机构、管理手段、试验检测设施抓起，实行全员全方位、全过程的质量控制，按期完成并保证质量目标的实现。

本项目将建立以项目经理为组长，项目总工程师、项目副经理为副组长，专职质检工程师、质检员、试验工程师、测量工程师和工程队等参加的全面质量管理机构。具体详见图 9.7。

（1）保证质量的原则。

在施工过程中严格按照设计要求和规范要求进行控制，满足设计及规范要求。上道工序不合格决不允许进行下道工序施工，质量具有否决权。

（2）保证质量的方针。

以满足业主要求为宗旨，实现质量承诺为准则，领先行业标准为目标。

（3）建立健全质量保证体系。

开工后，成立以项目经理为组长，项目总工程师为副组长，有关职能部门负责人为组员的质量管理领导小组。制定实施性的创优规划和措施。质量管理两手抓，一是开展 QC 小组攻关活动，二是贯彻 GB/T 19001—2000 标准，定期召开质量分析会，发现问题及时改正，以推进和改进质量管理工作。

（4）全面推行质量管理。

（5）开展质量教育活动，提高全员质量意识。

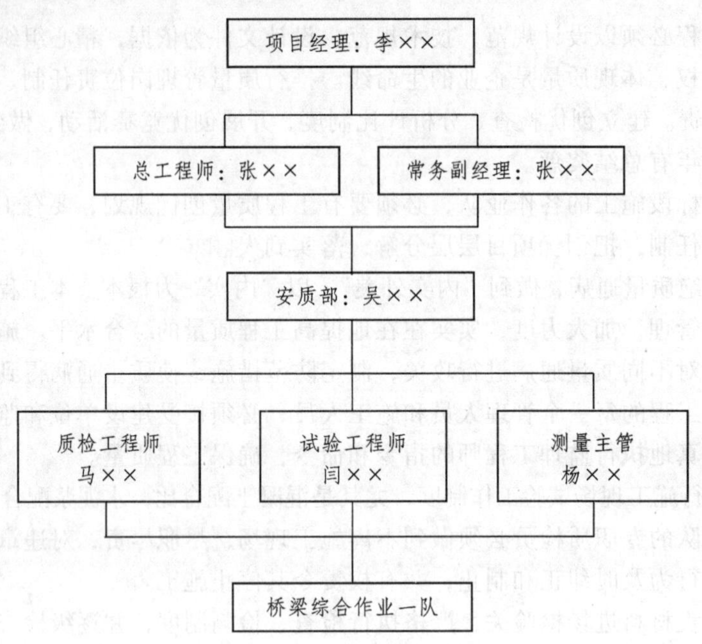

图 9.7　质量管理体制框架图

（6）狠抓关键工序，确保整体质量目标。

（7）选配有实力、有经验的专业施工队伍，抽调有多年同类工程施工经验的管理人员和技术骨干上阵，攻克难关，确保质量。

（8）尊重和支持监理工程师的工作，服从监督，并为其提供必要的检测设备和数据，经常征询他们的意见，听取他们的建议，对监理工程师指出的质量问题立即改正。

（9）实施技术干部、质检人员工点质量责任制，奖优罚劣。要求责任人员勤测、勤量、勤检查、勤指导，认真做好各种原始记录，施工前认真细致地复核设计资料，对图纸做到心中有数，交底尺寸要同现场反复核对。

二、确保工期的措施

1. 组织机构

为了保证本工程顺利实施，按期完成本工程施工，成立工期保证领导小组，由项目经理担任组长，施工技术、安全质量、计统财务、物资设备、办公室等职能部门的负责人任组员。工期保证领导小组定期开会分析项目实施中出现的问题，统一协调，统筹安排，确保目标工期的实现。

2. 保证工期的主要技术措施

（1）做好施工准备是保证工期的必备措施。

① 做好施工调查，编制实施性施工组织设计，针对本工程的要求，做出周密的施工计划，对于难点、重点和关键的施工项目，成立攻关小组，确保按期完成施工任务。

② 大型施工机械设备要按计划限期进场，并保证机械设备状态良好。

③ 按计划实施技术准备工作，关键是现场测量、审核图纸、编制实施性施工组织设计及各工序的施工工艺标准对全体施工人员进行岗位培训教育、施工图技术交底。

④ 按合同条款规定，及时提交开工申请报告，在监理工程师的主持下，办理场地交接手续并与相关专业制订协调配合措施，按时开工。

（2）按照招标文件要求进行工期控制。

① 认真组织施工，按计划实施施工组织设计的进度安排，执行网络控制技术，当施工条件发生变化时及时调整关键工序的相关因素。

② 严格按照设计文件、施工组织设计、技术操作规程和有关质量验收评定标准进行施工，及时向建设单位提报季度、月施工生产计划及各种统计、安全、质量报表。

③ 均衡组织生产，协调施工，做到工期与质量并重，进度与形象进度统一，价值与工程数量协调，组织好各工序的衔接。

（3）机械设备是保证工期的关键因素。

① 编制施工机械设备安全操作技术规程，经常检查施工机械设备使用情况，消除隐患，使机械设备安全、高效、低耗地运转。

② 组织好足够的施工机械设备，严格执行“三级保养”制度使设备随时处于良好状态。

（4）以科学数据为依据，优化施工组织设计。

① 建立和完善以质量、工期、投资、劳力、材料为主要技术经济指标的动态、优化、总体性的施工组织设计，以科学数据为依据，运用统筹法、计算机等进行工序环节管理，特别对关键工程上的工序进行科学调控，使工程的各工序处于可控之中。

② 加强信息管理，及时调整施工环节，解决影响进度的具体问题，随时根据施工进度、材料供应调整优化施工方案，定期进行成本分析。

③ 当总工期目标发生变化或前期工程严重影响本工程施工时，应及时调整施工工序，增加施工人员、机械设备，以保证达到总体工期要求的目标。

④ 加强材料供应工作，保证现场材料供应。施工现场要适当储备料，防止停工待料。实行定额计件工资制度，把工期控制与个人经济收益挂钩，把精神和物质奖励结合起来，最大限度地调动职工积极性。

3. 工期保证体系（图 9.8）

第六章　安全目标和安全保证体系及措施

一、安全目标

杜绝安全特别重大、重大、大事故；杜绝死亡事故，消灭一切责任事故；防止一般事故的发生，确保人民生命财产不受损害；创建安全生产标准工地。

二、安全管理组织机构

（1）为实现安全目标，建立健全项目安全生产保证体系，成立安全工作领导小组，本项目工程设立以项目经理为第一责任者的安全生产领导组，总负责并领导本项目的安全生产工作。

主管安全生产的副经理为安全生产的直接责任人，总工程师为安全生产的技术负责人。下设安全质量部，安全质量部设专职安检工程师；工队设兼职安全员，自上而下形成安全生产监督、保证体系，具体见“安全保证体系框图”。

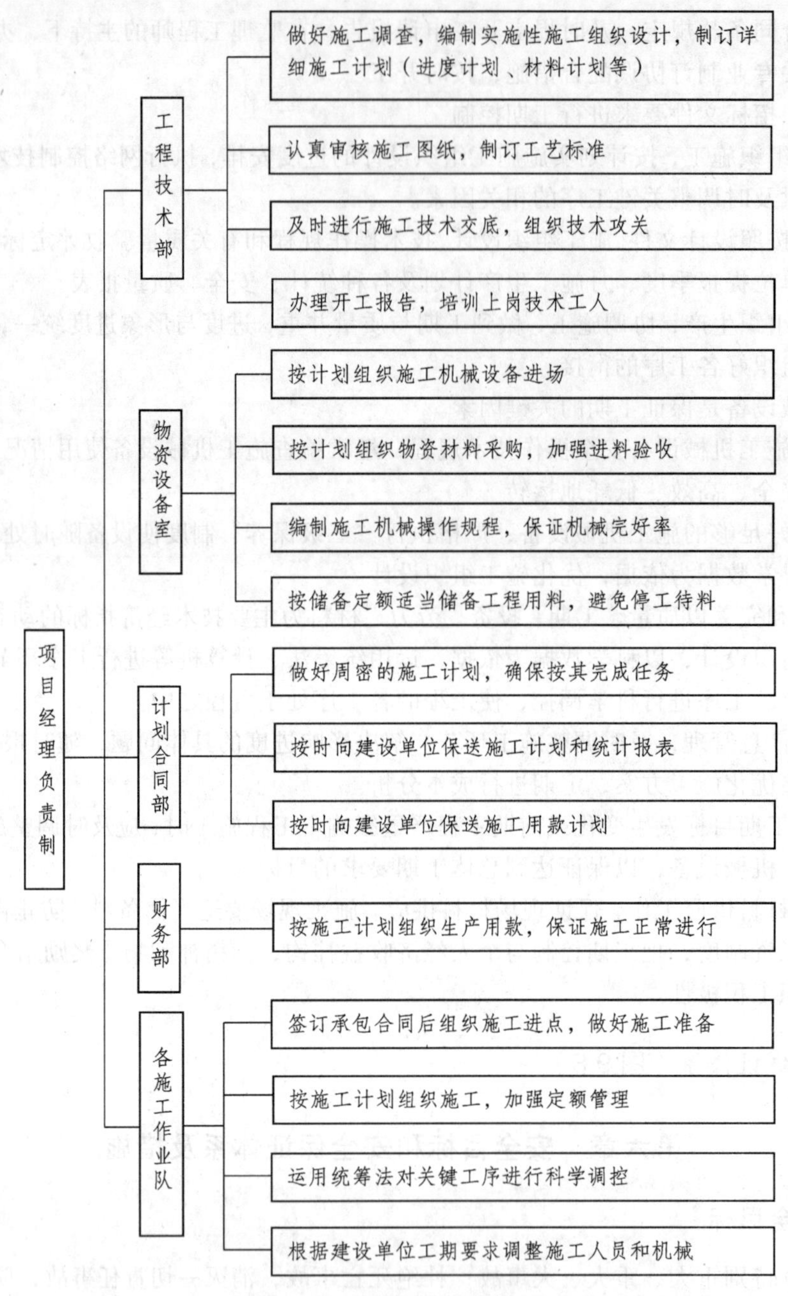

图 9.8　工期保证体系框图

（2）认真执行国家、铁道部、铁路局有关安全生产的法律、法规、文件和管理办法及地方政府有关安全规定，完善各项安全生产管理制度，针对各部位、各工序、各工种的各自特点制定安全管理制度，并由各级安全组织督促检查并落实。

（3）建立安全生产责任制，落实各级管理人员的安全职责。

（4）加强安全生产教育。

针对本工程的特点，定期进行安全生产教育，培养安全生产必备的基本知识和技能，提高安全意识。

有计划地对重点岗位的生产知识、安全操作规程、安全生产制度、施工纪律进行培训和考核，合格者发上岗证并持证上岗。

特种工的安全教育、考核、复验，严格按照《特种作业人员安全技术考核管理规则》（GB5306—85号文）执行。经过培训考试合格，获取操作证者方能持证上岗，对已取得上岗证者，要进行登记存盘，按期复审。

未经安全教育的人员不准上岗。变换工种或采用新办法、新工艺、新设备、新材料及技术难度大的经过技术培训，未经培训合格者不准上岗。

通过安全教育，增强职工安全意识，树立“安全第一，预防为主”的思想，提高职工遵守施工安全纪律的自觉性，认真执行安全操作规程。

（5）健全安全应急机制，建立从公司到项目的安全突发事件应急工作机制，健全各级安全应急预案，层层落实安全监管责任，迅速、正确、果断应对事故，并及时上报情况，把事故损失和负面影响降到最低程度。

（6）加大安全处罚力度，综合运用经济、行政、市场等手段，严肃追究安全事故相关责任单位和个人责任，并与各项考核、评价挂钩。

（7）安全保证体系，见框图9.9。

三、安全生产管理制度

严格遵守铁路施工技术安全规则和有关安全生产和劳动保护方面的法律法规，建立健全安全生产管理制度。

成立以项目经理为组长，项目副经理、总工程师为副组长的安全领导小组，签订安全责任书，做到制度明确、责任到人、奖罚分明。

采用各种形式，加强安全意识教育，进一步抓好全体施工人员岗前技术和安全培训工作，努力提高员工技术素质和安全防范能力。认真贯彻执行国家安全生产的方针政策。所有参加施工人员施工前进行安全学习，岗位培训合格后，方能上岗。

根据施工实际情况，编制详细的安全操作规程、细则，制订切实可行的安全技术措施、施工方案和实施措施，做好技术交底，并在施工过程中督促检查，严格落实执行。严格贯彻执行颁布的有关“安全技术规则”和各项“规定”、“规范”。坚持“一日三检制”，定期或不定期的安全检查制度，认真落实“安全五同时”。及时检查安全措施的落实情况，发现问题立即采取措施解决，做到措施落实，坚决消灭安全事故隐患。对关键部位、岗位，时刻要设专人负责，制订防范措施。

参加施工的全体人员按规定佩戴安全防护用品，上岗工作前不能饮酒。

所有施工机械、机具要由培训考试合格的持证人员上岗操作，实行安全操作挂牌负责制，不能交给无证或不熟悉性能的人员操作；不能酒后驾车，疲劳驾车。施工设备要确认技术状态良好，备品齐全有效。

定期进行安全卫生检查，做好疾病防疫工作，严防食物中毒事件发生，确保作业人员身心健康，现场配备应急车辆，以备紧急情况下的急救和保护工作。

开工前项目经理部组织相关部室审查施工组织设计是否有安全措施，施工机械设备是否配齐安全防护装置，安全防护设施是否符合要求，施工人员是否经过安全教育和培训，施工安全责任制是否有应急预案等。定期进行安全生产检查，积极配合上级进行专项和重点检查；

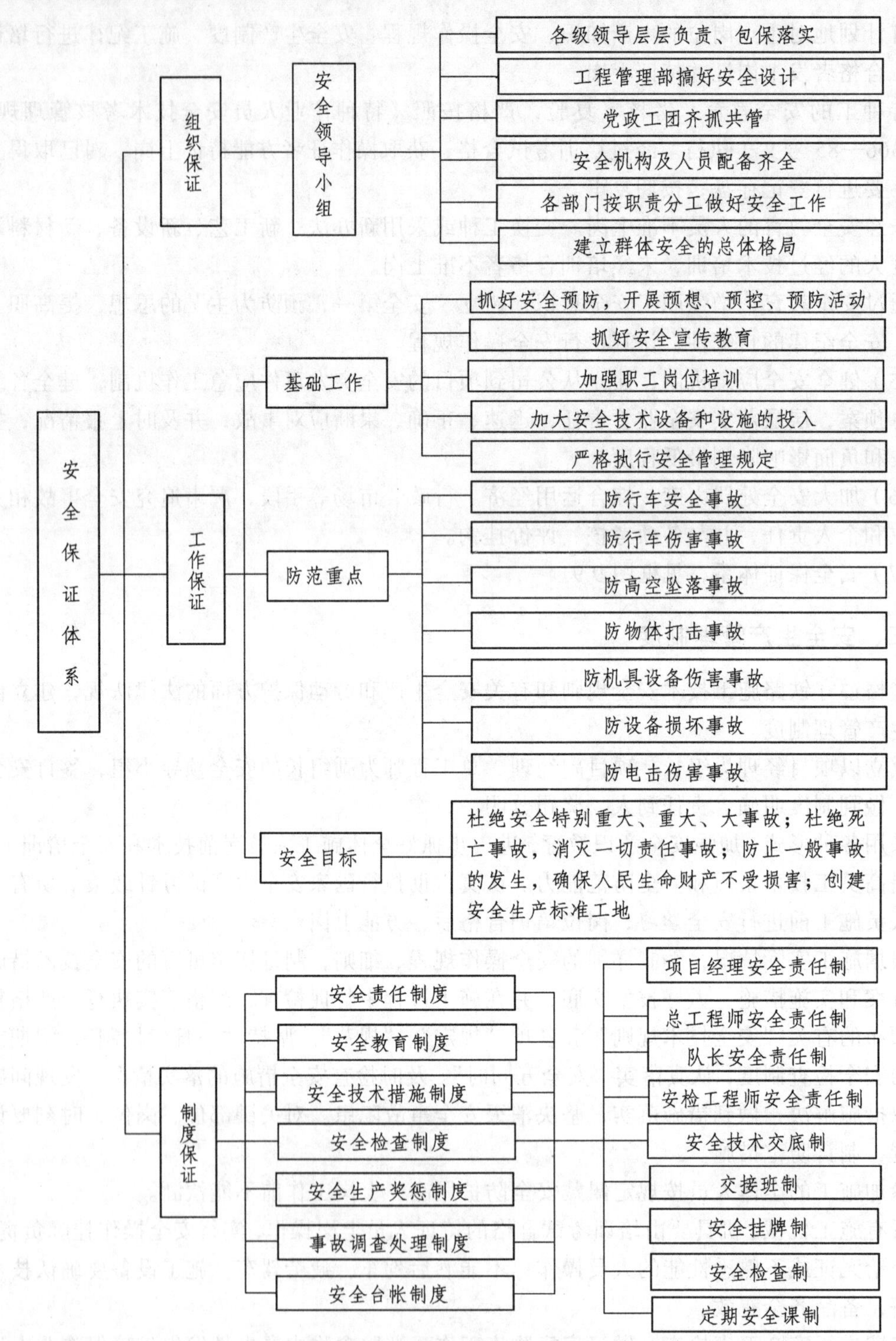

图 9.9　安全保证体系框图

班组每日进行自检、互检、交接班检查。安检工程师、安全员日常巡回安全检查。检查重点为危险物品管理、施工用电、大型机械设备、模板工程、高处作业、龙门架等。针对施工现场的重大危险源，对施工现场的特种作业安全、现场的施工技术安全、现场大中型设备的使用、运转、维修进行专项检查，同时做好季节性、节假日安全生产专项检查。

做好安全事故报告、调查处理和责任追究制度。报告范围为在生产和工作过程中发生的因工死亡、重伤和轻伤事故，均应列入《铁路职工伤亡事故报表》内统计。职工发生的非因工伤亡事故和由我方负主要责任造成企业职工以外人员的伤亡事故；企业职工在国有公路上发生的汽车交通伤亡事故，均应列入《伤亡事故电话月报表》内统计。无论是发生职工轻伤、重伤、死亡事故，按“四不放过”原则（即事故原因没有查清楚不放过，事故责任者没有严肃处理不放过，广大职工没有受到教育不放过，防范措施没有落实不放过）对安全事故进行处理。不隐瞒事故和任意改变事故性质。各单位安全质量管理部门负责对事故的处理或报批处理结案工作，对事故责任人的处理，按劳动人事管理权办理：事故有关责任领导人因安全事故受到行政处罚的，列入干部政绩考核内容，当年内不得评先、晋级和加薪；并将处罚决定在本单位通报。触犯刑律的交司法部门处理。

建立由施工负责人为组长的施工防护体系，防护员经培训后持证上岗，建立并落实施工负责人和安全检查员监控、防护组长互控制度。

安全检查员、防护员等特殊工种人员和工班长由综合素质高、责任心强并经过培训考试合格具备一定经验的员工担任。

请业主单位、相关地区安全监察部门提前介入，建立安全施工的监察体系，将施工安全纳入联防联控范围。

四、安全施工措施

1. 桥梁下部结构施工安全措施

桥梁下部结构施工中的特殊工种人员，通过安全技术培训，经考试取得合格证后上岗工作。

（1）桩基施工。

钢丝绳与钻锥用绳卡固结时，确保绳卡数量与钢丝绳直径相匹配，冲击过程中，钢丝绳的松弛度适宜。

钻孔过程派专人随时对钻机机具进行检查和维修。卷扬机卷拉钢丝绳时，施工人员在其上不能跨越，同时卷筒上的钢丝绳至少保留三圈，卷扬机钢丝绳断丝超过 5% 时应及时更换。

钻孔灌注桩基础施工时，严格遵守操作规程，随时检查钻机的运转情况及钢丝绳的磨损及断丝情况，防止卡钻、掉钻，加强钻孔设备的检查、维修和保养，确保钻机安全运行。

（2）墩台施工。

桥墩台安装模板、钢筋及灌注混凝土时，设置工作平台、护栏及上下爬梯，并按规定挂好安全网。施工人员“绳、带、帽”齐全，墩台上下不得重叠作业。

拆除模板时，按规定程序进行，先拴牢吊具挂钩，再拆除模板。模板、材料、工具不得往下扔。用人工拉绳拆除模板时，拉绳有足够长度。施工人员与拆下的模板之间，保持一定的安全距离。垂直提升设备设专人操作并配指挥人员，定责定岗，上岗前进行技术培训，制定专项制度和指挥联络方法，考核合格后，持证上岗。

（3）墩身施工。

施工前应认真进行安全技术交底，提出安全生产的具体要求。施工中应加强指挥，上下信号指挥应灵通。

从事高空作业人员，严格执行持证上岗，检查复核制度，定期进行体格检查，凡不适宜高空作业的人员，不得从事此项工作；作业人员拴安全带、戴安全帽、穿防滑鞋；作业高空临空面，布设安全护栏，保护施工人员安全，在整个工作平台四周及底部设安全网。

高处作业安全设施的主要受力杆件、模板和脚手架必须经过受力检算，力学计算按一般结构力学公式，强度及挠度计算按现行有关规范进行。

高空作业人员应配给工具袋，小型工具及材料应放入袋内，较大的工具，拴好保险绳。不得随手乱放，防止堕落伤人，严禁从高空向下乱扔乱丢。

高处作业中的安全标志、工具、仪表、电气设备和各种设备，必须在施工前进行检查，确认其完好，方能投入使用。

施工中对高处作业的安全技术措施，发现有缺陷和隐患时，必须及时解决；危及人身安全时，必须停止作业。

双层作业或靠近交通要道施工时，设置必要的封闭隔离措施或设置防护人员及有关施工标志。

施工作业场所有可能坠落的物件，应一律先行撤出或加以固定。高处作业所需的物料，均应堆放平稳，不妨碍通行和装卸。工具应随手放入工具袋；作业中的走道、通道板和登高用具，应随时清扫干净；拆卸下的物件及余料和废料均应及时清理运走，不得随意乱置和向下丢弃，传递物件禁止抛掷。

各工种进行上下立体交叉作业时，不得在同一垂直方向上操作。下层作业位置，必须处于依上层高度确定的可能坠落范围半径之外。不符合以上条件时，应设置安全防护层。

因作业需要临时拆除或变动安全防护设施时，必须经施工负责人同意，并采取相应的可靠措施，作业后应立即恢复。

钢模板、脚手架等拆除时，下方不得有其他操作人员。

雨天和雪天进行高处作业时，必须采取可靠的防滑、防寒和防冻措施。泛水、冰、霜、雪均应及时清除。对进行高处作业的高耸建筑物，应事先设置避雷设施。遇有六级以上强风、浓雾或沙尘暴等恶劣气候，不得露天攀登与悬空高处作业。

2. 施工现场安全用电措施

施工现场用电设施满足安全要求，现场移动式电器设备使用橡皮绝缘电缆，横过通道穿管埋地敷设。

配电箱、开关箱使用 BD 型标准电箱，电箱内开关电器完整无损，接线正确，电箱内设置漏电保护器，选用合理的额定漏电动作电流进行分级匹配。配电箱设总熔丝、分开关，动力和照明分别设置。金属外壳电箱作接地或接零保护。开关箱与用电设备实行一机一闸保险。同一移动开关箱不能有 380 V 和 220 V 两种电压等级。

架空线设在专用电杆（水泥杆、木杆）上，不能架设在树或脚手架上，架空线装设横担和绝缘子。架空线离地 4 m 以上，机动车道为 6 m 以上。

对高压线路、变压器要按规程安置，设立明显的标志牌。

所有电气设备按规定安装漏电保护装置，并有良好的接地保护措施。接地采用角钢、圆钢或钢管，其截面不小于 48 mm^2，一组两根接地之间间距不小于 2.5 m，接地电阻符合规定，电杆转角杆，终端杆及总箱，分配电箱有重复接地。

各种机电设备检修、维护时断电、停运转；若试运转，需有针对性的保护措施。

安装、维修或拆除临时用电工程，由电工完成，电工持证上岗，实行定期检查制度，并做好检查记录。

不能将电线拴在铁扒钉、钢筋或其他导电金属物上，电线用绝缘子固定，配电导线保证与邻近线路或设施有一定的安全间距。

3. 施工机械安全措施

各种机械操作人员和车辆取得操作合格证，不准将机械设备交给无本机操作证的人员操作，对机械操作人员要建立档案，专人管理。

根据机械使用安全技术规程，针对各种设备的使用要求和使用环境制订具体的安全操作细则。

操作人员按照机械说明规定，严格执行工作前的检查制度和工作中注意观察、工作后的检查保养制度。

保持机械操作室整洁，不能存放易燃易爆物品。不酒后操作机械，机械不带病运转、超负荷运转。

定期组织机电设备、车辆安全大检查。对检查中查出的安全问题按照“四不放过”原则进行调查处理，制订防范措施，防止机械事故的发生。

4. 跨既有公路施工安全保证措施

本标段内既有公路行车安全主要涉及与城市道路交叉，施工过程中将重点遵照以下措施进行施工。

（1）严格按照公路管理部门的规定，报管理部门备案并及时办理临时占用手续，采取相应的防护措施确保安全畅通。

（2）施工前要加强对施工人员的爱路意识和交通安全教育，严格遵守《中华人民共和国公路法》、《陕西省公路路政管理条例》、《中华人民共和国道路交通管理条例》等相关法律法规，实行作业交通安全控制。

（3）施工现场严格按照 GB5768—1999 标准摆放各种标志牌，所有施工作业车辆设置明显的施工标志，悬挂“工程施工车”标牌，行驶作业时开启示警灯，不在作业区域以外随意停车、掉头、逆行、倒车以及装卸施工物品等各种违章行为，下穿公路施工结束后，立即恢复原有路面及交通设施。

5. 保证人身安全措施

针对工程特点，定期进行安全生产教育，重点对专职安全员、安全监督岗岗员、班组长及从事特种作业的起重工、电工、焊接工、机械工、机动车辆驾驶员进行培训和考核，学习安全生产必备的基本知识和技能，提高安全意识。

未经安全教育的管理人员及施工人员不准上岗。未进行三级教育的新工人不准上岗。变换工种或参加采用新工艺、新工法、新设备及技术难度较大的工序的工人必须经过技术培训，并经考试合格者才准上岗。

特殊工种的安全教育和考核，严格按照《特种作业人员安全技术考核管理规则》执行。

经过培训考核合格，获取操作证方能持证上岗。对已取得上岗证者，要进行登记存档规范管理。对上岗证要按期复审，并要设专人管理。

通过安全教育，增强职工安全意识，树立“安全第一，预防为主”的思想，提高职工遵守施工安全纪律的自觉性，认真执行安全操作规程，做到：不违章指挥、不违章操作、不伤害自己、不伤害他人，不被他人伤害，确保自身和他人安全，提高职工整体安全防护意识和自我防护能力。

施工准备前、施工危险性大、采用新工艺、季节性变化、节假日前后等时要进行检查，并要有领导值班。对检查中发现的安全隐患，建立登记、整改制度，按照“四不放过”的原则制定整改措施。在隐患没有消除前，采取可靠的防护措施。如有危及人身安全的险情，立即停工，处理合格后施工。

进入施工现场戴安全帽者；不穿拖鞋、高跟鞋、裙子或赤脚、赤膊上班作业；机床作业戴手套、防护镜。

高处作业设置防护措施，并符合 TBJ 80—91《建筑施工高处作业安全技术规范》的要求。按照 GB 3608—83《高处作业分级标准》实行三级管理。高处作业必须系安全带、穿防滑鞋。严禁在同一安全桩上拴几根安全绳和在一根安全绳上拴几个人。禁止在高处作业平台上作业，追拉推打开玩笑。严禁有间发性癫痫、高血压、心脏病和恶性贫血患者进行高空作业。

禁止在油库库房内、乙炔或氧气罐存放库、木工棚内吸烟、明火。

禁止施工机械、车辆超坐载人以及无“特种作业人员操作证”、“驾驶证”人员驾驶施工机械、车辆。

6. 施工现场治安消防、防汛防火安全保证措施

（1）治安消防管理措施。

组织现场施工人员学习《治安管理条例》,并要求现场施工人员与管理人员一律佩戴胸章，挂牌上岗，自觉接受监督。

加大宣传力度，为施工创造良好的舆论氛围。承诺“便民不扰民”，取得沿线单位和居民的理解和大力支持。

设立固定安全、防火警示牌、宣传牌。配备必要的消防器械和物资。治安消防工作坚持“预防为主，以消为辅”的指导思想，加强施工现场贵重物资、重要器材和大型设备的管理。

开展法制宣传和“四防”教育，施工队定期开展以防火、防盗、防爆为主的安全检查，堵塞漏洞，防患于未然。

（2）防汛防火安全保证措施。

① 防汛安全保证措施如下：

见第十章中的雨季施工措施。

② 防火安全保证措施如下：

建立经理部、工区、作业队、班组四级防火责任制，明确各级防火职责。

重点部位如仓库、木工间配置相应消防器材，一般部位如宿舍、食堂等处设常规消防器材。

施工现场用电，严格执行有关规定，防止发生电器火灾。

焊、割作业点与氧气瓶、乙炔气瓶等危险物品的距离不得少于 10 m，与易燃易爆物品的距离不得少于 30 m。

做好防火工作，搭设的工棚与料库之间的距离，符合有关规定要求。在工棚及仓库附近要设消防器材，并定期检查。

加强对易燃、易爆及危险品的管理。工程大量使用柴油、重油、沥青等易燃品，因此其采购、运输、贮存及使用各环节均严格按照有关安全操作规程执行，储料现场配备充足的消防灭火器材。

第七章 施工环保、水土保持措施

一、环境保护和水土保持目标

严格执行并落实“三同时”、“两不”原则，即环境保护、水土保持与工程建设同时设计、同时施工、同时交付使用，不留后患、不留尾巴。使所处的环境不受污染，确保工程顺利通过国家验收。

（1）采取一切合理措施保护现场内外的环境，避免由于施工操作引起的粉尘、有害气体、噪音等环境污染，或其他由于环境污染的原因造成的人身伤害或财产损失。

（2）确保因施工产生的气体排放、地面排水、水土流失及污染等，不超过规定数值，也不超过适用法律规定的数值。

（3）采取可靠措施保证原有交通的正常通行和维持沿线村镇的居民饮水、农田灌溉、生产生活用电及通信管线等的正常使用。

（4）严格按批准的弃砟规划有序地堆放，防止因任意堆放弃砟而降低排水能力和影响其他单位的施工以及影响周围居民的生活。

（5）保护饮用水源免受因施工活动造成污染。

（6）保证沿线居民房屋、树木、农作物不受损害。

二、建立健全环境保护管理组织机构与保证体系

1. 建立专职的环保、水保管理组织机构

指挥部（项目部）成立以指挥长（项目经理）为组长的环保、水土保持领导小组，做好施工期间的环保、水保工作，环境保护部为日常的管理机构。

2. 建立健全环保、水保管理体系，强化环保管理

建立健全环保、水保体系，制订全面而系统的环境与生态保护、水土保持的管理办法和措施，符合国家、铁道部及地方政府有关环保、水保的标准，坚持施工过程中对环保工作的持续监督检查。指挥部（项目部）环保、水保领导小组的职责是结合施工组织设计，制订实施性的环境保护措施，从思想、宣传、组织、制度、措施、经济等方面入手，形成严密的控制格局，确实保证环境保护工作落到实处，使施工现场环境与生态保护、水土保持工作满足国家和各级环保部门的标准。在施工过程中，有计划地保护和改善环境，预防环境质量的恶化，控制环境污染，减少和消除有害物质进入环境，创造适宜的劳动和生活环境，保护自然生态和人身健康。环保、水保组织机构及体系框图如图 9.10、图 9.11 所示。

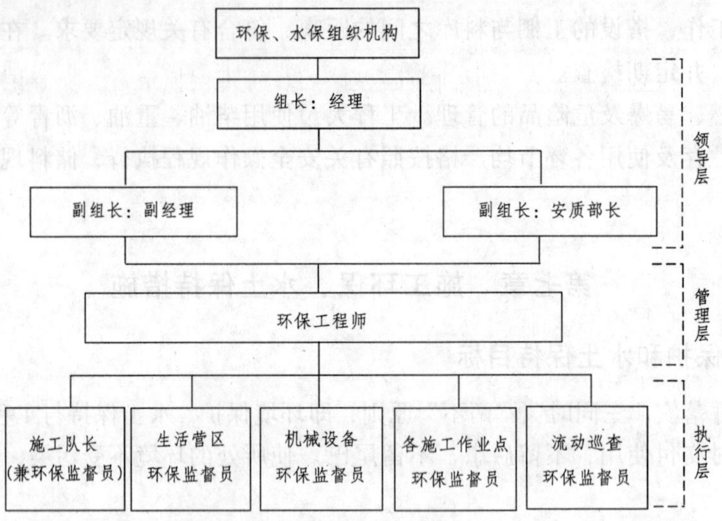

图 9.10 环保、水保组织机构图

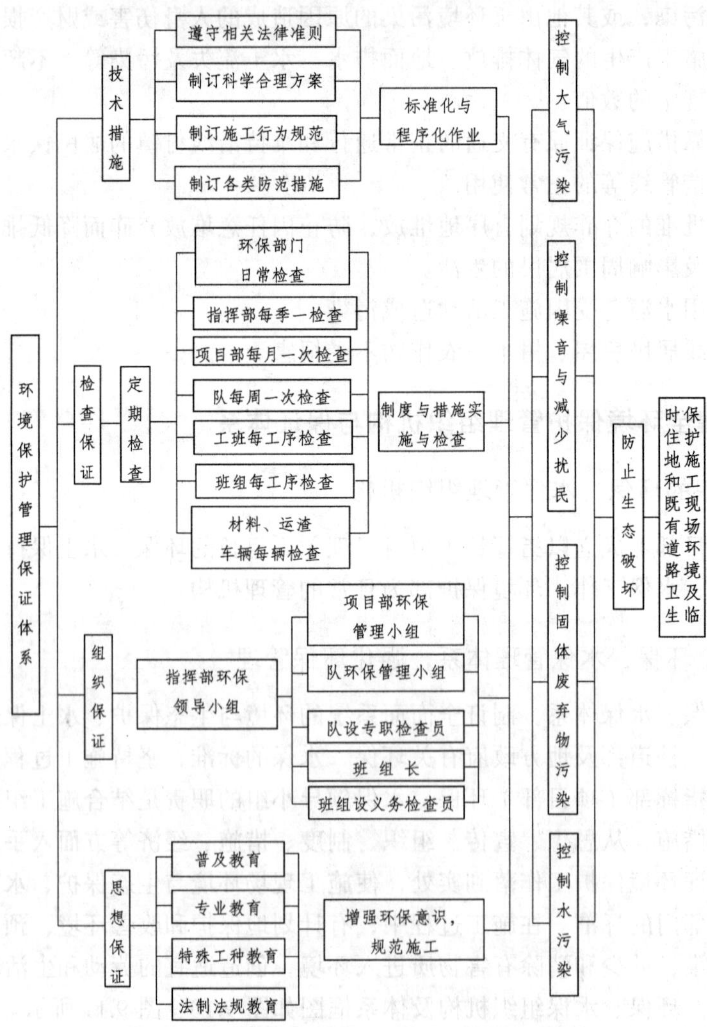

图 9.11 环境保护与水土保持体系框

3. 环境保护管理检查制度

建立“三级”检查落实制度，即领导层抓全面，管理层抓重点，实施层抓具体落实。内部建立“包保责任制”，运用行政和经济手段，加强环保工作的落实。

实行“环保否决制”，即施工作业活动不符合环保要求的项目不得开工，具有强制否决权。严格落实“无条件服从制”，即无条件地接受环境保护监测单位的指导和监督，无条件遵守建设单位与环保部门签订的环保协议条款。

施工中建立以下检查制度：生活区环保检查制度；水土保持制度；生态环境保护和检查制度。

向建设单位有关部门和当地政府环保部门、环保专家征求意见及时制定整改措施，制定明确的奖惩制度和健全的机制，做到环境保护人人有责，把环境保护工作真正落到实处。

定期进行环保检查，及时处理违章事宜，经常向建设单位有关部门和当地政府、环保部门、环保专家征求意见，及时制订整改措施。

4. 施工环境保护措施

（1）临时工程环保措施。

① 临时工程必须按照设计统一规划、建设单位要求和施工环保的要求实施。

严格在设计核准的用地界和工程监理批准的临时用地范围内开展施工作业活动，绝不随意开挖、碾压界外土地。

② 临时工程设施选址在地表植被稀少、易于恢复的地方；确有困难时，需经有关部门批准后修建。施工现场生产区和生活区种植树木花草进行绿化，美化施工环境。临时用地使用完后恢复至原有的地形地貌或比原有更改善的状况。

③ 合理布置施工便道，尽量减少施工便道数量，不在便道两侧就近取土。施工营地合理选择在一定的距离范围内。

④ 临时工程设施修建不切割、阻挡地表渠道的排泄，不允许在临时工程附近形成新的积水洼地或负地形。

（2）废水、废砟处理措施。

① 施工机械维修产生的含油废水、施工营地住宿产生的生活污水经生化处理达到排放标准后排入不外流的地表水体，不得在附近形成新的积水洼地，严禁将生活污水排入渠道或农田。施工废水按有关要求进行处理达标后排放，不污染周围水环境。

废水处理采用多级沉淀池过滤沉淀，废水处理的工艺流程为：废水—收集系统—多级沉淀池—沉淀净化处理—排入渠道。在施工时，对天然排水系统加以保护，不得随意改变，必要时修建临时水渠、水沟、水管等。

② 建筑垃圾及施工人员产生的生活垃圾，处理方案为：集中弃往指定的弃砟场。

（3）防止空气污染和扬尘措施。

① 施工便道和生产、生活区道路采取硬化处理，施工过程中经常洒水，防止扬尘对施工人员造成危害，对周边农作物造成影响。

② 在运输易飞扬的散料时，装料适中并用篷布覆盖。储料场松散易飞扬的材料时要用彩条布遮盖。避免运输、装卸过程中和刮风时扬尘。

③ 经常清洗工程车辆车轮和车厢。

5. 施工水土保持措施

（1）合理安排施工用地，施工场地范围内的树木进行移植，保护施工场地和临时设施附近的植被。临时用地范围内的裸露地表植草或种树进行绿化。及早施作防护工程、排水工程和裸露地表的植被覆盖，防止水土流失。

（2）临时工程设施修建不切割、阻挡地表渠道的排泄，不允许在临时工程附近形成新的积水洼地或负地形。在合同施工期内严禁随意砍伐树木。

（3）路基土石方工程尽量安排在非雨季施工；开挖或填筑的路基土质边坡应及时支护或采取植物防护措施，防止雨水冲刷造成水土流失。

（4）施工废水必须经沉淀处理，达标后排放。施工废砟和建筑垃圾按设计和建设单位要求堆放并运至指定位置，采取防护工程措施。杜绝随意排放和倾倒。

（5）加强施工机械管理，注重日常保养，按照要求进行操作。防止油品存放和机械在使用、维修、停放时油料泄漏、渗漏，污染水体。

（6）施工完成后及时清除建筑垃圾，对取、弃土场进行植物防护，以免水土流失。

（7）施工场地和道路硬化处理，周边和两侧设排水沟，防止排水引起水土流失。

第八章　职业健康安全保障措施

一、职业健康安全目标

贯彻国家、当地劳动卫生部门劳动卫生管理条例精神，落实各项劳动卫生保障措施；杜绝传染病、地方病的发生及流行，针对目前甲型 H1N1 流感高发做好防控措施，保障施工人员的身体健康，保证施工顺利进行；改善作业环境，降低员工劳动强度，确保施工人员健康安全，努力消灭矽肺病、职业性皮肤病、职业性耳聋、震动病、恐高症等职业病。

二、职业健康安全管理体系

针对本项目施工线路较长、工点多，所需施工人员众多的特点，严格执行 GB/T 28001—2001 职业健康安全管理体系，成立项目经理领导下的项目部、工区、施工队和班组的四级职业健康安全保证体系，同当地医院取得联系，搞清当地医疗机构的医疗能力和专业特长，充分利用当地医疗条件，将其纳入职业健康保障体系。

项目部由一名项目副经理具体负责，工区和作业队负责人分别负责其作业范围内的职业健康安全管理。项目部设工地医院，各施工区设工区医疗站，危险性较大的作业段设医疗点，各医疗保健机构都有明确的职责。

从思想、组织、制度、劳动保护、医疗卫生保障、职业病防治等方面进行职业健康安全管理。

三、职业健康安全管理措施

1. 思想、组织、制度保证

职业健康管理直接关系施工人员身心健康，各级管理、施工人员都应对此具有足够的重视。利用工地板报、宣传栏、班前点名等形式加强职业健康知识教育，提高个人防护意识。施工管理者加强监督，有毒有害作业人员坚持佩带个人劳动防护用品上岗作业，并建立奖惩制度。

在工程现场成立职业健康安全保障领导小组，配备必需的现场检测、检验、治疗设备及药品。主治医生承担临床病人的诊治，卫生防疫专业人员负责工地日常卫生防疫工作，做好工地食堂、饮食、饮水卫生管理、传染病防治及工地劳动卫生监督检测，组织人员定期进行健康体检，协助处理公共卫生突发事件，对发生的传染病及时报告。

施工前与施工技术人员密切联系，使施工组织措施符合劳动卫生保障要求。合理组织劳动力，严格按照劳动定额组织施工。在实际施工中，由劳动卫生保障中心负责劳动卫生保障工作的监督与落实，强化管理，保证施工人员的身体健康，保障施工顺利完成。

建立工作时间的限制和休息时间，规定休假制度，从时间角度保护劳动者的安全和健康。采取各项劳动安全与卫生措施，从作业场所、环境条件保护劳动者的安全和健康。

建立重大疫情的报告制度。在突发疫情时，及时按有关规定上报国家卫生主管部门和地方卫生主管部门，并协助上级卫生部门实行应急处理措施。

制订传染病、食物中毒、职业中毒应急处理措施，时刻防止上述事件发生，出现上述事件时及时做好治疗、转院、呈报等工作。

2. 劳动保护

（1）劳动保护用品配备。

施工场所中危害因素和劳动安全与卫生要求，合理配备足够、齐全的劳保防护用品。

选择齐全的防护用品，如安全帽、安全带、雨衣、雨靴、手套、防护口罩、面罩等，既要使用方便，又要对危害和危险具有较好的防护效果。

选购的防护用品要符合国家标准，并且保证质量，选购时审核其产品的生产许可证、产品合格证、安全鉴定证。在使用前用简易方法进行质量检查，发现不合格，及时更换。

劳保用品提前采购，配置充足，统一发放。

（2）正确使用劳动保护用品。

上岗前按规定穿戴，不图省事、不怕麻烦，正确发挥防护用品的作用，避免或减少伤害事故的发生。在有毒或粉尘多的地方，作业人员要戴防毒、防尘口罩。

建立劳动保护用品正确使用管理规定，所有人员进入施工现场接受检查，检查是否穿戴劳动保护用品。

（3）改善劳动条件。

施工现场由于机械震动多、噪声大、露天作业时间长，在水泥装卸、搅拌及电焊中，工人常接触、吸入大量粉尘，易引起矽肺、职业性皮肤病、职业性耳聋、震动病等，在施工中主要采取完善劳动安全卫生设施等预防措施。

改善作业环境，对产生有毒气体和粉尘的场所，设置除尘设备及消毒设施，增加通风换气装置和采光照明设施。

取消和减少手持振动机械，操作时使用防震垫、防震手套，以防止震动病的发生。

电、气焊作业实行隔离作业，电焊工戴专用防护面罩、眼镜和手套。

在施工、生活区域内设置标志、信号和防护装置，在坑、洞、沟等设置防护装置。在经常过往的地点，为安全设置通道、便桥，安装防护设施和照明设施。

在机电设备安装防护装置和漏电保护装置，在运转机械上设置安全启动和迅速停车装置，在高空作业时，为防止落物伤人、坠落摔伤应设置工具箱和防护网等。

3. 医疗卫生保障

成立专职的保障机构，配备具有事业心和责任心的专业工作人员（组建救护队）。同时配备必要的医疗设备、药品配置，保证医疗用药。加强药品管理，所用药品为正规厂家生产，注意使用期限。积极与就近医疗机构协调，做好伤病员后送工作。

（1）卫生防病措施。

在大批施工人员进场前，提前对施工地段进行卫生学勘察，对该地区传染病、地方病的流行分布、传播途径、病媒生物，进行全面细致的了解，并提供可行的保障措施。

进行健康教育。让广大职工了解传染病和地方病的危害性、传播途径、临床症状及预防方法。并在施工工地和生活区范围内，统一部署灭螺，灭鼠，灭跳蚤、蚊虫等宿主生物措施。

积极与当地上一级卫生防疫部门协调沟通，接受其卫生防病工作指导，注意当地疫情情况。工中体检时，严密监测，防止肝炎、结核等传染病的发生。及时发现，及早处置。

（2）疫情报告制度。

建立重大疫情的报告制度。按照《中华人民共和国传染病防治法》和《中华人民共和国国内交通检疫条例》及《国家鼠疫控制应急预案》的有关规定，在突发疫情时，及时上报国家卫生主管部门和地方卫生主管部门，并协助上级卫生部门实行应急处理措施。

制订传染病、食物中毒、职业中毒应急处理措施，时刻防止上述事件发生，出现上述事件时及时做好治疗、转院、呈报等工作。目前主要针对甲型 H1N1 流感疫情做好检查和上报制度。

4. 职业病防治

（1）加强职业健康体检。

上岗前对从事粉尘、噪声作业的作业人员进行职业健康体检。

粉尘作业：内科常规检查，心电图，肝功能，血、尿常规，高仟伏胸部 X 射线摄片，肺功能。

噪声作业：内科常规检查，耳鼻检查，血、尿常规，心电图，纯音听力测试。

在岗期间每年对上述有毒有害作业人员进行一次职业健康体检，体检中若发现异常应及时通知受检者本人并安排进一步诊治，对有毒有害作业人员建立职业健康档案并妥善保存。发现职业禁忌者，及时调离工作岗位。

（2）加强职业危害因素的监测。

粉尘、噪声根据施工情况适时监测。对有害因素超标作业点提出整改措施并监督落实。建立有害作业点劳动卫生档案并妥善保存。

（3）严格执行《职业病防治法》，规范劳动施工组织。

制订科学合理的劳动作息制度，合理安排劳动作业强度，不能不具备职业病防护条件下的作业行为。遇明显扬尘应及时洒水，减少对当地居民和施工人员的危害。卫生、工会等部门加强监督检查，将劳动卫生保护工作纳人工地安全检查日程，定期考核。

第九章　文明施工

一、文明施工目标

创建安全文明标准工地，确保不发生影响社会治安的案件。做到“两通三无五必须”，即：

施工现场人行道畅通；施工工地沿线单位和居民出入口畅通；施工中无管线高放；施工现场排水畅通无积水；施工工地道路平整无坑塘；施工区域与非施工区域严格分隔，施工现场必须挂牌施工；管理人员必须佩戴胸卡上岗；工地现场施工材料必须堆放整齐；工地生活设施必须文明；工地现场必须开展以创文明工地为主要内容的思想政治工作。

健全以项目经理具体领导、文明施工员具体指导、各施工队具体落实的管理网络，增强管理力量。文明施工保证体系如图 9.12 所示。

加强施工人员文明施工意识，组织学习文明施工条例及有关常识，进行上岗教育，讲职业道德、树行业新风。

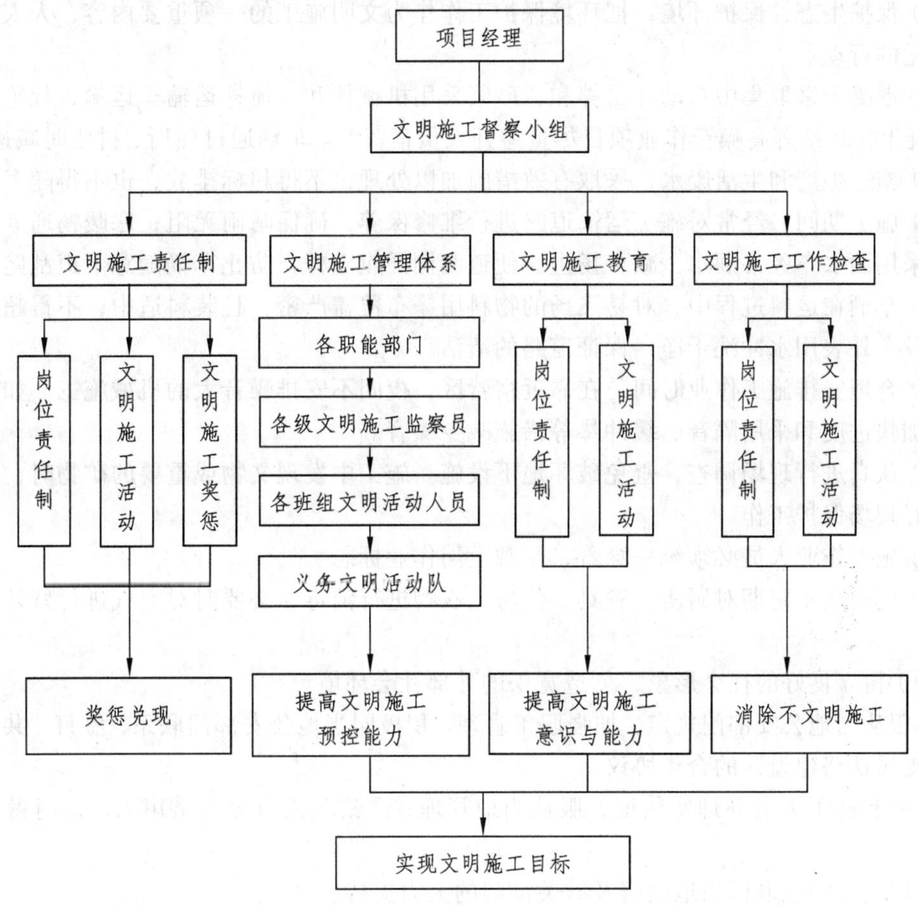

图 9.12 文明施工保证体系图

二、文明工地建设

（1）按当地环保的要求精心设计，合理部署施工总平面，充分考虑环保，保护生态与环境。

（2）现场的临建房屋必须安全牢固，满足抗风防震要求。

（3）施工现场的生产房屋及设施布局合理，整齐划一；临时便道合理规划，尽量减少便道数量，路面平整，两侧排水通畅。

（4）开展文明施工，保证现场管理有序，有条不紊。场地布置统一规划，施工区材料堆放整齐，场地平整，道路畅通，排水畅通；施工快速有序，配合精密协调；各种物资材料储放安全并按标准标识正确、醒目；场区内管线布置线条整齐划一、卫生、悦目。

（5）强化施工现场管理。严格包保责任制，明确分工，责任到人，奖罚分明，做到突出重点，分批落实，规范施工，注重实效。坚持施工人员挂牌上岗，现场施工统一着装，统一行动；施工现场设置鲜明的标牌，主要有责任划分牌、工艺流程牌、形象进度牌、质量标准牌、安全警示牌、环保警示牌、成本控制牌等。

三、文明施工管理措施

（1）保护生态，保护环境，把环境保护工作作为文明施工的一项重要内容，人人皆知，成为自觉的行动。

（2）混凝土采取集中自动计量拌和，砂浆采用机械拌和，搅拌运输车运输，杜绝人工拌制。混凝土拌和站等高噪音作业项目尽量避开人员宿营区。车辆通过住所、村庄时减速慢行。

（3）施工生产和生活废水，采取有效措施加以处理，不得超标排放，也不得随意排放。

（4）施工期间，经常对施工运输道路进行维修保养，确保晴雨无阻，寒暖畅通。对扬尘地段，采用洒水车经常洒水，减少扬尘。便道两侧插旗立杆，防止车辆随意下道乱跑。

（5）车辆在运料过程中，对易飞扬的物料用篷布覆盖严密，且装料适中，不得超载；车辆轮胎及车外表用水冲洗干净，保证道路的清洁。

（6）合理安排施工作业时间，在靠近宿营区，夜间不安排噪音大的机械施工。如施工，须采取加快进度和采用隔音、缓冲垫等措施减少噪音。

（7）认真进行现场调查，避免破坏地下设施。施工中发现文物或重要的矿物时，及时报告并做好现场保护工作。

（8）施工作业人员必须统一穿着，佩戴上岗作业标志。

（9）定期或不定期对厨房、餐具、住房、衣物进行消毒，必要时对空气进行紫外线或喷剂消毒。

（10）树立良好的社会形象，创造宽松的外部社会环境

① 服从当地公安部门规定，加强职工管理。积极同当地公安部门联系，签订“共建文明社区，支援铁路建设”的合作协议。

② 所有施工人员办理暂住证，服从当地管理，严禁三无盲流人员窜入，同时做好防盗工作。

③ 积极主动地取得当地政府及有关部门的大力支持。

④ 积极开展多种形式的便民、爱民活动，搞好与驻地政府、群众之间的关系，为工程施工创造有利条件。

⑤ 经常开展以防火、防爆、防盗为中心的安全大检查，堵塞漏洞，发现隐患立即向该工点施工队发出“隐患整改通知书”，限期整改，并督促解决。

⑥ 加强对施工队伍的管理，项目部治安消防办公室安排专人负责进行法制、规章制度、消防知识教育，对参加施工的人员要进行审查、登记造册、申报临时户口，方可上岗工作。对可疑人员要进行调查了解，做到心中有数，防止流窜犯、逃犯等混入施工队伍。

⑦ 职工外出要实行请销假制度，外出办事一般两人以上同行，禁止无事外出。

（11）尊重当地风俗。

了解当地的风俗习惯，知道他们的喜怒哀乐，在日常生活中引起足够的重视；当地居民遇到困难时，尽力帮助解决，与他们建立起融洽的感情。

（12）加强治安保卫。

本管段在项目部内设置内部派出所，该派出所在本管段公安分处领导下，并积极在建设单位协助下就治安保卫有关事宜与地方主管部门联系、协调，并制订应对突发治安事件的紧急预案。在施工过程中发生暴乱爆炸等恐怖事件，以及群殴、械斗等群体性突发治安事件的，本管段采取立即报当地政府部门，同时上报建设单位，并协助当地有关部门采取措施平息事态，防止事态扩大，尽量减少财产损失和避免人员伤亡。

第十章 冬季、雨季、夏季施工措施

一、冬季施工安排

长安地区冬季室外日平均气温低于 5 °C（即最高气温和最低气温的平均值或每天 6 点、14 点及 21 点的平均气温值）。按照《铁路混凝土与砌体工程施工规范》的相关规定，为保证我项目部冬期施工工程质量，现结合本工程实际情况，特制订本冬期施工防寒措施：

1. 准备工作

（1）对项目部全体人员进行冬期施工安全质量教育，确保所有人员掌握有关冬期施工的施工方法和质量标准，并配备好安全防护用品。

（2）特殊工种（包括电气、架子、起重、锅炉、焊接、机械、车辆等工种）须经有关部门专业培训，持有上岗证后方可操作。

（3）加强对混凝土原材料的管理和质量控制，水泥提前进库保温，砂石料加篷覆盖，避免冰雪混入。

（4）现场加热设备、机械、水电设施要加强维修与保养，临时水管、阀门要采取保温措施。

（5）制订防火、防冻、防煤气中毒等安全措施，并与当地气象部门取得联系，指定专人收集天气预报信息，做好记录并及时传达有关人员。

（6）组织好保温材料、燃料、外加剂和加热设备等的采购供应。

（7）施工过程中要认真保存好完整的冬期施工资料。

2. 钢筋工程

（1）在负温条件下使用的钢筋，施工时应加强检验。

（2）钢筋宜采用机械调直，也可采用冷拉方法。冷拉时，其环境温度不低于 – 20 °C；当温度过低时，不得对 HRB335、HRB400、RRB400 级的钢筋进行冷弯操作，以避免在钢筋弯点处发生强化，造成钢筋脆断；预应力钢筋张拉温度不宜低于 – 15 °C；钢筋的冷拉设备、预应力钢材张拉设备以及仪表油液，应根据实际使用时的环境温度选用，并应在使用时的环境温度下进行配套校验。

（3）钢筋负温冷拉方法可采用控制应力方法或控制冷拉率方法。用做预应力混凝土结构的预应力筋，宜采用控制应力方法；不能分炉批的热轧钢筋的冷拉，不宜采用控制冷拉率的方法。

（4）在钢筋加工场地，搭设暖棚，钢筋焊接在暖棚内进行，焊后的钢筋严禁立即碰到冰雪，焊接后未冷却的焊接接头避免碰到冰雪以防发生脆断现象。

（5）钢筋负温焊接，可采用闪光对焊、电弧焊及气压焊等焊接方法。当环境温度低于 –20 °C 时，不宜进行施焊。

根据当地多年气象资料，长安地区平均最低温度不低于 – 10 °C，极端最低温度为 –17.5 °C，故钢筋的焊接温度能够满足冬期施工要求。

3. 混凝土施工

根据本项目所在地季节气温情况，采用综合蓄热养护法进行混凝土冬季施工，即：原材料（水）加热 + 高效复合防冻剂 + 高效减水剂 + 保温养护。冬季混凝土养生过程中对混凝土温度进行全过程的监控。

（1）混凝土原材料要求。

① 水泥选用普通硅酸盐水泥。进入现场应进行常规安定性和强度试验，合格后方可使用。

② 细集料选用级配良好的硬质、洁净中砂，并符合施工规范要求。供应至现场的砂石料应不含有冰块、雪团等。材料进入现场后进行压碎和级配试验，合格后方可投入使用。

③ 粗集料选用级配良好的硬质洁净、强度较高、抗冻融的石料，并符合施工规范要求。拉到现场后此料应无冰块、雪团等。进入现场后进行压碎和级配试验，合格后方可投入使用。

④ 混凝土所使用的外加剂及掺合料如防冻剂、减水剂、粉煤灰、矿粉等应具备出厂合格证并经试验室检验合格。

（2）混凝土的拌和要求。

① 拌制混凝土的各项材料温度，应满足混凝土拌和物搅拌合成后所需要的温度，当材料原有温度不能满足需要时，应首先考虑对拌和用水加热；仍不能满足要求时，再考虑对集料加热。水泥、外加剂及矿物掺合料在使用前运入暖棚进行自然预热，不直接加热。

② 冬期搅拌混凝土时，集料不得带有冰雪和冻结团块。严格控制混凝土的配合比和坍落度；混凝土拌和以尽可能减少热量损失为原则，避免水泥发生“骤凝”，砂、石料的上料做到随上随用，中间不积压。其投料顺序及拌和时间为：细集料 + 水泥 + 矿物掺合料 + 防冻剂 + 高效减水剂（拌和 30 s）+ 水（拌和 30 s）+ 粗集料（拌和 2 ~ 3 min）出料。拌制混凝土前用热水冲洗搅拌机，搅拌时间较常温混凝土施工延长 50%。混凝土拌和物的出机温度不宜低于 10 °C。

（3）混凝土的运输要求。

现阶段进行施工的小体积混凝土就近搅拌，混凝土运输时间应尽可能缩短，并快速浇筑，减少热量损失。

（4）混凝土的浇注要求。

混凝土浇筑采用暖棚法施工，并确保暖棚内温度不低于 10℃，设专人随时采用温度计监测，以保证混凝土施工质量。

混凝土浇筑前，将模板上冰、雪清扫干净。浇筑前对模板、钢筋进行预热。混凝土浇筑时，各项准备工作充分。混凝土采用机械振捣分层连续浇筑，分层厚度 30 cm 左右。混凝土尽可能安排在上午 10 点开始浇注，混凝土的入模温度不低于 5 °C。新浇混凝土与邻接的已硬化混凝土或岩土介质间浇筑时的温差不大于 15 °C。

（5）混凝土的养护要求。

① 混凝土成型后开始养护，混凝土养护前温度不低于 + 2 °C，以防温差过大出现裂缝。蓄热法养护时不得低于 10 °C。

② 混凝土养护时间为 14 天。

③ 掺用防冻剂养护的混凝土，当温度降低到防冻剂的规定温度以下时，其强度不应小于 3.5 N/mm^2。模板和保温层应在混凝土冷却到 5 °C 后方可拆除。拆模后混凝土的表面温度与环境温度差大于 15 °C 时，应对混凝土采用保温材料覆盖养护。

（6）混凝土施工质量控制。

① 质量检查与控制。

严格控制混凝土原材料、外加剂及掺合剂的质量和用量。

测量水、砂、石料的加热温度及水泥的预热温度。

测量砂、石料暖棚、水泥暖棚内以及拌和站暖棚内的环境温度。

测量混凝土自搅拌机卸出的温度、浇筑时的温度及综合蓄热法养护过程的温度。

检查混凝土表面是否受冻，边角是否脱落，施工缝有无受冻痕迹。

除按现行标准 TB 10210—2001 规定制作标准养护试件外，再增加五组试件与结构物同条件养护，一组按规定时间试压以确定拆模强度，两组备用，另两组试件至 14 天时转入标准养护，继续养护 21 天，进行抗冻融试验，再按《混凝土强度检验评定标准》进行合格性判定。

② 温度测定。

混凝土自搅拌机卸出的温度，实际浇筑时的温度，以及水、砂、石料、水泥装入搅拌机的温度，每班至少测定 4 次。

综合蓄热法养护混凝土，养护期间每昼夜测温 4 次。

蒸汽加热养护混凝土时，升温期间每小时测温 1 次，恒温期间每 2 小时测温 1 次，降温期间每小时测温 1 次。

混凝土在终凝前每 4 小时测温 1 次。

室外及周围环境温度，每昼夜测定 4 次。

混凝土的测定温度记录真实、可靠、连贯，以便及时掌握所采取的保温养护措施的实际效果。

二、雨季施工安排

雨季期间加强各生产、生活设施的排水设施。成立雨季防汛领导小组，设立专职值班人员，并随时与当地气象部门取得联系，及时掌握汛期水位等气象信息、汛情动态。备齐各种防雨设施，根据当地气象水文资料，有预见性地调整有关项目工作的顺序，编制雨季（雨天）施工方案和技术措施，制订实施预案，确保汛期防汛指挥畅通无阻。

（1）工便道采用单向坡，并加强养护工作，保持道路排水设施通畅，保证车辆在雨天和雨后能正常行驶；经常对用电线路及用电设备进行检查，防止用电事故发生。

（2）不安排在雨天施工的项目有：钢筋制作与安装、模板架立与加固、混凝土浇筑。

（3）作好原材料场地的排水设施，保证场地内雨水的顺利排出，配备足够的防雨布，使原材料免受雨淋。

（4）基坑开挖采取在基坑地面设置挡水土埂或挖排水沟等措施，防止雨水冲刷边坡，造成坍坡，开挖后要及时浇注和砌筑，避免雨水进入基坑浸泡基底。

三、夏季施工安排

夏季气温较高，混凝土在施工中易造成坍落度损失较大、初凝时间缩短、混凝土的温差裂缝等现象，施工中要避免此类现象的发生。为此，在夏季高温气候条件下采取以下施工方法和技术措施，以保证混凝土的施工质量。

1. 混凝土坍落度损失和初凝时间的控制

（1）使用外加剂。

在夏季施工时，在混凝土中加入外加剂，以控制和减缓坍落度的损失，延长混凝土的初凝时间，确保混凝土的坍落度、和易性和初凝时间满足浇注混凝土的要求。

（2）加强施工组织。

混凝土浇筑过程中，加强施工组织，对可能出现的应急状况进行预案控制，防止混凝土浇筑中断时间过长。

2. 混凝土的温差裂缝防治

夏季高温气候条件下施工的混凝土裂缝产生的主要原因是温差裂缝，其表现在两个方面，即由于混凝土在施工或养生时，原材料过热、水泥的水化热大及太阳对混凝土表面的辐射等造成混凝土温度过高；另外夜间温度过低，温差加大，降温速度过快，形成温差裂缝。

3. 降低混凝土施工时的温度

（1）为降低混凝土的温度，采取以下措施。

降低原材料的温度：对砂、石料采取搭设遮阳棚并淋水的措施降低砂石料的温度；同时保证水泥搅拌时的温度不得大于 50 °C，必要时对水泥罐进行淋水降温；使用低热水泥降低水化热，不用快硬、早强、高热的水泥。通过以上措施控制新拌混凝土的最高温度保持在 35 °C 以下。

降低日照对新浇筑混凝土辐射的温升：对已施工完毕的混凝土采用湿麻袋养生，注意经常洒水，避免麻袋晒干，这不仅能降低混凝土的温度，而且能控制水分的蒸发，避免混凝土板的收缩裂缝。

（2）夜间混凝土覆盖保温措施。

到夜间，为降低混凝土的温差，延缓混凝土降低速度，在夜间温度最低时采取二次覆盖保温措施。

通过以上措施确保最大温差控制在 20 °C 之内，避免温差引起混凝土的裂缝。

第十一章 部分附图

钻孔桩施工工艺流程图（附图 9.1）

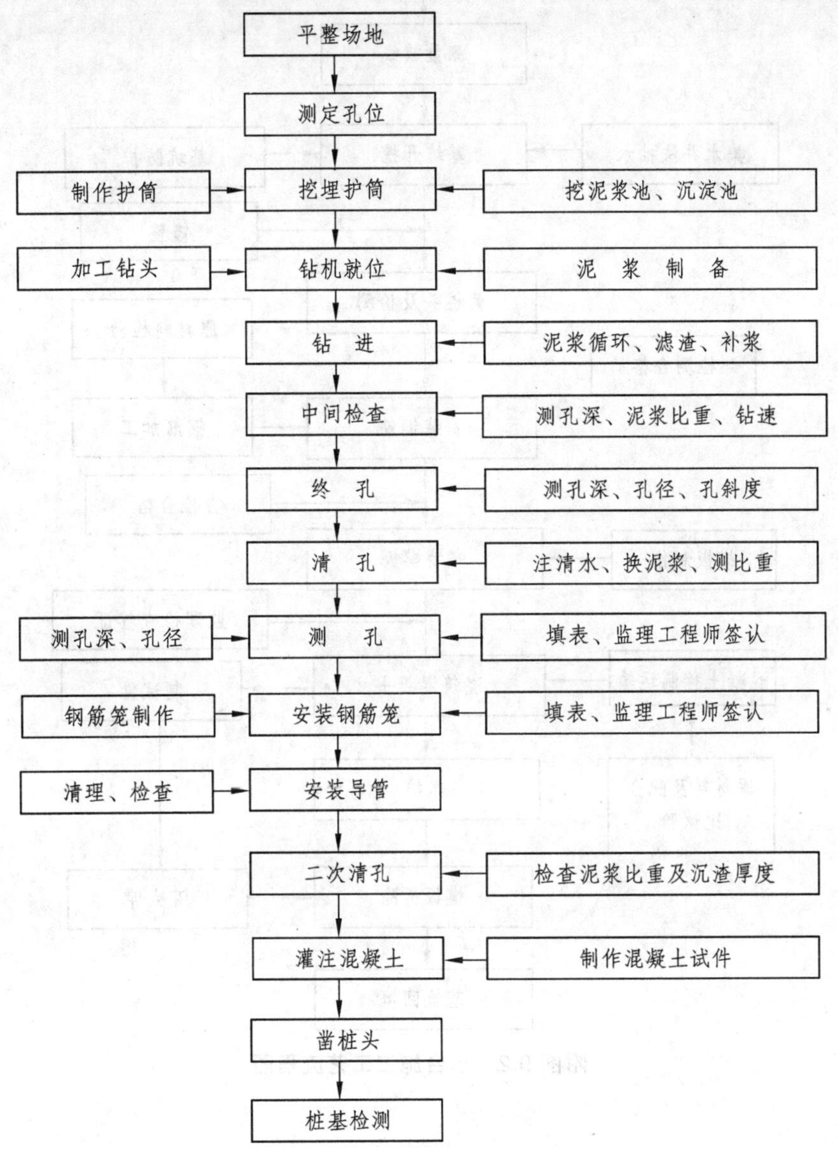

附图 9.1 钻孔桩施工工艺流程图

承台施工工艺流程图（附图 9.2）

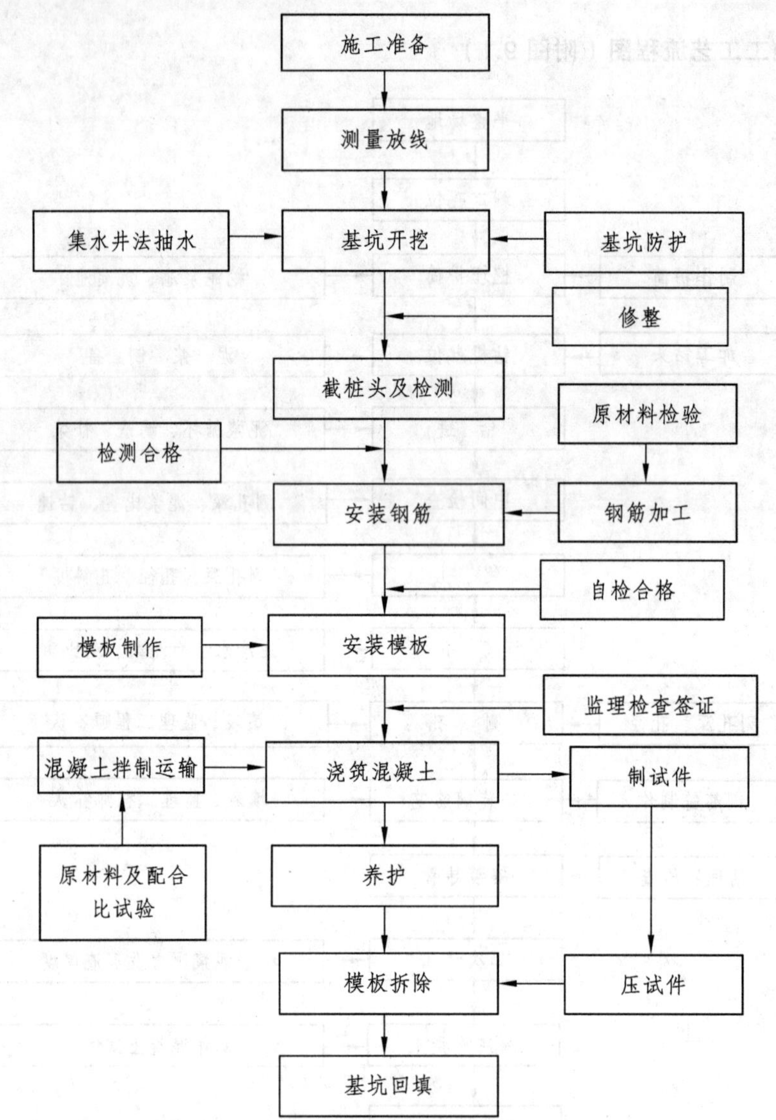

附图 9.2　承台施工工艺流程图

墩台施工工艺流程图（附图 9.3）

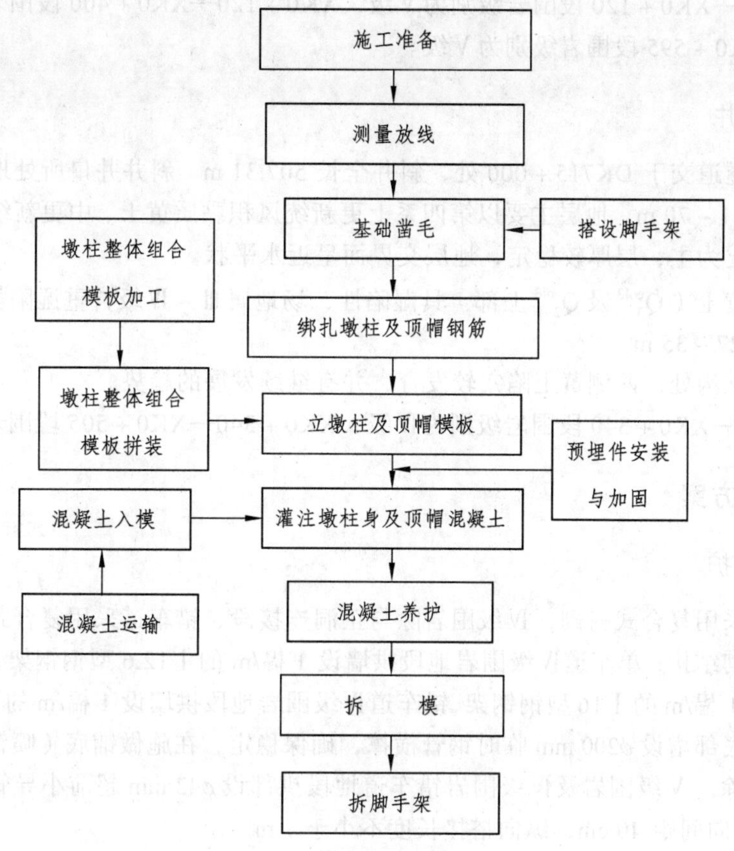

附图 9.3 墩台施工工艺流程图

9.2 铁路工程概预算编制示例

新建铁路大同至西安线运城至西安段

某隧道新增斜井预算示例

一、新增斜井工程地质特征

1. 0 号斜井

斜井与某隧道交于 DK713 + 200 处，全长 597.79 m。斜井井口所处地沟面高陡，植被稀疏，埋深 27 ~ 78 m。地层主要以第四系上更新统风积黏质黄土及中更新统风积黏质黄土、冲积粉质黏土为主，其中 XK0 + 000—XK0 + 120 段黄土与粉质黏土层之间夹有粉砂层。

斜井顶部黄土（Q_3^{eol3} 及 Q_2^{eol3} 上部）具湿陷性，场地属Ⅲ ~ Ⅳ级自重湿陷类型黄土场地，湿陷土层厚度 30 ~ 35 m。

斜井井口支沟处，剖面陡峻，两侧黄土陷穴及黄土垂直裂隙较发育，并有继续发展的趋势。

XK0＋000—XK0＋120 段围岩级别为Ⅴ级，XK0＋120—XK0＋400 段围岩级别为Ⅳ级，XK0＋400—XK0＋595 段围岩级别为Ⅴ级。

2. 1 号斜井

斜井与某隧道交于 DK715＋000 处，斜井全长 507.31 m。斜井井口所处地沟面较陡，植被稀少，埋深 21～70 m。地层主要以第四系上更新统风积黏质黄土、中更新统风积黏质黄土及冲积粉质黏土为主，层厚较稳定，地层交界面呈近水平状。

斜井顶部黄土（Q_3^{eol3} 及 Q_2^{eol3} 上部）具湿陷性，场地属Ⅲ～Ⅳ级自重湿陷类型黄土场地，湿陷土层厚度 27～35 m。

斜井井口支沟处，两侧黄土陷穴较发育，并有继续发展的趋势。

XK0＋000—XK0＋340 段围岩级别为Ⅳ级，XK0＋340—XK0＋505 段围岩级别为Ⅴ级。

二、施组方案

1. 衬砌支护

Ⅴ级围岩采用复合式衬砌，Ⅳ级围岩除与正洞连接段、错车道采用复合式衬砌外，其余均采用喷锚衬砌结构；单车道Ⅳ级围岩地段拱墙设 1 榀/m 的Ⅰ12.6 型钢钢架，单车道Ⅴ级围岩地段拱墙设 1 榀/m 的Ⅰ16 型钢钢架,错车道Ⅳ级围岩地段拱墙设 1 榀/m 的Ⅰ16 型钢钢架，必要时在斜井底部增设 ϕ200 mm 临时钢管横撑，确保稳定，在施做铺底（喷锚）或二衬（模筑）前再行拆除。Ⅴ级围岩及Ⅳ级围岩错车道地段拱部设 ϕ42 mm 超前小导管预加固，小导管长 3.5 m，环向间距 40 cm，纵向搭接长度不小于 1 m。

斜井和正洞相交处，正洞Ⅳ级围岩 DK714＋980—DK715＋020 段 40 m 采用Ⅳb 衬砌，原设计中 DK714＋630—＋670 段采用Ⅳa 衬砌。

2. 斜井在主体工程竣工后的处理措施

在隧道主体工程竣工后，在保证隧道安全的前提下，作如下处理：

（1）整理排水系统，使水流畅通无阻。斜井有水时，应将水引入隧道侧沟。

（2）在洞口及斜井与正洞连接处采用 C15 片石混凝土封闭，厚度不小于 3 m。

3. 弃砟工程

为满足新增斜井工区就近弃砟，增加 0 号斜井工区弃砟场一处，同时结合出砟量对原设计进口工区和 1 号斜井工区弃砟场做适当调整。其余工区弃砟场维持原设计不变。

（1）隧道进口工区弃砟共 15.5 万方（实方），弃于线路 DK711＋800 线路右侧约 1 350 m 的冲沟内，平均运距 3.0 km。占荒地 37 亩（1 亩≈667 m²，弃砟后全部种草绿化。

（2）隧道 0 号斜井工区弃砟共 20.9 万方（实方），弃于 DK712＋800 线路左侧约 500 m 的冲沟内，平均运距 0.3 km。占荒地 43 亩，弃砟后全部种草绿化。

（3）隧道 1 号斜井工区弃砟共 28.4 万方（实方），弃于 DK715＋200 线路左侧 500 m 的冲沟内，平均运距 0.3 km。占荒地 62 亩，弃砟后全部种草绿化。

三、工程数量汇总（表 9.7 ~ 9.9）

表 9.7 某隧道斜井井身工程数量汇总表

序号	项目及工程材料				单位	原设计 1号斜井	新增 0号斜井	调整后 1号斜井
1	各级围岩长度				m	684	598	507
2	斜井井身	开挖	Ⅳ级		m^3	19 677	10 652	12 718
3			Ⅴ级		m^3	5 702	12 271	6 641
4		喷混凝土	网喷	C25 喷混凝土	m^3	2 234	2 096	1 728
5		钢筋网		ϕ8 钢筋	kg	39 053	36 800	30 260
6		砂浆锚杆	ϕ22 HRB335 钢筋	根数	根	7 464	6 279	5 550
7				长度	m	19 959	17 620	15 093
8				质量	kg	59 557	52 578	45 039
9			垫板	HPB235 钢	kg	7 912	6 656	5 882
10		I12.6 型钢钢架	榀数		榀	443	222	283
11			I 12.6 型钢		kg	98 104	49 055	62 749
12			连接钢筋	ϕ22 HRB335 钢筋	kg	21 197	10 598	13558
13			连接钢板	HPB235 钢	kg	15 992	8 014	10 216
14			螺栓	M20×70 螺栓	套	7 088	3 552	4 528
15		I16 型钢钢架	榀数		榀	234	368	227
16			I 16 型钢		kg	84 421	129 280	80 738
17			连接钢筋	ϕ22 HRB335 钢筋	kg	12 414	19 033	11 880
18			连接钢板	HPB235 钢	kg	12 126	19 070	11 763
19			螺栓	M20×70 螺栓	套	3 744	5 888	3 632
20		衬砌	C30 钢筋混凝土		m^3	93	93	0
21			C30 混凝土		m^3	1 612	2 256	1 512
22		铺底	C20 混凝土		m^3	28	28	0
23			C25 混凝土		m^3	1 099	969	828
24		钢筋	ϕ20 钢筋		kg	4 790	4 790	0
25			ϕ14 钢筋		kg	2 326	2 326	0
26			ϕ8 钢筋		kg	690	690	0
27		防水材料	EVA 防水板（厚度不小于 1.2 mm）		m^2	4 304	6 221	4 130
28			无纺布（大于 300 g/m^2）		m^2	4 304	6 221	4 130
29			橡胶止水条		M	692	1 000	664
30			ϕ50 mm 环向盲沟		m	717	1 037	689
31		水沟及电缆槽	沟槽身	C25 混凝土	m^3	58	51	43
32			盖板	C30 钢筋混凝土	m^3	14	12	10
33			盖板钢筋	钢筋	kg	2 489	2 176	1 847
34		超前小导管	ϕ42 小导管	根数	根	2 497	3 569	2 303
35				长度	m	8 741	12 492	8 062
36				质量	kg	29 283	41 848	27 007
37		ϕ200 mm 临时钢管横撑（可倒用）			m	120	120	120

表 9.8　某隧道斜井井口工程数量汇总表

序号	工程部位及材料			单位	原设计 1号斜井	新增 0号斜井	调整后 1号斜井
1	斜井洞口工程	开挖	Ⅱ级普通土	m^3	112	160	
2			Ⅲ级硬土	m^3	400	800	220
3		平台顶水沟	C20 混凝土	m^3	3	3	
4		洞顶截水沟	M10 浆砌片石	m^3	22	20	20
5			灰土垫层	m^3	11	10	10
6		坡面防护	网喷 C25 混凝土	m^3	30	53	16
7			$\phi 8$ 钢筋	kg	632	1 106	332
8			$\phi 22$ 锚杆	根	200	350	105
9				m	500	875	263
10				kg	1 492	2 611	783
11			垫板	kg	212	371	111
12		斜井封堵	C15 片石混凝土	m^3	171	171	171

表 9.9　某隧道弃砟工程数量汇总表

序号	工程部位及材料			单位	原设计 进口工区	原设计 1 号 斜井工区	调整后 进口工区	新增 0 号 斜井工区	调整后 1 号 斜井工区
1	弃砟工程	弃砟量（实方）		万 m^3	23.8	39.3	15.5	20.9	28.4
2		平均运距		km	3.0	1.0	3.0	0.3	0.3
3		占地	荒地	亩	51	82	37	43	62
4		绿化		亩	51	82	37	43	62
5		挡护	C15 混凝土	m^3	2 073	1 152	2 073	1 075	691
6		坡面防护	M10 浆砌片石	m^3	324	180	324	168	108
7		三七灰土换填		m^3	208	116	208	108	69
8		砟顶水沟	M10 浆砌片石	m^3	1 418	1 636	1 268	1 224	1 689
9			碎石垫层	m^3	626	722	560	540	746

四、主要参考文献

概预算计算见表 9.10。

表 9.10　某隧道新增斜井预算表

建设名称	新建大同至现客运专线运城至西安段	编　号	_ZGS_302-017
工程名称	某隧道	工程总量	
工程地点	变更设计	概（预）算价值	19 974 313 元

续表 9.10

建设名称	新建大同至现客运专线运城至西安段		编号	_ZGS_302-017	
所属章节	第四章 第10节		概（预）算指标		
单价编号	工作项目或费用名称	单位	数 量	费用/元	
				单 价	合 价
	第四章 隧道及明洞	延长米			19 974 313
	第10节 隧道				
	Ⅰ. 建筑工程费	延长米			19 974 313
	3. 辅助坑道	延长米	1 107	14 555.32	16 112 740
	（2）斜井	延长米	1 107	14 555.32	16 112 740
	③ 设计开挖断面 > 25 m^2	延长米	1 107	14 555.32	16 112 740
	D. Ⅳ级围岩	延长米	622	12 054.65	7 497 992
SY-304	平行导坑开挖，平导长度≤1 000 m Ⅳ级围岩	10 m	2 337	512.27	1 197 175
SY-94	双线隧道出砟，隧长≤1 000 m Ⅳ级围岩	10 m	2 337	111.01	259 430
SY-161	喷射混凝土 C25	10 m	197.6	4 252.48	840 290
SY-167	钢筋网	t	34.697	4 027.7	139 750
SY-163	砂浆锚杆	100 m	185.4	2 423.95	449 400
SY-169	型钢钢架	t	97.876	4 488.94	439 359
SY-169	型钢钢架	T	116.732	4 488.94	524 004
SY-240 参	聚氯乙烯防水板 $\delta=2$	10 m	250	198.65	49 663
SY-240 参	聚氯乙烯防水板 $\delta=2$	10 m	250	187.55	46 888
SY-247	橡胶止水带	10 m	40.2	214.22	8 612
SY-248	透水软管	10 m	41.7	143.98	6 004
SY-415 参	平行导坑衬砌，平导长度≤1 000 m	10 m	101.9	2 869.76	292 429
SY-415 参	平行导坑衬砌，平导长度≤1 000 m	10 m	109.8	2 729.68	299 719
SY-239 参	水沟、电缆槽盖板制安，钢筋混凝土 C30	10 m	1.3	5 612.16	7 295
SY-238	正洞钢筋	t	1.212	3 863.61	4 683
SY-173 参	超前小导管	100 m	56.72	2 746.02	155 754
SY-428	平行导坑通风，平导长度≤1 000 m	延长米	622	82.02	51 016

续表 9.10

建设名称	新建大同至现客运专线运城至西安段		编号	_ZGS_302-017	
SY-441	平行导坑高压风水管、照明、电线路，平导长度≤1 000 m	延长米	622	207.97	129 357
SY-464	材料运输正洞，无轨，隧长≤1 000 m	10 t	532.099	51.34	27 318
	人工费	元			1 256 200
	材料费	元			2 741 486
	机械使用费	元			930 460
	一、定额直接工程费	元			4 928 146
	运杂费（按材料重量计算）	t	11 409.11	63.444	723 840
	二、运杂费	元			723 840
	调查价差	元			420 477
	系数价差	元	584 184	0.254	148 383
	水价差	元	19 208.76	0.62	11 909
	电价差	元	44 553.86	0.15	6 683
	机械台班差	元			139 537
	三、价差合计	元			726 989
	直接工程费	元			6 378 975
	五、施工措施费	%	2 186 660	10.46	228 725
	直接费	元			6 607 700
	七、间接费	%	2 186 660	29.6	647 251
	八、税金	%	7 254 951	3.35	243 041
	九、单项概算价值	元			
	（5）V级围岩	延长米	483	17 198.37	8 306 815
SY-305	平行导坑开挖，平导长度≤1 000 m，V级围岩	10 m	1 891.2	535.83	1 013 362
SY-95	双线隧道出砟，隧长≤1 000 m，V级围岩	10 m	1 891.2	113.28	214 235
SY-161	喷射混凝土 C25	10 m	184.8	4 252.48	785 858
SY-167	钢筋网	t	32.362	4 027.7	130 345
SY-163	砂浆锚杆	100m	141.73	2 423.95	343 545
SY-169	型钢钢架	t	211.346	4 488.94	948 719
SY-240 参	聚氯乙烯防水板 $\delta=2$	10 m	785.2	198.65	155 980

续表 9.10

建设名称	新建大同至现客运专线运城至西安段		编号	_ZGS_302-017	
SY-240 参	聚氯乙烯防水板 $\delta=2$	10 m	785.2	187.55	147264
SY-247	橡胶止水带	10 m	126.1	214.22	27 013
SY-248	透水软管	10 m	130.9	143.98	18 847
SY-415	平行导坑衬砌，平导长度≤1 000 m	10 m	2.8	2 540.02	7 112
SY-415 参	平行导坑衬砌，平导长度≤1 000 m	10 m	275	2 869.76	789 185
SY-415 参	平行导坑衬砌，平导长度≤1 000 m	10 m	79.2	2 729.68	21 6191
SY-239 参	水沟、电缆槽盖板制安，钢筋混凝土 C20	10 m	0.9	5 612.16	5 051
SY-238	正洞钢筋	t	7.806	3 863.61	30 159
SY-238	正洞钢筋	t	1.025	3 863.61	3 960
SY-173 参	超前小导管	100 m	148.82	2 746.02	408 663
SY-173 参	超前小导管	100 m	2.4	4 740.57	11 377
SY-428	平行导坑通风，平导长度≤1 000 m	延长米	483	82.02	39 616
SY-441	平行导坑高压风水管、照明、电线路，平导长度≤1 000	延长米	483	207.97	100 449
SY-464	材料运输正洞，无轨，隧长≤1 000 m	10 t	591.17	51.34	30 351
	人工费	元			1 314 062
	材料费	元			3 158 973
	机械使用费	元			954 247
	一、定额直接工程费	元			5 427 282
	运杂费（按材料重量计算）	t	14 579.13	63.804	930 205
	二、运杂费	元			930 205
	调查价差	元			497 066
	系数价差	元	477 248	0.254	121 221
	水价差	元	11 652.15	0.62	7 224
	电价差	元	34 597.29	0.15	5 190
	机械台班差	元			140 685
	三、价差合计	元			771 386

续表 9.10

建设名称	新建大同至现客运专线运城至西安段		编号	ZGS_302-017	
	直接工程费	元			7 128 873
	五、施工措施费	%	2 268 309	10.46	237 265
	直接费	元			7 366 138
	七、间接费	%	2 268 309	29.6	671 419
	八、税金	%	8 037 557	3.35	269 258
	九、单项概算价值	元			8 306 815
	（7）井口	座	2	153 966.5	307 933
LY-47	挖掘机（≤2.0 m）挖，装车普通土	100 m	1.6	125.66	201
LY-48	挖掘机（≤2.0 m）挖，装车硬土	100 m	10.2	143.76	14 66
LY-146	自卸汽车（≤12 t）运土，运距≤1 km	100 m	11.8	473.52	5 588
SY-289 参	洞门，混凝土，C25	10 m	0.3	2 558.05	768
SY-293	洞门，浆砌片石仰坡、截水沟、渗水沟、吊沟 M7.5	10 m	4	1 247.72	4 992
LY-371	夯填 3：7 灰土	10 m	2	479.15	958
LY-300 参	喷射混凝土 C20，挂网，厚 8 cm	100 m	8.625	3 773.72	32 548
SY-167	钢筋网	t	1.438	4 027.7	5 792
LY-299	砂浆锚杆	100 m	11.38	2 323.77	26 444
SY-288 参	洞门，片石混凝土 C25	10 m	34.2	2 193.82	75 029
	人工费	元			38 480
	材料费	元			90 978
	机械使用费	元			24 328
	一、定额直接工程费	元			153 786
	运杂费（按材料重量计算）	t	1 241.33	65.028	80 721
	二、运杂费	元			80 721
	调查价差	元			33 579
	系数价差	元	8794	0.254	2 234
	水价差	元	390.38	0.62	242
	机械台班差	元			2 229
	三、价差合计	元			38 284

续表 9.10

建设名称	新建大同至现客运专线运城至西安段		编号		_ZGS_302-017
	直接工程费	元			272 791
	五、施工措施费	%	62 808	10.46	6 570
	直接费	元			279 361
	七、间接费	%	62 808	29.6	18 591
	八、税金	%	297 952	3.35	9 981
	九、单项概算价值	元			307 933
	5. 附属工程	延长米			3 861 573
	（8）弃砟场处理	元			3 861 573
	② 浆砌石	圬工方	4 781	449.06	2 146 967
LY-305 参	浆砌片石盲沟、侧沟、天沟、截水沟、急流槽、渗沟 M7.5	10 m	418.1	972.79	406 724
LY-283 参	浆砌片石 M7.5	10 m	60	930.21	55 813
LY-367	夯填，碎石	10 m	184.6	385.38	71 141
LY-371	夯填，3：7 灰土	10 m	38.5	479.15	18 448
	人工费	元			241 386
	材料费	元			305 777
	机械使用费	元			4 963
	一、定额直接工程费	元			552 126
	运杂费（按材料重量计算）	t	17 306.2	67.141	1 161 947
	二、运杂费	元			1 161 947
	调查价差	元			262 592
	系数价差	元	2 070	0.254	526
	水价差	元	1 989.4	0.62	1 233
	机械台班差	元			264
	三、价差合计	元			264 615
	直接工程费	元			1 978 688
	五、施工措施费	%	246 349	10.46	25 768
	直接费	元			2 004 456
	七、间接费	%	246 349	29.6	72 919
	八、税金	%	2 077 375	3.35	69 592
	九、单项概算价值	元			2 146 967
	③（钢筋）混凝土	圬工方	3 839	446.63	1 714 606
LY-383 参	挡土墙片石混凝土 C20	10 m	383.9	1 765.47	677 763

续表 9.10

建设名称	新建大同至现客运专线运城至西安段		编号		_ZGS_302-017
	人工费	元			191 009
	材料费	元			456 077
	机械使用费	元			30 677
	一、定额直接工程费	元			677 763
	运杂费（按材料重量计算）	t	9 681.19	67.31	651 645
	二、运杂费	元			651 645
	调查价差	元			219 211
	系数价差	元	72 273	0.254	18 357
	水价差	元	2 076.9	0.62	1 288
	机械台班差	元			1 958
	三、价差合计	元			240 814
	直接工程费	元			1 570 222
	五、施工措施费	%	221 686	10.46	23 188
	直接费	元			1 593 410
	七、间接费	%	221 686	29.6	65 619
	八、税金	%	1 659 029	3.35	55 577
	九、单项概算价值	元			1 714 606

附录 1 工程量清单表

建设项目名称：______________________________

标段：______________________________

工程量清单

招标人：______________________________（单位签字盖章）

法定代表人或

授权代理人：______________________________（签字盖章）

中介机构

法定代表人：______________________________（签字盖章）

造价工程师

及注册证号：______________________________（签字盖执业专用章）

编制时间：______________________________

填表须知

（1）工程量清单及其计价格式中所有要求签字、盖章的地方，必须由规定的单位和人员签字、盖章。

（2）工程量清单及其计价格式中的任何内容不得随意删除或涂改。

（3）工程量清单计价格式中列明的所有需要填报的单价（由投标人填写的单价除外）和合价，投标人均应填报（其中计量单位为“元”的子目单价栏填“1”，合价栏与数量栏的数额相同），未填报的单价和合价，视为此项费用已包含在工程量清单的其他单价和合价中。

（4）金额（价格）均应以币表示。

总说明

标段：　　　　　　　　　　　　　　　　　　　　　　第　页 共　页

工程量清单表

标段：　　　　　　　　　　　　　　　　　　　　　　　　　　　　第　页　共　页

清单　第××章　××××				
编　码	节　号	名　称	计量单位	工程数量

计日工表（总价承包和工程总承包，此款删除）

（1）计日工　人工

标段：　　　　　　　　　　　　　　　　　　　　　　　　　　　　第　页　共　页

序　号	名　称	计量单位	数　量

（2）计日工　材料

标段：　　　　　　　　　　　　　　　　　　　　　　　　　　　　第　页　共　页

序　号	名称及规格	计量单位	数　量

（3）计日工　施工机械

标段：　　　　　　　　　　　　　　　　　　　　　　　　　　　　第　页　共　页

序　号	名称及型号	计量单位	数量

甲供材料数量及价格表

标段：　　　　　　　　　　　　　　　　　　　　　　　　第　页　共　页

序号	材料编码	材料名称及规格	交货地点	计量单位	数量	单价（元）

甲控材料表

标段：　　　　　　　　　　　　　　　　　　　　　　　　第　页　共　页

序　号	材料编码	材料名称及规格	技术条件

设备清单表

（1）甲供设备数量及价格表

标段：　　　　　　　　　　　　　　　　　　　　　　　　第　页　共　页

序号	设备编码	设备名称及规格型号	交货地点	计量单位	数量	单价（元）

（2）甲控设备数量表

标段：　　　　　　　　　　　　　　　　　　　　　　　　第　页　共　页

序号	设备编码	设备名称及规格型号	技术条件	计量单位	数量

（3）自购设备数量表

标段：　　　　　　　　　　　　　　　　　　　　　　　　　　　　　　第　页　共　页

序号	设备编码	设备名称及规格型号	技术条件	计量单位	数量

补充工程量清单计量规则表

标段：　　　　　　　　　　　　　　　　　　　　　　　　　　　　　　第　页　共　页

第××章　××××							
编码	节号	名称	计量单位	子目划分特征	工程量计算规则	工程（工作）内容	附注

附录 2　工程量清单投标报价表

建设项目名称：________________________

标段：________________________

工程量清单投标报价表

投标人：________________________（单位签字盖章）

法定代表人或

授权代理人：________________________（签字盖章）

造价工程师

及注册证号：________________________（签字盖执业专用章）

编制时间：________________________

投标报价总额

建设项目名称：______________________

标段：______________________

投标报价总额（小写）：______________________

（大写）：______________________

投标人：______________________（单位签字盖章）

法定代表人或

授权代理人：______________________（签字盖章）

编制时间：______________________

工程量清单投标报价汇总表

标段：　　　　　　　　　　　　　　　　　　　　　　　　　　　　　第　页　共　页

章号	节号	名称	金额（元）
第一章	1	拆迁工程	
第二章		路　基	
	2	区间路基土石方工程	
	3	站场路基土石方工程	
	4	路基附属工程	
第三章		桥　涵	
	5	特大桥	
	6	大　桥	
	7	中　桥	
	8	小　桥	
	9	涵　洞	
第四章		隧道及明洞	
	10	隧　道	
	11	明　洞	
第五章		轨　道	
	12	正　线	
	13	站　线	
	14	线路有关工程	
第六章		通信、信号及信息	
	15	通　信	
	16	信　号	
	17	信　息	
第七章		电力及电力牵引供电	
	18	电　力	
	19	电力牵引供电	
第八章	20	房　屋	
第九章		其他运营生产设备及建筑物	
	21	给排水	
	22	机　务	
	23	车　辆	
	24	动　车	
	25	站　场	
	26	工　务	

续 表

章号	节号	名 称	金额（元）
	27	其他建筑及设备	
第十章	28	大型临时设施和过渡工程	
第十一章	29	其他费	
第一章至第十一章 清单合计 A			
按第一章至第十一章 清单合计的__%计算的或 按一定额度估列的暂列金额 B			（总价承包和工程总承包，此款删除）
包含在暂列金额中的计日工（总价承包和工程总承包，此款删除）			
激励约束考核费 C			
设备费 D			
总承包风险费（施工总价承包、工程总承包时增列）			
投标报价总额（A+B+C+D）			
包含在投标报价总额中的甲供材料设备费			

工程量清单计价表

标段： 第 页 共 页

清单 第××章 ××××						
编码	节号	名称	计量单位	工程数量	金额（元）	
					综合单价	合价

工程量清单子目综合单价分析表

标段： 第 页 共 页

清单 第××章 ××××											
编码	节号	名称	计量单位	综合单价组成（元）							综合单价（元）
				人工费	材料费	机械使用费	填料费	措施费	间接费	税金	

计日工费用计算表（总价承包和工程总承包，此款删除）

（1）计日工　人工费计算表

标段：　　　　　　　　　　　　　　　　　　　　第　页　共　页

序号	名称	计量单位	数量	金额（元）	
				单价	合价
计日工 人工费合计　元					

（2）计日工　材料费计算表

标段：　　　　　　　　　　　　　　　　　　　　第　页　共　页

序号	名称及规格	计量单位	数量	金额（元）	
				单价	合价
计日工 材料费合计　元					

（3）计日工施工机械使用费计算表

标段：　　　　　　　　　　　　　　　　　　　　第　页　共　页

序号	名称及型号	计量单位	数量	金额（元）	
				单价	合价
计日工 机械使用费合计　元					

（4）计日工费用汇总表

标段：　　　　　　　　　　　　　　　　　　　　　　　第 页 共 页

名 称	金额（元）
1. 计日工人工费合计	
2. 计日工材料费合计	
3. 计日工施工机械使用费合计	
计日工费用总额＿元（结转“工程量清单投标报价汇总表”）	

甲供材料费计算表

标段：　　　　　　　　　　　　　　　　　　　　　　　第 页 共 页

序号	材料编码	材料名称及规格	交货地点	计量单位	数量	金额（元）	
						单价	合价
甲供材料费合计 元							

甲控材料价格表

标段：　　　　　　　　　　　　　　　　　　　　　　　第 页 共 页

序号	材料编码	材料名称及规格	技术条件	计量单位	单价（元）

主要自购材料价格表

标段：　　　　　　　　　　　　　　　　　　　　　　　第 页 共 页

序号	材料编码	材料名称及规格	计量单位	单价（元）

设备费计算表

（1）甲供设备费计算表

标段： 第　页　共　页

序号	设备编码	设备名称及规格型号	交货地点	计量单位	数量	金额（元）	
						单价	合价
甲供设备费合计　元							

（2）甲控设备费计算表

标段： 第　页　共　页

序号	设备编码	设备名称及规格型号	技术条件	计量单位	数量	金额（元）	
						单价	合价
甲控设备费合计　元							

（3）自购设备费计算表

标段： 第　页　共　页

序号	设备编码	设备名称及规格型号	技术条件	计量单位	数量	金额（元）	
						单价	合价
自购设备费合计　元							

(4)设备费汇总表

标段: 第 页 共 页

名 称	金额(元)
1. 甲供设备费合计	
2. 甲控设备费合计	
3. 自购设备费合计	
4. 甲供设备自交货地点至安装地点的运杂费	
设备费总额__元(结转“工程量清单投标报价汇总表”)	

附录 3　铁路工程综合概（预）算表

铁路工程综合概（预）算章节表

章别	序号	工程项目及费用名称	单　位	附　注
		第一部分　静态投资	正线公里	
一	1	拆迁及征地费用	正线公里	
		其中：Ⅰ. 建筑工程费	正线公里	以下各章、节同
		Ⅱ. 安装工程费	正线公里	以下各章、节同
		Ⅲ. 设备购置费	正线公里	以下各章、节同
		Ⅳ. 购置费	正线公里	以下各章、节同
		Ⅰ. 建筑工程费	正线公里	
		一、改移道路	元	指废除既有道路后引起的有关工程费用
		（一）等级公路	km	
		1. 路基	km	
		（1）土方	m^3	含路基附属工程的土方
		（2）石方	m^3	含路基附属工程的土方
		（3）路基附属工程	元	
		① 干砌石	圬工方	
		② 浆砌石	圬工方	
		③ 混凝土	圬工方	
		④ 钢筋混凝土	圬工方	
		⑤ 绿色防护、绿化	平方米	
		⑥ 地基处理	元	
		2. 路面	m^2	
		（1）垫层	m^2	
		（2）基层	m^2	
		（3）面层	m^2	
		① 沥青混凝土	m^2	含桥梁和隧道的路面面层，包括沥青贯入式路面、沥青表面处治路面和沥青混凝土路面

续 表

章别	序号	工程项目及费用名称	单 位	附 注
		② 水泥混凝土路面	m^2	含桥梁和隧道的路面面层
		3. 公路桥（××座）	延长米	
		（1）下部结构	圬工方	
		① 基础	圬工方	
		A. 明挖	圬工方	
		B. 承台	圬工方	
		C. 挖孔桩	m	
		D. 钻孔桩	m	
		E. 管桩	m	
		② 墩台	圬工方	
		（2）上部结构	m^2	
		（3）附属工程	元	
		① 土方	m^3	
		② 石方	m^3	
		③ 干砌石	m^3	
		④ 浆砌石	圬工方	
一	1	⑤ 混凝土	圬工方	
		⑥ 钢筋混凝土	圬工方	
		⑦ 台后及锥体填筑	m^3	
		4. 涵洞（××座）	横延米	
		5. 隧道（××座）	延长米	
		（1）开挖	m^3	
		（2）衬砌	圬工方	
		① 模筑混凝土	圬工方	
		② 钢筋	t	
		（3）洞门	圬工方	
		（4）附属工程	元	
		6. 沿线设施	km	
		（二）泥结碎石路	m^2	
		（三）土路	m	
		（四）道路过渡工程	元	指为了不中断既有道路交通、确保施工、运营安全所修建的过渡工程，包括桥涵

续 表

章别	序号	工程项目及费用名称	单 位	附 注
		（五）取弃土（石）场处理	元	
一	1	二、砍伐、挖根	元	指修建铁路正式工程所发生的砍伐、挖根或移栽，如土地征用补偿费中已含此费用，则不计划
		三、管线路防护	m	指修建铁路时须对属路外产权的管线路进行的防护加固
		四、既有建筑物拆除后的垃圾清运		指为修建铁路正式工程须对建筑物拆除后的垃圾进行的清运，如拆迁补偿费中已含此费用，则不计划
		Ⅳ. 其他费	元	
		一、土地征用及拆迁补偿费	正线公里	指为进行铁路建设需征用土地所应支付的土地补偿费、安置补助费、附着物及青苗补偿费、菜地开发建设基金、耕地开垦费、耕地占用说、拆迁补偿费、手续费、用地勘界费等
		（一）土地征用补偿费	亩	应含砍伐或移栽树木、竹子等的费用
		（二）拆迁补偿费	元	应含拆除费及建筑物垃圾清运费
		1. 建筑物	元	
		（1）企业厂房	m^2	
		（2）民房	m^2	
		（3）其他建筑物	元	
		2. 道路	km	含桥涵
		3. 通信线路	km	
		4. 电力线路	km	
		（三）土地征用、拆迁建筑物手续费	元	
		（四）用地勘界费	元	
		二、青苗补偿	元	指在铁路用地界以外修建正式工程发生的青苗补偿
	2	路　基	正线公里 路基公里	
		区间路基土方石	施工立方米 断面立方米	包括开挖路基、填筑路堤（含桥台后过渡段），挖除池沼淤泥、多年冻土、路堤夯压、挖台阶、修整边界、侧沟及路面，清除植被和麦土、原地面压实等，不包括桥头锥体土石方及桥台后缺口土石方

续 表

章别	序号	工程项目及费用名称	单 位	附 注
		Ⅰ. 建筑工程费	施工立方米 断面立方米	
		一、土方	m^3	
		（一）挖土方	m^3	路基设计断面内土方的挖、装、运、卸等
		1. 挖土方（运距≤1 km）	m^3	含铲运机铲运超过 1 km 的部分
		（1）人力施工	m^3	
		（2）机械施工	m^3	
		2. 增运土方（运距≥1 km 的部分）	$m^3\cdot km$	
		（二）利用土填方	m^3	利用土方的摊铺、压实、洒水等
		1. 人力施工	m^3	
		2. 机械施工	m^3	
		（三）借土填方	m^3	借土方的挖、装、运、卸、摊铺、压实、洒水等
		1. 挖填土方（运距≤1 km）	m^3	
		（1）人力施工	m^3	
一	2	（2）机械施工	m^3	
		2. 增运土方（运距≥1 km 的部分）	$m^3\cdot km$	
		二、石方	m^3	
		（一）挖石方	m^3	路基设计断面内石方的开挖、装、运、卸等
		1. 挖石方（运距≤1 km）	m^3	
		（1）人力施工	m^3	
		（2）机械施工	m^3	
		2. 增运石方（运距≥1 km 的部分）	$m^3\cdot km$	
		（二）利用石填方	m^3	包括按以石代土路堤设计时利用石方的摊铺、压实、洒水等和按填石路堤设计时利用石方的填筑、码砌等
		1. 人力施工	m^3	
		1. 人力施工	m^3	
		（三）借石填方	m^3	包括按以石代土路堤设计时借石方的开挖、装、运、卸摊铺、压实、洒水等和按填石路堤设计时借石方的开挖、装、运、卸、填筑、码砌等

续 表

章别	序号	工程项目及费用名称	单 位	附 注
二	2	1. 挖填石方（运距≤1 km）	m^3	
		（1）人力施工	m^3	
		（2）机械施工	m^3	
		2. 增运石方（运距≥1 km 的部分）	m^3·km	
		三、填渗水土	m^3	渗水土的挖、装、运、卸、摊铺、压实、洒水等
		（一）挖填（运距≤1 km）	m^3	
		1. 人力施工	m^3	
		2. 机械施工	m^3	
		（二）增运（运距≥1 km 的部分）	m^3·km	
		四、填改良土	m^3	
		（一）利用土改良	m^3	配料、拌到、摊铺、洒水、压实
		（二）借土改良	m^3	挖、装、运、卸、配料、拌到、摊铺、洒水、压实
		1. 挖填土方（运距≤1 km）	m^3	
		2. 增运土方（运距≥1 km 的部分）	m^3·km	
		五、级配碎石（砂砾石）	m^3	配料、拌到、堆放、分层摊铺、掺拌水泥、洒水或晾晒、压实、排水；路面及边坡修整
		（一）基床表层	m^3	
		（二）过渡段	m^3	
		1. 路堤与桥台过渡段	m^3	
		2. 路堤与横向结构过渡段	m^3	
		3. 路堤与路堑过渡段	m^3	
		六、挖淤泥	m^3	围堰填筑及拆除、抽水、挖、装、运、卸、排水、弃方堆放、整修
		七、挖多年冻土	m^3	开挖、装、运、卸、弃方堆放、整理、路面和边坡修整
	3	站场土石方	施工立方米 断面立方米	含站场范围内的正线土石方。内容同区间路基土石方
		Ⅰ. 建筑工程费	施工立方米 断面立方米	
		一、土方	m^3	
		（一）挖土方	m^3	工作内容同区间路基土石方

续 表

章别	序号	工程项目及费用名称	单 位	附 注
二	3	1. 挖土方	m^3	含铲运机铲运超过 1 km 的部分
		（1）人力施工	m^3	
		（2）机械施工	m^3	
		2. 运土方（运距≥1 km 的部分）	$m^3 \cdot km$	
		（二）利用土填方	m^3	工作内容同区间路基土石方
		1. 人力施工	m^3	
		2. 机械施工	m^3	
		（三）借土填方	m^3	工作内容同区间路基土石方
		1. 挖填土方（运距≤1 km）	m^3	
		（1）人力施工	m^3	
		（2）机械施工	m^3	
		2. 增运土方（运距 > 1 km 的部分）	$m^3 \cdot km$	
		二、石方	m^3	
		1. 挖石方（运距≤1 km）	m^3	工作内容同区间路基土石方
		（1）人力施工	m^3	
		（2）机械施工	m^3	
		2. 增运石方（运距 > 1 km 的部分）	$m^3 \cdot km$	
		（二）利用石填方	m^3	工作内容同区间路基土石方
		1. 人力施工	m^3	
		2. 机械施工	m^3	
		（三）借石填方	m^3	
		1. 挖填石方（运距≤1 km）	m^3	
		（1）人力施工	m^3	工作内容同区间路基土石方
		（2）机械施工	m^3	
		2. 增运石方（运距 > 1 km 的部分）	$m^3 \cdot km$	
		三、填渗水土	m^3	工作内容同区间路基土石方
		（一）挖填（运距≤1 km）	m^3	
		1. 人力施工	m^3	
		2. 机械施工	m^3	
		（二）增运（运距≥1 km 的部分）	$m^3 \cdot km$	
		四、填改良土	m^3	
		（一）利用土改良	m^3	工作内容同区间路基土石方

续 表

章别	序号	工程项目及费用名称	单 位	附 注
	3	（二）借土改良	m^3	工作内容同区间路基土石方
		1. 挖填土方（运距≤1 km）	m^3	
		2. 增运土方（运距≥1 km 的部分）	$m^3\cdot km$	
		五、级配碎石（砂砾石）	m^3	工作内容同区间路基土石方
		（一）基床表层	m^3	
		（二）过渡段	m^3	
		1. 路堤与桥台过渡段	m^3	
		2. 路堤与横向结构过渡段	m^3	
		3. 路堤与路堑过渡段	m^3	
		六、挖淤泥	m^3	工作内容同区间路基土石方
		七、挖多年冻土	m^3	工作内容同区间路基土石方
二	4	路基附属工程	正线公里	包括区间和站场内的附属工程
		Ⅰ. 建筑工程费	m^3	指区间和站场土石方的总量
		一、附属土石方及加固防护	m^3	指支挡结构以外的所有路基附属工程
		（一）土石方	m^3	指单独挖填土石方的项目（包括平交道的土石方）
		1. 土方	m^3	
		2. 石方	m^3	
		（二）混凝土及砌体	元	
		1. 干砌石	m^3	
		2. 浆砌石	圬工方	
		3. 混凝土	圬工方	
		4. 片石混凝土	圬工方	
		5. 钢筋混凝土	圬工方	
		（三）绿色防护	元	
		1. 铺草皮	m^2	
		2. 播草籽	m^2	不含土工网垫中的播草籽
		3. 喷播植草	m^2	
		4. 喷混植生	m^2	不含边坡加固锚杆
		5. 栽植乔木	千株	
		6. 栽植灌木	千株	
		7. 栽植花草	m^2	
		8. 穴植容器苗	千穴	

续　表

章别	序号	工程项目及费用名称	单　位	附　注
二	4	（四）喷水泥砂浆	m^2	
		1. 素喷水泥砂浆	m^2	
		2. 网喷水泥砂浆	m^2	不含边坡加固锚杆
		（五）喷射混凝土	m^2	
		1. 素喷混凝土	m^2	
		2. 网喷混凝土	m^2	不含边坡加固锚杆
		（六）风沙路基防护	元	
		1. 铺石	m^2	
		2. 铺黏性土	m^3	
		3. 草方格	m^2	
		4. 刺铁丝网	m	
		5. 沙障	m	
		（七）金属防护网	m^2	
		1. 高强金属柔性主动防护网	m^2	
		2. 高强金属柔性被动防护网	m^2	
		（八）土工合成材料	m^2	
		1. 土工布	m^2	
		2. 复合土工膜	m^2	
		3. 土工网	m^2	
		4. 土工格栅	m^2	
		5. 土工格室	m^2	
		6. 土工网垫	m^2	
		（九）地基处理	元	
		1. 抛填石（片石）	m^3	
		2. 垫层	m^3	
		（1）填砂	m^3	
		（2）填碎石	m^3	
		（3）填卵（砾）石	m^3	
		（4）填石（片石）	m^3	
		（5）填砂夹碎石	m^3	
		（6）填砂夹卵（砾）石	m^3	
		（7）填砖	m^3	

续　表

章别	序号	工程项目及费用名称	单　位	附　注
二	4	3. 换填土	m^3	
		4. 袋装砂井	m	
		5. 砂桩	m	
		6. 石灰桩	m	
		7. 碎石桩	m	
		8. 旋转桩	m	
		9. 粉喷桩	m	
		10. 水泥搅拌桩	m	
		11. 水泥土挤密桩	m	
		12. CFG 桩	m	
		13. 钢筋（预应力）混凝土管桩	m	
		14. 钢筋混凝土方桩	圬工方	
		15. 塑料排水板	m	
		16. 强夯	m^3	
		17. 重锤夯实	m^3	
		18. 重型碾压	m^3	
		19. 填（片石）混凝土	圬工方	
		20. 真空预压	m^3	
		21. 堆载预压	m^3	
		（十）地下洞穴处理	元	
		1. 钻孔	m	
		2. 注浆	m^3	
		3. 灌砂	m^3	
		4. 填土	m^3	
		5. 填袋装土	m^3	
		6. 填石	m^3	
		（十一）取弃土（石）场处理	元	
		1. 干砌石	m^3	
		2. 浆砌石	圬工方	
		3.（钢筋）混凝土	圬工方	
		4. 场地平整、绿化、复垦	m^2	
		（十二）地下排水设施	元	

续　表

章别	序号	工程项目及费用名称	单　位	附　注
二	4	1. 混凝土管	m	
		2. 钢筋混凝土管	m	
		3. 聚氯乙烯（UPVC）管	m	
		4. 铸铁管	m	
		5. 盲沟	m	
		6. 渗沟	m^3	
		（十三）将噪声工程	元	
		1. 加高围墙	m^2	
		2. 隔声墙	m^2	
		3. 路基声屏障	m^2	
		4. 桥上声屏障	m^2	
		（十四）线路防护栅栏	单侧公里	
		（十五）路基护轮轨	单轨公里	
		（十六）路基地段电缆槽	km	
		（十七）路基地段接触支柱基础	个	
		（十八）基床表层隔水层	m^3	
		（十九）综合接地引入	处	指从贯通综合接地铜缆引入的部分
		1. 路基地段	处	
		2. 桥梁地段	处	
		3. 隧道地段	处	
		（二十）其他工程	元	
		1. 平交道路面	m^2	
		2. 拆除砌体、圬工	m^3	只单独拆除的路基附属建筑物
		（1）干砌石	m^3	
		（2）浆砌石	圬工方	
		（3）混凝土	圬工方	
		（4）钢筋混凝土	圬工方	
		二、支挡结构	元	包括各类挡土墙抗滑桩等
		（一）挡土墙浆砌石	圬工方	
		（二）挡土墙片石混凝土	圬工方	
		（三）挡土墙混凝土	圬工方	
		（四）挡土墙钢筋混凝土	圬工方	

续 表

章别	序号	工程项目及费用名称	单 位	附 注
二	4	（五）挡土墙喷混凝土	圬工方	
		（六）锚杆挡土墙	圬工方	
		（七）桩板挡土墙	圬工方	
		（八）加筋土挡土墙	m^2	加筋土挡土墙中填筑的土石方，应列入区间或站场土石方
		1. 面板	圬工方	
		2. 拉筋带	元	按拉筋类型分析
		（1）钢筋混凝土拉筋带	圬工方	
		（2）聚丙烯编织带拉紧带	m	
		（九）锚定板钢筋混凝土挡土墙	圬工方	
		（十）土钉	m	含边坡加固锚杆
		（十一）抗滑桩	圬工方	
		（十二）预应力锚索	m	包括预应力锚索、预应力锚索桩、预应力锚索桩板挡土墙三种形式的预应力锚索
三	5	桥 涵	正线公里桥梁公里	单线、双线、多线桥分别编列
		特大桥（××座）	延长米	指桥长 500 m 以上
		一、复杂特大桥（××座）	延长米	
		（一）×××特大桥	延长米	
		Ⅰ. 建筑工程费	延长米	
		1. 基础	圬工方	
		（1）明挖	圬工方	
		① 混凝土	圬工方	
		② 钢筋	t	
		③ 混凝土冷却管	t	
		（2）承台	圬工方	
		① 混凝土	圬工方	
		② 钢筋	t	
		③ 混凝土冷却管	t	
		（3）沉井	元	
		① 路上	元	
		A. 钢筋混凝土沉井	圬工方	

续 表

章别	序号	工程项目及费用名称	单 位	附 注
三	5	B. 钢沉井	t	
		② 水上	元	
		A. 钢筋混凝土沉井	圬工方	
		B. 钢沉井	t	
		（4）挖孔桩	m	
		（5）钻孔桩	m	
		① 陆上	m	
		② 水上	m	
		（6）沉入桩	元	
		① 钢筋（预应力）混凝土管桩	m	
		② 钢管桩	m	
		（7）管柱	m	
		① 钢筋（预应力）混凝土管柱	m	
		② 钢管柱	m	
		（8）挖井基础	圬工方	
		① 混凝土	圬工方	
		② 钢筋	t	
		2. 墩台	圬工方	
		（1）混凝土	圬工方	
		（2）钢筋	t	
		（3）浆砌石	圬工方	
		3. 预应力混凝土简支箱梁	孔	按单线、双线、跨度、设计速度分列，含先简支后连续梁
		（1）预制	孔	
		（2）架设	孔	
		（3）现浇	孔	
		4. 制架（钢筋）预应力混凝土T形梁	孔	按单线、双线、跨度、梁高、设计速度分列
		（1）预制	孔	
		（2）架设	孔	
		（3）现浇	孔	
		5. 构架（钢筋）预应力混凝土T形梁	孔	按单线、双线、跨度、梁高、设计速度分列

续 表

章别	序号	工程项目及费用名称	单 位	附注
三	5	6. 预应力混凝土连续梁	圬工方	
		（1）混凝土	圬工方	
		（2）预应力筋	t	
		（3）普通钢筋	t	
		7. 钢桁梁（钢桁拱）	t	
		8. 钢板梁	t	
		9. 钢-混凝土结合梁	延长米	
		（1）混凝土	圬工方	
		（2）普通钢筋	t	
		（3）钢梁	t	
		10. 斜拉桥	延长米	指承台以上部分索塔和斜拉索支承的梁部，不包括桥面系
		（1）斜拉桥索塔	圬工方	
		（2）斜拉索	t	
		（3）钢梁	t	
		（4）预应力混凝土梁	圬工方	
		11. 钢管拱	延长米	包括拱部和桥面板，不包括桥面系
		（1）钢管	t	
		（2）钢管内混凝土	圬工方	
		（3）系杆（水平索）	t	
		（4）吊杆	t	
		（5）横梁及桥面板	圬工方	
		12. 道岔梁	圬工方	
		（1）混凝土	圬工方	
		（2）预应力筋	t	
		（3）普通钢筋	t	
		13. 其他特殊梁	圬工方	
		（1）混凝土	圬工方	
		（2）预应力筋	t	
		（3）普通钢筋	t	
		（4）钢材	t	
		14. 支座	元	

续 表

章别	序号	工程项目及费用名称	单 位	附 注
		（1）金属支座	元	按类型、跨度分别
		（2）板式橡胶支座	孔	按跨度分别
		（3）盆式橡胶支座	个	按承载力分别
		15. 桥面系	延长米	包括围栏、吊篮、防护网、避车台、桥台检修设备走行轨、检查梯、铁镫、护栅、通信、信号、电力支架、挡砟墙、竖墙、防撞墙、挡砟块、遮板、栏杆、人行道板即纵向盖板，电缆槽及盖板，护轮轨，地震区防止落梁设施，涂装等
		（1）混凝土梁桥面系	延长米	
		（2）钢梁桥面系	延长米	
		16. 附属工程	元	包括锥体填筑及护坡、不设置路桥过渡段的桥台后缺口填筑、桥头搭板、改河、改沟、改渠，导流设施，消能设施，挑水坝，河床加固及河道防护，地下洞穴，取弃如（石）场处理等
		（1）土方	m^3	
		（2）石方	m^3	
三	5	（3）干砌石	m^3	
		（4）浆砌石	圬工方	
		（5）混凝土	圬工方	
		（6）钢筋混凝土	圬工方	
		（7）后台及锥体填筑	m^3	
		（8）洞穴处理	元	
		① 钻孔	m	
		② 注浆	m^3	
		③ 灌砂	m^3	
		④ 填土	m^3	
		⑤ 填袋装土	m^3	
		⑥ 填石（片石）	m^3	
		⑦ 填（片石）混凝土	m^3	
		⑧ 钻孔填筑	m^3	
		（9）桥上永久照明	延长米	
		（10）其他	元	包括安全警示标志、保护标志、航标志等

续 表

章别	序号	工程项目及费用名称	单 位	附 注
三	5	17. 基础施工辅助设施	元	包括筑岛及堤；土、石围堰；木板桩围堰，钢板围堰；混凝土、钢筋混凝土围堰、钢围堰、吊箱围堰、套箱围堰等；围堰下水滑道；工作平台
		Ⅱ. 安装工程	元	
		Ⅲ. 设备购置费	元	
		（二）×××特大桥	延长米	
		细目同（一）×××特大桥		
		二、一般大桥	延长米	
		Ⅰ. 建筑工程费	延长米	
		（一）基础	圬工方	
		1. 明挖	圬工方	
		（1）混凝土	圬工方	
		（2）钢筋	t	
		（3）混凝土冷却管	t	
		2. 承台	圬工方	
		（1）混凝土	圬工方	
		（2）钢筋	t	
		（3）混凝土冷却管	t	
		3. 沉井	元	
		（1）钢筋混凝土沉井	圬工方	
		（2）钢沉井	t	
		4. 挖孔桩	m	
		5. 钻孔桩	m	
		6. 沉入桩	元	
		（1）钢筋（预应力）混凝土管桩	m	
		（2）钢管桩	m	
		7. 挖井基础	圬工方	
		（1）混凝土	圬工方	
		（2）钢筋	t	
		（二）墩台	圬工方	
		1. 混凝土	圬工方	
		2. 钢筋	t	

续 表

章别	序号	工程项目及费用名称	单 位	附 注
三	5	3. 浆砌石	圬工方	
		（三）预应力混凝土简支箱梁	孔	按单线、双线、跨度、设计速度分别，含先简支后连续梁
		1. 预制	孔	
		2. 架设	孔	
		3. 现浇	孔	
		（四）制架（钢筋）预应力混凝土T形梁	孔	按单线、双线、跨度、梁高、设计速度分别
		1. 预制	孔	
		2. 架设	孔	
		3. 现浇	孔	
		（五）构架（钢筋）预应力混凝土T形梁	孔	按单线、双线、跨度、梁高、设计速度分别
		（六）预应力混凝土连续梁	圬工方	
		1. 混凝土	圬工方	
		2. 预应力筋	t	
		3. 普通钢筋	t	
		（七）钢桁梁（钢桁拱）	t	
		（八）钢板梁	t	
		（九）钢-混凝土结合梁	延长米	
		1. 混凝土	圬工方	
		2. 钢筋	t	只单独拆除的路基附属建筑物
		3. 钢梁	t	
		（十）道岔梁	圬工方	
		1. 混凝土	圬工方	
		2. 预应力筋	t	
		3. 普通钢筋	t	
		（十一）其他特殊梁	圬工方	
		1. 混凝土	圬工方	
		2. 预应力筋	t	
		3. 普通钢筋	t	
		4. 钢材	t	
		（十二）支座	元	

续 表

章别	序号	工程项目及费用名称	单 位	附 注
三	5	1. 金属支座	元	按类型、跨度分别
		2. 板式橡胶支座	孔	按跨度分别
		3. 盆式橡胶支座	个	按承载力分别
		（十三）桥面系	延长米	包括围栏、吊篮、防护网、避车台、桥台检修设备走行轨、检查梯、铁镫、护栅、通信、信号、电力支架、挡砟墙、竖墙、防撞墙、挡砟块、遮板、栏杆、人行道板即纵向盖板，电缆槽及盖板，护轮轨，地震区防止落梁设施，涂装等
		1. 混凝土梁桥面系	延长米	
		2. 钢梁桥面系	延长米	
		（十四）附属工程	元	包括锥体填筑及护坡、不设置路桥过渡段的桥台后缺口填筑、桥头搭板、改河、改沟、改渠，导流设施，消能设施，挑水坝，河床加固及河道防护，地下洞穴，取弃如（石）场处理等
		1. 土方	m^3	
		2. 石方	m^3	
		3. 干砌石	m^3	
		4. 浆砌石	圬工方	
		5. 混凝土	圬工方	
		6. 钢筋混凝土	圬工方	
		7. 后台及锥体填筑	m^3	
		8. 洞穴处理	元	
		（1）钻孔	m	
		（2）注浆	m^3	
		（3）灌砂	m^3	
		（4）填土	m^3	
		（5）填袋装土	m^3	
		（6）填石（片石）	m^3	
		（7）填（片石）混凝土	圬工方	
		（8）钻孔填筑	m^3	
		9. 桥上永久照明	延长米	
		10. 其他	元	包括安全警示标志、保护标志、航标志等

续　表

章别	序号	工程项目及费用名称	单　位	附　注
三	5	（十五）基础施工辅助设施	元	包括筑岛及堤；土、石围堰；木板桩围堰，钢板围堰；混凝土、钢筋混凝土围堰、工作平台
		三、公铁两用特大桥（××座）	延长米	
		（一）×××特大桥	延长米	
		Ⅰ. 建筑工程费	延长米	
		1. 正桥	延长米	
		（1）基础	圬工方	
		① 明挖	圬工方	
		A. 混凝土	圬工方	
		B. 钢筋	t	
		C. 混凝土冷却管	t	
		② 承台	圬工方	
		A. 混凝土		
		B. 钢筋	t	
		C. 混凝土冷却管	t	
		③ 沉井	元	
		A. 陆上	元	
		（1）钢筋混凝土沉井	圬工方	
		（2）钢沉井	t	
		B. 水上	元	
		（1）钢筋混凝土沉井	圬工方	
		（2）钢沉井	t	
		④ 挖孔桩	m	
		⑤ 钻孔桩	m	
		A. 陆上	m	
		B. 水上	m	
		⑥ 沉入桩	元	
		A. 钢筋（预应力）混凝土管桩	m	
		B. 钢管桩	m	
		⑦ 管柱	m	
		A. 钢筋（预应力）混凝土管柱	m	
		B. 钢管柱	m	

续 表

章别	序号	工程项目及费用名称	单 位	附 注
三	5	⑧ 挖井基础	圬工方	
		A. 混凝土	圬工方	
		B. 钢筋	t	
		（2）墩台	圬工方	
		① 混凝土	圬工方	
		② 钢筋	t	
		③ 浆砌石	圬工方	
		（3）预应力混凝土简支箱梁	孔	按单线、双线、跨度、设计速度分别，含先简支后连续梁
		① 预制	孔	
		② 架设	孔	
		③ 现浇	孔	
		（4）制架（钢筋）预应力混凝土 T 形梁	孔	按单线、双线、跨度、梁高、设计速度分别
		① 预制	孔	
		② 架设	孔	
		③ 现浇	孔	
		（5）构架（钢筋）预应力混凝土 T 形梁	孔	按单线、双线、跨度、梁高、设计速度分别
		（6）预应力混凝土连续梁	圬工方	
		① 混凝土	圬工方	
		② 预应力筋	t	
		③ 普通钢筋	t	
		（7）钢桁梁（钢桁拱）	t	
		（8）钢板梁	t	
		（9）钢-混凝土结合梁	延长米	
		① 混凝土	圬工方	
		② 钢筋	t	只单独拆除的路基附属建筑物
		③ 钢梁	t	
		（10）斜拉桥	延长米	指承台以上部分索塔和斜拉索支承的梁部，不包括桥面系
		① 斜拉桥索塔	圬工方	
		② 斜拉索	t	

续　表

章别	序号	工程项目及费用名称	单　位	附　注
三	5	③ 钢梁	t	
		④ 预应力混凝土梁	圬工方	
		（11）钢管拱	延长米	包括拱部和桥面板，不包括桥面系
		① 钢管	t	
		② 钢管内混凝土	圬工方	
		③ 系杆（水平索）	t	
		④ 吊杆	t	
		⑤ 横梁及桥面板	圬工方	
		（12）道岔梁	圬工方	
		① 混凝土	圬工方	
		② 预应力筋	t	
		③ 普通钢筋	t	
		（13）其他特殊梁	圬工方	
		① 混凝土	圬工方	
		② 预应力筋	t	
		③ 普通钢筋	t	
		④ 钢材	t	
		（14）支座	元	
		① 金属支座	元	按类型、跨度分别
		② 板式橡胶支座	孔	按跨度分别
		③ 盆式橡胶支座	个	按承载力分别
		（15）铁路桥面系	延长米	包括围栏、吊篮、防护网、避车台、桥台检修设备走行轨、检查梯、铁镫、护栅、通信、信号、电力支架、挡砟墙、竖墙、防撞墙、挡砟块、遮板、栏杆、人行道板即纵向盖板，电缆槽及盖板，护轮轨，地震区防止落梁设施，涂装等
		① 混凝土梁桥面系	延长米	
		② 钢梁桥面系	延长米	
		（16）公路桥面系		包括车行道、人行道、伸缩装置、湿接缝、变形缝、泄水管（孔）、综合管沟、护栏、隔离栅、中间带、隔离块、标志牌、标线、标桩、界牌等
		① 混凝土梁桥面系		

续 表

章别	序号	工程项目及费用名称	单 位	附 注
三	5	② 钢梁桥面系		
		2. 引桥		
		（1）铁路		
		① 基础	圬工方	
		A. 明挖	圬工方	
		A1. 混凝土	圬工方	
		A2. 钢筋	t	
		A3. 混凝土冷却管	t	
		B. 承台	圬工方	
		B1. 混凝土	圬工方	
		B2. 钢筋	t	
		B3. 混凝土冷却管	t	
		C. 沉井	圬工方	
		C1. 钢筋混凝土沉井	圬工方	
		C2. 钢沉井	t	
		D. 挖孔桩	m	
		E. 钻孔桩	m	
		F. 沉入桩	元	
		F1. 钢筋（预应力）混凝土管桩	m	
		F2. 钢管桩	m	
		G. 挖井基础	圬工方	
		G1. 混凝土	圬工方	
		G2. 钢筋	t	
		② 墩台	圬工方	
		A. 混凝土	圬工方	
		B. 钢筋	t	
		C. 浆砌石	圬工方	
		③ 预应力混凝土简支箱梁	孔	按单线、双线、跨度、设计速度分别，含先简支后连续梁
		A. 预制	孔	
		B. 架设	孔	
		C. 现浇	孔	

续　表

章别	序号	工程项目及费用名称	单　位	附　注
三	5	④ 制架（钢筋）预应力混凝土T形梁	孔	按单线、双线、跨度、梁高、设计速度分别
		A. 预制	孔	
		B. 架设	孔	
		C. 现浇	孔	
		⑤ 构架（钢筋）预应力混凝土T形梁	孔	按单线、双线、跨度、梁高、设计速度分别
		⑥ 预应力混凝土连续梁	圬工方	
		A. 混凝土	圬工方	
		B. 预应力筋	t	
		C. 普通钢筋	t	
		⑦ 钢桁梁（钢桁拱）	t	
		⑧ 钢板梁	t	
		⑨ 钢-混凝土结合梁	延长米	
		A. 混凝土	圬工方	
		B. 钢筋	t	
		C. 钢梁	t	
		⑩ 道岔梁	圬工方	
		A. 混凝土	圬工方	
		B. 预应力筋	t	
		C. 普通钢筋	t	
		⑪ 其他特殊梁	圬工方	
		A. 混凝土	圬工方	
		B. 预应力筋	t	
		C. 普通钢筋	t	
		D. 钢材	t	
		⑫ 支座	元	
		A. 金属支座	元	按类型、跨度分别
		B. 板式橡胶支座	孔	按跨度分别
		C. 盆式橡胶支座	个	按承载力分别
		⑬ 桥面系	延长米	包括围栏、吊篮、防护网、避车台、桥台检修设备走行轨、检查梯、铁镫、护栅、通信、信号、电力支架、挡砟墙、竖墙、防撞墙、挡砟块、遮板、栏杆、人行道板即纵向盖板，电缆槽及盖板，护轮轨，地震区防止落梁设施，涂装等

续 表

章别	序号	工程项目及费用名称	单 位	附 注
三	5	A. 混凝土梁桥面系	延长米	
		B. 钢梁桥面系	延长米	
		(2) 公路	m^2	
		① 基础	圬工方	
		A. 明挖	圬工方	
		A1. 混凝土	圬工方	
		A2. 钢筋	t	
		A3. 混凝土冷却管	t	
		B. 承台	圬工方	
		B1. 混凝土	圬工方	
		B2. 钢筋	t	
		B3. 混凝土冷却管	t	
		C. 沉井	圬工方	
		C1. 钢筋混凝土沉井	圬工方	
		C2. 钢沉井	t	
		D. 挖孔桩	m	
		E. 钻孔桩	m	
		F. 沉入桩	元	
		F1. 钢筋（预应力）混凝土管桩	m	
		F2. 钢管桩	m	
		G. 挖井基础	圬工方	
		G1. 混凝土	圬工方	
		G2. 钢筋	t	
		② 墩台	圬工方	
		A. 混凝土	圬工方	
		B. 钢筋	t	
		C. 浆砌石	圬工方	
		③ 上部结构	m^2	
		3. 附属工程	元	包括锥体填筑及护坡、不设置路桥过渡段的桥台后缺口填筑、桥头搭板、改河、改沟、改渠，导流设施，消能设施，挑水坝，河床加固及河道防护，地下洞穴，取弃如（石）场处理等
		(1) 土方	m^3	

续　表

章别	序号	工程项目及费用名称	单　位	附　注
三	5	（2）石方	m^3	
		（3）干砌石	m^3	
		（4）浆砌石	圬工方	
		（5）混凝土	圬工方	
		（6）钢筋混凝土	圬工方	
		（7）后台及锥体填筑	m^3	
		（8）洞穴处理	元	
		① 钻孔	m	
		② 注浆	m^3	
		③ 灌砂	m^3	
		④ 填土	m^3	
		⑤ 填袋装土	m^3	
		⑥ 填石（片石）	m^3	
		⑦ 填（片石）混凝土	m^3	
		⑧ 钻孔填筑	m^3	
		（9）桥上永久照明	延长米	
		（10）其他	元	包括安全警示标志、保护标志、航标志等
		4. 基础施工辅助设施	元	包括筑岛及堤；土、石围堰；木板桩围堰，钢板围堰；混凝土、钢筋混凝土围堰、钢围堰、吊箱围堰、套箱围堰等；围堰下水滑道；工作平台
		Ⅱ. 安装工程	元	
		Ⅲ. 设备购置费	元	
		（二）×××特大桥	延长米	
		细目同（一）×××特大桥		
	6	大桥（××座）	延长米	
		甲、新建（××座）	延长米	
		一、复杂大桥（××座）	圬工方	
		细目同复杂特大桥		
		二、一般梁式大桥	延长米	
		细目同一般大桥		

续 表

章别	序号	工程项目及费用名称	单 位	附 注
三	6	三、拱桥（××座）	延长米	
		Ⅰ. 建筑工程费	延长米	
		（一）基础	圬工方	
		1. 明挖	圬工方	
		（1）混凝土	圬工方	
		（2）钢筋	t	
		（3）混凝土冷却管	t	
		2. 承台	圬工方	
		（1）混凝土	圬工方	
		（2）钢筋	t	
		（3）混凝土冷却管	t	
		3. 沉井	元	
		（1）陆上	m	
		① 钢筋混凝土沉井	圬工方	
		② 钢沉井	t	
		（2）水上	m	
		① 钢筋混凝土沉井	圬工方	
		② 钢沉井	t	
		4. 挖孔桩	m	
		5. 钻孔桩	m	
		（1）陆上	m	
		（2）水上	m	
		6. 沉入桩	元	
		（1）钢筋（预应力）混凝土管桩	m	
		（2）钢管桩	m	
		7. 挖井基础	圬工方	
		（1）混凝土	圬工方	
		（2）钢筋	t	
		（二）墩台	圬工方	
		1. 混凝土	圬工方	
		2. 钢筋	t	
		3. 浆砌石	圬工方	
		（三）拱圈（拱肋）	圬工方	

续 表

章别	序号	工程项目及费用名称	单 位	附 注
		（四）拱上结构	圬工方	
		（五）吊杆或系杆	m^3	
		（六）桥面	m^3	
		（七）桥面系	延长米	
		（八）附属工程	元	
		1. 土方	m^3	
		2. 石方	m^3	
		3. 干砌石	m^3	
		4. 浆砌石	圬工方	
		5. 混凝土	圬工方	
		6. 钢筋混凝土	圬工方	
		7. 后台及锥体填筑	m^3	
		8. 洞穴处理	元	
		① 钻孔	m	
		② 注浆	m^3	
		③ 灌砂	m^3	
三	6	④ 填土	m^3	
		⑤ 填袋装土	m^3	
		⑥ 填石（片石）	m^3	
		⑦ 填（片石）混凝土	m^3	
		⑧ 钻孔填筑	m^3	
		9. 桥上永久照明	延长米	
		10. 其他	元	包括安全警示标志、保护标志、航标志等
		（九）基础施工辅助设施	元	包括筑岛及堤；土、石围堰；木板桩围堰，钢板围堰；混凝土、钢筋混凝土围堰、钢围堰、吊箱围堰、套箱围堰等；围堰下水滑道；工作平台
		乙、改建（××座）	延长米	
		Ⅰ. 建筑工程费	延长米	
		一、梁式大桥（××座）	延长米	
		（一）基础	圬工方	
		1. 明挖	圬工方	
		（1）混凝土	圬工方	

续 表

章别	序号	工程项目及费用名称	单 位	附 注
三	6	（2）钢筋	t	
		（3）混凝土冷却管	t	
		2. 承台	圬工方	
		（1）混凝土	圬工方	
		（2）钢筋	t	
		3. 沉井	元	
		（1）钢筋混凝土沉井	圬工方	
		（2）钢沉井	t	
		4. 挖孔桩	m	
		5. 钻孔桩	m	
		6. 沉入桩	元	
		（1）钢筋（预应力）混凝土管桩	m	
		（2）钢管桩	m	
		7. 挖井基础	圬工方	
		（1）混凝土	圬工方	
		（2）钢筋	t	
		（二）墩台	圬工方	
		1. 混凝土	圬工方	
		2. 钢筋	t	
		3. 浆砌石	圬工方	
		（三）梁部加固	元	
		1. 混凝土	圬工方	
		2. 预应力筋	t	
		3. 普通钢筋	t	
		4. 钢材	t	
		（四）更换梁	元	
		1. 预应力混凝土简支箱梁	孔	
		（1）拆除	孔	
		（2）预制	孔	
		（3）架设	孔	
		（4）现浇	孔	
		2.（钢筋）预应力混凝土T形梁	孔	
		（1）拆除	孔	

续 表

章别	序号	工程项目及费用名称	单 位	附 注
三	6	（2）预制	孔	
		（3）架设	孔	
		（4）现浇	孔	
		（5）构架（钢筋）预应力混凝土T形梁	孔	
		3. 钢板梁	t	
		（1）拆除	孔	
		（2）架设	孔	
		4. 其他特殊梁	圬工方	
		（1）拆除	孔	
		（2）混凝土	圬工方	
		（3）预应力筋	t	
		（4）普通钢筋	t	
		（5）钢材	t	
		（五）更换支座	元	
		1. 金属支座	元	
		2. 板式橡胶支座	孔	
		3. 盆式橡胶支座	个	
		（六）桥面系	延长米	
		（七）附属工程	元	包括锥体填筑及护坡、不设置路桥过渡段的桥台后缺口填筑、桥头搭板、改河、改沟、改渠，导流设施，消能设施，挑水坝，河床加固及河道防护等
		1. 土方	m^3	
		2. 石方	m^3	
		3. 干砌石	m^3	
		4. 浆砌石	圬工方	
		5. 混凝土	圬工方	
		6. 钢筋混凝土	圬工方	
		7. 后台及锥体填筑	m^3	
		（八）拆除砌体、圬工	元	
		1. 干砌石	m^3	
		2. 浆砌石	圬工方	
		3. 混凝土	圬工方	

续 表

章别	序号	工程项目及费用名称	单 位	附 注
三	6	4. 钢筋混凝土	圬工方	
		（九）基础施工辅助设施	元	
		二、拱桥（××座）	延长米	
		（一）基础	圬工方	
		1. 明挖	圬工方	
		（1）混凝土	圬工方	
		（2）钢筋	t	
		（3）混凝土冷却管	t	
		2. 承台	圬工方	
		（1）混凝土	圬工方	
		（2）钢筋	t	
		3. 沉井	元	
		（1）钢筋混凝土沉井	圬工方	
		（2）钢沉井	t	
		4. 挖孔桩	m	
		5. 钻孔桩	m	
		6. 沉入桩	元	
		（1）钢筋（预应力）混凝土管桩	m	
		（2）钢管桩	m	
		（3）钢筋混凝土方桩	圬工方	
		7. 挖井基础	圬工方	
		（1）混凝土	圬工方	
		（2）钢筋	t	
		（二）墩台	圬工方	
		1. 混凝土	圬工方	
		2. 钢筋	t	
		3. 浆砌石	圬工方	
		（三）拱部	元	
		1. 混凝土	圬工方	
		2. 预应力筋	t	
		3. 普通钢筋	t	
		4. 钢材	t	
		5. 浆砌石	圬工方	

续　表

章别	序号	工程项目及费用名称	单　位	附　注
三	6	（四）桥面系	延长米	
		（五）附属工程	元	包括锥体填筑及护坡、不设置路桥过渡段的桥台后缺口填筑、桥头搭板、改河、改沟、改渠，导流设施，消能设施，挑水坝，河床加固及河道防护等
		1. 土方	m^3	
		2. 石方	m^3	
		3. 干砌石	m^3	
		4. 浆砌石	圬工方	
		5. 混凝土	圬工方	
		6. 钢筋混凝土	圬工方	
		7. 后台及锥体填筑	m^3	
		（六）拆除砌体、圬工	元	
		1. 干砌石	m^3	
		2. 浆砌石	圬工方	
		3. 混凝土	圬工方	
		4. 钢筋混凝土	圬工方	
	7	（七）基础施工辅助设施	元	包括筑岛及堤；土、石围堰；木板桩围堰，钢板围堰；混凝土、钢筋混凝土围堰、工作平台
		中桥（××座）	延长米	
		Ⅰ. 建筑工程费	延长米	
		甲、新建（××座）	延长米	
		一、梁式大桥（××座）	延长米	
		细目同一般特大桥	m^2	
		二、拱桥	m^2	
		细目同大桥拱桥	m^2	
		三、框架式桥（××座）	m^2	不含出入口两端的等级公路引道
		（一）明挖（××座）	顶面平方米	
		1. 框架桥身及附属	顶面平方米	
		2. 明挖基础（含承台）	圬工方	
		3. 地基处理	元	
		（1）换填	m^3	
		（2）砂桩	m	

续　表

章别	序号	工程项目及费用名称	单　位	附　注
三	7	（3）石灰桩	m	
		（4）碎石桩	m	
		（5）旋转桩	m	
		（6）粉喷桩	m	
		（7）水泥搅拌桩	m	
		（8）水泥土挤密桩	m	
		（9）CFG 桩	m	
		（10）钻孔桩	m	
		（11）钢筋（预应力）混凝土管桩	m	
		（12）钢管桩	m	
		（13）钢筋混凝土方桩	圬工方	
		（14）强夯	m^3	
		（15）地表（洞穴）注浆	m	
		（二）顶进（××座）	顶面平方米	
		乙、改建（××座）	延长米	
		一、梁式甲桥（××座）	延长米	
		细目同大桥改建		
		二、拱桥（××座）	延长米	
		细目同大桥改建		
		三、框架式桥（××座）	顶面平方米	不含出入口两端的等级公路引道
		（一）明挖基础（含承台）	圬工方	
		（二）地基处理	元	按不同处理方式编列
		（1）换填	m^3	
		（2）砂桩	m	
		（3）石灰桩	m	
		（4）碎石桩	m	
		（5）旋转桩	m	
		（6）粉喷桩	m	
		（7）水泥搅拌桩	m	
		（8）水泥土挤密桩	m	
		（9）CFG 桩	m	
		（10）钻孔桩	m	
		（11）钢筋（预应力）混凝土管桩	m	

续　表

章别	序号	工程项目及费用名称	单　位	附　注
三	7	（12）钢管桩	m	
		（13）钢筋混凝土方桩	圬工方	
		（14）强夯	m	
		（15）地表（洞穴）注浆	m^3	
		（三）框架桥身接长及附属	顶面平方米	
		（四）拆除砌体、圬工	元	
		1. 干砌石	m^3	
		2. 浆砌石	圬工方	
		3. 混凝土	圬工方	
		4. 钢筋混凝土	圬工方	
	8	小桥（××座）	延长米	指桥长 20 m 及以下
		Ⅰ. 建筑工程费	延长米	
		甲、新建（××座）	延长米	
		一、梁式小桥（××座）	延长米	
		细目同一般特大桥		
		二、拱桥（××座）	延长米	
		细目同中桥拱桥		
		三、框架式桥（××座）	顶面平方米	
		（一）明挖基础（××座）	顶面平方米	
		细目同中桥框架式桥		
		（二）顶进（××座）	顶面平方米	
		乙、改建（××座）	延长米	
		一、梁式甲桥（××座）	延长米	
		细目同中桥改建		
		二、拱桥（××座）	延长米	
		细目同中桥改建		
		三、框架式桥（××座）	顶面平方米	
		细目同中桥改建		
	9	涵洞（××座）	横延米	
		Ⅰ. 建筑工程费	横延米	
		甲、新建（××座）	横延米	按不同孔径、孔数分别编列
		一、圆涵（××座）	横延米	
		（一）明挖（××座）	横延米	

续　表

章别	序号	工程项目及费用名称	单　位	附　注
三	9	1. 单孔（××座）	横延米	
		（1）涵身及附属	横延米	
		（2）明挖基础（含承台）	圬工方	
		3. 地基处理	元	按不同处理方式编列
		（1）换填	m^3	
		（2）砂桩	m	
		（3）石灰桩	m	
		（4）碎石桩	m	
		（5）旋转桩	m	
		（6）粉喷桩	m	
		（7）水泥搅拌桩	m	
		（8）水泥土挤密桩	m	
		（9）CFG 桩	m	
		（10）钻孔桩	m	
		（11）钢筋（预应力）混凝土管桩	m	
		（12）钢管桩	m	
		（13）钢筋混凝土方桩	圬工方	
		（14）强夯	m^3	
		（15）地表（洞穴）注浆	m	
		2. 双孔（××座）	横延米	
		细目同明挖圆涵单孔		
		3. 三孔（××座）	横延米	
		细目同明挖圆涵单孔		
		（一）顶进（××座）	横延米	
		二、拱涵（××座）	横延米	不含出入口两端的等级公路引道
		细目同明挖圆涵		
		三、盖板箱涵（××座）	横延米	按不同处理方式编列
		细目同明挖圆涵		
		四、矩形涵（××座）	横延米	
		（一）明挖（××座）	横延米	不含出入两端的等级公路引道
		细目同明挖圆涵		
		（一）顶进（××座）	横延米	不含出入两端的等级公路引道
		五、框架涵（××座）	横延米	

续 表

章别	序号	工程项目及费用名称	单 位	附 注
		(一）明挖（××座）	横延米	不含出入两端的等级公路引道
		细目同明挖圆涵		
		(二）顶进（××座）	横延米	不含出入两端的等级公路引道
		六、肋板涵	横延米	
		细目同明挖圆涵		
		七、倒虹吸管（××座）	横延米	
		(一）铸铁管	横延米	
		(二）钢筋混凝土管	横延米	
		八、渡槽（××座）	横延米	
		九、上下游辅助及顺沟顺渠顺路	元	
		1. 土方	m^3	
		2. 石方	m^3	
		3. 干砌石	m^3	
		4. 浆砌石	圬工方	
		5. 混凝土	圬工方	
		6. 钢筋	t	
三	9	乙、改建（××座）	横延米	按不同孔径、孔数分别编列
		一、接长	横延米	
		(一）圆涵（××座）	横延米	
		1. 单孔（××座）	横延米	
		(1）涵身及附属	横延米	
		(2）明挖基础（含承台）	圬工方	
		(3）地基处理	元	
		① 换填	m^3	
		② 砂桩	m	
		③ 石灰桩	m	
		④ 碎石桩	m	
		⑤ 旋转桩	m	
		⑥ 粉喷桩	m	
		⑦ 水泥搅拌桩	m	
		⑧ 水泥土挤密桩	m	
		(9）CFG 桩	m	
		⑩ 钻孔桩	m	

续表

章别	序号	工程项目及费用名称	单位	附注
三	9	⑪ 钢筋（预应力）混凝土管桩	m	
		⑫ 钢管桩	m	
		⑬ 钢筋混凝土方桩	圬工方	
		⑭ 强夯	m^3	
		⑯ 地表（洞穴）注浆	m	
		2. 双孔（××座）	横延米	
		细目同改建圆涵单孔		
		3. 三孔（××座）	横延米	
		细目同改建圆涵单孔		
		（二）拱涵（××座）	横延米	不含出入两端的等级公路引道
		细目同改建圆涵		
		（三）盖板箱涵（××座）	横延米	
		细目同改建圆涵		
		（四）矩形涵（××座）	横延米	
		细目同改建圆涵		
		（五）框架涵（××座）	横延米	不含出入两端的等级公路引道
		细目同改建圆涵		
		（六）肋板涵	横延米	
		细目同改建圆涵		
		（七）倒虹吸管（××座）	横延米	
		1. 铸铁管	横延米	
		（八）渡槽（××座）	横延米	
		二、局部加固	元	
		（一）干砌石	m^3	
		（二）浆砌石	圬工方	
		（三）混凝土	圬工方	
		（四）钢筋	t	
		三、拆除砌体、圬工	元	
		（一）干砌石	m^3	
		（二）浆砌石	圬工方	
		（三）混凝土	圬工方	
		（四）钢筋混凝土	圬工方	
		九、上下游辅助及顺沟顺渠顺路	元	

续　表

章别	序号	工程项目及费用名称	单　位	附　注
三	9	（一）土方	m^3	
		（二）石方	m^3	
		（三）干砌石	m^3	
		（四）浆砌石	圬工方	
		（五）混凝土	圬工方	
		（六）钢筋	t	
四	10	隧道及明洞	正线公里 隧道公里	单线、双线、多线隧道分别编列
		隧道（××座）	延长米	
		甲．新建（××座）	延长米	
		一、$L>4$ km 的隧道（××座）	延长米	
		（一）×××隧道	延长米	
		Ⅰ．建筑工程费	延长米	
		1. 正洞	m^3	
		（1）Ⅰ级围岩	m	
		① 开挖	m^3	含施工期间通风、洞内排水及管线路的安装、使用、维护及拆除、洞外弃砟远运
		② 衬砌	圬工方	
		A. 模筑混凝土	圬工方	
		B. 钢筋	t	不含挂网喷射混凝土的钢筋面
		③ 支护	延长米	
		A. 喷射混凝土	圬工方	
		B. 喷射纤维混凝土	圬工方	
		C. 钢筋网	t	
		D. 管棚	m	
		E. 超前小导管	m	
		F. 锚杆	m	
		G. 钢支撑	t	
		④ 拱顶压浆	延长米	
		Ⅱ级围岩	延长米	
		细目同（1）Ⅰ级围岩		
		Ⅲ级围岩	延长米	
		细目同（1）Ⅰ级围岩		

续 表

章别	序号	工程项目及费用名称	单 位	附 注
四	10	Ⅳ级围岩	延长米	
		细目同（1）Ⅰ级围岩		
		Ⅴ级围岩	延长米	
		细目同（1）Ⅰ级围岩		
		Ⅵ级围岩	延长米	
		细目同（1）Ⅰ级围岩		
		2. 明洞及棚洞	延长米	指与隧道相连的明洞及棚洞
		3. 辅助坑道	延长米	
		（1）平行导坑	延长米	
		① 设计开挖断面≤16 m^2	延长米	按不同围岩级别分列
		② 设计开挖断面≤25 m^2	延长米	按不同围岩级别分列
		③ 设计开挖断面＞25 m^2	延长米	按不同围岩级别分列
		（2）斜井	延长米	
		① 设计开挖断面≤16 m^2	延长米	按不同围岩级别分列
		② 设计开挖断面≤25 m^2	延长米	按不同围岩级别分列
		③ 设计开挖断面＞25 m^2	延长米	按不同围岩级别分列
		（3）横洞	延长米	
		① 设计开挖断面≤16 m^2	延长米	按不同围岩级别分列
		② 设计开挖断面≤25 m^2	延长米	按不同围岩级别分列
		③ 设计开挖断面＞25 m^2	延长米	按不同围岩级别分列
		（4）竖井	m	
		① 设计开挖断面≤16 m^2	延长米	按不同围岩级别分列
		② 设计开挖断面≤25 m^2	延长米	按不同围岩级别分列
		③ 设计开挖断面＞25 m^2	延长米	按不同围岩级别分列
		4. 洞门	圬工方	包括端翼墙、缓冲结构和与洞门连接的挡墙以及洞门牌、号标、检查梯等
		5. 附属工程	延长米	
		（1）洞口防护	圬工方	
		① 浆砌砌体	圬工方	
		② 混凝土	圬工方	
		③ 土钉	m	含边坡加固锚杆
		④ 锚索	m	
		⑤ 抗滑桩	圬工方	

续　表

章别	序号	工程项目及费用名称	单　位	附　注
		⑥ 素喷混凝土	m^2	
		⑦ 网喷混凝土	m^2	不含边坡加固锚杆
		⑧ 钢筋	T	不含挂网喷射混凝土的钢筋网
		（2）地表加固	元	
		① 注浆	钻孔米	
		② 钢管桩	m	
		③ 锚杆	m	
		④ 旋喷桩	m	
		⑤ 碎石桩	m	
		⑥ 钻（挖）孔桩	m	
		⑦ 锚索	m	
		（3）洞口绿化	m^2	
		（4）隧道照明	元	
		（5）永久通风	元	
		（6）消防	元	
		（7）供水管路	km	
四	10	（8）弃砟场处理	元	
		① 干砌石	m^3	
		② 浆砌石	圬工方	
		③（钢筋）混凝土	圬工方	
		④ 场地平整、绿化、复垦	m^2	
		6. 洞穴处理	元	
		（1）钻孔	m	
		（2）注浆	m^3	
		（3）灌砂	m^3	
		（4）填碎石	m^3	
		（5）填土	m^3	
		（6）填石（片石）	m^3	
		（7）填浆砌石	圬工方	
		（8）填（片石）混凝土	圬工方	
		（9）钢筋（预应力）混凝土管桩	m	
		（10）钢管桩	m	
		（11）钻（挖）孔桩	m	

续 表

章别	序号	工程项目及费用名称	单 位	附 注
		（12）喷射混凝土	圬工方	含钢筋网
		（13）锚杆	m	
		（14）钢筋混凝土盖板	圬工方	
		（15）涵洞	横延米	
		（16）泄水洞	m	
		（17）小桥	延长米	
		（18）中桥	延长米	
		（19）防排水	m	
		（20）锚索	m	
		7. 隧道内地基处理	元	
		（1）注浆	m^3	
		（2）钢管桩	m	
		（3）旋喷桩	m	
		（四）钻（挖）孔桩	m	
		（五）CFG 桩	m	
		8. 帷幕注浆	m	
四	10	Ⅱ. 安装工程费	元	单线、双线、多线隧道分别编列
		Ⅲ. 设备购置费	元	
		（一）×××隧道	延长米	
		细目同（一）×××隧道		
		二、3 km < L ≤ 4 km 的隧道（××座）	延长米	
		细目同一、L > 4 km 的隧道		
		三、2 km < L ≤ 3 km 的隧道（××座）	延长米	
		细目同一、L > 4 km 的隧道		
		四、1 km < L ≤ 2 km 的隧道（××座）	延长米	
		细目同一、L > 4 km 的隧道		
		五、L ≤ 1 km 的隧道（××座）	延长米	
		细目同一、L > 4 km 的隧道		
		乙. 改建（××座）	延长米	
		Ⅰ. 建筑工程费	延长米	

续 表

章别	序号	工程项目及费用名称	单 位	附 注
四	10	一、开挖	m^3	
		二、衬砌	圬工方	
		(一) 模筑混凝土	圬工方	
		(二) 钢筋	t	不含挂网喷射混凝土的钢筋网
		三、支护	延长米	
		(一) 喷射混凝土	圬工方	
		(二) 喷射纤维混凝土	圬工方	
		(三) 钢筋网	t	
		(四) 锚杆	m	
		(五) 钢支撑	t	
		四、圬工凿除	m^3	
		(一) 浆砌石	m^3	
		(二) 混凝土	m^3	
		(三) 钢筋混凝土	m^3	
		五、衬砌背后压浆	m^3	
		六、漏水处理	m	
		七、洞门	圬工方	
		八、附属工程	元	
		(1) 洞口防护	元	
		① 浆砌砌体	圬工方	
		② 混凝土	圬工方	
		③ 土钉	m	
		④ 锚索	m	
		⑤ 抗滑桩	圬工方	
		⑥ 素喷混凝土	m^2	
		⑦ 网喷混凝土	m^2	不含边坡加固锚杆
		⑧ 钢筋	t	不含挂网喷射混凝土的钢筋网
		(2) 地表加固	元	
		① 注浆	钻孔米	
		② 钢管桩	m	
		③ 锚杆	m	
		④ 旋喷桩	m	
		⑤ 碎石桩	m	

续 表

章别	序号	工程项目及费用名称	单 位	附 注
四	10	⑥ 钻（挖）孔桩	m	
		⑦ 锚索	m	
		（3）洞口绿化	m^2	
		（4）隧道照明	元	
		（5）永久通风	元	
		（6）消防	元	
		（7）供水管路	km	
		（8）弃砟场处理	元	
		① 干砌石	m^3	
		② 浆砌石	圬工方	
		③（钢筋）混凝土	圬工方	
		④ 场地平整、绿化、复垦	m^2	
	11	明洞（××座）	延长米	
		甲、新建（××座）	延长米	
		Ⅰ. 建筑工程费	延长米	
		一、明洞（××座）	延长米	
		（一）开挖	m^3	
		（二）衬砌	圬工方	
		（三）拱顶回填	m^3	
		（四）洞门	圬工方	包括端翼墙、缓冲结构和与洞门连接的挡墙以及洞门牌、号标、检查梯等
		（五）附属工程	延长米	
		1.洞口防护	元	
		① 浆砌砌体	圬工方	
		② 混凝土	圬工方	
		③ 土钉	m	
		④ 锚索	m	
		⑤ 抗滑桩	圬工方	
		⑥ 素喷混凝土	m^2	
		⑦ 网喷混凝土	m^2	不含边坡加固锚杆
		⑧ 钢筋	t	不含挂网喷射混凝土的钢筋网
		（2）地表加固	元	
		① 注浆	钻孔米	

续 表

章别	序号	工程项目及费用名称	单 位	附 注
		② 钢管桩	m	
		③ 锚杆	m	
		④ 旋喷桩	m	
		⑤ 碎石桩	m	
		⑥ 钻（挖）孔桩	m	
		⑦ 锚索	m	
		（3）洞口绿化	m^2	
		（4）弃砟场处理	元	
		① 干砌石	m^3	
		② 浆砌石	圬工方	
		③（钢筋）混凝土	圬工方	
		④ 场地平整、绿化、复垦	m^2	
		二、棚洞（××座）	延长米	
		细目同一、明洞		
		乙、新建（××座）	延长米	
		Ⅰ. 建筑工程费	延长米	
四	11	（一）开挖	m^3	
		（二）衬砌	圬工方	
		三、圬工凿除	m^3	
		（一）浆砌石	m^3	
		（二）混凝土	m^3	
		（三）钢筋混凝土	m^3	
		四、衬砌背后压浆	圬工方	
		五、滑水处理	延长米	
		六、洞门	圬工方	
		七、附属工程	元	
		（一）洞口防护	元	
		① 浆砌砌体	圬工方	
		② 混凝土	圬工方	
		③ 土钉	m	含边坡防护锚杆
		④ 锚索	m	
		⑤ 抗滑桩	圬工方	
		⑥ 素喷混凝土	m^2	

续 表

章别	序号	工程项目及费用名称	单 位	附 注
四	11	⑦ 网喷混凝土	m^2	不含边坡加固锚杆
		⑧ 钢筋	t	不含挂网喷射混凝土的钢筋网
		（二）地表加固	元	
		① 注浆	钻孔米	
		② 钢管桩	m	
		③ 锚杆	m	
		④ 旋喷桩	m	
		⑤ 碎石桩	m	
		⑥ 钻（挖）孔桩	m	
		⑦ 锚索	m	
		（三）洞口绿化	m^2	
		（四）弃砟场处理	元	
		① 干砌石	m^3	
		② 浆砌石	圬工方	
		③（钢筋）混凝土	圬工方	
		④ 场地平整、绿化、复垦	m^2	
五	12	轨道	正线公里	
		正线	铺轨公里	
		甲、新建	铺轨公里	
		Ⅰ. 建筑工程费	铺轨公里	
		一、铺新轨	铺轨公里	包括铺轨、铺枕及安装防爬支撑、防爬器、调节器、轨距杆、轨撑等，按铺设标准轨和长钢轨分别
		（一）木枕	铺轨公里	按轨型分列
		（二）混凝土木枕	铺轨公里	按轨型、枕型分列
		（三）钢筋混凝土桥枕	铺轨公里	按轨型、枕型分列
		（四）钢筋混凝土宽枕	铺轨公里	按轨型分列
		（五）无砟轨道	铺轨公里	按轨型、枕型分列
		（六）无枕地段铺轨	铺轨公里	按轨型分列
		（七）过渡段铺轨	铺轨公里	按轨型分列，含无砟道床与粒料道床过渡段的有砟部分铺设的轨枕
		二、铺旧轨	铺轨公里	包括铺轨、铺枕及安装防爬支撑、防爬器、调节器、轨距杆、轨撑等，按铺设标准轨和长钢轨分别

续 表

章别	序号	工程项目及费用名称	单 位	附 注
		（一）木枕	铺轨公里	按轨型分列
		（二）混凝土木枕	铺轨公里	按轨型、枕型分列
		（三）钢筋混凝土桥枕	铺轨公里	按轨型、枕型分列
		（四）钢筋混凝土宽枕	铺轨公里	按轨型分列
		（五）无砟轨道	铺轨公里	按轨型、枕型分列
		（六）无枕地段铺轨	铺轨公里	按轨型分列
		（七）过渡段铺轨	铺轨公里	按轨型分列，含无砟道床与粒料道床过渡段的有砟部分铺设的轨枕
		三、铺道床	铺轨公里	
		（一）粒料道床	m^3	不含混凝土宽枕地段粒料道床
		1. 面砟	m^3	
		2. 底砟	m^3	
		3. 减振橡胶垫层	m^2	
		（二）无砟道床	m	
		1. 路基地段无砟道床	m	按道床结构类型分列
		2. 桥梁地段无砟道床	m	按道床结构类型分列
五	12	3. 隧道地段无砟道床	m	按道床结构类型分列
		（三）道床过渡段	m	不含无砟道床与粒料道床过渡段的有砟部分铺设的轨枕
		（四）混凝土宽枕道床	m^3	
		1. 面层	m^3	
		（1）碎石道砟	m^3	
		（2）沥青碎石	m^3	
		2. 底砟	m^3	
		乙、改建	元	
		Ⅰ. 建筑工程费	km	
		一、线路	km	
		（一）拆除	km	
		（二）重铺	km	
		1. 标准轨	km	按轨型、枕型分列
		2. 长钢轨	km	按轨型、枕型分列
		（三）起落道	km	
		（四）拨移线路	km	

续 表

章别	序号	工程项目及费用名称	单 位	附 注
五	12	（五）换轨	km	
		1. 标准轨	km	按轨型分列
		2. 长钢轨	km	按轨型分列
		（六）换枕	元	
		1. 抽换轨枕	根	
		2. 整段更换	km	
		（七）无缝线路应力放散	km	含边坡防护锚杆
		（八）无缝线路锁定	km	
		二、道床	圬工方	
		（一）粒料道床	m^3	
		1. 清筛道砟	m^3	不含边坡加固锚杆
		2. 补充道砟	m^3	不含挂网喷射混凝土的钢筋网
		（二）无砟道床	m	
	13	站　线	铺轨公里	站场中的正线应列入第12节，本节包括通往机务段、车辆段、动车段、材料厂的线路（不包括厂房、库房内的轨道）以及三角线、回转线、套线、安全线、避难线、厂库线、石砟场、牵引变电所、供电段专用线等
		甲、新建	铺轨公里	
		Ⅰ. 建筑工程费	铺轨公里	
		一、铺新轨	铺轨公里	包括铺轨、铺枕及安装防爬支撑、防爬器、调节器、轨距杆、轨撑等，按铺设标准轨和长钢轨分别
		（一）木枕	铺轨公里	按轨型分列
		（二）混凝土木枕	铺轨公里	按轨型、枕型分列
		（三）钢筋混凝土桥枕	铺轨公里	按轨型、枕型分列
		（四）钢筋混凝土宽枕	铺轨公里	按轨型分列
		（五）无砟轨道	铺轨公里	按轨型分列，不包括道床
		（六）无枕地段铺轨	铺轨公里	按轨型分列
		（七）过渡段铺轨	铺轨公里	按轨型分列，含无砟道床与粒料道床过渡段的有砟部分铺设的轨枕
		二、铺旧轨	铺轨公里	内容正线铺轨，按铺设标准轨和长钢轨分别
		（一）木枕	铺轨公里	按轨型分列

续　表

章别	序号	工程项目及费用名称	单　位	附　注
五	13	（二）混凝土木枕	铺轨公里	按轨型、枕型分列
		（三）钢筋混凝土桥枕	铺轨公里	按轨型、枕型分列
		（四）钢筋混凝土宽枕	铺轨公里	按轨型分列
		（五）无砟轨道	铺轨公里	按轨型、枕型分列
		（六）无枕地段铺轨	铺轨公里	按轨型分列
		（七）过渡段铺轨	铺轨公里	按轨型分列，含无砟道床与粒料道床过渡段的有砟部分铺设的轨枕
		三、铺新岔	组	包括铺岔、铺岔枕、无缝线路接头焊接、胶接绝缘接头及安装防爬支撑、防爬器、轨距杆、转辙器等
		（一）单开道岔	组	
		1. 有砟道床铺道岔	组	按轨型、岔型、枕型、速度值分列
		2. 无砟道床铺道岔	组	按轨型、岔型、枕型、速度值分列
		（二）无砟道床	组	
		1. 路基地段无砟道床	组	按道床结构类型分列
		2. 桥梁地段无砟道床	组	按道床结构类型分列
		四、铺旧岔	组	按道床结构类型分列
		（一）单开道岔	组	不含无砟道床与粒料道床过渡段的有砟部分铺设的轨枕
		（二）特种道岔	组	
		五、铺道床	铺轨公里	
		（一）粒料道床	m^3	不含混凝土宽枕地段粒料道床
		1. 面砟	m^3	
		2. 底砟	m^3	
		3. 减振橡胶垫层	m^2	
		（二）无砟道床	m	
		1. 路基地段无砟道床	m	按道床结构类型分列
		2. 桥梁地段无砟道床	m	按道床结构类型分列
		3. 隧道地段无砟道床	m	按道床结构类型分列
		4. 道岔地段无砟道床	组	
		（一）单开道岔	组	
		（二）特种道岔	组	
		（三）道床过渡段	m	不含无砟道床与粒料道床过渡段的有砟部分铺设的轨枕

续 表

章别	序号	工程项目及费用名称	单 位	附 注
五	13	（四）混凝土宽枕道床	m^3	
		1. 面层	m^3	
		（1）碎石道砟	m^3	
		（2）沥青碎石	m^3	
		2. 底砟	m^3	
		乙、改建	元	
		Ⅰ. 建筑工程费	km	
		一、线路	km	
		（一）拆除	km	
		（二）重铺	km	
		1. 标准轨	km	按轨型、枕型分列
		2. 长钢轨	km	按轨型、枕型分列
		（三）起落道	km	
		（四）拨移线路	km	
		（五）换轨	km	
		1. 标准轨	km	按轨型分列
		2. 长钢轨	km	按轨型分列
		（六）换枕	根	
		1. 抽换轨枕	根	按枕型分列
		2. 整段更换	km	按枕型分列
		（七）无缝线路应力放散	km	
		（八）无缝线路锁定	km	
		二、道岔	组	
		（一）拆除	组	
		1. 单开道岔	组	按轨型、岔型、枕型、速度值分列
		2. 特种道岔	组	按轨型、岔型、枕型、速度值分列
		（二）重铺	组	
		1. 单开道岔	组	按轨型、岔型、枕型、速度值分列
		2. 特种道岔	组	按轨型、岔型、枕型、速度值分列
		（三）起落道岔	组	
		1. 单开道岔	组	按轨型、岔型、枕型、速度值分列
		2. 特种道岔	组	按轨型、岔型、枕型、速度值分列
		（四）拨移道岔	组	

续 表

章别	序号	工程项目及费用名称	单 位	附 注
五	13	1. 单开道岔	组	按轨型、岔型、枕型、速度值分列
		2. 特种道岔	组	按轨型、岔型、枕型、速度值分列
		三、道床	km	
		（一）粒料道床	m^3	
		1. 清筛道砟	m^3	
		2. 补充道砟	m^3	
		（二）无咋道床	m^3	
	14	线路有关工程	正线公里	
		Ⅰ. 建筑工程费	正线公里	
		一、附属工程	元	包括区间和站内平交道口铺砌（不包括平交道土石方和路面），平交道口护轮轨及防护设施，车挡，各种线路，信号标志（标牌），扳道器、钢轨脱鞋器
		二、线路备料	正线公里	
九	25	站场	正线公里	
		（一）站场建筑	元	
		Ⅰ. 建筑工程费	元	
		（一）站台墙	m	
		（五）换轨	m	
		1. 旅客站台墙	m	
		2. 货物站台墙	m	
		（二）站台面	m^2	
		1. 旅客站台面	m^2	
		2. 货物站台面	m^2	
		（三）综合管沟	m^2	
		（四）堆积场地面	m^2	
		（五）集装箱场地地面	m^2	
		（六）平过道	m^2	
		（七）地道	m^2	
		（八）天桥	m^2	
		（九）站名牌	个	
		（十）雨棚	m^2	
		（十一）检票口	处	
		（十二）上站台阶	m^2	

续 表

章别	序号	工程项目及费用名称	单 位	附 注
		Ⅱ. 安装工程费	元	
		Ⅲ. 设备购置费	元	
		二、站场机械设备	元	
		Ⅰ. 建筑工程费	元	
		（一）轨道衡	元	
		（二）汽车衡	座	
		（三）装卸机械基础及走行轨	座	
		（四）装卸机械维修设备基础	处	
		（五）集装箱中心站设备基础	处	
		（六）行包机械维修所设备基础	处	
		（七）减速顶及停车器工区设备基础	处	
		（八）货票传输系统	套	
		（九）垃圾转运站	处	
		（十）加工机械设备基础	元	
		Ⅱ. 安装工程费	元	
		Ⅲ. 设备购置费	元	
九	25	三、站场附属工程	元	
		Ⅰ. 建筑工程费	元	
		（一）围墙	m	
		（一）栅栏	m	
		（三）道路	m^2	
		1. 混凝土路面	m^2	
		（1）面层厚度≥20 m	m^2	
		（2）面层厚度＞20 m	m^2	
		2. 沥青路面	m^2	
		3. 泥结碎石路面	m^2	
		（四）硬化面	m^2	
		（五）排水管	m	
		（六）排水沟	处	
		1. 浆砌石	圬工方	
		2. 混凝土	圬工方	
		3. 钢筋混凝土	圬工方	
		（七）绿化、美化	元	

续 表

章别	序号	工程项目及费用名称	单 位	附 注
九	25	1. 栽植花草、灌木	m^2	
		2. 栽植乔木	株	
		3. 假山、盆景山等	处	
		（八）取弃土（石）场处理	元	
		Ⅱ. 安装工程费	元	
		Ⅲ. 设备购置费	元	
		四、地基处理	元	
		细目同前面地基处理		
	26	工 务	正线公里	
		一、石砟场	处	
		Ⅰ. 建筑工程费	处	
		Ⅱ. 安装工程费	处	
		Ⅲ. 设备购置费	处	
		二、苗圃	处	
		Ⅰ. 建筑工程费	处	
		Ⅱ. 安装工程费	处	
		Ⅲ. 设备购置费	处	
		三、其他工务建筑设备	元	
		（一）综合检测中心	处	
		Ⅰ. 建筑工程费	处	
		Ⅱ. 安装工程费	处	
		Ⅲ. 设备购置费	处	
		（二）大型养路机械段	处	
		Ⅰ. 建筑工程费	处	
		Ⅱ. 安装工程费	处	
		Ⅲ. 设备购置费	处	
		Ⅲ. 设备购置费	处	
		（三）综合维修	处	
		Ⅰ. 建筑工程费	处	
		Ⅱ. 安装工程费	处	
		Ⅲ. 设备购置费	处	
		（五）综合工区	处	
		Ⅰ. 建筑工程费	处	

续 表

章别	序号	工程项目及费用名称	单 位	附 注
九	26	Ⅱ. 安装工程费	处	
		Ⅲ. 设备购置费	处	
		（六）地基处理	元	
		细目同前面地基处理		
	27	其他建筑及设备	正线公里	包括制加冰所、洗刷消毒所等
		一、制加冰所	处	包括机器间、设备间、牵机车间、制冰间、冰床、上冰设备、维修间等
		Ⅰ. 建筑工程费	处	
		Ⅱ. 安装工程费	处	
		Ⅲ. 设备购置费	处	
		二、洗刷消毒所	处	包括机械钳工间、水泵间、冲洗间、药液间等
		Ⅰ. 建筑工程费	处	
		Ⅱ. 安装工程费	处	
		Ⅲ. 设备购置费	处	
		三、地基处理	元	
		细目同前面地基处理		
十	28	大型临时设施和过度工程	正线公里	含租用土地青苗补偿、拆迁补偿及复垦费等
		Ⅰ. 建筑工程费	正线公里	
		大型临时设施	正线公里	
		（一）铁路岔线、便桥	km	指设计接轨点道岔基本轨接缝至场（厂）内第一组道岔的基本轨接缝之间的部分（不含道岔长度）含养护费
		（二）铁路便线、便桥	km	指场（厂）内第一组道岔的基本轨接缝以后的部分，含养护费
		（三）汽车运输便道	km	含便桥便函含养护费
		1. 新建干线	km	
		2. 新建引入线	km	
		3. 改（扩）建便道	km	
		4. 地方既有道路补偿费	元	
		（四）运梁便道	处	含便桥便函含养护费
		（五）轨节拼装场	处	包括场地土石方、圬工及地基处理
		（六）混凝土成品预制厂	处	包括场地土石方、圬工及地基处理

续　表

章别	序号	工程项目及费用名称	单　位	附　注
十	28	（七）材料厂	处	包括场地土石方、圬工及地基处理
		（八）制（存）梁场	处	包括场地土石方、圬工及地基处理
		（九）钢梁拼装场	处	包括场地土石方、圬工及地基处理
		（十）混凝土集中拌和结	处	包括场地土石方、圬工及地基处理
		（十一）填料集中拌和结	处	包括场地土石方、圬工及地基处理
		（十二）大型道砟存放场	处	包括场地土石方、圬工及地基处理
		（十三）长钢轨焊接基地	处	包括场地土石方、圬工及地基处理
		（十四）换装站	处	包括场地土石方、圬工及地基处理
		（十五）通信	元	
		（十六）集中发电站、集中变电站	处	包括场地土石方、圬工及地基处理
		（十七）电力线路	km	
		（十八）给水干管路	km	
		（十九）渡口、码头	处	
		（二十）缆索吊	处	
		（二十一）栈桥	m	
		二、过度工程	正线公里	
		（一）铁路便线、便桥	元	含养护费
		（二）线路	元	
		（三）站场	元	
		（四）通信	元	
		（五）信号	元	
		（六）信息	元	
		（七）电力	元	
		（八）电气化	元	
		（九）其他	元	
		Ⅱ．安装工程费	元	
十一	29	其他费用	正线公里	
		Ⅳ．其他费	元	
		一、建设项目管理费	元	
		（一）建设单位管理费	元	
		（二）建设管理其他费	元	
		（三）建设项目管理信息系统购建费	元	
		（四）工程监理与咨询服务费	元	

续 表

章别	序号	工程项目及费用名称	单 位	附注
十一	29	1. 招投标监理与咨询费	元	
		2. 勘察监理与咨询费	元	
		3. 设计监理与咨询费	元	
		4. 施工监理与咨询费	元	
		5. 设备采购监造监理与咨询费	元	
		（五）工程质量检测费	元	
		（六）工程质量安全监督费	元	
		（七）工程定额测定费	元	
		（八）施工图审查费	元	
		（九）环境保护专项监理费	元	
		（十）营业线施工配合费	元	
		二、建设项目前期工作费	元	包括制加冰所、洗刷消毒所等
		（一）项目筹融资费	元	
		（二）可行性研究费	元	
		（三）环境影响报告编制与评估费	元	
		（四）水土保持方案报告编制与评估费	元	
		（五）地质灾害危险性评估费	元	
		（六）地震安全性评估费	元	
		（七）洪水影响评价报告编制费	元	
		（八）压覆矿藏评估费	元	
		（九）文物保护费	元	
		（十）森林植被恢复费	元	
		（十一）勘察设计费	元	
		1. 勘察费	元	
		2. 设计费	元	
		3. 标准设计费	元	
		三、研究试验费	元	
		四、计算机软件开发与购置费	正线公里	
		五、配合辅助工程费	元	
		（一）立交桥（涵）两端引道	元	指等级公路
		1. 路基	km	
		（1）土方	m^3	
		（2）石方	m^3	

续 表

章别	序号	工程项目及费用名称	单 位	附 注
十一	29	（3）路基附属工程	元	
		① 干砌石	m^3	
		② 浆砌石	圬工方	
		③ 混凝土	圬工方	
		④ 钢筋混凝土	圬工方	
		⑤ 绿色防护、绿化	m^2	
		⑥ 地基处理	元	
		2. 路面	m^2	
		（1）垫层	m^2	
		（2）基层	m^2	
		（3）面层	m^2	
		① 沥青混凝土路面	m^2	
		② 水泥混凝土路面	m^2	
		3. 沿线设施	km	包括护栏、隔离带（栅、块）、标志牌、标线、界牌、标桩，路面标线、轮廓桥，路面及中央分隔带、排水设施等
		（二）立交桥综合排水工程	处	
		六、联合试运及工程动态检测费	元	
		七、生产准备费	正线公里	包括机械钳工间、水泵间、冲洗间、药液间等
		（一）生产职工培训费	正线公里	
		（二）办公和生活家具购置费	正线公里	
		（三）工器具及生产家具购置费	正线公里	
		八、其他	元	
		以上各章合计	正线公里	
		其中：Ⅰ. 建筑工程费	正线公里	
		Ⅱ. 安装工程费	正线公里	
		Ⅲ. 设备购置费	正线公里	
		Ⅳ. 其他费	正线公里	
十二	30	基本预备费	正线公里	
		以上总计	正线公里	
		第二部分 动态投资	正线公里	
十三	31	工程造价增涨预留费	正线公里	
十四	32	建设投资贷款利息	正线公里	
		第三部分 机车车辆购置费	正线公里	

续 表

章别	序号	工程项目及费用名称	单 位	附 注
十五	33	机车车辆购置费	正线公里	
		第四部分 铺底流动资金	正线公里	
十六	34	铺底流动资金	正线公里	
		概（预）算总额	正线公里	第一、二、三、四部分之和

注：① 编者概（预）算时，在不变动表中章、节的前提下，应根据实际需要，编制阶段和具体工程内容增减各节细目。

② 枢纽建设项目应将“正线公里”改按“铺轨公里”编制综合概（预）算；专用线项目，如站线所占比重较大，亦可改按“铺轨公里”编制；表列“单位”，除章与节的“单位”不得变更外，其细目中的“单位”也可采用比表列“单位”更为具体的计量单位。

③ 土方和石方。除去路基土石方和站场土石方外，仅指单独挖填土石方的项目和无需砌筑的各种沟渠等的土石方。如改河、改沟、改渠、平交道土石方，刷坡、滑坡减载土石方，挡沙堤、截沙沟土方，为防风固沙工程需预先进行处理的场地平整土方。与砌筑等工程有关的土石方开挖，其费用计入主体工程。如挡墙的基坑开挖及回填费用计入挡墙，桥涵明挖基础的基坑开挖及回填费用计入基础圬工。

④ 路基地基处理所列的项目不包括路基本体或基床以外构筑物的地基处理。挡土墙、护坡、护墙等的地基处理及墙背所设垫层等的费用应分别列入挡土墙、护坡、护墙等项目。

⑤ 锚杆挡土墙、桩板挡土墙、加筋土挡土墙、抗滑桩、预应力锚索、预应力锚索桩、桩板挡土墙等特殊形式的支挡结构，其费用列入独立的项目；其余重力式挡土墙、扶壁式挡土墙、悬臂式挡土墙等一般形式的支挡结构及抗滑桩桩间挡墙按圬工类别划分，其费用分别列入挡土墙浆砌石、挡土墙片石混凝土、挡土墙混凝土、挡土墙钢筋混凝土等四个项目；土钉墙的费用按土钉、基础圬工和喷混凝土等项目分列。

⑥ 预应力锚索桩桩身的费用列入抗滑桩项目，桩间挡墙圬工费用列入一般形式支挡结构的项目；预应力锚索桩板挡土墙圬工的费用列入桩板挡上墙项目，预应力锚索单独计列；格梁等圬工的费用列入一般形式支挡结构的项目。

⑦ 路桥分界：不设置路桥过渡段时，桥台后缺口填筑属桥梁范围，设置路桥过渡段时，后台过渡段属路基范围。

⑧ 铺轨和铺道床应包含满足设计开通速度的全部内容。

⑨ 无论设计分工如何，各专业凡与信息系统有关的费用一律列入第六章 17 节相应的项目中。

⑩ 房屋附属工程土石方是指为达到设计要求的标高，在原地面修建房屋及附属工程而必须进行的修建场地范围的土石方填挖工程，不含已由线路、站场进行调配的土石方。修建房屋进行的平整场地（厚度 ±0.3 m 以内）和基础及道路、围墙、绿化、圬工防护等土石方，不单独计算、其费用计入房屋基础及附属工程的有关细目。

⑪ 与第九章有关的围墙、栅栏、道路、硬化面、绿化和取弃土（石）场处理等附属工程列入第 25 节的站场附属工程，其余均列入房屋附属工程相应细目。

⑫ 室内外界线划分。

a. 给水管道：以入户水表井或交汇井为界，无入户水表井或交汇井而直接入户的，以建筑物外墙皮为界。水表井或交汇井的费用计入第九章第 21 节的给水管道。

b. 排水管道：以出户第一个排水检查井或化粪池为界。检查井的费用计入第九章第 21 节的排水管道，化粪池列入第九章第 21 节的排水建筑物下。

c. 热网管道：以建筑物外墙皮为界。

d. 工艺管道：以建筑物外墙皮为界。

e. 电力、照明线路：以入户配电箱为界。配电箱的费用计入房屋。

⑬ 房屋基础与墙身的分界。

a. 砖基础与砖墙（身）划分应以设计室内地坪为界（有地下室的按地下室室内设计地坪为界），以下为基础，以上为墙（柱）身。基础与墙身使用不同材料，位于设计地坪 ±0.3 m 以内时以不同材料为界，超过 ±0.3 m，应以设计室内地坪为界。

b. 石基础、石勒脚、石墙的划分。基础与勒脚应与设计室外地坪为界，勒脚与墙身应以设计室内地坪为界。

⑭ 除非另有规定，石砟场和苗圃不单独编制概（预）算。

⑮ 由于环境保护工程是结合主体工程设计统筹考虑的，其费用应与主体工程配套设计列。

⑯ 第九章范围内的地面水（雨水、融化血水、客车上水时的漏水、无专用洗车机的洗刷机车及车辆的废水等）的排水沟渠极管道，列入第 25 节的站场附属工程，其余地下水、生产废水和生活污水的排水沟渠及管道，列入第 21 节的排水工程。

参考文献

[1] 铁道部. TB 10202—2002/J 161—2002 铁路路基施工规范. 北京：中国铁道出版社，2002.

[2] 铁道部. TB 10203—2002/J 162—2002 铁路桥涵施工规范. 北京：中国铁道出版社，2002.

[3] 铁道部. TB10204—2002/J 163—2002 铁路隧道施工规范. 北京：中国铁道出版社，2002.

[4] 铁道部. TB10209—2002/J 164—2002 铁路给水排水施工规范. 北京：中国铁道出版社，2002.

[5] 铁道部. TB10210—2001/J 118—2001 铁路混凝土与砌体工程施工规范. 北京：中国铁道出版社，2001.

[6] 铁道部. TB10401.1—2003 铁路工程施工安全技术规程（上册）. 北京：中国铁道出版社，2003.

[7] 铁道部. TB10401.2—2003 铁路工程施工安全技术规程（下册）. 北京：中国铁道出版社，2003.

[8] 铁道部. TZ210—2005 铁路混凝土工程施工技术指南. 北京：中国铁道出版社，2005.

[9] 铁道部. TZ211—2005 客运专线铁路轨道工程施工技术指南. 北京：中国铁道出版社，2005.

[10] 铁道部. TZ213—2005 客运专线铁路桥涵工程施工技术指南. 北京：中国铁道出版社，2005.

[11] 铁道部. TZ214—2005 客运专线铁路隧道工程施工技术指南. 北京：中国铁道出版社，2005.

[12] 铁道部. 路基工程预算定额（2006）.

[13] 铁道部. 桥梁工程预算定额（2006）.

[14] 铁道部. 隧道工程预算定额（2006）.

[15] 铁道部. 轨道工程工程预算定额（2006）.

[16] 铁道部. 铁建设〔2006〕1 号文《铁路基本建设工程设计概（预）算编制方法》.

[17] 铁道部. 铁建设〔2006〕129 号文《铁路工程建设材料基期价格（2005）》.

[18] 铁道部. 铁建设〔2006〕129 号文《铁路工程施工机械台班费用定额（2005）》.

[19] 铁道部. 铁运〔2006〕1146 号文《铁路线路维修规则》.

[20] 铁路工程定额所. 铁路工程工程量清单计价指南（土建部分）. 北京：中国标准出版社，2007.

[21] 铁道部. 铁建设〔2008〕1 号《铁路基本建设工程投资预估算、估算编制办法》.
[22] 铁道部. 铁建设〔2008〕11 号《铁路基本建设工程投资预估算、估算、设计概算费税取值规定》.
[23] 姚玉玲，刘靖伯. 网络计划技术与工程进度管理. 北京：人民交通出版社，2008.
[24] 李明华. 铁路施工组织与概预算. 北京：中国铁道出版社，2009.
[25] 田元福. 铁路工程概预算. 成都：西南交通大学出版社，2009.
[26] 贾艳红. 工务管理. 北京：中国铁道出版社，2009.
[27] 周德才等. 2010 年最新铁路工程量清单计价规范. 北京：中国建筑科学出版社，2010.
[28] 张迪，胡彩虹. 建筑工程进度控制. 郑州：黄河水利出版社，2010.